“十二五”国家重点图书出版规划项目

中国社会科学院创新工程学术出版资助项目

U0582946

总主编：金 碚

经济管理学科前沿研究报告系列丛书

THE FRONTIER RESEARCH REPORT ON DISCIPLINE OF INTERNATIONAL TRADE

李小北 杨云升 李禹桥 金 莹 主 编

符海玲 李 婷 洪小丽 石 彬 汤丽春 副主编

国际经济合作学科前沿研究报告

图书在版编目（CIP）数据

国际经济合作学科前沿研究报告.2011/李小北等主编.—北京：经济管理出版社，2016.10
ISBN 978-7-5096-4896-4

Ⅰ.①国… Ⅱ.①李… Ⅲ.①国际合作—经济合作—研究报告—2011 Ⅳ.①F114.4

中国版本图书馆 CIP 数据核字(2016)第 315879 号

组稿编辑：张永美
责任编辑：杜 菲
责任印制：黄章平
责任校对：雨 千

出版发行：经济管理出版社
（北京市海淀区北蜂窝 8 号中雅大厦 A 座 11 层 100038）
网 址：www.E-mp.com.cn
电 话：（010）51915602
印 刷：三河市海波印务有限公司
经 销：新华书店
开 本：787mm×1092mm/16
印 张：19.5
字 数：427 千字
版 次：2017 年 1 月第 1 版 2017 年 1 月第 1 次印刷
书 号：ISBN 978-7-5096-4896-4
定 价：69.00 元

前　言

第二次世界大战后60多年来，世界政治与经济发生了重大变化，其中比较突出的是经济生活的日益国际化，如市场国际化、生产国际化、资本国际化以及交通运输、信息和通信的国际化等。所有这些都代表着人类社会发展的进步趋势，是社会生产力发展的必然结果。第二次世界大战后的历史进程表明，世界经济已经成为一个整体，任何国家的经济发展必然与世界经济不可分割。国际之间的经济运转机制，实际上已成为一种相互依赖、相互适应、相互协调的关系。无论是当前世界经济发展的现状还是今后的发展趋势都说明，科学技术的迅猛发展必然会进一步导致国家之间相互依赖、相互适应和相互协调关系的发展与加深。这也直接说明了在当今世界，发展中国家的经济在各个方面有赖于同发达国家之间的紧密联系；同样地，离开了发展中国家，发达国家也不可能获得顺利发展。因此，进入21世纪特别是我国实施“一带一路”战略以来，进一步加强国际经济合作的呼声已经遍及全球，它反映了全世界绝大多数国家、地区和人民的共同愿望和正当要求。

近年来，由美国次贷危机引爆并席卷全球的国际金融危机以及欧洲主权债务危机，使全球经济普遍受到冲击。随着各国宏观政策力度的加大，主要发达经济体相继出台量化宽松政策，一些新兴经济体也放松宏观经济政策，这都将对世界经济增长起到刺激作用。但发达国家主权债务问题削弱了经济增长潜力，刺激经济政策措施的副作用日益凸显，新兴经济体面临的困难较多，加上贸易投资保护主义加剧，世界经济仍然存在低增长、高风险态势，都增加了开展国际经济合作的复杂性和竞争性。

基于以上背景，国际经济合作学科越来越受到各位专家学者的关注，对它的研究成果也越来越多，研究的范围主要是国际经济合作的理论基础、生产要素国际移动的原因及规律、国际经济合作的类型与方式、国际经济合作中的国际经济协调机制等方面。

经过近30年的快速发展，我国对外合作的领域不仅在工业制造业、农业、建筑业方面有所涉猎，而且还逐步向服务业领域扩展，在全球分工格局中的位置也在发生相应调整。随着我国对外贸易和外资流入在全球的比重不断提高，我国对外开放进入商品和生产要素全面双向流动的新阶段。我国经济同世界经济的联系日益紧密，国内外影响不断加深，经济利益相互交织。在这样的背景下，我国参与国际分工的方式、层次和特点也将随之进行调整、拓展和提升。这就要求我们必须审时度势、扬长避短，在经济全球化深入发展的新形势下努力形成参与国际竞争和合作的新优势。

同时，我国同世界各国的经济技术交流越来越向深度和广度发展，迫切要求对国际经济合作的有关理论和实践知识进行系统的研究。这门学科的建立和发展离不开方方面面的重视与支持。在原经贸部与中国国际经济合作学会的推动下，学会理事会成立了“国际经济合作研究小组”具体组织这门学科的理论研究工作，召开专题讨论会，组织编写《国际经济合作概论》作为研究国际经济合作学科的起点。原经贸部人教司组织成立了“国际经济合作学科协作组”，每年召开会议交流各有关高等院校的国际经济合作教学情况，研讨改革开放形式下国际经济合作学科专业的发展以及专业主干课程的教材编写。同时，有关院校先后正式建立了国际经济合作专业；四川大学等院校每年招收国际经济合作研究方向的研究生；国际经济合作专题讲座与短期培训也在全国各地广泛开展。近年来，《国际经济合作》杂志发表了多篇含金量很高的文章，对扩大视野、沟通信息、掌握国际和国内开展国际经济合作的有关政策，促进这门学科的理论研究与提高实际业务水平起到了重要作用。

本报告在确定国际经济合作学科研究领域时，首先参考了《国际经济合作》（李小北，2009）、《国际经济合作》（丁溪，2008）、《国际经济合作》（黄汉民，2007）、《国际经济合作》（卢进勇，2006）、《国际经济合作（第2版）》（机械工业出版社）以及《国际经济合作》（卢进勇、杜奇华、杨立强）中关于国际经济合作的概述、理论、框架等。其次还参考了国内外的相关书籍，收录在本报告的第三章中。本报告所选中文期刊大部分来自中文社会科学引文索引（CSSCI）A类、B类期刊。同时，还对我国港澳台地区的相关期刊论文进行了收集、筛选和录入。本书重点关注了国际经济合作的理论基础、生产要素国际移动的原因及规律、国际经济合作中的国际经济协调机制、国际经济合作的类型和方法等领域。同时，着重突出了2011年国际经济合作学科研究的重点和热点问题。

本书撰写的分工情况是：李小北、杨云升、李禹桥负责本书的结构设计和内容的编排与审校工作。金莹负责第一章、第二章的撰写工作，共6万字。符海玲负责新西兰和澳大利亚资料的查找和编译工作，共10万字。李婷负责第三章、第四章、第五章的编写与审校工作，共9万字。洪小丽负责中英文期刊论文—图书的收集、筛选及初步翻译等具体工作，共10万字。

本书在编写过程中参阅、使用和引证了国内外的大量文献资料，得到了海南大学国际文化交流学院的大力支持，谨对这些作者、编者、出版社和学院表示诚挚的谢意！由于编者能力有限以及理解上的差异，难免会在收集、整理等过程中出现各种各样的问题，欢迎各界人士进行交流和批评指正，我们一定会在2012年的报告中做得更加完善。

目录

第一章　国际经济合作学科 2011 年国内外研究综述

国际经济合作或区域性国际经济合作是世界经济发展到一定时期的产物，是世界经济中相互依赖关系或国际经济关系的一种表现形式，也是世界上不同民族国家或地区为了在经济上达到某种共同经济目标和取得某种经济利益而形成的相互联系、相互协调、联合行动的机制系统。随着经济全球化进程的加快，各国之间的经济联系更加紧密，各种不同形式的合作方式如雨后春笋般地出现，这不仅促进了国际经济合作学科的进一步发展，也丰富了国际经济合作理论的研究。

国际经济合作是国际经济关系最重要的内容之一，也是当代国际经济关系的主体。目前，国际经济合作在任何一个国家或地区的对外经济关系中都占有十分重要的地位，对其经济发展和整个世界经济发展都有很大影响。所谓国际经济合作是超越国家或地区界限的各种生产要素在世界范围内所形成的较长期的国际经济协作活动，是以生产领域为主的综合性的国际经济关系。国际经济合作可以通过国际投资、跨国经营、联合开发等手段，越过关税壁垒和非关税壁垒，扩大国际市场。通过国际经济合作可以克服一国国内无法解决的技术、资金和巨大项目建设等问题。

第一节　国际经济合作学科的发展及其理论构建

一、国际经济合作学科的发展

国际经济合作是随着科学技术革命的发展和国际政治经济关系的变化而形成并逐渐成为一门独立的经济学科，它的研究对象是生产要素国际移动的客观规律，特别是研究生产要素在国际间直接移动的规律。

国际经济合作早在第二次世界大战以前就已产生，但是，直到第二次世界大战后，随着国际投资、国际技术转让和国际劳务合作在世界范围内的积极开展，各国才越来越重视对国际经济合作的研究。20 世纪 80 年代初，在我国部分高等院校中，有部分教学工作者和国际贸易从业人员开始从事国际经济合作专题研究。此后，随着经济全球化的迅速发展，特别是加入世界贸易组织（WTO）后，我国经济与世界经济体系全面接轨，与各国在贸易、投资、金融、生产、科技和服务等领域中的合作全面展开。国际经济合作的学科发展，无论是研究的深度还是广度都得到了进一步的提高。从实践角度看，国际经济合作已成为我国改革开放事业及国民经济发展中的重要组成部分之一；从理论角度看，国际经济合作学科已经成为我国经济学界一门重要的新兴学科。

国际经济合作学科的发展得到了许多相关组织的重视、支持与帮助。在经贸部与中国国际经济合作学会的推动下，成立了国际经济合作研究小组，具体组织这门学科的理论研究工作，召开专题讨论会，成为我国研究国际经济合作学科的起点。经贸部人教司组织成立国际经济合作学科协作组，每年召开会议交流各有关高等院校的国际经济合作教学情况，研讨在改革开放形势下国际经济合作专业学科的发展以及专业主干课程的教材编写。同时，有关院校先后正式建立了国际经济合作专业，个别院校每年连续招收国际经济合作研究方向的研究生。社会上举办的国际经济合作专题讲座与短期培训班也在全国各地广泛开展。近年来，《国际经济合作》杂志发表了不少文章和资料，对扩大研究视野、沟通信息、掌握国际和国内有关开展国际经济合作的政策，促进这门学科的理论研究与提高实际业务水平起到了重要作用。

二、国际经济合作学科的研究理论基础

传统的国际经济合作学科研究的基本理论问题包括经济生活日益国际化的趋势、国际经济合作的重要意义、国际经济合作的产生与发展、国际经济的相互依赖性、生产要素的国际间移动规律、国际经济协调机制、国际经济合作的主体权利与法律保护、不同经济制度国家间的经济合作政策以及区域经济一体化等。从具体研究的实务内容看，包括国际投资合作、国际信贷合作、国际科技合作、国际劳务合作、国际经济援助、国际租赁、国际信息与管理合作以及国际资源开发等。随着世界经济的发展，国际经济合作学科的理论研究也应与时俱进，增加中国对外投资和国际经济合作协调等方面的内容。世界上所有的国家、经济组织和企业，无论其经济发展水平的高低和所处社会制度的不同，都毫无例外地采取了上述方式参与国际经济合作。由此可见，国际经济合作是一门理论性和实践性较强的新学科。

从国际经济合作学科的专业设置看，许多高校开设的国际经济合作专业课程有：政治经济学、宏观与微观经济学、国际经济学、发展经济学、国际贸易、国际金融、国际经济合作原理、国际投资、国际信贷、国际科技交流与技术转让、国际劳务、国际经济援助、国际租赁以及国际经济等。为国家培养从事国际经济合作事务的专业人才。

根据国际经济合作的研究内涵，我们采用以下基础理论对国际经济合作进行研究：

（一）传统国际经济合作理论

1. 传统的国际分工理论：绝对优势理论和比较优势理论

绝对优势理论是由英国著名的经济学家亚当·斯密在其发表的《国富论》中首次提

出的。绝对优势理论认为，两个国家进行贸易的基础是以绝对劳动生产率衡量的绝对优势，生产和交换彼此具有绝对利益的产品，以达到共同获利的目的，从而可以使各国的资源、劳动力、资本得到最有效的利用，给各国带来绝对的利益。

比较优势理论由大卫·李嘉图在绝对优势理论的基础上提出的。比较优势理论认为，在国际分工和贸易中，起决定作用的不是绝对利益，而是比较利益或者比较成本，并且把比较利益作为国际分工的理论基础，倡导两国进行专业化分工。比较优势理论在很大程度上弥补了绝对优势理论的缺陷。

2. 要素禀赋理论

俄林·赫克歇尔在比较优势理论的基础上提出了要素禀赋理论。该理论认为，各国都存在资源禀赋的差异，每个国家都以自己相对丰富的生产要素进行商品的专业化生产和国际交换。按照该理论，发达国家进口劳动密集型和自然资源密集型产品，出口资本和技术密集型产品，发展中国家则反之。

（二）国际相互依赖理论

国际相互依赖理论中以普雷维什的中心—外嗣理论最有名。该理论把世界分成两大部分：一是中心发达资本主义国家；二是外围发展中国家。中心国家在社会经济方面都有很多优势，而外围国家在社会经济方面都处于劣势地位，两者存在根本上的不平等关系，前者越来越富，后者越来越穷。外围国家在经济上处于依附中心国家的不利地位，社会生活条件日趋恶化。该理论启示发展中国家应该联合起来改变不合理的国际政治经济旧秩序，营造公平合理的新秩序。

（三）结构需求理论

结构需求理论由瑞典经济学家林德从需求角度对先进国贸易和部门内贸易做出了解释。根据该理论，贸易按照如下方式进行：一国的人均收入水平越高，对工业制成品尤其是奢侈品的需求增多，从而带动本国工业制成品产量的增加，如果产量的增长超过了需求的增长速度，从而有能力出口这类产品，只有收入水平相近的国家才会有较多的需求，因而出口对象是收入水平相近需求相似的国家，这样就使得两国间的贸易量增大。

（四）经济一体化理论

1. 关税同盟理论

关税同盟的静态效果是，它会产生贸易创造效应和贸易转移效应。贸易创造效应是指建立关税同盟后，关税同盟某成员国的一些国内生产品被同盟内部其他生产成本更低的产品的进口所替代，从而使资源的使用效率提高，扩大了生产所带来的利益。同时，通过专业化分工，使本国该项产品的消费支出减少，而把资本用于其他产品的消费，扩大了社会需求，结果使贸易量增加。贸易转移效应是指缔结关税同盟之前，某个国家不生产某种商品而从世界上生产效率最高、成本最低的国家进口商品；建立关税同盟后，如果世界上生产效率最高的国家被排斥在关税同盟之外，则关税同盟内部的自由贸易和共同的对外关税使得该国该商品在同盟成员国内的税后价格高于同盟某成员国相同商品在关税同盟内部的免税价格，这样同盟成员国原来从非成员国进口的成本较低的商品转而从关税同盟内部生产效率最高、生产成本最低的国家来进口。其次是动态效果。关税同盟的建立，在长期对同盟成员国的经济结构产生较大的影响，主要包括资源配置更加优化，有利于获得专业与规模经济利益，有利于投资的扩大，有利于技术进步。

2. 大市场理论

大市场理论的提出者西托夫斯基认为，把那些被保护主义分割的小市场统一起来，结合成大市场，通过大市场内的激烈竞争，可以最大限度追求经济福利，其核心一方面是扩大市场范围获取规模经济利益，从而实现利益；另一方面是通过市场的扩大，创造激烈的竞争环境，进而达到实现规模经济和技术利益的目的。

（五）协议性国际分工原理

协议性国际分工原理认为，如果两个国家经济发展水平和技术水平相近，一种产品在哪个国家生产没有差别，那么一个国家就可以放弃某种产品的生产把市场提供给另一国，而另一国则可以放弃另一种产品的生产，并把国内市场提供给对方，通过协议建立分工关系。

（六）生产要素国际移动理论

生产要素的国际移动指生产要素以及国际经济合作形式在各国间所进行的直接流动，还应包括以商品为外化形式进行的间接移动。生产要素国际移动的原因有：要素禀赋在各国之间的差异性、国际市场机制原因、各国经济发展水平不平衡以及跨国公司的发展和扩大等因素。

（七）基于超边际分析方法的最新理论

动态超边际分析方法由杨小凯提出，是新兴古典经济学研究的一种分析方法，它复活了斯密关于分工的重要思想。新兴古典经济学用超边际分析方法，从内生个人选择专业化水平的新视角重整了以新古典经济学为核心的多种互相独立的经济学理论，是经济学发展的前沿课题。即对每一角点进行边际分析，然后在角点之间用总效益费用分析，这是处理最优决策的“角点解”所必须的。超边际分析就是在人们做出资源配置的决策之前，先选择专业和分工水平，从而就产生的“角点解”和使其分析简化的“文定理”进行研究，这一理论丰富了国际经济合作的研究基础。

基于国内、国际研究热点的变化，结合国际经济合作研究的发展现状，本次《国际经济合作学科前沿研究报告》将关注 2011 年国际经济合作研究的以下六大重点研究领域，并结合具体的研究成果，尤其侧重对利用外资、中国对外投资、国际科技合作和国际经济合作协调进行重点研究（见表 1-1）。

表 1－1　本报告研究对象及研究内容

研究对象	研究内容
中国对外投资	中国对外投资的发展和特点
	中国对外投资的方式
	中国国际直接投资的策略
	中国企业面临的海外投资环境选择
	中国企业对外直接投资集中区域研究
国际劳务合作	国际劳务合作的合同签订
	国际劳务合作风险管理
	国际招投标过程管理
国际租赁合作	国际租赁的方式、特点研究
	国际租赁的作用
	国际租赁租金核定
利用外资	吸引外资的优势和劣势
	吸引外资的政策研究
国际科技合作	国际科技合作存在的问题及对策
	国际科技合作模式研究
	国际科技合作支撑体系研究
国际经济合作协调	国际经济合作协调的产生与发展
	国际经济合作协调的组织形式
	国际经济合作的法律、税收等内容的协调
	国际经济合作的内在制约机制研究

第二节　国际经济合作理论 2011 年国内外研究综述

本报告以第一节中的研究对象为划分依据，对 2011 年国内外国际经济合作学科的相关理论及实务进行较全面的梳理和综述，并根据第一节确定的主要研究对象为关键词，分别按以下分类获取各类文献资料：

（1）国内期刊文献：通过中国知网数据库、百度文库等途径，主要遴选了国内期刊文献 435 篇（见表 1－2）。文献入选级别为 CSSCI、核心期刊、EI、SCI 来源期刊、国家自然科学基金、国家社会科学基金以及部级以上基金支持的文献作为必选条件，同时也充分考虑了文献的被引率和下载率。2011 年出版的中文国际经济合作图书较少，未列入本报告内。

（2）国外期刊文献：通过 Wiley Interscience、Google scholar、Ebsco 等国外数据库遴选了 2011 年的国际经济合作期刊文献 79 篇。

（3）国外图书检索路径：主要来源是英文亚马逊、英文谷歌、中文亚马逊、当当网等。国外图书检索一方面考虑了关键词与本报告一致的同时，还充分考虑了检索的频次以及公众或媒体认可的前沿性与创新；另一方面还考虑了图书作者在该领域是否具有一定的影响力。

表 1-2　本报告研究对象与中文文献数量　　单位：篇

研究对象	中文文献数量
中国对外投资	146
国际劳务合作	13
国际租赁合作	2
利用外资	205
国际科技合作	52
国际经济合作协调	17
合计	435

2011 年全球经济出现复苏迹象，逐渐走出经济危机的阴霾，被称为后危机时代，同时 2011 年也是我国“十二五”规划的开局之年，2011 年的经济建设将为“十二五”规划奠定良好的基础。2011 年国内外经济环境的变化，助力国际经济合作学科的向前发展。本报告按国际经济合作的研究对象对 2011 年的国内外代表性研究成果进行综述。

一、国内代表性研究成果综述

（一）中国对外直接投资

随着国内外经济环境的变化，我国对外投资处于转型的关键时期。从发展阶段看，由吸引外资为主向对外投资为主转变；从增长方式看，由粗放型对外投资方式向集约型对外投资方式转变。

从对外投资战略政策看，基于国际经济合作环境的变化，熊小奇、吴俊提出我国对外直接投资战略应做出调整：培育对外投资主体，从以国有企业为主导向本土跨国公司转变；调整对外投资地区布局，从分散无序格局向集中有序格局转变；调整对外投资产业结构，立足于“边际产业”，突出重点领域。他们提出了加强宏观指导、突出政策导向、鼓励区域创新、加大政府扶持力度、培育我国本土跨国公司等政策建议。夏雨、尚文程从国际金融危机“后遗症”对全球经济和中国经济的发展形成以下阻碍：一是出口增长受到抑制；二是国际主权债务危机加剧了我国外汇储备风险；三是全球流动性过剩增大了我国通胀压力。基于以上原因，他们提出中国应该进一步放松对对外投资的审批和监管，扩大主权财富基金对外投资规模，加快实施技术追赶型对外投资，继续鼓励资源获取型对外投资，在对外投资过程中注意抓住低碳经济的发展机遇。乔生、汪洁从货币壁垒的视角，提出我国对外投资策略应做以下转变：一是虚实并用，双重投资；二是加强对科技及环保产业投资；三是重视对服务业投资；四是完善金融监管措施。成诗跃、许敏从投资国的角度考量中国企业选择对外直接投资，不仅要面临市场变化所带来的商业风险，还要应对各种随时可能发生的政治、安全和社会风险。相对于这些不可控的外部因素，中国政府的对外投资制度就属于可控的范畴。伴随着“走出去”的经济战略，中国的对外投资得到了一定的发展。究其原因，是中国政府在制度上加大了对企业支持的力度，放松了管制，给企业对外投资创造了条件。但由于仍存在一些制度政策上的缺陷，反而给中国企业对外投资构成了障碍，部分导致了中国企业跨出国门对外投资的困难。因此，他们提出改革现有审批程序和管理部门互相交叉的体制，改变政府支持政策的偏向性，突破对外投资法制的局限性。

从贸易保护的角度看，杜凯等引入贸易壁垒约束条件，对我国企业对外投资选择问题进行了一般均衡分析。他们认为，当企业面对反倾销壁垒采取 FDI 模式时，并非所有的企业都会做出壁垒跨越的选择。只有当节省的反倾销税和关税成本可以抵消 FDI 增加的边际生产成本时，企业才有动力通过对外直接投资来跨越反倾销壁垒。同时，企业对外直接投资促进了东道国社会福利的提升，这也是东道国愿意吸纳国外企业 FDI 的重要原因。

另外，还有许多学者从不同视角对中国对外投资进行了深入研究。李梅、金照林利用 2003～2008 年我国的省际面板数据，研究了对外直接投资的逆向技术溢出及人力资本吸收能力对其的影响。研究结果表明，现阶段对外投资传导的国际 R&D 对国内技术进步、技术效率和全要素生产率均无显著正向影响，对外投资的积极逆向溢出效应还未显现。分区域的回归结果显示，对外投资对我国各省区的逆向溢出存在明显差异，对外投资显著促进了东部和中部地区的全要素生产率增长，对西部地区的全要素生产率增长则无显著影响。东部地区的高水平人力资本显著提升了对外投资的逆向技术溢出效果，中西部地区人力资本却没有起到相应的促进作用。张会清、王剑以江苏省 IT 产业中的台资企业样本对该效应进行计量分析。其结论表明，中小企业由于自身实力上的局限，对外投资的空间聚集特征更明显，大型跨国公司往往是 FDI 聚集的始作俑者，而不是单纯的聚集跟随者，对外投资的聚集倾向相对较弱，甚至有可能做出避开竞争者聚集区的定位决策。大企业聚集对潜在投资者的吸引力在早期表现得更突出，而中小企业聚集的吸引力只在产业配套能力形成以后才开始发挥作用。

（二）国际劳务合作

从搜索的文献看，2011 年国际劳务合作的研究成果并不多，本报告共遴选了 13 篇文献。

在劳务输出方面，崔亚平从后危机时代国际市场出现的外部市场疲软等问题，提出辽宁省应借助地理优势，加强对俄罗斯的劳务合作，并提出大力开发劳务输出新项目、支持境外生产加工型投资、推动境外资源开发型投资、开展建筑工程承包和房地产开发项目、加强对种植业、养殖业等领域的劳务办理。张宏、钟颖在《中国对外劳务输出问题之浅析》一文中对我国劳务输出存在的问题进行了分析。他们认为，劳务输出是缓解我国就业压力，促进国际经济合作，支持国内经济建设的重要途径，在大力发展劳务输出的同时也要看到我国劳务输出存在的问题并力图去寻求解决这些问题的对策。

在国际工程承包与合作方面，随着我国建筑市场的完全开放，国际间承包工程与劳务合作有所增加。我国建筑业在面临更大市场机遇的同时，也面临着巨大的产业安全防范压力，包括安全事故、恐怖袭击、政府更迭、所在国政治动荡、外交风险等。童继生从安全防范的角度，提出五种国际总承包工程项目的风险规避措施：一是加强项目全过程的安全风险规避措施；二是规避食品卫生的安全风险；三是规避医疗保健的安全风险；四是规避防炎保卫的安全风险；五是规避生活环境的安全风险。

在国际劳务合作中，EPC 项目的采办和管理直接影响着工作建设的总体质量和总承包商的成本利润，设备材料能否按时到货影响着工程建设进度是否按计划进行，所购物资质量好坏直接影响建设质量。尤其重要的是，采购成本对控制建设总成本起着关键作用。赵文杰通过对实际工作经验的总结，提出了三种 EPC 的采办管理措施：一是控制采办进度，确保各项物资按计划到位；二是优化采购手段，加强控制与检验，确保设备材料质量满足技术规定要求；三是控制好采办成本，提高利润率。

（三）外资利用

从文献检索情况看，外资利用是后危机时代研究的热点，也是 2011 年许多学者关注的问题。笔者遴选了 CSSCI、核心期刊、EI 来源期刊共 205 篇文献进行了分析。

从我国利用外资的综合情况看，赵家章从我国利用外资的来源地结构、方式、产业结构、地区结构等方面进行了分析。他认为我国利用外资是渐进式的，同时利用外资加速了我国市场化的进程，而且我国以出口导向型利用外资为主，30 多年的对外开放和利用外资已经使中国全面融入全球经济主流，金融危机后，世界经济格局重新布局，这给中国今后利用外资既提供了机遇也带来了挑战。在今后吸引外资的过程中，不仅要继续保持一定规模，而且要更注重提高利用外资的质量，注重利用外资对于转变经济发展方式、优化贸易结构和调整产业结构的作用与影响；创新利用外资方式，“引进来”和“走出去”更好地结合起来；积极有效利用外资，加强对外资的产业和区域投向引导，提高外资的质量，对欠发达的中西部地区给予差别待遇；进一步推动中国企业“走出去”到境外投资和开展经营，培育中国的跨国公司和世界品牌。

李飞等对我国 2011 年利用外资的特点进行了分析，他认为我国当前利用外资相对集中于来源地，而且外资利用的产业结构分布不均衡。他们提出了更好地解决我国外资利用的对策是探索外资利用新方式、创造和改善软硬件投资环境、积极引导外资投向我国中西部地区、将外资利用与促进国内产业结构优化相结合。戢梦雪、徐菲通过对后危机时代印度外资的利用情况，对我国的外资利用情况进行了分析。印度的外资利用给我国带来了以下启示：一是始终坚持“为我所用”的原则，根据形势变化适时、适度调整外资政策；二是加大引资开放力度，但仍注意保持外资政策的延续性和稳定性；三是对外资有疏、有堵，注意风险规避。

在外资对中国经济增长影响方面，姜瑞春基于索洛模型，测算了2000～2009年外资对我国经济增长的技术贡献率。结果表明2000～2009年外资对我国经济增长的技术贡献率平均只有17%，技术贡献率最高的年份是2003年，达到35%，技术贡献率最低的年份只有1%。所以总体看，尽管外资的引进缓和了我国经济发展资金短缺的矛盾、改善了我国的产业结构、促进了就业水平的提高、增加了出口，但对我国经济增长的技术贡献率却十分有限。其原因：一是外商由于控制技术的需要，成熟的高新技术也主要转移到相关产业相对发达的工业化国家和地区，只有处于标准化和成熟的技术才可能转移到发展中国家来；二是由于全球化产业分工细化的结果，更多的产品生产环节在全球范围内进行布局。我国承担的多数是加工组装等劳动密集型环节，在价值链中仍然属于低端，大量的核心技术环节控制在发达国家手中。姜瑞春认为，鉴于外资对我国经济增长的技术贡献率十分有限的现实，在充分调动和有效利用国内资金的同时今后我们应当通过相关法律和政策，实现从“数量引资”向“技术引资”的转变，全面提高引资的技术水平：第一，坚持对外开放的基本政策，努力完善市场经济体制，逐步放开行业准入限制，为跨国公司提供进入中国市场的机会；第二，作为跨国投资的条件，确立技术创新优于股权更新的导向，鼓励外商在华设立研究和发展中心，同时要求外方必须加强对中方人力资源的培训和开发；第三，作为跨国投资的条件，要求外商在建立合资、合作、独资企业或通过并购进入我国时，投入的技术至少应当是成熟时期的技术。

后危机时代，我国利用外资数量在减少，这一问题也引起了一些学者的关注。于学花、栾谨崇对外商直接投资中的撤资问题进行了分析。他们认为，目前中国外商撤资的规模不大，也未发现有大规模撤资的趋势。造成中国外商撤资的原因多种多样，总体而言，小规模的外商撤资并未给中国经济带来太大的负面作用，某些类型的外商撤资还可能对中国经济的发展具有积极作用。基于此，中国政府一方面应采取各种政策措施预防外商的大规模撤资，另一方面要做好外商撤资后的各种应对工作。王茹也对我国资本外逃现状进行了分析，她认为资本外逃是衡量一个国家信用的基本指标之一，许多国际金融机构以及银行已经将资本外逃规模作为衡量贷款风险的重要指标之一。资本外逃毕竟是负面效应大甚至会危害经济健康发展的经济现象，作者系统总结国内外资本外逃问题方面的研究成果，进一步研究和丰富资本外逃的动因理论，并对中国的资本外逃问题进行深入的实证分析。

在外资利用质量以及相关政策方面，许多学者利用博弈论等多种实证分析手段对我国外资利用的政策进行了分析。李文玉从东道国与外商投资者的博弈行为出发，构建了一个用于分析外资优惠政策调整的动态博弈模型，根据此模型得到三个命题：东道国引资过程满足边际收益等于边际成本条件，优惠政策的边界条件取决于收益系数、成本系数以及最佳外资规模的大小；优惠政策与投资环境具有反向的替代关系，与外资的最佳规模呈正相关；低质量的投资对环境的敏感系数要小于高质量投资，低质量的投资对优惠政策的敏感系数要大于高质量投资。作者用这三个命题对中国外资政策调整的历程做了解释。

（四）国际科技合作

国际经济的融合必然带来科技的交流和进步。本报告对SCI、EI、中文核心、CSSCI期刊上的52篇文献进行了分析。从分析结果看，2011年国际科技合作的研究热点与2010年相比有所降低。研究热点集中在国际科技合作中的知识产权保护、国际科技合作态势、国际科技合作中的法律风险等。

从国际科技合作中的知识产权保护看，毕克新、赵瑞瑞采用因子分析法，对国际科技合作中知识产权保护的影响因子进行了研究，他们主要提取了制度因子、关系因子、经济因子、技术因子、管理因子等，得出了国际科技合作知识产权保护影响因素的重要程度，为国际科技合作知识产权保护策略的制定及制度的完善提供参考依据。

从国际科技合作态势情况看，单玉丽、苏美祥基于全球化视角，对我国的国际科技合作进行了分析，并提出相应对策。他们认为推进国际科技合作是我国扩大对外开放，加快经济发展方式转变的重要路径。当前国际科技合作已形成全方位、多层次、宽领域的格局，发达国家在国际科技合作资源整合中扮演着主导者的角色。我国国际科技合作有较大发展，但还存在一些制约因素，应通过强化政府的主导作用、加强与发展中国家的合作、鼓励科技型企业“走出去”、强化知识产权保护和运用等策略性措施，推动我国国际科技合作的可持续发展。李红军、高茹英认为科技全球化下的国际科技合作呈现出从双边合作走向多边合作，从资金投入转向财、物、智全面投入的新特点。他们对比分析了主要国家和地区国际科技合作的特点，从政策支持、资金投入、论文产出等方面进行了分析，并由此提出对我国开展国际科技合作的启示。

从国际科技合作中的法律风险控制看，李士杰、赵淑茹认为国内高校与国际企业的科技合作日益增多。高校作为技术提供者，应当做好法律风险控制工作，严格遵守技术出口和向境内的外国企业转让技术的法定程序，作为技术出口方对其出口的知识产权承担权利担保义务，在技术转让或许可合同中避免出现“限制性商业条款”，防范仲裁裁决得不到承认与执行的法律风险等，以此促进科技成果转化，积极践行高校的社会责任。

另外，黄传慧等对美国科技成果的转化机制进行了研究，表明美国在科技成果转化方面的成就世人瞩目，美国科技成果转化的思想基础来自“威思康星思想”，《拜杜法案》的颁布为美国科技成果转化提供了重要的法律保障，对美国科技成果转化产生了积极影响。美国政府出台了一系列的政策大力支持科技成果转化，美国政府除了向大学提供巨额的科研经费支持外，还根据大学的需求，设立了专门的服务机构和科技成果转化机构。美国的主要公营科技成果转化机构是国家技术转让中心和联邦实验室技术转移联合体。美国促进科技成果转化的举措包括建立科技园区、转让专利成果、开展国际科技合作。通过对美国科技成果转化机制的研究，借鉴其成功经验，以促进我国科技成果转化率的提高。

（五）国际经济合作协调机制

2011 年该研究领域主要研究了经济组织、WTO 框架内我国的经济协调运作机制、全球竞争格局变化与中国产业转型升级、国际经济协调理论的评析。

从国际经济组织运作的绩效看，席艳乐、曹亮基于集体委托代理理论，对国际经济组织的运作绩效进行了分析。他们认为，作为国际公共产品供给的重要载体，国际经济组织在发挥积极作用的同时，也面临着诸多批评。鉴于国际经济组织对成员国资金、人力资本、政治支持等方面依赖的特殊性以及外部环境压力尤其是来自成员国的直接压力都是影响经济组织正常运转的决定性因素，而对于大部分国际经济组织来说，绩效是通往合法性的道路，因此，对于当前国际经济组织运作绩效应看到：国家间权力的不对称性使得大国中心治理短期内不会改变；全球决策的多元化有助于扩大民主参与程度，促进全球问题的解决；发展中国家要积极参与政府间国际经济组织并强化自身责任，以最终推进改革进程。中国人民银行条法司课题组对我国加入经济合作与发展组织的利弊进行了分析。毛燕琼在《全球贸易战发展前景与世界贸易组织的作用》一文中指出贸易保护主义的泛滥导致了国际贸易摩擦的不断出现和升级，引起了人们对发生全球或局部贸易战的担忧。由于全球经济的一体化、国际经济组织的斡旋调解、相对完善的争端解决机制等原因，爆发全球性贸易战的可能性微乎其微。然而，个别国家之间却极有可能出现严重的贸易冲突。作为当今世界唯一规范全球贸易的国际组织，WTO 在本次危机中的表现差强人意，其暴露出来的缺陷急需完善。WTO 要发挥其应有的作用，必须解决如何有效遏制贸易保护主义的泛滥以及如何有效预防发生下次危机这两大问题。李途、蒋凯在《二十国集团在国际经济秩序变革中的角色分析》一文中对 G20 在国际经济秩序中的角色进行了深入分析。他们认为，二十国集团逐渐从全球治理的边缘走向中心，成为国际经济合作的主要平台，尤其是二十国峰会召开并逐步机制化以来，二十国集团在应对全球经济危机，促进世界经济复苏和现行金融体制改革方面表现突出，地位和作用显著提高。更重要的是，二十国集团已逐渐由应对经济危机向改革现存国际经济体系转变，触及了国际经济格局中话语权的分配问题。正因为如此，二十国集团在后经济危机时代的发展和走向令世人关注。

在全球金融监管方面，王冠指出，在后危机时代，世界各国都在各自的金融监管体制上进行了一系列修正式改革措施和弥补方案，研究和分析世界金融监督管理制度改革的趋势具有重大的意义。作者首先以美国金融监管体制为例分析当前宽松政策，其次总结国际金融监管模式，最后从特别处理机制、改善监管协调、加强利益保护和强化监管合作四个方面阐述全球金融监管的改革发展趋势。

在国际经济协调的法律制度方面，胡焕武提出新自由制度主义价值论的不足导致多边贸易体制偏离了社会正义，使得多边贸易自由化陷入困境。因此，世界各国转向区域经济一体化来推动本国经济的发展，而作为区域经济一体化载体的区域性国际经济组织也伴随区域经济一体化的发展而迅速发展，并以双边自由贸易区为主要表现形式。陈欢在《论 WTO 与 IMF 在国际收支领域的法律和制度合作》一文中认为 WTO 主管贸易，IMF 主管货币、金融，其联系焦点就在于国际收支领域。为更好地促进全球经济的发展，两大组织的法律和制度合作是必需的，并以国际收支领域为切入点来论述两者的合作法律和制度合作的机制。

二、国际代表性研究成果综述

通过对79篇外文文献进行综合分析，发现文献主要还是集中在对外投资、国际经济合作协调两大方面内容的研究上，为此本报告对2011年外文文献综述如下：

（一）对外投资

Sumon Kumar Bhaumik 和 Catherine Yap Co 在《中国经济合作相关投资：一个对外投资方向和影响的调查》一文中认为，中国政府在国家经济合作组织的赞助下，对许多国家进行了大规模的投资，对提高中国软实力方面有许多帮助。其研究结果表明，投资模式的确能够解释中国对外直接投资的定向模式，中国对外经济投资和利用受援国的自然资源之间并没有完全的经济学意义，中国更愿意与腐败水平低的国家加强经济上的合作。

（二）国际经济合作协调

2011年的主要研究成果有 Marco Antonio Vieira 和 Chris Alden 的《印度、巴西和南非（IBSA）：南南合作及区域领导关系的矛盾》。该文认为，印度、巴西和南非（IBSA）要想保持长期可持续的三方合作，取决于更有意识的参与区域合作伙伴。基于其成员国的战略位置，成员国之间应建立强大、稳定、合法的外交关系，在全球化进程中，IBSA 应加强在发展中国家中的领导地位。Zhen Yu Zhao 等在《国际合作中的中国可再生能源发展——一个关键分析》一文中认为，过去几十年，我们见证了在外资参与下，中国可再生能源的快速发展，传统石化燃料不仅有着巨大的能源需求，同时也是政府监管的主要对象。该文回顾了21世纪可再生能源的国际经济合作情况，结果表明，中国可再生能源的发展得益于国际经济合作中金融和先进技术的支持，应加强发展可再生能源的制度建设，同时，加强在重大问题与国际能源组织的沟通与协作。Mario Cimoli 和 Gabriel Porcile 在《中国农田进驻贝宁：互利共赢的合作经济模式》一文中认为，中国与贝宁一直加强在贸易和技术合作等领域方面的合作。近年来，中国更多以直接投资的方式保持与贝宁的合作，包括中国在内的许多国家均获得了在贝宁进行种植的权力。该文的研究旨在分析中国社会主义市场经济策略在面对贝宁的新自由主义有何不同、中国的农业社区策略是否适用于贝宁、中国可以在多大程度上实现与贝宁在经济合作下的共赢等问题。Suisheng Zhao 在《中国对东亚区域合作的方法、动机及预测》一文中探讨了中国与东亚进行区域合作的动机及有关的激励措施。作者认为，中国参与区域经济合作，有利于营造一个安全、和平的区域合作关系，也有利于保持双边在经济和政治上的和谐稳定关系，日、美在该区域中也扮演着重要的角色。在与东亚的区域合作中，中国更倾向于采用非正式，而不是通过法律约束的方法，建立与东亚各国的合作关系。这种柔性方法是和平解决地区争端的有效策略。HeiDi 和 Haugen 在《中国出口非洲：竞争、互补和微观主体之间合作》一文中认为，中国与非洲的贸易关系在过去的 10 年中表现出惊人的活力，这些贸易流动的空间分布呈现出高度不均衡：进口中国的产品主要来自资源丰富的国家，而中国的出口贸易主要进入大多数非洲市场，尤其是中国小规模企业制成品出口非洲的数量激增，非洲和中国的双边贸易合作关系越来越紧密。作者在采用联合国相关贸易统计数据的基础上，通过实地调研、访谈，探索中、非之间互补与合作的经济关系。通过对中、非贸易的宏观发展趋势研究，表明中国发展与非洲的贸易合作关系有着重要的经济和社会意义，同时中小型企业还应在非洲国家之间建立良好的合作信誉以及理解与合作共赢的机制。Deborah Bra Utigam 的《东南亚国家联盟的政治经济合作》一文在探讨东南亚国家联盟（东盟）从成立到达成经济合作协议的政治动机的基础上，对东盟经济合作协议进行了研究。作者认为，这些措施通过加强东盟内部贸易合作、海关改革、产品标准协调、服务贸易自由化、加强交通枢纽建设，来减少和消除关税和非关税壁垒，同时也分析了未能完全履行一些措施的国内政治障碍。作者还通过对《东盟宪章》的研究，探讨了到 2015 年实现东盟共同体的前景。

此外，本报告通过对中、英亚马逊，当当网等网站的检索，收集了 2011 年较具有代表性的国际经济合作学科的研究专著。其中一本是由 Nicholas Bayne 和 Stephen Woolcock 撰写的《新经外交：国际经济关系中的决策和谈判》。该书指出，经济外交的研究交叉点一方面是国际政治经济与国际关系理论；另一方面是谈判和组织理论。显然，这些复杂的问题能够从多角度来分析，经济学家推断国际关系自由主义者将占据世界政治经济舞台。这本书从社会冲突的视角，尝试采用一个明确、规范的研究方法，对国际经济关系中的决策和谈判进行深入分析。这本书对在国际商业和贸易领域中的谈判技巧有深入剖析，对参与国际贸易谈判的工作者有很大帮助。另外一本是 Christoph Dorrenbacher 和 Mike Geppert 撰写的《跨国公司的政治和权力》。该书认为，当前金融和经济危机对我们的工作和生活造成了一定的负面影响。作者通过对安然、世通、雷曼兄弟、丰田、通用汽车等跨国大公司可能存在的危机进行分析，不仅揭示了企业的不正当行为和存在的市场问题和功能障碍，同时也提出滥用权力而带来的对跨国公司的灾害。该书还从宏观和微观层面，探讨了权力和政治对跨国公司运营的重要性以及带来的影响。

第三节　2011 年国际经济合作研究分析

一、中国对外投资文献分析

我们以“中国对外投资”为关键词搜索遴选了 146 篇文献，具体分布情况如图 1－1 所示。从期刊来源分布、文献机构分布和项目支持看，对外投资成为 2011 年国际经济合作的研究热点。

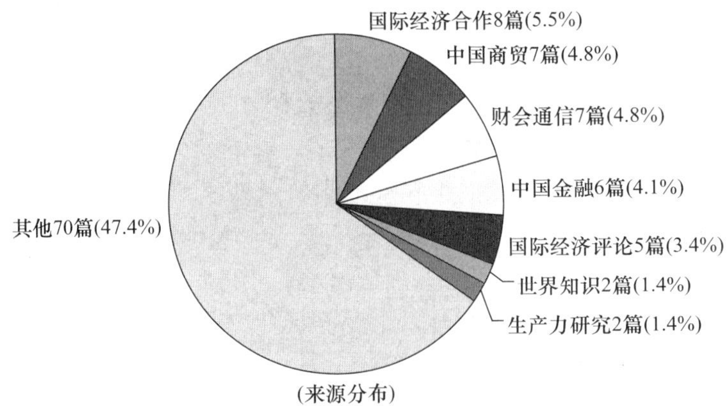
国际经济合作8篇(5.5%)
中国商贸7篇(4.8%)
财会通信7篇(4.8%)
中国金融6篇(4.1%)
国际经济评论5篇(3.4%)
世界知识2篇(1.4%)
生产力研究2篇(1.4%)
其他70篇(47.4%)
(来源分布)

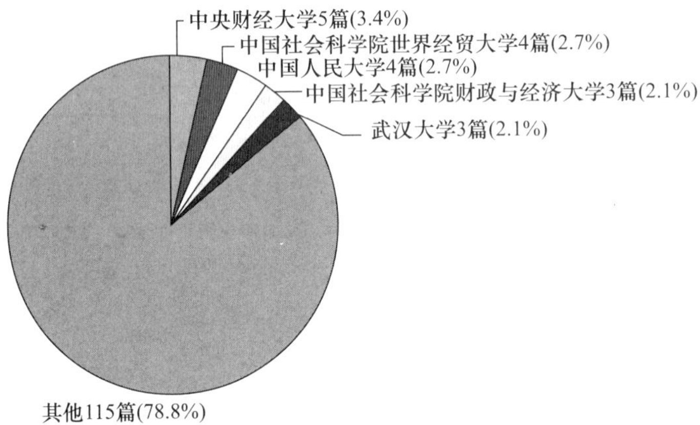
中央财经大学5篇(3.4%)
中国社会科学院世界经贸大学4篇(2.7%)
中国人民大学4篇(2.7%)
中国社会科学院财政与经济大学3篇(2.1%)
武汉大学3篇(2.1%)
其他115篇(78.8%)
(机构分布)

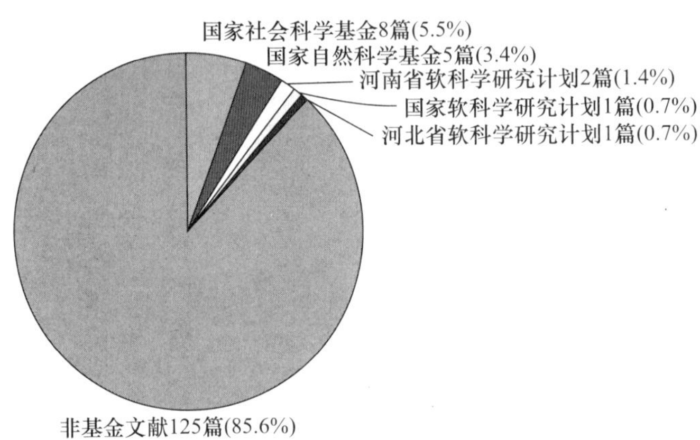
国家社会科学基金8篇(5.5%)
国家自然科学基金5篇(3.4%)
河南省软科学研究计划2篇(1.4%)
国家软科学研究计划1篇(0.7%)
河北省软科学研究计划1篇(0.7%)
非基金文献125篇(85.6%)
(基金分布)

图 1－1　中国对外投资文献情况分析

二、国际劳务合作的文献分析

我们以“国际劳务合作”为关键词搜索遴选了 13 篇文献，具体分布情况如图 1－2 所示。从对文献的分析结果看，在 2011 年这一国际经济合作的研究对象未获得国家各类基金的支持，且相关的研究深度和广度均有不足，研究内容主要集中在国际承包项目的安全风险与突发应对、国际劳务输出过程中的现状及对策、国际工程外派人员的心理健康等问题分析上，且研究机构多为劳务输入的大型企业。

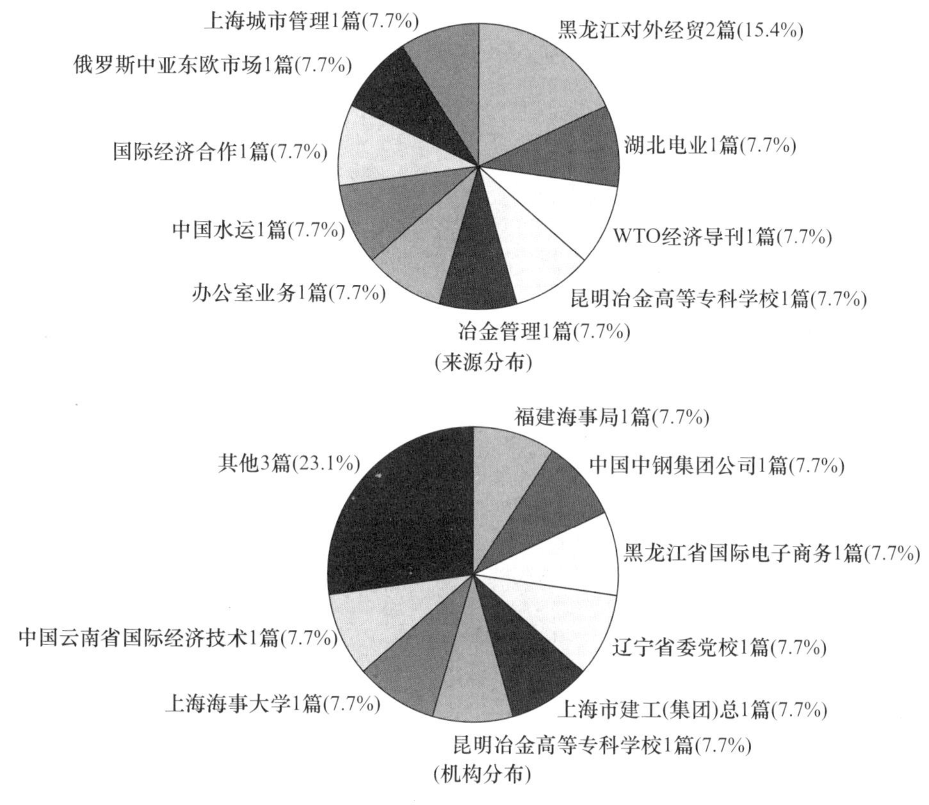

图 1－2　国际劳务合作文献情况分析

三、利用外资的文献分析

我们以“利用外资”为关键词搜索遴选了一类、二类、三类期刊 205 篇文献，具体分布情况如图 1－3 所示。从文献的分析结果看，有 20% 的文献获得省部级以上基金的支持，且研究机构均来自较有实力的高校及研究院所，尽管近年来我国外资利用率下降，但仍反映了 2011 年外资利用仍然是许多学者关注的内容。关注的热点问题主要集中在各省份对外资利用的效果分析、外资利用对我国产业结构的影响、我国各行业利用外资的溢出效应分析。由于后危机时代，我国利用外资数量减少，外资出逃等问题也成为学者们研究分析的对象。

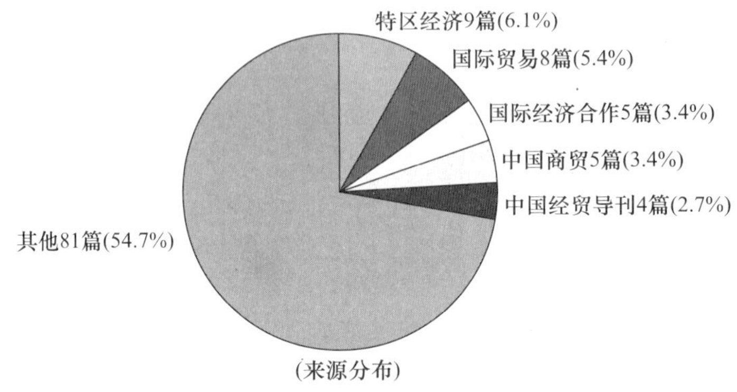

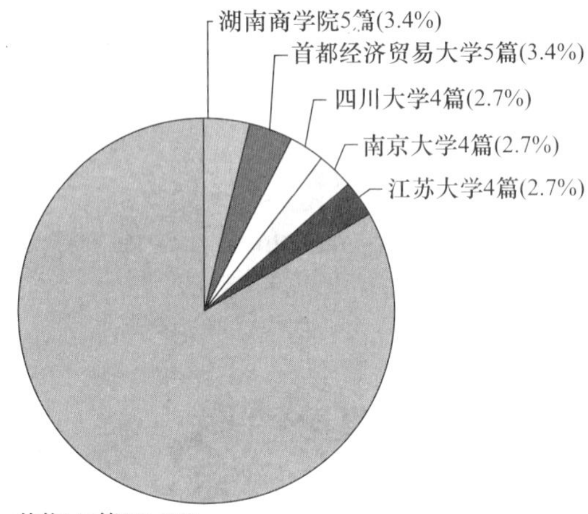

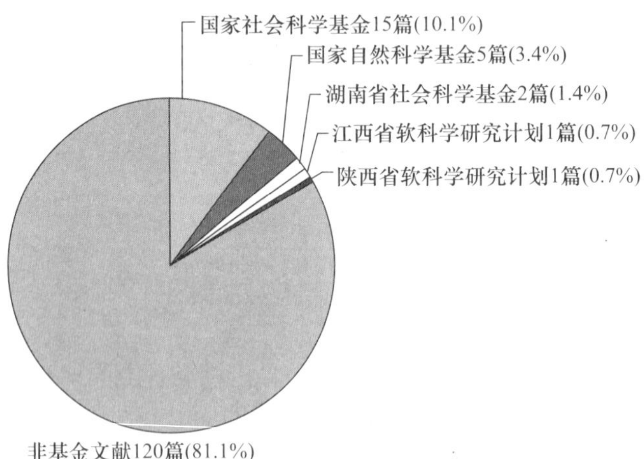

图 1－3 利用外资文献情况分析

四、国际科技合作文献分析

我们以“国际科技合作”为关键词搜索遴选了 SCI、EI、核心期刊、CSSCI 发表的 52 篇文献，具体分布情况如图 1-4 所示。从文献分析结果看，获得省部级以上基金支持的项目占所有文献的 16%。涉及的高校和科研院所为中国农业大学、北京大学、中国热带农业科学院等有一定实力的科研院所。研究主要围绕着科技合作中的知识产权保护、国际科技合作态势、国际科技合作中的法律风险等内容展开。

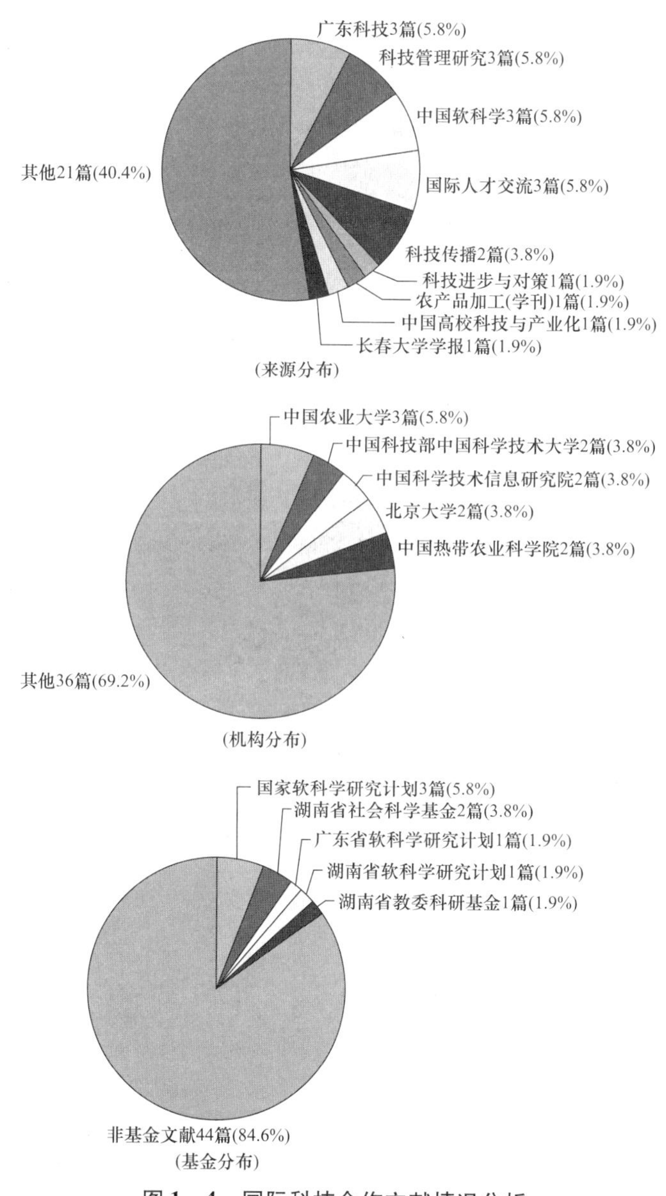

图 1-4　国际科技合作文献情况分析

五、国际经济合作协调

我们以“国际经济合作协调”为关键词对2011年的CSSCI、核心期刊、EI、SCI的期刊进行检索遴选了17篇文献，具体分布情况如图1-5所示涉及经济组织、经济组织运作绩效、全球金融监管等方面的内容。

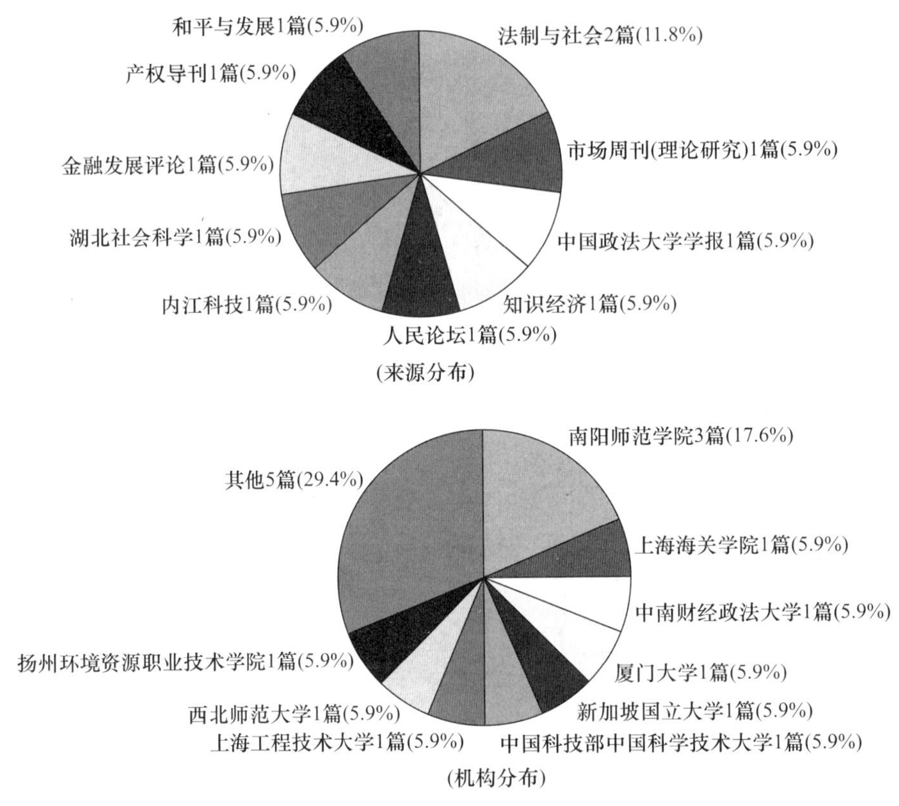

图1-5　国际经济合作协议文献情况分析

第四节　国际经济合作学科研究前景及建议

随着经济全球化的进程和高新技术革命的发展，发展中国家在国际经济合作中的地位日益增强，国际贸易对经济增长的贡献率进一步增强，服务贸易异军突起，新的趋势主要如下：一是WTO成为世界范围维护和完善贸易秩序的重要机制，未来的经济合作也势必以此为解决争端的机制；二是 FTA 的贸易创造效应成为全球贸易新的增长点，区域经济一体化趋势加强。当今世界处于一种旧格局崩溃，新格局尚未成型的转折时期，充满着各种变动和相对不变的因素。只有准确把握时代趋势和形势特征，审时度势，因势利导，才能正确应对复杂的国际环境挑战，发展自己并有效维护世界和平，促进人类进步。

一、国际经济合作学科的研究前景

随着国际经济合作关系的复杂化，新情况、新问题的出现，使国际经济合作学科的研究变得愈发困难。但也说明，国际经济合作学科的研究深度和广度在加强，国内外各大研究院所、各大高校、相关研究机构对国际经济合作领域的研究投入越来越多，新的研究视角、研究方法、研究报告、研究成果不断涌现。

（一）经济转型，使对外投资成为研究热点

经济全球化使各国纷纷加强与他国的经济合作，在我国经济转型的大背景下，许多企业纷纷实行“走出去、引进来”战略，在输出我国技术时，利用他国资源发展我国经济，因此对外投资成为当前的一大研究热点。同时，国际经济合作已经发展成为一种涉及一切国家、遍及各个社会经济生活领域、多形式、多层次的国际经济关系体系。目前，随着国际贸易的不断发展，信息交通技术的不断提高，使得国与国之间的经济联系越来越密切，同时以国际间生产要素转移为主要内容的国际经济合作也出现了前所未有的发展势头。最显著的发展趋势就是：国与国之间的竞争日趋激烈，集团化趋势明显，国际经济合作形式趋于多样化，国与国之间的经济政策协调趋于经常化和制度化。为此，许多学者从对外投资的模式、对外投资的问题及存在风险、法律和税收问题处理、对外投资对我国经济发展的影响、对外投资战略研究、企业规模、市场能力、对外投资溢出效应以及对外投资的制度建设等前沿热点问题进行了研究。

（二）国际经济竞争日趋激烈，利用外资成为另一研究热点

当前，资本要素市场上呈现的是买方竞争的趋势。各国都在为吸引更多的资本流入本国，为自身的经济发展发挥有效的作用而想方设法。首先，世界上各个国家，无论是发达国家还是发展中国家，都在为吸引更多的外商投资而推出新的政策。突尼斯的私营公司中所拥有的股份不超过 49.99% 的外国投资者不需要官方的同意即可投资。在税收优惠方面，前 10 年全免所得税；从第 11 年开始，无期限减半征收出口所得税，对地区发展项目减半征收所得税，为期 10 年；对纯出口企业进口的设备、原料和半成品全部免征各种捐税；允许纯出口企业经营额的 20% 产品或服务在本地进行销售。其次，各国也都在为外商创造良好的投资环境，以增强自己的竞争能力。突尼斯已经建成了 7 个机场以及 91 家外国航空公司，不断开辟新的航线，现在每周都有至少 281 个航班飞往欧洲。另外，突尼斯还建成了 8 个商业港口，并使国家通信网络全部数字化。韩国作为新兴市场国家，尽管

投资环境已经相当不错，但它们仍然努力进一步完善其投资环境。而我国近年来，利用外资数量在减少，个别地方出现外资出逃现象。

为此，许多学者从以下几方面对我国的外资利用情况进行研究：我国利用外资的能力评价、利用外资对区域经济发展的影响、中国与非洲等国利用外资对比情况研究、优化外商投资环境研究、外资利用的法律和税收等。

（三）人才竞争，使国际劳务合作受到更多的重视

在劳动力要素市场上则呈现的是卖方竞争的趋势。总体看，国际劳务市场的供给远大于需求，因此劳务输出国之间为争夺劳务市场也展开了竞争。这主要表现在以下几方面：一是海员的输出竞争激烈。二是技术型人才输出竞争激烈，计算机服务人员的输出竞争更激烈。印度是仅次于美国的全球第二大软件出口国，印度政府从儿童抓起，非常重视对计算机教育的投入，使印度人从小就接受信息技术教育，培养了一大批高素质的计算机专业技术人员，印度的软件人才供应在世界上首屈一指。巴西、日本、中国也是计算机服务人员的较大供应国。三是医疗服务人员输出竞争也很激烈。我国是医护人员的输出大国，大多数医疗服务人员被派往中东或东欧的一些国家。此外，建筑类人员、科教人员也是劳务输出的重点。

事实上，从对2011年文献的分析，国际劳务合作的研究成果并不多，研究深度和广度也有待提高，但是2011年及未来几年，国际劳务市场上的流动和变化，必将推动国际劳务合作的研究。

（四）生产要素移动的集团化，促使国际经济组织的蓬勃发展

由于生产要素移动趋向集团化，因此各经济集团内国家之间以及经济集团与经济集团之间的经济贸易往来和经济合作业务不断的增加，这就促使世界各大洲区域经济集团化的步伐显著加快，大大小小的区域性经济合作组织也如雨后春笋般地涌现出来，遍布世界各地，形成了一个以各个区域为活动范围和联系主体的经济网络。参加区域经济合作组织的国家，依靠本地区的有利条件，寻求更广泛、更深层次的合作，以取得加快本国经济发展的有利条件。

1997年，世界上就已经存在着24个大小不等、形式各异的区域性经济集团，参加的国家和地区达140多个。而到目前为止，不同层次、不同形式、不同内容的区域性经济和贸易合作组织已有100多个。以欧洲为例，我们就可以从中看出集团化趋势是不可避免的：从20世纪80年代中期开始，欧共体就一直在加快经济一体化进程的步伐，1993年1月，当欧共体基本上建立起一个统一的大市场之后，在成员国之间实现了商品、劳务、资本和人员的部分或全部自由流通，过去存在于各成员国之间的各种贸易壁垒都被取消了，并且各成员国统一了相应的法规，协调了税收，实行产品和技术统一标准。1999年1月1日，由欧共体发展成为的欧洲经济联盟启动了统一货币——欧元，随后欧盟东扩也开始进行，而且目前还在持续着。再来看美洲：1994年12月，美国在首届美洲34国首脑会议

上提出，在2005年前建立美洲自由贸易区。而当到了1998年4月，在第二届美洲国家首脑会议上，关于建立美洲自由贸易区的谈判就正式宣布启动。最后看向亚洲：以中国为首的东亚经济高速增长和贸易的快速发展举世瞩目，这离不开亚太经济合作组织的贡献。自1993年以来，亚太经济合作组织每年都会举行领导人非正式会晤，从而推动了该地区的贸易投资自由化和经济科技的合作。通过建立集团组织，不仅可以使集团内部的各个国家在相互进行经济贸易和经济合作时更加便利，也使得它们在同其他集团进行贸易和展开合作时不会势单力孤，对其自身发展有着无限的好处。因此，目前各个国家都在积极的寻找适合自己的经济集团，并想方设法成为其中的一员，可见集团化趋势在今后一段时期里仍然是一大主流。

因此，基于国际经济合作组织的快速发展，势必推动对国际经济合作组织的研究，从当前文献检索情况看，国际经济合作组织的合作模式、国际经济合作组织对我国经济发展的影响、国际经济合作组织的制度建设是主要的研究热点。

（五）各国间经济依赖性的增强，促使国际经济合作协调机制的研究

随着各国对外经济活动的规模和范围的扩大，国与国之间经济依赖性不断增强，生产要素在国际上的移动也开始加快，改善外部条件和利用国际资源已经成为各国的重要任务。其外部条件的改善既不能听凭市场机制的自发调节，也不能单靠本国的政策干预，而需要有关国家经济发展状况和经济政策的配合，因此国际经济政策协调将不可避免的频繁发生。

首先，每个国家都想达到经济均衡，即总供给等于总需求。然而，由于目前大多数国家都打开了自己的国门，受外部的经济影响程度加大，使得各国经济均衡实现的条件更加复杂化了，各国受外部经济发展状况的限制和制约也强化了。因此，各国都需要创造一个良好的外部均衡的经济环境。要想创造一个外部经济均衡的环境，仅仅依靠一个国家的经济政策调节是不可能实现的，而是越来越需要各个国家相互配合，共同进行经济政策的协调。

其次，从总体看，对外开放能够促进一国福利水平的提高，这是由追求经济利益的自然倾向决定的。然而，福利水平的提高并不能自发实现，因为在国家民族利益下，任何一个国家外部经济利益的实现，都要受到他国经济发展状况和经济政策的限制和制约。目前，这种利益障碍主要来自两个方面：一是市场准入障碍；二是过度竞争。这两种障碍都要依赖非市场因素即各国宏观经济政策的调解，如果要克服这两个方面的利益障碍，除了发挥市场机制的作用外，更重要的就是要通过对各国经济政策进行国际协调。

另外，在封闭经济条件下，一国所采取的宏观经济政策对本国国民经济活动的调控能力较强。但是，目前各个国家都处在开放经济条件下，由于外部经济的介入，一国干预经济活动的政策手段的影响力明显减弱，为了加强政策效果，各个国家都在想方设法地进行必要的国际经济政策协调。

由于上述原因，当今世界国与国之间以及各个国际组织之间进行的经济政策协调日趋

频繁。各个国家由政府或有关国家官方机构出面，或通过签订国际协议，或结成区域性的一体化经济集团，或在更大范围内参加跨区域的国际性组织，或通过主要资本主义国家的首脑定期会晤等来进行相互之间的经济政策协调，并且这种协调正在向定期化和制度化方向发展。因此，在国际经济合作中，对国际经济协调机制研究、制度研究、协调方式研究都将成为未来研究的热点。

二、国际经济合作学科的研究建议

从研究内容看，国内研究热点和重点问题主要侧重于外资利用、对外直接投资、国际劳务合作、国际经济协调机制等方面，以上研究重点也顺应我国经济快速发展和经济转型的要求。同时，“十二五”发展规划，必将推动本学科的发展，并带来更多更新的研究视角。研究人员应立足我国经济转型期，为国际经济合作学科发展的新动向把脉。

从研究广度看，应走入我国经济较发达的东部地区，也应走入我国经济待发展的西部地区，探寻我国在国际经济合作方面存在的新问题，找出解决现实问题中的新思路和新策略。另外，研究人员应深入国际经济合作频繁的企业当中，了解企业在国际经济合作中存在的问题，从机制、政策等方面为企业解决实际的问题。

从研究的深度看，采用实地调研的方法，运用多样化的实证分析工具，进一步提升我国对外投资、外资利用、国际劳务合作、国际科技合作、国际经济合作组织机制等方面的研究，从研究深度方面提高国际经济合作学科的研究实效性。

第二章　国际经济合作学科 2011 年期刊论文精选

本报告对 2011 年国际经济合作理论相关的期刊论文进行梳理与划分。这些论文通过以下程序选定：首先，主要收录学术界公认的国际经济合作、国际商务、国际金融、现代国际关系、阿拉伯世界研究、俄罗斯研究、社会主义研究、学习与探索、改革与战略等权威期刊；其次，参考其他期刊中文章的引用率进行候选期刊补充。在综合考虑研究内容、研究方法及研究视角后，经过编委们的一致同意，共评选出 18 篇中文期刊优秀论文和 20 篇英文期刊优秀论文。

第一节

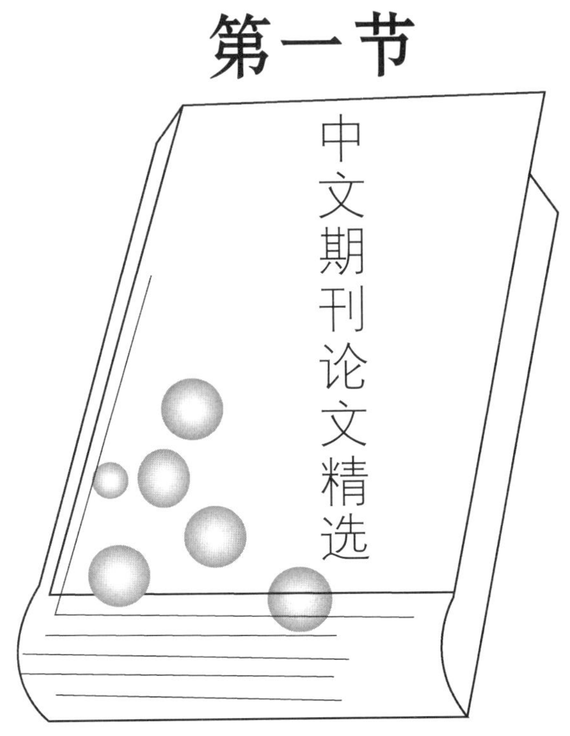

从跨境贸易人民币结算看人民币国际化战略*

李 婧

【摘 要】中国改革开放以后经历了本币和外币政策的重大变化。2008 年金融危机爆发后，人民币国际化不仅成为保护实体企业的短期应对措施，而且成为中国重要的国际金融战略。推进跨境贸易人民币结算是人民币国际化路线图的重要一步，这一行动取得了一定成果，但是并没有达到预期效果，进一步推进跨境贸易人民币结算的运行面临诸多问题的挑战。在制度层面上，中国需要进一步在不显著改变原有框架下开放金融市场，提高银行业的服务能力和在全球配置资源的能力，完善外汇市场，改善人民币汇率的形成机制。同时要加强亚洲生产网络的建设，逐步改善贸易结构，提高外贸企业的定价能力。

【关键词】跨境贸易人民币结算；人民币国际化；人民币汇率；资本管制

一、引 言

为保证金融稳定，中国在本币、外币政策制定和执行方面一直是非常谨慎的，长期采取的是人民币非国际化政策。2008 年全球金融危机爆发后，美元对其他货币的波动及美元的长期弱势趋势对真实经济造成了巨大伤害。作为有大笔资产以美元的形式存在美国的国家，不仅要担心进出口的稳定问题，而且还要担心国家储蓄的安全问题。于是，中国开始从国家战略的角度思考人民币国际化问题，并采取了积极行动：中国人民银行与其他国

* 本文选自《世界经济研究》2011 年第 2 期。

基金项目：2008 年国家社会科学基金重大项目《保持经济稳定、金融稳定和资本市场稳定对策研究》（项目编号：08&ZD036）、2010 年国家社会科学基金重大项目《中国积极参与国际货币体系改革进程研究》（项目编号：10ZD&054）、2010 年国家自然科学基金应急项目《人民币国际化道路研究》（项目编号：71041013）的阶段性成果。

作者简介：李婧，首都经济贸易大学经济学院教授。

家中央银行签订了货币互换协议；与亚洲国家共商亚洲金融稳定，建议筹备亚洲储备资产库；出台跨境贸易人民币结算试点及相关政策。其中，跨境贸易人民币结算代表着中国本币、外币政策的巨大变化，是中国推进人民币国际化路线图的重要一步，这一步的施行过程和结果将对未来人民币国际化道路的选择产生影响。本文研究的主要问题是以跨境贸易人民币结算运行效果及面临的主要问题为切入点，对未来中国人民币国际化战略的实施进行展望。

二、跨境贸易人民币结算的运行及成果

（一）跨境贸易人民币结算试点的提出及政策支持

长期以来，中国对外贸易结算要求出口收汇，进口付汇，或者是进出口计价和结算货币必须都是可兑换货币。中国只有在贸易量较少的边境贸易中使用本币结算，在法律上允许与中国人民银行签订本币支付协议的国家之间自愿采取双方本币结算①。大规模的一般贸易仍然是采取外汇结算为主（实际上主要是以从跨境贸易人民币结算看人民币国际化战略美元来进行结算）。发挥人民币在跨境贸易结算中的作用，最重要的是要使人民币成为一般贸易结算货币。为了稳妥地促进人民币作为“大贸”中贸易结算货币地位的发展，考虑到中国具有的金融条件、外部市场基础，尤其是危机后受金融危机影响，美元、欧元等主要国际结算货币汇率大幅波动，中国及周边国家和地区的企业在使用第三方货币进行贸易结算时面临较大的汇率波动风险。为保持中国与周边国家和地区的贸易正常发展，2008 年 12 月，中国政府提出在中国国内特定地区与周边特定国家和地区开始试点实行以人民币为贸易结算货币。

2009 年 4 月 8 日，国务院举行常务会议决定在上海市和广东省广州、深圳、珠海、东莞 4 个城市开展跨境贸易人民币结算试点。2009 年 7 月 2 日，中国人民银行、财政部、商务部、海关总署、国家税务总局、中国银行业监督管理委员会发布了［2009］第 10 号公告，出台了《跨境贸易人民币结算试点管理办法》。该《管理办法》从贸易便利化角度，对跨境贸易人民币结算的结算方式、监管模式、出口货物退税办法进行了详细的说明。这一细则的出台具有里程碑意义，是中国在促进国际贸易中人民币载体货币（Vehiclecurrency）功能发挥的制度支持。

① 1997 年，国家外汇管理局发布了《边境贸易外汇管理暂行办法》，允许以人民币结算，但是要求境外贸易机构在境内银行开设人民币结算专用账户，规定账户资金只能用于边境贸易的支付。2003 年，国家外汇管理局允许企业以人民币报关和计价，但结算仍然按照外汇进行。同年 9 月发布了《边境贸易外汇管理办法》，继续沿用原来的人民币账户管理办法，增加了对核销问题的管理。

（二）试点以来跨境贸易人民币结算的数量

从跨境贸易结算量的月度数据看，人民币结算经历了由冷趋暖的过程（图1）。

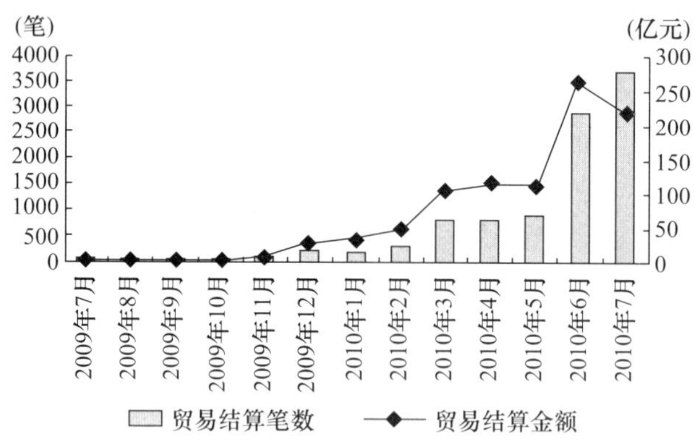

图1　跨境贸易人民币结算按月情况

资料来源：根据中国人民银行公布的《2010 年第三季度中国货币政策执行报告》及其他公告信息计算。

从 2009 年 7 月试点后的半年内看，人民币结算的数量较少，增长缓慢，比预先估计达到的规模存在较大差距，其主要原因与出口退税政策有关。如果跨境贸易以人民币结算，则进出口收付的交易货币都是人民币，但是由于管理制度上的缺失，监管部门难以界定资金是否来自境外，因此无法给予出口退税。而出口退税的收益，要远远大于汇兑的损失。因此，企业使用人民币进行结算的动机受到很大影响。此后，在 2009 年 8 月 25 日，国家税务总局正式下发通知，明确了跨境贸易人民币结算试点企业的出口退税手续。随即在 2009 年 9 月初，跨境贸易人民币结算出口退税业务开始正式办理，企业最担心的退税问题得以解决。2009 年 9 月 4 ~ 12 日，在一周左右的时间，跨境贸易的人民币结算金额增加了 2000 万元以上，跨境人民币贸易结算由冷转暖。根据人民币跨境收付信息管理系统（RCPMIS）的统计，截至 2009 年 9 月 30 日，跨境贸易人民币结算量超过 1 亿元，人民币账户融资、贸易融资等相关业务也顺利开展，人民币出口退（免）税及报关等程序日益便捷、顺畅。

2010 年 6 月，跨境贸易人民币结算试点范围扩大以来，跨境贸易人民币结算业务量快速增长①。据了解，目前进行跨境贸易人民币结算试点的 20 个省（自治区、直辖市）

① 2010 年 6 月 17 日，中国人民银行、财政部、商务部、海关总署、税务总局、银监会联合发出《关于扩大跨境贸易人民币结算试点有关问题的通知》：跨境贸易人民币结算试点地区由上海市和广东省的 4 个城市扩大到北京、天津、内蒙古、辽宁、上海、江苏、浙江、福建、山东、湖北、广东、广西、海南、重庆、四川、云南、吉林、黑龙江、西藏、新疆 20 个省（自治区、直辖市）；跨境贸易人民币结算的境外地域由港澳、东盟地区扩展到所有国家和地区；试点业务范围包括跨境货物贸易、服务贸易和其他经常项目人民币结算；不再限制境外地域，企业可按市场原则选择使用人民币结算。

在中国进出口贸易中已占绝对比重。统计显示，2008 年和 2009 年上述省份的进出口贸易额分别达到 24241.3 亿美元和 21008 亿美元，在全国进出口贸易总额中的占比高达 94.63% 和 95.18%。2010 年 6 月，人民币结算试点范围扩大以来，跨境贸易人民币结算业务量快速增长，商业银行累计办理跨境贸易人民币结算业务 486.6 亿元，比第一季度增长 1.65 倍。根据中国人民银行（2010 年）发布的数据，自 2009 年 7 月试点开始至 2010 年 9 月末，银行累计办理跨境贸易人民币结算业务 1970.8 亿元。其中，货物贸易出口结算金额 177.3 亿元、货物贸易进口结算金额 1570.9 亿元、服务贸易及其他经常项目结算金额 222.6 亿元。试点扩大后结算金额的迅速上涨与试点范围在国内外的扩大有关，与 2010 年 6 月 21 日后中国进行人民币汇率的调整更有密切关系。6 月 22 日，人民币兑美元的汇率达到了 2005 年 7 月 21 日汇率形成机制改革以来的新高，此后，人民币兑美元逐步升值。根据对一些试点企业的调研，他们认为在进出口贸易额结算中，人民币稳定升值会提高贸易伙伴采用人民币计价和结算的意愿。

（三）跨境贸易人民币结算的境内外地域分布、业务范围

从境内跨境贸易人民币结算的地域分布看，最开始的试点地区限于上海市和广东省的广州、深圳、珠海、东莞，到后来的北京、天津、内蒙古、辽宁、上海、江苏、浙江、福建、山东、湖北、广东、广西、海南、重庆、四川、云南、吉林、黑龙江、西藏、新疆 20 个省（自治区、直辖市），跨境贸易人民币结算的境外地域由港澳、东盟地区扩展到所有国家和地区。试点业务范围包括跨境货物贸易、服务贸易和其他经常项目人民币结算，不再限制境外地域，企业可按市场原则选择使用人民币结算。从跨境贸易人民币结算看人民币国际化战略，广东省的结算量占的较大，截至 2010 年 6 月，广东省结算量达到了 430 亿美元。深圳市 34 家银行为 275 家企业办理了跨境贸易人民币结算业务 1308 笔，金额 274.72 亿元，占全国的 35.9%，领先全国其他地区。因此，在境内的地区分布上具有较大的地域非均衡性，同时这同深圳与香港在地域上的接近，多年来深、港的金融合作有密切关系。香港与内地的每一次贸易和金融合作的开展，深圳都成为境内受益最显著的地区。从境外结算的地域分布看，虽然目前境外范围已经超越港澳、东盟国家和地区，但是，截至 2010 年 6 月底，跨境贸易人民币业务主要集中在中国香港、新加坡，两地分别占总结算量的 74% 和 13%（见图 2）。这说明，跨境贸易人民币结算在外的分布上也具有非均衡性，绝对数量集中在港澳和周边地区。

从跨境贸易人民币结算的贸易类型看，进口业务占的比重最大，其次是出口业务和服务贸易。从以上跨境贸易人民币结算运行的基本情况看，企业是否采用人民币作为结算货币主要取决于成本收益、人民币结算的便利程度、结算在制度上的合作性，实际操作的可行性以及人民币价格的稳定。短期内，人民币汇率的稳定和未来的上升趋势将左右企业对计价货币的选择。从结算量看，结算规模远远地低于预先估计的数量，其背后的制度因素和市场因素值得进一步关注。从人民币跨境贸易结算的地域分布看，贸易结算集中在内地开放的前沿地区和境外华人经济集中的地区，呈现明显的区域非均衡性。目前，

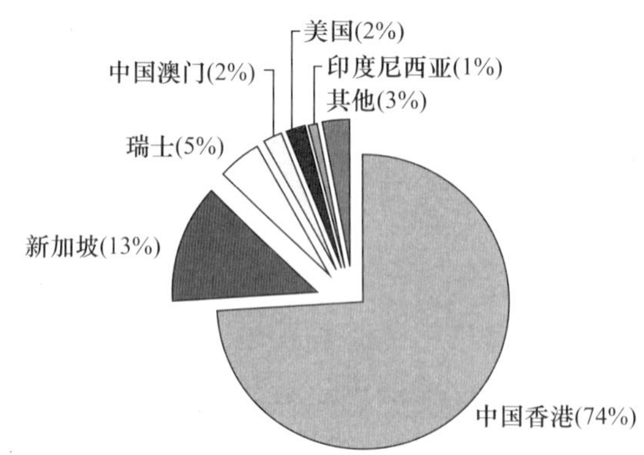

图 2　境外国家（地区）结算量占比

资料来源：根据 2010 年出版的《金融时报》、《21 世纪经济报道》发布的信息整理。

我们还没有得到关于境内外跨境贸易结算情况的具体数据，但是，可以预测大量的跨境贸易结算将仍然会集中在南方省份和中国周边的华人经济区。从国家要达到的目标看，跨境贸易人民币结算的主要目的是促进人民币国际化，把人民币打造成国际贸易中的载体货币，这是人民币国际化路线图的第一步。如果这一步走好，人民币国际化就具备了坚实的基础。这一步是否能够走好，还要看中国能不能很好地解决跨境贸易人民币结算过程中面临的制度供给问题、技术问题及跨境贸易人民币结算的一些“副产品”，如内地金融市场的开放等。

三、跨境贸易人民币结算面临的主要问题

推进跨境贸易人民币结算直接目的是促进贸易的便利化，进而提高和扩展人民币的支付功能。当前跨境贸易人民币结算的进一步扩展还面临一系列的问题，这直接或间接地影响了人民币在境外的接受程度。

（一）贸易企业的计价能力低

在制度上，贸易企业可以选择人民币计价，但是取决于其采用人民币来计价的能力。普遍看，中资企业在国际市场上的定价能力比较弱。虽然在国家层面，中国已经成为全球贸易量第二大国，但是在全球和亚洲生产网络上，中国在生产分工和收益分配上仍然处于弱势地位，因此定价能力较弱。在大宗产品上，中资企业根本不具备定价能力。根据从中国石化集团内部的企业之间跨境贸易人民币结算的调研情况看，涉及人民币结算时，集团内部的公司双方首先签订以美元计价的贸易合同，支付货款时，按照集团（公司）提供的汇率，国内企业兑换等值的人民币后汇至香港，可付款至企业在集团（公司）开立的

人民币账户。境外企业收到人民币货款后，常常按照当日汇率折算兑换成美元，持有美元以便支付给不接受人民币的境外客户。所以，当前人民币的计价能力非常有限，美元仍然是重要的中介货币，人民币不能独立发挥常规的贸易计价功能。企业仍然面临汇兑成本，承担一定的汇率风险。

（二）商业银行的金融服务水平有限

跨境贸易人民币结算是对商业银行金融服务水平的重要考验。为解决人民币结算和资金管理需求，境外企业需要通过向中国银行购买金融服务，这相当于中国金融服务的出口。服务于与中国国际贸易无关的“境外消费”的人民币金融服务，则意味着中国金融服务的进口。由于中国国内金融产品开发不足，市场开放度较低，境内金融机构对外服务能力较弱，致使中国的金融服务贸易一直处于逆差。随着越来越多的境外企业和金融机构通过贸易渠道获得人民币，这些存在中国银行体系内的人民币，使得中国银行可以提供越来越多的跨境金融服务，推进金融服务贸易的出口。但是目前跨境贸易人民币业务结算的银行主要集中在中国银行、中国建设银行、中国农业银行、中国工商银行、中国交通银行、浦发银行和招商银行，这些银行相对来讲能够提供相对较好的金融服务。中国商业银行跨境客户主要包括两方面：一是中国“走出去”的企业客户以及出国留学、定居、经商的个人客户；二是其他国家和地区与中国有往来的企业和客户。随着中国改革开放的扩大，跨境金融服务需求越来越大，但是商业银行在需求挖掘、产品开发、定价策略、服务提供等环节建立起服务链，满足对跨境人民币业务、跨境贸易金融业务、并购和项目金融业务、个人金融财富管理方面仍然面临较大的挑战。

（三）境外人民币汇率的波动大

在贸易企业的计价货币选择中，汇率稳定是非常重要的考虑因素。在境外人民币的交易没有形成规模的情况下，人民币汇率的波动性会增大。如在香港离岸人民币市场形成阶段，由于存量及交易量较小，汇率波动就会非常大。针对人民币升值预期，各企业均会或多或少持有一些人民币。如果将来人民币出现贬值，持有的人民币将对资产及盈利有重大影响。人民币汇率的大幅波动会恶化贸易环境，如果人民币大幅升值，出口商愿意采用人民币计价，但是进口商不愿意采用人民币计价，如果人民币大幅贬值，其情形则正好相反。中国与东盟国家和地区主要是贸易逆差，所以人民币的升值预期将会增强进口方接纳人民币计价的意愿。但是短期的价格因素并不是贸易对方接受人民币计价的唯一因素。

（四）人民币结算业务扩展面临的制度和技术供给的双约束

当前，人民币结算业务主要限于贸易结算。一些贸易企业希望把业务结算的范围扩大到境外员工工资支付、贸易信贷、对某些国家付汇和付汇存在障碍的国家使用人民币支付。除香港外，各海外商业银行机构普遍不清楚如何进入具体操作，对改造系统的技术投入也缺乏信心，仅从企业层面已难以发挥推动人民币结算的作用。如中国公司的一些境外客户愿意接受人民币，尤其是人民币的稳定和具有较好的升值前景的特征，但是对方的银行系统不知道该怎样操作该业务，中央银行也没有为此项操作提供政策性支持。因此类似这样的业务往来就不可能用人民币作为结算货币来完成，跨境贸易人民币结算的规模和地域范围就会受到很大的限制（虽然根据中国发布的政策，境外结算地域范围不受限制）。

（五）境外人民币来源不足

非居民获得人民币可以从居民境外的消费中获得，可以从贸易交易中获得，也可以从金融交易中获得。当前境外人民币来源主要包括跨境贸易人民币结算资金，内地居民境外消费的人民币（主要集中在港澳和东盟国家和地区）、中央银行货币互换的人民币资金。在境外，人民币处于供不应求的失衡状态，人民币的可获得性还是很难得到满足的。人民币还不是自由兑换货币，境外还没有形成自由的人民币买卖市场，人民币自由流通性很差。由于很多企业预期人民币升值，收到人民币的都自身持有，很难形成一个真正的人民币交易及流通市场。

（六）非居民持有人民币的风险对冲机制的缺失与不足

由于国际金融市场上缺乏人民币的金融产品，所以境外个人、企业、银行在持有人民币后，没有选择可以对冲风险，持有人民币意味着额外的持有、兑换费用。因此会直接影响非居民持有和使用人民币的意愿，这将导致人民币在跨境使用上的缩减，推动跨境人民币结算以促进贸易和投资便利化的目标会夭折。

（七）非居民期望获得持有人民币的收益

非居民持有人民币不仅面临对冲风险的需求，还包括获得投资收益。在境外人民币交易市场没有形成的情况下，非居民的人民币投资渠道非常狭窄。在人民币业务最集中、起步较早的香港，2004 年开始陆续推出了人民币的存、汇、兑、信用卡、人民币债券等业务（见表 1）。

表 1　2004 年以来香港人民币业务发展概览

年份	支持政策
2004	香港获准试办个人存款、兑换、汇款和信用卡业务
2005	允许包括零售、饮食、运输在内的 7 个行业开设人民币存款户口
2006	允许本港居民开设人民币支票户口
2007	内地金融机构获准在香港发行人民币债券
2009	人民币跨境贸易结算试点政策开放
2010	人民币跨境贸易结算扩展至 20 个省市及海外其他国家同年 2 月、7 月相继出台政策，扩大人民币在港自由性。包括在港发行人民币债券，投资内地银行间债券市场，适当条件下可推出的“小 QFⅡ”等方式打通境内外回流渠道

2007 年以来，中国的政策性银行和商业银行在香港陆续发行人民币债券 210 亿元，这是在港人民币回流的重要机制，但是截至 2010 年 5 月底，香港的人民币存款总额已达 847 亿元。自 2009 年 7 月跨境贸易人民币结算试点实施以来，结算总量中香港占的比例最大，达 74%。2010 年上半年经香港处理的跨境贸易人民币结算金额为 530 亿元。因此，在境外人民币比较集中的地区，迫切需要建立回流机制。2010 年 8 月中国人民银行发布通知允许境外央行或货币当局、港澳人民币业务清算行、跨境贸易人民币结算境外参加香港三类机构投资银行间债券市场。可以说在人民币自由化幅度非常有限的情况下，这一政策代表着中国在人民币国际化迈出的重要一步。同时也可以看出，推进跨境贸易的人民币结算将推动中国进一步开放境内的资本市场，创建双向资本流动机制。

（八）跨境贸易人民币结算中存在大量的关联公司套利融资行为

香港是跨境贸易人民币结算的主要集中地。由于两地金融市场的分割、投资渠道的限制，香港离岸人民币市场利率一直低于内地。近年来境内外普遍存在人民币升值预期，而且境外人民币升值预期更加强烈，导致香港离岸人民币兑美元的汇率水平高于内地。如果没有人民币跨境贸易结算，由于境外的贷款利率低于境内，利用两地利差套利的模式是存在的。但是，人民币结算后，内地和香港两地汇率差的存在进一步增加了企业套利融资的空间。根据中国人民银行 2010 年发布的数据，自试点开始至 2010 年 9 月末，银行累计办理跨境贸易人民币结算业务 1970.8 亿元。其中，进口结算比率高达 79.7%。这一数字背后的结构特点是境外的出口方多为境内进口业务的关联公司，或者在境外特别设立的操作平台，目前以在中国香港和新加坡居多，发生的进口结算量主要是套利融资行为。具体模式是，境内公司一般会向境内银行申请 1 年期远期信用证或者保付加签等银行信用担保，关联公司在向境内出口之后，就会利用应收境内的人民币债权，特别是银行担保信用，在境外申请低息美元贴现，到期利用 NDF（无本金交割远期）汇率卖出人民币归还美元贷款，获得汇率和利率的双重套利①。这种套利融资行为已经背离了跨境贸易人民币结算的初衷，这将会导致人民币加速流入香港。未来如果这笔资金无序流入内地，将会扭曲国内货币政策的实施效果，引发金融动荡。届时，离岸金融市场将不再是防火墙，而是成为引发金融动荡的导火索。

四、主要判断及展望

跨境贸易人民币结算是中国本币政策的重大变化，以此作为切入点旨在促进人民币成

① 保付加签业务是指在国际贸易结算中由于出口商对于进口商的信誉难以确定，往往要求由第三方（一般是银行）对进口商的资级和清偿能力进行担保。担保方式主要有两种：一是由担保银行出具单独的保函；二是保付加签（Aval），即担保银行在已承兑的汇票或本票上加注“PerAval”字样，并签上担保银行的名字并加签，从而构成担保银行不可撤销的保付责任。

为国际贸易中的载体货币，推进人民币国际化的行动获得了较大的成功。这在一定程度上解决了部分外向型企业面临的汇率风险问题，而且在出口退税等政策激励下结算数量较大。但是与预先设想的结算数量还是有相当大的距离。上文阐述的结算过程中遇到的具体问题表明中国通过推进跨境贸易人民币结算的进一步扩大将面临制度和市场的双方面约束。

（一）制度层面

1. 跨境贸易人民币结算继续扩展需要中国金融市场的进一步开放

跨境贸易的人民币结算并不涉及中国的资本项目可兑换问题，它只是人民币支付结算功能的延伸。就涉及的资金流动而言，属于无兑换性的本币跨境流动，与资本项目之间是有区别的。具体表现在：①本币跨境导致的结果是以本币表示的对外债权和债务的变化。对于中国而言，影响人民币境外债权债务变化的控制权，但是货币政策的调控权还掌握在中国手里，其隐含的风险远远小于外币。②资本项目管制的对象是资本项目下交易的兑换行为，中国对这些交易实行部门核准制，所以，跨境贸易人民币结算涉及的不是资本项目的可兑换问题，而是资本项目下本币结算的问题，这将会推动中国金融市场的开放（施琍娅，2010）。流出境外的人民币（如在香港市场）可以采取兑换为其他货币、购买商品服务、购买人民币资产等方式实现其持有货币的目的。购买人民币债券，虽然这部分资金依然会回到中国银行体系内，但是所有权已经发生了变化，所有权属于非居民。其背后的实质意义是人民币在资本项目下实现间接地可兑换及人民币资金市场的对外开放。

从当前境外人民币市场供不应求、人民币流动性较差的情况可以判断出，进一步推进跨境贸易人民币结算必须要解决境外人民币资金来源问题，这必然也会促进中国资本市场的进一步开放。期待人民币在国际贸易中更好地发挥载体货币功能，也需要人民币在金融市场上发挥载体货币功能，这一步对中国具有更大的挑战性。

2. 人民币汇率稳定是稳步推进跨境贸易人民币结算的重要因素

从贸易企业选择人民币计价的动机和非居民持有人民币的动机来看，人民币的升值预期是影响贸易结算量的重要短期因素。但是，成为贸易中载体货币还是由对该种货币的需求强度决定的，如该种货币的可兑换、价格的稳定性与可测性及较大的市场交易网络。价格的稳定性要求稳定的汇率水平和稳定的国内一般价格水平。所以从货币竞争的角度，人民币汇率的稳定和国内价格的稳定对人民币稳定地发挥载体货币功能是至关重要的。李婧（2009）指出，中国需要一个制度设计来保证人民币汇率的稳定性和可测性，同时需要中央银行有足够的稳定通货膨胀的信誉，就此保证人民币对内外价值的稳定。但是近年来的种种迹象表明，中国正处在较大的经济结构调整期，汇率和价格水平也处在较大的波动期。2010 年以来中国面临较大的消费者物价水平和生产者物价水平的上涨压力，人民币汇率因为持续的双顺差和外汇市场的单一化而导致持续的升值压力。在欧洲和美国经济复苏缓慢的背景下，尤其近期新一轮定量宽松货币政策的实施，中国经济快速增长，国际游资把中国作为投资的目的地，这可能更加剧国内价格水平的上涨和人民币的升值压力。较大的波动特征可能对人民币稳定发挥国际贸易中载体货币的能力不利。从制度设计上保证人民币的稳定将是进一步推进跨境贸易（融资）等人民币结算的重要因素。

3. 国内金融体系和金融市场建设配置资源的能力需要提高

中国国内金融体系还是比较封闭的，跨境人民币结算给中资银行业的国际化带来机会，从为跨境贸易金融服务的角度促进银行业的开放是一个非常不错的尝试。跨境人民币业务的开展虽然使银行汇差收入有所减少，但可以促使其他业务收入的增长、资产负债结构的调整与改善、深化银企关系和实现本外币协调管理。这对防范和管理金融风险的要求更高了，要求金融机构提高保持健康与稳健的能力，需要强化宏观审慎管理，及时识别、防范和化解系统性风险。但是，中国银行业在产品开发与定价能力等方面还是非常落后的，中国目前利率没有市场化，在国内金融市场配置资源的能力有限，在全球金融市场配置资源的能力更有限。因此，跨境贸易人民币结算和未来相关的其他金融服务需求的满足，还要看中国国内金融体系的变革和金融市场的完善程度。

（二）市场层面

如果制度层面能够提供足够的供给，是否意味着人民币跨境贸易结算量就会达到预期数字？从一些主要货币国际化的事实看，本币国际化是市场力量驱动的结果，和该国是否建立了比较广阔的市场交易网络，外贸企业的定价能力有直接关系。

1. 市场交易网络

本币国际化国家的重要品质是具有广泛的交易网络，即该国有较大的贸易规模。从中国整体看，进出口商品贸易额 2009 年全球排名第二位，出口额超过德国跃居第一位，其贸易顺差排名第一位。这是人民币国际化的有利条件，将在一定程度上吸引人民币在国际贸易的交易中发挥载体货币的功能。但是在贸易方向上，如果以国别来算，中国最大贸易伙伴是美国，中国是对美国贸易顺差最大的国家。因此，在选择贸易计价和结算货币上，中国企业和美国企业的交易想转换成人民币计价的阻力很大。而从亚洲经济区看，2000 年以后，中国与亚洲周边国家的双边贸易情况发展迅速，中国与东北亚国家、东盟国家的贸易额迅速增加。人民币与周边国家和地区交易网络的扩大、中国对亚洲国家进出口额的增加，意味着中国在亚洲的竞争力凸显。交易网络的参加者可以得到更大的网络外部性，选择具有稳定成长前景的亲密贸易伙伴的货币计价意味着可以降低交易成本，这是符合效率原则的。但是，从多数交易选择美元计价转向人民币计价将是一个循序渐进的过程。美元经过多年的磨炼已经在全球建立了广泛的交易网络（包括贸易和金融交易），交易网络的成熟又进一步强化了美元作为国际货币的惯性。选择一种货币计价实际上是选择了效率，因此，如果人民币能够持续提供价值的稳定性，中国较大的经济规模可以持续地为人民币提供成长的“养料”，那么，周边国家对人民币的需求是可持续的，选择人民币作为交易手段是较理性的。

但是让人比较困惑的是，虽然从亚洲国家的贸易方向和贸易规模上的发展得出了使用人民币作为计价和结算货币的规模经济优势和成本优势的特征，但是和日元相比，人民币目前仍然处于劣势地位，至少日元在区域载体货币作用的发挥方面已经走在了前面。

而且根据分工，中国对周边国家存在着优势，但是这些国家的双边贸易量又比较小，因此选择人民币作为计价货币的规模效应比较小。如果为这些交易较小的货币量提供较充分的金融服务，那么将面临较高的成本。除此之外，这些小国由于国内因素，其汇率的波动又比较大，那么人民币和当地货币汇率的确定也存在障碍。因此，理论上，从规模经济的角度来考虑，中国可能不是采取“遍地开花”的方式，而是集中在亚洲相邻国家和地区，采取措施来促进人民币使用范围的扩大。

2. 中国外贸企业定价能力

人民币能否在跨境交易被选择作为结算货币也和进出口商的博弈有关，中国外向型企业的定价能力受到中国进出口商品结构的约束。在中国的进口商品贸易结构中，国际大宗商品的比例较高。大宗商品在中国的进口贸易中占比在40%上下波动，在2001年前后有显著下降，但此后随着国际市场原油、铁矿石等商品的价格上涨和进口数量增加，其占比又开始呈现出上升趋势。国际大宗商品基本都是以美元来定价的，人民币很难撼动美元的力量。

中国出口外贸企业的定价能力也很有限。根据2008年第二季度，中国人民银行进出口额前18位的省（市）1121家外贸企业的调查结果显示，中国出口企业在产品定价权方面处于弱势。完全没有定价权的企业数量约占10%，定价能力较弱的企业占47.4%，只有剩下四成的企业具有较强的定价能力，而这部分企业中又有相当的数量是外资企业。

中国外贸企业的定价能力也受到中国加工贸易的约束。中国的加工贸易在外贸中占比很大，进出口贸易中的加工贸易比重，分别达到约40%和50%的水平。加工贸易以“两头在外”和“低附加值”为特点。对于国外生产商而言，出口和进口都采用同一种外币计价有利于其规避汇率风险和成本核算。在一半左右的贸易额中，中国企业的定价能力是相当弱的。

五、结　论

人民币国际化相关政策的出台代表中国本币和外币政策的变化。以促进贸易便利化为目的的跨境贸易人民币结算政策的出台是人民币国际化路线图的重要一步，中国已经获得了一定的成果，但是这些成果与预先的估计有很大的距离。跨境贸易结算量的上升与政策供给、人民币升值预期具有重要的相关关系。结算过程中面临的问题也说明了，人民币发挥国际贸易载体货币的功能还处于较初级的阶段，人民币结算具有明显的地域非均衡性，这意味着人民币的国际化必然是在亚洲相邻国家首先获得巩固和拓展，这也将是一个比较漫长的过程。中国有进一步推进跨境贸易人民币结算的决心，但是，需要克服与人民币国际化相关的制度层面和市场层面的约束。如果仅从经济的角度考虑，中国更需要进一步开放金融市场，改革国内金融体系，提高银行业在全球配置资源的能力，积极改善人民币汇率的形成机制，加强外汇市场建设。在人民币国际化的市场驱动层面，中国需要加强在全球产业分工方面的优势，改善贸易结构。同时，还要加强与人民币交易集中的国家和地区的贸易和金融合作，促进人民币的可接受性。

参考文献

［1］李婧．人民币汇率制度与人民币国际化［J］．上海财经大学学报，2009（4）．

［2］施琍娅．析人民币跨境问题上的五大认识误区［J］．中国货币市场，2010（3）．

［3］徐奇渊．日元国际化的经验及其对人民币的启示［J］．金融评论，2010（4）．

China's Renminbi Internationalization Strategy: from Perspective of the Renminbi Cross – border Trade Settlement

Li Jing

Abstract: China has experienced the huge changes of domestic currency and foreign currency policy. After the international financial crisis broke out in 2008, the renminbi internationalization was not only a shortrun countermeasure to protect the open enterprises, but also a major international financial strategy. To promote the renminbi cross – border trade settlement is a main step of the renminbi internationalization roadmap. This action has got some outcome, but it is far away from the original estimate. To further promote the renminbi cross – border trade is facing up many challenges. In institution, China need open the financial market further without changing the old framework significantly, enhance the capability of the service and allocating global resources, perfect the foreign exchange market, improve the renminbi exchange rate formation; Simultaneously, the Asian production network and the trade structure needs to be improved, and the foreign enterprises pricing power needs to be improved.

Key Words: Renminbi Cross – Border Trade Settlement; Renminbi Internationalization; Renminbi Exchange Rate; Capital Controls

多边贸易体制视角下的全球气候变化问题分析*

彭水军　张文城

【摘　要】本文从多边贸易体制的视角来分析全球气候变化问题，首先，考察了贸易自由化与气候变化的内在相互作用关系。其次，重点分析 WTO 规则与多边气候协议之间的潜在冲突。结果显示：WTO 规则对与多边气候协议有关的减排措施存在着诸多潜在的约束，但对于不同的减排措施约束力不同。讨论了 WTO 与多边气候协议进一步协调的可能方向和思路，认为这种协调有助于促进二者实现良性互动与双赢。最后，结合发展中国家在全球气候变化中所面临的问题，提出了几点政策建议。

【关键词】WTO；多边气候协议；减排措施；冲突与协调

一、引　言

从亚当·斯密开始，建立在分工基础上的自由贸易就被普遍认为是一项提高资源配置效率、增加人类福祉的经济活动。从关税及贸易总协定（GATT）到世界贸易组织（WTO），各国一直努力把自由贸易的理念法律化，以此来保障国际贸易充分发挥其促进增长、发展和减少贫困的作用。同时，与经济发展相伴随的诸多全球环境问题引起了各界的广泛关注，蓬勃发展的国际贸易对全球环境的影响也成为讨论的焦点和热点，并由此催生了大量的多边环境协议（Multilateral Environmental Agreements，MEAs）。与贸易自由化一样，全球的环境保护也开始走向规则化。其中，为共同应对全球气候变化的《联合国

* 本文选自《国际商务》（对外经济贸易大学学报）2011 年第 3 期。

基金项目：国家自然科学基金项目（项目编号：70603016、71073131）、中央高校基本科研业务费专项资金（项目编号：2010221047）、福建省社会科学规划基金项目（项目编号：2010B043）以及福建省“新世纪优秀人才支持计划（2007）”的资助。

作者简介：彭水军，厦门大学经济学院国际经济与贸易系教授；张文城，厦门大学经济学院国际经济与贸易系硕士研究生。

气候变化框架公约》及相应的《京都议定书》，被认为是最重要的多边环境协议之一。

相对 GATT，WTO 更加关注环境保护问题，并把它作为其基本宗旨的一部分①。但是由于 WTO 和各种多边环境协议的中心任务有别，彼此之间的冲突时有发生（Eckersley，2004；沈木珠，2003）。迄今为止，《联合国气候变化框架公约》和《京都议定书》对国内经济和国际贸易的潜在影响超过了其他任何多边环境协议，它们与 WTO 可能存在的冲突也是不言而喻的，并且已经成为学术界讨论的热点之一。现实中，这种冲突也隐约可见。如由于担心减排行动会使其国内产业的竞争力受损，欧盟和欧盟国家多次主张对来自未履行减排义务的国家的进口产品征收边境调节税（Border Tax Adjustments，BTAs）②。而美国国会众议院于 2009 年 6 月通过的《2009 年美国清洁能源安全法案》也提出从 2020 年开始实施边境调节税政策。有些学者指出，欧美国家的这些单边措施是违反 WTO 规则的贸易政策（谢来辉，2008；沈可挺，2010），但也有人认为这些措施在 WTO 规则下有其合法性，并有可能被 WTO 所认可（李威，2009）。这些争论实质上都涉及多边气候协议与 WTO 规则之间潜在的冲突与协调问题。并且由于富国集团和穷国集团的利益冲突，使得新的多边气候谈判进展艰难而缓慢③，这或许会进一步促使未来一些发达国家更多地采用单边减排措施，且这些措施很可能与贸易紧密相关，到时相关的减排与贸易纠纷就会浮出水面。因此，对 WTO 规则与多边气候协议尤其是与各种减排措施存在的冲突与协调问题进行研究，具有重要的现实意义。

二、贸易自由化与气候变化的内在联系

无论是理论还是经验研究上，经济学界普遍认为自由贸易对环境具有重要的影响④。气候变化被认为是当前最重要的全球性环境问题之一，它与贸易同样有着密切的关联（Tamiotti et al.，2009）。贸易自由化与气候变化互动的诸多方面，都体现着经济发展与环境保护之间、短期利益与长期发展之间以及当代福利与后代福利之间的权衡关系。这种权衡关系映射到相应的制度体系，就体现在 WTO 规则与多边环境协议之间潜在的各种冲突上。所以在讨论后者之前，有必要先厘清自由贸易与气候变化问题之间的内在联系。

主流的经济学观点认为，贸易对环境的影响主要是各种效应综合作用的结果，这些效应通常被分解为规模效应、结构效应和技术效应。2009 年 6 月 26 日，WTO 与联合国环境

① 《建立世界贸易组织的马拉喀什协定》在序言中指出，在促进自由贸易的同时，应依照可持续发展的目标，考虑对世界资源的最佳利用，寻求保护和维护环境。

② 在国内，与减排有关的 BTAs 常被称作碳关税，如李威（2009）、沈可挺（2010）、曹静与陈粹粹（2010）等。但严格意义上 BTAs 不属于关税，而是一项国内政策。

③ 2009 年的哥本哈根气候大会最终达成了《哥本哈根协议》，但该协议没有法律效力，也没有具体的减排目标。

④ 国内学者王军（2004）曾对该问题的研究文献进行系统的梳理。

规划署（UNEP）共同发表了题为《贸易和气候变化》的研究报告，该报告通过文献研究和各国政策调查，从理论和政策层面系统阐述了贸易自由化与气候变化的内在关系，在理论上，其考察贸易对气候变化产生的影响，也主要基于贸易影响环境的三种效应来进行分析。首先，得益于交通、通信技术的发展和自由贸易政策的实施，“二战”后国际贸易规模迅猛发展。国际贸易规模的扩张，导致了化石能源的大量消耗，贸易的这种规模效应导致了全球温室气体排放的增加。其次，从结构效应上看，贸易自由化导致国际分工的出现和深化，而基于比较优势的世界生产格局调整对气候变化可能产生复杂的影响。如果一国具有比较优势的产业正是高排放产业，而且是该国扩张中的产业，那么贸易使得该国的高排放产业扩张规模和速度提高，从而导致更多的温室气体排放；反之则减少温室气体排放。最终结果取决于全球高排放产业在各国扩张和收缩的程度对比以及不同国家的生产技术差异。最后，技术效应通常被认为是贸易改善气候问题的重要途径。低碳技术的国际流动有助于各国提高能源使用效率，降低生产能耗和碳排放，而低碳产品和服务的贸易则直接有助于温室气体的减排。但是技术效应的大小取决于相关技术的开发程度以及这类技术、服务和产品的自由贸易程度。

贸易的气候效应取决于以上三种效应的综合作用。大部分经验研究文献显示，规模效应往往超过了结构效应和技术效应，这说明贸易自由化倾向于增加温室气体的排放，但是基于发达国家和发展中国家不同样本的研究结果存在差异。值得注意的是，以上贸易的三种气候效应更多是从短期来考察的。在长期，贸易自由化通过优化全球资源配置，降低交易成本，提高了各国居民的收入，进而增强人们的环保意识，使政府制定更加严格的环境措施，最终促进节能减排，即收入与温室气体排放呈现倒 U 形的环境库茨涅兹曲线关系。基于 OECD 国家的经验研究中发现存在这种曲线关系；但对于非 OECD 国家的经验研究，该趋势并不明显。

贸易在短期和长期都对气候变化有着重要的影响，而反之后者也影响前者。从长期看，气候变化相关的物理过程可能改变国际贸易的格局和规模，尤其是对于比较优势建立在自然资源基础上的国家有重要影响。如气候变化导致的全球变暖问题和更加频繁的极端天气，将使一些农业大国的农业产出减少，甚至可能使这些国家的农业不再具有比较优势。气候变化同样也影响生态旅游资源，从而对于一些国家的服务贸易造成重要的影响。对于面临被淹没的一些岛国和沿海低地区域，气候变化对这些国家和地区的整个经济都会造成灾难性的影响，更不用说对贸易的损害。另外，气候变化造成的极端天气必然会对贸易品的国际运输造成不利影响。因此可以说，气候变化的趋势从某种程度上决定着贸易的可持续性，甚至决定人类发展的可持续性。另外，世界各国应对气候变化的努力却可能有利于国际贸易的发展，这主要体现在为减少温室气体排放、减缓气候变化促进了环境产品和清洁能源技术的贸易。气候友好型产品和服务的贸易对于降低温室气体的排放具有重要的意义，所以多边气候协议一直努力促进这类产品与服务的贸易自由化（World bank，2008）。随着各国对气候变化关注程度的进一步提高和气候谈判的进展，这种贸易和投资前景广阔。实际上，美国、欧盟以及一些主要的发展中国家已经把新能源、节能技术、低碳产品等作为未来重点发展领域。可以预见，未来这方面的国际贸易很可能取得巨大的发展①。

三、WTO规则对减排措施的约束问题

保护和维护环境虽然是WTO的重要宗旨之一，但现实中WTO规则与一国环境保护政策或多边环境保护协议的频繁冲突，使得越来越多的人士和组织对WTO在保护环境方面的实际作用表示怀疑。批评者认为，WTO规则实际上限制了缔约国制定自己的环境、健康和消费者保护政策的能力（Green，2005）。作为与气候变化问题相关的多边环境协议，《京都议定书》和《联合国气候变化框架公约》直接涉及的贸易条款不多，而且二者也把自由贸易作为其基本原则之一②。但是，多边气候协议仍然与WTO规则存在诸多潜在冲突，这主要体现在WTO规则对多边气候协议缔约方减排政策的实施可能存在诸多潜在的约束。为了实现《京都议定书》的减排目标或只是为了达到减排的要求，一国可能采取的减排措施可以粗略地分为三类，即与环境有关的贸易措施、国内减排措施和多边减排措施。其中前两类措施与WTO规则的冲突最明显，也是本文讨论的重点。

（一）与减排有关的贸易措施

与减排有关的贸易措施主要包括关税、配额、禁令等贸易限制措施，其基本目的是对其他国家的行为施加影响。一些欧盟国家认为，这类措施是促使《京都议定书》非缔约方妥协的一个手段。由于它们直接与贸易相关，所以与WTO规则的冲突也最明显。GATT1994中有两个条款直接限制这些贸易措施的使用，即GATT1994第1条（Article I）③ 和GATT1994第13条（Article XIII）。前者规定了最惠国待遇原则，后者则禁止对不同国家的进口采取歧视性的数量限制措施。最惠国待遇要求成员国不能实施歧视性的贸易措施，如果《京都议定书》非缔约方也是WTO成员，那么对其实施单边贸易限制措施，就违反了GATT/WTO的非歧视原则。而GATT1994第13条则直接限制与减排有关的配额、禁令等数量限制措施的使用。

如果违反了以上两个条款，减排相关的贸易措施能否得到GATT1994第20条（Article XX）（一般例外条款）的支持呢？目前，答案还是非常模糊的。GATT1994第20条（b）款允许成员国为了“保护人类、动物或植物的生命或健康采取必需的贸易限制措施”；

---

① 据World Bank（2008）估算，如果在18个高温室气体排放的发展中国家取消4种清洁能源技术（风能、太阳能、清洁煤和节能照明技术）的关税壁垒，将增加7.2%的贸易收益；如果同时取消关税和非关税壁垒，将增加13.5%的贸易收益。

② 参见《联合国气候变化框架公约》第3条第5款和《京都议定书》第2条（b）款第3项。

③ WTO的GATT1994条款可以参见WTO网站。

(g) 款则允许为了保护"可耗竭自然资源而采取有关的措施，只要此类措施与限制国内生产与消费一同实施"。另外，使用"一般例外"条款还必须符合其前言中的限制性条件："不在情形相同的国家之间构成武断的或不合理的歧视或构成变相的贸易限制"。根据以往的 WTO 案例，学者们一般赞同气候属于"可耗竭资源"，而减排措施也可以被认为是"为了保护人类、动物或植物的生命或健康"的措施（Doelle，2004；Green，2005；许耀明，2010），困难在于判定某项措施的实施是否是实现上述目的所必需的和相关的。Sykes（2003）认为，GATT1994 第 20 条和 TBT 协议下的"必需性检验"（Necessity Test）实际上是一种粗略的成本收益分析，受制于对误判成本和不确定性的认知程度。具体来说，它要经过以下几点考量：一是某项措施所要实现目标的重要性；二是该措施是否是实现该目标所不可或缺的；三是该措施的有效性；四是该措施对贸易的影响程度。由于对于气候变化的原因、程度和减排时机还存在争论，所以对以上一系列问题的考察，都是复杂而充满不确定性的过程，最终结论取决于 WTO 争端解决机构对相关问题的权衡。Green（2005）认为，气候变化问题存在的不确定性和争论在一定程度上制约了对减排措施合理性的确认。

此外，由于与减排措施有关的贸易措施的目的往往是试图影响其他国家的行为，如敦促其他国家实施减排等，所以还涉及 GATT1994 第 20 条域外效力的问题。Tarasofsky 认为，WTO 倾向于不赞成这种试图影响他国环境政策的做法。在 1991 年金枪鱼与海豚案[①]中，WTO 专家组就反对 GATT1994 第 20 条具有保护域外可耗竭资源的效力。不过在 1998 年的虾与海龟案中，对 GATT1994 第 20 条域外效力的限制又有所松动。在该案中，WTO 上诉机构允许一国在一定的条件下，将其国内环境管制延伸到其他缔约方（欧福永、熊之才，2004）。但 Charnovitz 指出，虽然虾与海龟案似乎意味着 GATT1994 第 20 条的域外效力有所改变，但是该案中涉及的贸易限制措施与关税措施缺乏类似性。另外，气候变化是一种跨境的环境问题，并非严格意义上的"域外资源"，这又增加了问题的复杂性。《京都议定书》并没有明确规定缔约方可以对非缔约方实施贸易措施，这也增加了贸易措施符合 GATT1994 第 20 条的困难。正如 Appleton 指出的，"没有理由期待 WTO 专家组或上诉机构在解决气候变化问题上会比《京都议定书》和《波恩协议》[②] 做得更多"。

与减排有关的贸易措施除了涉及以上条款外，还可能涉及 WTO《补贴与反补贴协议》（SCM 协议）。欧盟一直认为，美国等国家不履行减排义务对其国内产业实际上构成了隐性的补贴，造成不公平的竞争环境。如果欧盟的观点是正确的，则根据 SCM 协议，可以对进口产品征收反补贴税。但是实际上，由于 SCM 协议对于补贴的定义并不清晰，还不确定"不履行减排义务"是否构成补贴（Doelle，2004）。如果一国认为不同国家减排措施的失衡，使得某种进口产品激增，并对国内产业造成威胁，该国也可能对进口产品加征

---

① 本案及本文涉及的其他贸易与环境纠纷案的介绍及争端解决文件可参见 WTO 网站：http：//www. wto. org/ / English/tratop – e/dispu – e/dispu – e. htm。

② 2001 年，在德国波恩举行的 UNFCCC 缔约方第六次大会达成的协议。

关税，并从 GATT1994 第 19 条，即保障措施协定中寻求支持。不过保障措施的动用又是一个复杂的问题，但也是一种可能。

从上面的分析可以看出，理论上与减排有关的贸易措施也有在 WTO 规则体系下存在的可能。不过就目前而言，实施与减排有关的贸易措施的国家很少，这除了各国政府尽力避免直接贸易措施的敏感性外，更重要的原因是各国总可以采取比贸易措施更灵活、多样，而且更可能得到 WTO 规则允许的国内减排措施。但是，随着气候变化问题和气候谈判形势的变化，不能保证今后各国尤其是发达国家不采取贸易措施。

（二）国内减排措施

国内的减排措施可以是国内一系列的环境规制措施，包括能源税、碳税、排放标准、自愿减排计划、生态标签、补贴、国内排放权交易等。其中，边境税收调节是一项引起各国广泛关注的措施，这主要是因为该措施受到欧美国家的推崇，这些国家认为在只有部分国家减排的情况下，BTAs 可以减轻减排行动给国内产业竞争力带来的不利影响，同时有助于减轻“碳泄漏”（Ismer and Neuhoff，2007）。对 BTAs 的讨论早已有之，但最近的研究主要考察 BTAs 在气候变化背景下的政策含义①。本文主要在 WTO 的框架下讨论 BTAs 等国内减排措施的合法性和合理性。在全球化的今天，国内措施和贸易措施虽然有别但二者的界线并不清晰，这里的分类只是考虑相关措施的目标指向。上文的贸易措施主要是为了对外国施加影响，而国内的减排措施虽然主要针对国内的生产消费行为，但是这些措施同时也施加于进口产品，这使其与 WTO 规则也存在潜在的冲突。不过相对于贸易措施，国内措施与 WTO 规则的冲突相对缓和，因此有学者认为 WTO 可能为促进减排行动提供机遇（Doelle，2004；许耀明，2010），但也有学者持相反的观点（Green，2005）。与国内减排措施密切相关的 WTO 条款是 GATT1994 第 3 条和 GATT1994 第 20 条。另外，与能效标准、生态标签等有关的措施还涉及 WTO 的《技术性贸易壁垒协定》（简称 TBT 协定）。GATT1994 第 3 条规定了成员国的“国民待遇”义务，而上文已提到，GATT1994 第 20 条涉及“例外情况”。那么国内措施是否符合 WTO 规则，要回答的两个基本问题就是：①该措施是否符合 GATT1994 第 3 条规定的国民待遇原则？②如果违反了国民待遇原则，那么是否满足 GATT1994 第 20 条的一般例外规定？另外，与产品标准、标签相关的措施还必须满足 TBT 协定的相关规定。

对于第一个问题，需要的考察步骤有三：首先，检验该措施是否被 GATT1994 或 TBT 协议所覆盖；其次，确认是否为“同类产品”（Like Products）；最后，检验是否对进口产品有歧视。一项国内减排措施只有被 GATT1994 或 TBT 协议覆盖且针对不同产品或者针对相同产品但不存在歧视时，才不违背国民待遇原则。以下简要分析这三个程序：

像排放管制、能源税、自愿减排计划、生态标签、国内排放权交易等一般都被 GATT1994 或 TBT 协议所覆盖，但是目前对于针对产品生产过程和方法（Process and Prod-

① 曹静、陈粹粹（2010）对相关的研究文献进行了综述。

uct Methods，PPMs）的有关措施是否被 GATT1994 或 TBT 协议覆盖还不确定（Green，2005）。PPMs 可以分为与产品有关的 PPMs 和与产品无关的 PPMs，与前者相关的措施主要是为了保障产品性能和使用安全，而与后者相关的措施则往往是基于保护资源、环境（高晓露，2003）。与减排有关的一些国内措施，如产品能效标准、生态标签等主要是与产品无关的 PPMs 措施。一般观点是，基于能源效率或碳排放的 PPMs 措施不符合 GATT1994 规则。但 Green（2005）认为，与产品有关的 PPMs 很可能符合 TBT 协议，而与产品无关的 PPMs 则很可能被认为违反国民待遇原则并且被排除在 TBT 协议之外。Buck 和 Verheyen 则认为，基于 PPMs 的减排措施都很可能被 GATT1994 第 20 条所认可，但是否符合 TBT 协议则不确定。接下来是判定减排措施是否针对“同类产品”。从能效或碳排放的角度来比较，产品可能存在差别，但这些差别并不一定被认为是“不同产品”。如两种最终产品在物理性质和最终用途上一样，但由于生产技术或中间投入不同导致温室气体排放量不同，它们是否为同类产品呢？根据鲔鱼案Ⅰ与Ⅱ，生产方式的不同，并非区分不同产品的标准。但在石棉案中，消费者的偏好被认为也是区分不同产品的标准，由于消费者可能偏好低碳产品，所以温室气体排放不同的产品就有可能被认为是不同产品（Doelle，2004；许耀明，2010）。这样，对两种产品差别对待就不违反国民待遇原则。但是消费者偏好基于信息完全的假设，而市场本身或许并没有对碳排放不同的产品进行区分（Green，2005），且环境规制存在（如生态标签）的原因或许正是由于消费者缺乏这种产品差异的信息（Marceau and Trachtman，2002）。Green（2005）认为在石棉案中，WTO 上诉机构实际上对“同类产品”进行了宽泛的定义，所以尽管在能源效率或碳排放上存在差异，大部分产品还是很可能被认为是“同类产品”，尤其是那些仅在生产方法上有别的产品，除非有消费者对这些产品偏好不同的证据。

而即使某项减排措施指向同类的产品，也不一定违反国民待遇原则，除非它给予进口产品较差的待遇（Less Favorable Treatment）。这需要看减排措施是否改变了竞争的状况，如是否只是提高进口产品的成本。而这又需要对整个减排措施的范围和结构进行分析，确定是否在整体上对进口产生了不利的影响——不管这种影响是否有意，只要存在，就有可能构成对国民待遇的背离（Green，2005）。Green（2005）指出，尽管 WTO 上诉机构努力进行客观的分析，但实际上这种分析带有争端解决机构某种自由的平衡，这种平衡不是在对贸易和其他目标进行明晰的考察，而是隐藏在对进口影响的讨论之中。通过以上三个步骤的检验，可以对减排措施是否违反国民待遇原则进行确定，但是最终结果还存在争议。如果国内措施与国民待遇原则不符，还需要考察它是否满足 GATT1994 第 20 条，这同样要经过本文在贸易措施部分讨论的检验过程，此处不再赘述。不过，对此问题的基本结论同样是不明确的。

（三）多边减排措施

多边减排措施主要包括《京都议定书》规定的灵活减排机制，如碳排放权的国际贸易、清洁发展机制（CDM）、联合履行（JI）等。这些多边措施与贸易和投资同样存在复杂的关系，也可能与一些 WTO 规则存在冲突。但总体来说，相对于贸易措施和国内措施，多边减排措施目前与 WTO 规则的冲突较少，相关讨论也较少。其中，对于碳排放权是属于货物还是服务还存在分歧，但是与之相关的咨询、保险等服务被认为属于 WTO《服务贸易总协定》（GATS）所管辖的内容，而 CDM 和 JI 等措施也与 GATS 存在较大的关联。

四、WTO 规则与多边气候协议的进一步协调

上文从国际法的角度讨论了 WTO 规则对减排措施潜在的约束，这种约束反映了现阶段多边贸易体制与多边气候协议之间存在的兼容性问题。虽然目前二者尚存在诸多可能的冲突，但是开放贸易和减少温室气体排放的目标并非是不相容的，像促进低碳产品和服务的自由贸易就是典型的 WTO 规则和多边气候协议实现双赢的地方。可以用表 1 来概括 WTO 规则与多边气候协议相互作用的可能结果，其中的（1）是最理想的情况，而（3）和（7）是上文讨论的情况，（9）是最糟糕的结果。结果（3）和（7）反映了上文讨论的多边贸易体制与多边气候协议矛盾的一面，其存在具有必然性，它们实质上体现在经济发展与环境保护之间的权衡取舍上。WTO 规则和多边气候协议进一步的协调目标，就是促进结果（1）的实现，尽力避免结果（9）的出现[①]，并缓和在（3）和（7）二者间存在的冲突。

表 1　WTO 规则与多边气候协议的互动及可能结果

贸易投资自由化（WTO 的目标）	温室气体减排（多边气候协议的目标）	
	有益	有害
有益	（1）例子：低碳产品和服务贸易及投资壁垒的减少	（3）例子：WTO 规则妨碍减排措施的实施
有害	（7）例子：减排措施导致的贸易和投资壁垒	（9）例子：低碳产品与服务的贸易和投资壁垒的设立

在原则上，WTO 支持环境保护，多边气候协议也支持自由贸易。而在机构上，WTO 规则与多边气候协议也有一些交叉，如《联合国气候变化框架公约》秘书处在 WTO 的贸易与环境委员会（CTE）具有观察员身份，并参与一些谈判；而 WTO 秘书处官员也参加政府间的气候会议。但是这些对于促进二者的良性互动还远远不够，或非实质性的。正如 Charnovitz 指出的，"到现在为止，WTO 很大程度上还对气候变化问题表现冷漠"。另外，不像保护臭氧层的《蒙特利尔议定书》或控制危险物品流动的《巴塞尔公约》，《京都议

① 现实中，这种情况也是存在的，如印度对节能照明设施征收关税达 30%，另外还有等价于 106% 关税税率的非关税壁垒（World bank，2008）。

定书》对减排措施的规定相当缺乏，这也使得减排措施与 WTO 规则冲突的可能性增大（Stokke，2004）。在这种现状下，WTO 规则和多边气候协议协调的主要思路，就是对某一方或双方的一些规则或程序进行调整，同时加强相关问题的协商与谈判对于减少二者潜在的冲突也具有重要的意义。目前，多边贸易谈判和多边气候谈判还在继续进行着，二者进一步协调的机会也是有的。

为了避免减排措施与 WTO 规则的冲突，Buck 和 Verheyen 建议对 WTO 条款进行修改，使 WTO 规则对于一些减排措施不适用。如修改或增加某些条款，使得 WTO 规则允许基于 PPMs 的减排措施的实施，或者对于与减排相冲突的一些 WTO 义务给予免除。Charnovitz 则建议对 WTO《补贴与反补贴协议》（SCM 协议）进行拓展，以规范与减排有关的补贴或反补贴政策的实施。另外，协调也可以是在 WTO 体系之外进行，如加强多边气候协议的相关条款。根据 WTO《争端解决谅解》（Dispute Settlement Understanding，DSU），争端解决机构解释条款时需要用到 1969 年《维也纳条约法》的大部分规则。如果在多边气候协议中明确规定缔约国可以实施哪些减排措施，则根据《维也纳条约法》中的“后法优先”或“特殊法优先”原则，有可能使 WTO 规则对于多边气候协议中规定的减排措施失去约束力，相应的贸易与环境纠纷就可以在 WTO 体系之外解决，从而避免二者的冲突。但是鉴于各缔约方存在的利益冲突，无论是修改 WTO 规则，还是多边气候协定，都面临巨大的政治困难。不过，对于 WTO 规则中与环境有关的一些模糊条款，在气候变化问题的背景下进行澄清，应该是可能实现的一种微调。如在温室气体排放或能源效率上，对于什么样的产品可以认为是“相同产品”以及对 GATT1994 第 20 条中“必需的措施”、“有关的措施”等词语给予解释性说明等。

在不修改 WTO 规则或多边气候协议的情况下，一国也可以通过自身的行动来影响 WTO 争端解决机构对相关规则的解释，以减轻 WTO 规则对减排措施的限制。在短期，这或许是 WTO 规则与多边气候协议之间最现实的协调手段。对此，Buck 和 Verheyen 强调一国在减排的国际合作中达到“最低合作努力”（Minimum Cooperation Efforts）的重要性。因为根据 WTO 上诉机构在虾与海龟案中的解释，如果一国积极寻求国际合作以达到减排的目标，在合作不能取得成功后再采取限制贸易的减排措施，则有可能得到 WTO 上诉机构的认可。此外，Charnovitz 认为借助 ISO 等国际组织尽快建立被广泛认可的温室气体排放标准、能源效率标准等国际标准，进一步开放环境和能源产品与服务市场，以及加强 WTO 与《联合国气候变化框架公约》在机构运作上的互动，对于协调 WTO 规则与多边气候协议之间的冲突也具有重要的作用。

五、结论与启示

本文针对目前 WTO 规则与多边气候协议之间潜在的冲突与协调问题进行了较系统的

分析，可以得到以下几点基本结论：第一，贸易与气候变化问题具有重要的内在关联，它是多边贸易体制与多边气候协议之间存在潜在的冲突与协调的实质。贸易自由化通过规模效应、结构效应和技术效应作用于气候变化问题；而反之，环保产品与服务的自由贸易有助于促进国际贸易的进一步发展，甚至可能成为未来国际贸易新的增长引擎。第二，从国际法的角度看，WTO 规则与多边减排协议存在诸多可能的冲突，这主要体现在 WTO 规则对多边气候协议相关的减排措施的潜在约束上。但是，对于 WTO 规则到底有助于减排措施的实施，还是有阻碍作用，学术界目前还存在争议。第三，WTO 规则与多边气候协议进一步协调的思路包括 WTO 规则或多边气候协议的调整、加强国际协商与合作等。这种协调有助于减少或避免将来可能的贸易与环境纠纷，促进二者的良性互动，实现双赢。大部分发展中国家既是 WTO 成员方，也是多边气候协议的缔约方。在多边贸易体制和多边气候协议下，发展中国家面临比发达国家更加复杂的局面。一方面，由于发展中国家的经济发展程度普遍较低，经济发展往往被放在优先位置，牺牲经济发展来保护环境的代价要比发达国家高得多。同时，发展中国家的发展模式往往还是粗放式的，加上经济规模的增大，往往造成巨大的能源消耗和温室气体排放。但是，发展的程度却限制了发展中国家的减排能力，普遍存在缺乏减排资金和技术的问题，客观加大了减排阻力。另一方面，欧美一些发达国家开始对中国、印度等主要的发展中国家施压，要求这些国家实质性减排。发达国家和发展中国家利益的冲突，使得多边气候谈判进展缓慢，这很可能使欧美发达国家在未来实施更多的单边减排措施，而这些措施可能因为涉及国际贸易而对发展中国家产生重要的影响。

在气候变化相关问题上，鉴于基本国情和发达国家的态度，发展中国家应该从多方面努力维护自己的合理权利。首先，要积极参与气候变化问题的谈判，因为不参与气候变化协议，会使发展中国家面对发达国家可能的环境贸易措施时更加脆弱（Stokke，2004）。其次，在参与气候谈判时，要坚持多边气候协议中“共同而有区别的责任”，强调发达国家对气候变化问题的历史责任，维护应有的发展权利。同时要通过清洁发展机制、联合履行等国际合作项目，争取从发达国家获得减排资金和技术援助。最后，发展中国家也应该努力转变粗放式的发展模式，加快产业的升级，对外则进一步开放环保产品和服务市场。不过在短期，发展中国家最重要的是加强对 WTO 规则和全球气候协议之间的法理联系的认识，认真研究 WTO 现存与环境有关的纠纷案。如此，在未来发生与减排有关的贸易纠纷时，才能灵活运用 WTO 规则和气候协议中的相关条款来维护自身的合法权益。

参考文献

[1] 曹静，陈粹粹. 碳关税：当前热点争论与研究综述 [J]. 经济学动态，2010 (1).

[2] 高晓露. 浅议 PPMs 在 WTO 框架内的法律地位 [J]. 当代法学，2003 (12).

[3] 李威. 碳关税的国际法与国际机制研究 [J]. 国际政治研究（季刊），2009 (4).

[4] 欧福永，熊之才. WTO 与环保有关的贸易条款评析 [J]. 当代法学，2004 (1).

[5] 沈可挺. 碳关税争端及其对中国制造业的影响 [J]. 中国工业经济，2010 (1).

［6］沈木珠．论多边环境协定与世贸组织规则的冲突与协调［J］．国际贸易问题，2003（12）．

［7］王军．气候变化经济学的文献综述［J］．世界经济，2008（8）．

［8］谢来辉．欧盟应对气候变化的边境调节税：新的贸易壁垒［J］．国际贸易问题，2008（2）．

［9］许耀明．气候变化国际法与 WTO 规则在解决贸易与环境纠纷中的矛盾与协调［J］．政治与法律，2010（3）．

［10］Doelle M. Climate Change and the WTO：Opportunities to Motivate State Action on Climate Change through the World Trade Organization［J］. Review of European Community & International Environmental Law, 2004, 13（1）.

［11］Eckersley R. The Big Chill：The WTO and Multilateral Environmental Agreements［J］. Global Environmental Politics, 2004, 4（2）.

［12］Green A. Climate Change, Regulatory Policy and the WTO：How Constraining Are Trade Rules?［J］. Journal of International Economic Law, 2005, 8（1）.

［13］Ismer R, Neuhoff K. Border Tax Adjustment：A Feasible Way to Support Stringent Emission Trading［J］. European Journal of Law and Economics, 2007, 24（2）.

［14］Marceau G, Trachtman J. The Technical Barriers to Trade Agreement, the Sanitary and Phytosanitary Measures Agreement, and the General Agreement on Tariffs and Trade：A Map of the World Trade Organization Law of Domestic Regulation of Goods［J］. Journal of World Trade, 2002, 36（5）.

［15］Stokke O. S. Trade Measures and Climate Compliance：Institutional Interplay between WTO and the Marrakesh Accords［J］. International Environmental Agreements：Politics, Law and Economics, 2004, 4（4）.

［16］Sykes A. Domestic Regulation, Sovereignty, and Scientific Evidence Requirements：A Pessimistic View［J］. Chicago Journal of International, 2002, 3（2）.

［17］Tamiotti L, Teh R, Kulaço ğlu V, Olhoff A, Simmons B. and Abaza H. Trade and Climate Change WTO－UNEP Report［R］. World Trade Organisation, 2009.

［18］The World Bank. International Trade and Climate Change：Economic, Legal, and Institutional Perspectives Washington D. C.［M］. World Bank Publication, 2008.

Analysis on Climate Change from Perspective of Multilateral Trade Regime

Peng Shuijun　Zhang Wencheng

Abstract：This paper examines the related problems of climate change from the perspective of multilateral trade regime. Firstly, it analyzes the interaction between trade and climate change. Secondly, it focuses on the potential conflicts between WTO rules and multilateral climate agreements which are represented as constraint of WTO rules to a different extent against various climate measures. Furthermore, this paper discusses some possible way to promote the synergy between WTO and climate regime. Finally, some suggestions are given to developing countries based on their situation facing climate change.

Key Words: WTO; Multilateral Climate Agreements; Abatement Measure; Conflict and Coordination

浅析多边化区域主义在亚太区域经济一体化中的影响*

杨勇　张彬

【摘　要】多边化区域主义在当前世界经济中已经初显峥嵘，它是新区域主义在当前国际经济环境下的调整与发展。本文分析了多边化区域主义的产生动因和表现形式，并就多边化区域主义对亚太区域经济一体化的影响和其发展趋势进行了深入研究，结论是多边化区域主义符合亚太经济合作的发展趋势，但其前景取决于大国利益的博弈。作为亚太经济一体化的主要利益攸关方，中国须尽早制定对策以应对亚太多边化区域主义的发展。

【关键词】多边化区域主义；新区域主义；意大利面碗效应；泛太平洋战略经济伙伴关系协议

一、引　言

新区域主义（New Regionalism）的兴盛是20世纪90年代以来世界经济中的重要事件。新区域主义模式下的区域贸易协定（Regional Trade Agreements，RTAs）多是大国（经济集团）与小国组建的双边RTAs，而且小国在加入RTAs的谈判中对大国让步更多（Ethier，1998）。新区域主义的发展推动了全球RTAs数量的快速增长，截至2010年7月，向WTO通报的RTAs数量已达到474个。数量庞大的RTAs将全球绝大多数经济体囊括在RTAs网络中，并导致了意大利面碗效应（Spaghetti－bowl Effects），即多个RTAs相互交叉，使得这些RTAs中的不同优惠待遇和原产地规则就像碗里的意大利面条一样错综

* 本文选自《世界经济研究》2011年第11期。
基金项目：国家自然科学基金项目“空间成本约束与区域产业转移的有效路径”（项目批准号：71003037）和教育部人文社会科学重点研究基地重大项目“中日韩自由贸易区问题研究”（项目批准号：10JJDGJW001）的研究成果。
作者简介：杨勇，武汉大学经济与管理学院世界经济系；张彬，武汉大学经济发展研究中心。

复杂，提高了成员方利用优惠待遇和原产地规则的成本。

多边化区域主义（Multilateralising Regionalism）正是在这种背景下产生的，南开大学APEC研究中心认为，它是双边及区域性RTAs突破自身封闭性而进行对外开放与整合的机制，也是新区域主义应对国际经济环境变化而做出的调整与发展。多边化区域主义具有此前的国际经济一体化所不具备的全新特征，它的发展可能会对国际经济一体化产生深远影响。研究多边化区域主义的产生原因和在亚太地区的发展趋势，不仅能完善国际经济一体化理论，而且还有助于中国科学把握和主动适应当前的国际经济一体化局面，以便更好地实施自由贸易区战略。

二、多边化区域主义的动因与表现形式

国际经济一体化从战后发展至今，已经经历了传统区域经济一体化和新区域主义两个阶段，国际经济一体化在这两个阶段的特征与表现形态各不相同。国际经济一体化的形态与国际环境和成员方的利益目标密切相关，国际经济环境和成员方利益诉求的改变会促进国际经济一体化形态的转变。多边化区域主义是国际经济一体化发展的新阶段，它同样是国际环境和成员方利益目标变化的结果。

（一）多边化区域主义的动因

多边化区域主义根源于新区域主义，是新区域主义应对21世纪以来世界经济环境变化的调整与发展。多边化区域主义的动因在于经济体对自身利益的追求，以及有效地进行资源跨国配置的需要。

1. 多边化区域主义源自经济体的利益最大化追求

参与RTAs的收益是对经济体让渡部分主权的补偿，收益目标因国际经济一体化的阶段不同和经济体的自身差异而存在差异。传统经济一体化中的经济体多着眼于贸易收益；新区域主义时代的经济体收益目标则更广泛，不再局限贸易利益，而且不同经济体的收益目标差异很大。根据Whalley（1996）、Fernandez和Portes（1998）、Schiff和Winters（1998）、李向阳（2003）、樊勇明（2008）等的研究，不同成员方在新区域主义下的收益目标归纳如表1所示。

新区域主义的发展催生了面碗效应，面碗效应的加剧又打破了由单个大国主导一个地区RTAs的新区域主义模式，代之以几个大国和经济集团在同一地区分别组建RTAs，小国则选择加入一个或者多个RTAs。尽管经济体的收益目标并没有改变，但由于大国的区域主导权被面碗效应侵蚀而导致收益减少；小国虽能加入多个RTAs而提升收益，但面碗效应导致的成本增长抵消了这些收益。因此，经济体的收益被日益严重的面碗效应削弱，维持原有收益的最好办法就是打破RTAs的排他性与封闭性，这就是RTAs多边化的第一

表 1 新区域主义下不同成员方的收益目标

类别	大国	小国
经济利益	传统贸易收益和稳定的区域市场 增加在多边贸易谈判中的筹码 提升贸易报复能力	传统贸易收益与稳定的大国市场 获得投资与促进经济增长 进入大国市场的保险
非经济利益	获得区域主导权 推进意识形态与政治制度的扩张 巩固周边战略安全 谋求全球霸权	提高政府信誉 信息传递作用 增强谈判能力，降低谈判成本 建立机制促进区域协调发展 获得稳定的区域性公共产品给（安全、能源、外交等）

个动因。多边化区域主义继承了新区域主义的收益目标，但获取方式因面碗效应存在而有所调整。正如 Baldwin（2006）指出的，多边化区域主义是推动区域主义走向多边主义的关键一步，面碗效应在多边化区域主义的诞生中起到了铺路石作用。

2. 多边化区域主义是实现资源国际配置的有效途径

GATT/WTO 和 RTAs 都是通过贸易自由化实现资源国际化配置的制度性安排，跨国公司则是资源配置国际化的主体。"二战"结束以来，RTAs 和 GATT/WTO 曾经交替主导资源的跨国配置（Baldwin，2006）。进入 21 世纪后，由于多边贸易谈判进程踯躅不前，区域主义在国际资源配置中的作用更明显。但面碗效应的出现导致跨国公司的资源国际化配置功能面临两难：既要在全球范围内最有效率地配置资源，实现规模经济和利润最大化；又要在市场准入和生产环节方面应对不同 RTAs 的市场准入条件和原产地规则；这既提高了跨国公司资源配置的成本，也损害了经济体的利益。因此，在面碗效应使得 RTAs 难以有效进行资源国际化配置的局面下，统一不同 RTAs 中的规则就成为亟待解决的问题。多边化区域主义在统一规则方面正好满足这种需要，这正是 RTAs 多边化的第二个动因。

（二）多边化区域主义的表现

近年来，WTO 推出了区域贸易协定新透明化机制，目的是减少面碗效应并引导 RTAs 向多边化方向发展。现实中，多边化区域主义也进展迅速，主要表现在以下几方面：

1. 单个 RTAs 的范围不断扩大

多边化区域主义的表现之一是单个 RTAs 范围的扩大。不同 RTAs 签订新的优惠贸易协定会产生两种结果：一是导致小规模的 RTAs 被兼并和失效，如 2004 年欧盟成员国由 15 国扩大到 25 国，这使得原有的 65 个区域安排失效。二是 RTAs 的封闭性被打破，形成规模更大的洲际性 RTAs，1994 年欧共体与欧洲自由贸易联盟合并成为欧洲经济区，使欧洲成为统一的自由贸易区；美国极力推动美洲自由贸易区（FTAA）的谈判，计划将整个美洲地区包括在这个庞大的自由贸易区内。此外，如果 RTAs 能跨洲发展，那么区域贸易安排将向全球贸易自由化大幅靠近，跨大西洋自由贸易区和亚太自由贸易区构想体现了这种趋势。

2. 不同 RTAs 的规则出现统一趋势

RTAs 间的协调使得区域规则逐渐统一，这是 RTAs 多边化的第二种表现方式。就 RTAs 协议中最重要的原产地规则而言，1997 年欧盟实施了泛欧累积制度（PECS），统一了欧共体与欧洲自由贸易联盟与中东欧国家分别签署的双边 RTAs 中的原产地规则，这样双边 RTAs 之间的原产地规则就具有多边性质。在亚太地区，APEC 提出了成员方组建的 RTAs 示范条款，目的也是协调 RTAs 规则的统一，以便减少成员方利用优惠协议的成本。

3. RTAs 引入最惠国待遇原则

为支持 RTAs 的发展，WTO 通过 GATT1994 第 24 条将 RTAs 的优惠贸易安排作为最惠国待遇原则的例外处理，这是 RTAs 排他性优惠机制的基础。但是，近年来不少 RTAs 相继开始在投资、服务贸易和货物贸易领域引入最惠国待遇原则，其中，《欧洲共同体与加勒比论坛间经济伙伴关系协议》最具有历史性突破意义，它规定了货物贸易协议之间的最惠国待遇机制，要求双方在协议签署后与任何第三方达成的自由贸易协定所适用的任何更优惠待遇给予对方。最惠国待遇原则的引入是 RTAs 多边化最引人注目的表现，它不仅极大地打破了 RTAs 的封闭性，而且严重动摇了国际经济一体化赖以生存的法律基础，成为区域主义连接多边主义的桥梁。

三、多边化区域主义与亚太区域经济一体化

在新区域主义的发展大潮中，亚太经济体对于缔结双边 RTAs 普遍表现出积极态度，双边 RTAs 数量迅速增加。截至 2010 年 7 月，亚太经济体共参与的 RTAs 达 175 个，其中内部 RTAs 达到 56 个。这些 RTAs 一方面提高了亚太地区的贸易与投资自由化水平，另一方面也导致了严重的面碗效应。为应对日益加剧的面碗效应，亚太多边化区域主义势头也开始显现。

（一）亚太区域经济一体化的现状

目前，亚太地区的 RTAs 数量已远远超出当地的经济体数量，面碗效应不断升级。同时，亚太经济体的经济规模和发展程度差异很大，参与 RTAs 的收益目标并不一致。2010 年亚太地区主要经济体参与 RTAs 的数量如表 2 所示。

从表 2 数据不难发现，当前亚太地区的 RTAs 数量的增长势头呈泛滥趋势。主要经济体都至少参与了 5 个 RTAs，在已建立的 RTAs 中，伙伴方主要在亚太地区；有待批准和处于谈判中的 RTAs 还有 70 多个，伙伴方也大多集中在亚太地区。以美国、日本为主的发达经济体和以中国、韩国、智利、新加坡为主的新兴经济体成为推动本地区 RTAs 数量增长的主要力量。

表 2　2010 年亚太主要经济体参与的 RTAs 数量　　单位：个

经济体	参与的 RTAs 数量		谈判中的 RTAs 数量	
	总数	区域内 RTAs 数量	总数	区域内 RTAs 数量
澳大利亚	8	8	5	4
加拿大	16	4	11	8
智利	18	13	0	0
中国	9	8	5	1
日本	11	10	4	2
韩国	6	4	7	5
墨西哥	14	8	1	1
新西兰	7	7	0	0
俄罗斯	7	0	无详细资料	无详细资料
新加坡	17	13	3	2
美国	11	6	6	5
东盟	5	5	1	1

注：除新加坡外，东盟的亚太地区成员国，如印度尼西亚、马来西亚、菲律宾、文莱、越南等主要依托东盟参与 RTAs，故没有涉及。

表 3 提供了亚太地区主要经济体 2010 年参与和正在谈判的 RTAs 伙伴资料，从中不难发现不同经济体在 RTAs 战略和收益目标上的差异。在发达成员中，美国作为全球唯一的超级大国参与 RTAs 的战略符合其全球战略目标，因而美国的 RTAs 伙伴地理分布较分散，发展层次上也差异很大，亚太地区的 RTAs 伙伴只有加拿大、墨西哥、澳大利亚、智利、新加坡、秘鲁。作为地区大国，日本、澳大利亚和加拿大更为重视地区利益，因此 RTAs 伙伴方与谈判对象多位于该国所在区域，并以发展中经济体为主，显然更多着眼于经济收益。新兴经济体和发展中成员参与区域经济一体化的差异很大，智利、新加坡和墨西哥积极参与区域经济一体化，已经成为区内 RTAs 体系中的轮轴国，而广大发展中成员由于参与 RTAs 不充分而成为辐条国家。智利、墨西哥和新加坡的 RTAs 伙伴地理分布广泛，发展程度、经济规模和经济制度也不相同，说明这些经济体主要目标在于获得经济收益。

表 3　2010 年亚太地区主要经济体参与或正在谈判的 RTAs 伙伴方

国别	已签署的 RTAs 伙伴	正在谈判的 RTAs 伙伴
美国	澳大利亚、阿曼、摩洛哥、约旦、智利、新加坡、秘鲁、巴林、NAFTA、CAFTA－DR、以色列	与韩国、哥伦比亚、巴拿马签署协议，与 TPP、泰国、马来西亚正在进行谈判
日本	东盟、新加坡、越南、菲律宾、文莱、马来西亚、泰国、印度尼西亚、墨西哥、智利、瑞士	澳大利亚、GCC、印度和韩国

续表

国别	已签署的 RTAs 伙伴	正在谈判的 RTAs 伙伴
澳大利亚	东盟、智利、新西兰、新加坡、泰国、美国、巴布亚新几内亚、SPARTECA	中国、GCC、TPP、马来西亚和日本
智利	澳大利亚、加拿大、哥伦比亚、哥斯达黎加、萨尔瓦多、日本、墨西哥、SPARTECA、韩国、巴拿马、TPP、美国、中国、印度、GSTP、LAIA、PTN	暂无正在谈判的国家
墨西哥	智利、哥斯达黎加、EC、EFTA、日本、萨尔瓦多、危地马拉、洪都拉斯、尼加拉瓜、NAFTA、GSTP、LAIA、PTN、以色列	韩国
韩国	新加坡、智利、EFTA、APTA、GSTP、PIN	美国、日本、东盟、加拿大、欧盟、印度、墨西哥
东盟	澳大利亚、新西兰、中国、日本、APTA	韩国
中国	东盟、APTA、智利、巴基斯坦、中国香港、中国澳门、新西兰、新加坡、秘鲁	澳大利亚、挪威、SACU、冰岛、GCC
加拿大	智利、秘鲁、NAFTA、哥斯达黎加、EFTA、以色列	哥伦比亚、约旦、CABICOM、多米尼加、洪都拉斯、尼加拉瓜、危地马拉、萨尔瓦多、新加坡、EU、韩国
新西兰	澳新与东盟的协议、澳大利亚、中国、新加坡、泰国、TPP、SPARTECA	暂无正在谈判的协议
俄罗斯	独联体自由贸易区域协议、与独联体成员国及塞尔维亚和黑山签订的双边贸易协定与哈萨克斯坦、塔吉克斯坦和吉尔吉斯斯坦成立关税联盟和欧亚共同体与白俄罗斯、塔吉克斯坦的关税联盟	正在就加入 WTO 进行谈判、正与苏联地区的国家进行自由贸易制度的谈判
新加坡	东盟与澳新、日本、中国、EFTA、印度、约旦、韩国、新西兰、巴拿马、秘鲁、澳大利亚、TPP、美国、东盟与中国、东盟与日本、AFTA、GSTP	独立参与加拿大和乌克兰的谈判，并参与东盟与韩国的谈判

注：APTA（亚太贸易协定）、CARICOM（加勒比共同体）、CAFTA - DR（中美洲 - 多米尼加自由贸易协定）、EFTA（欧洲自由贸易联盟）、GCC（海湾合作委员会）、GSTP（发展中国家全球贸易优惠制）、LAIA（拉丁美洲合作协会）、PTN（贸易谈判协定）、SPARTECA（南太平洋区域贸易经济合作协议）、SACU（南部非洲关税同盟）、TPP（跨太平洋战略经济伙伴协议）。

资料来源：WTO 网站、APEC 网站。

（二）亚太多边化区域主义产生的动因

亚太多边化区域主义的动因主要来自两个方面：一是打破面碗效应对成员方收益的抑制；二是亚太区域经济一体化发展的现实需要。随着 RTAs 的泛滥性增长，面碗效应已成为亚太区域经济一体化中不可回避的问题，这在东亚和美洲环太平洋地区尤为明显。在东亚地区，东盟构建了一系列以其为核心的地区合作机制，包括“10 + 1”、“10 + 3”、“东亚峰会”和“东南亚区域论坛”等，东盟成员国还分别与亚太主要经济体缔结了 RTAs 协议。此外，中、日、韩等也在不断建立新的 RTAs。在美洲环太平洋地区，美国、智利、秘鲁和墨西哥与不少拉美经济体签署了 RTAs，这些新增的 RTAs 与原有 RTAs 相互重叠，使得当地的 RTAs 结构非常复杂。面碗效应增加了亚太经济体的贸易和投资成本，也减少了主要经济体的区域市场份额，如在过去 5 年中，美国对亚太地区的出口总额虽增长了 62%，但出口比重却下降了约 3%①。同时，面碗效应削弱了主要经济体的区域主导权和其他非经济收益，如美国认为复杂的东亚区域合作“削减了美国参与亚洲地区经济事务的机会”②。所以，遏制亚太地区 RTAs 的增长趋势和减少面碗效应是亚太多边化区域主义出现的主要动因。

多边化区域主义也是亚太区域经济一体化发展的需要。表 4 给出了 2010 年主要亚太经济体的区域内贸易比重及区域内 RTAs 的内部贸易比重数据，不难发现亚太地区的功能性经济一体化已经相当发达，主要经济体的对外贸易大多集中于本地市场。但是，受到制度性约束的区域内贸易却不多，美国、日本、中国等都不足 30%。如果存在整体层面的制度性一体化组织，那么将极大地稳定亚太经济体之间的贸易关系，福利效应也将远远大于当前新区域主义模式下的双边 RTAs。APEC 虽然囊括了主要的亚太经济体，但是“协调的单边主义”和“开放的多边主义”机制越来越难以推动本地的贸易与投资自由化。因此，多边贸易体制进展缓慢的现实背景和亚太区域经济一体化发展的客观需要，也是催生亚太多边化区域主义的重要原因。

表 4　2010 年亚太主要经济体贸易　　单位:%

经济体	亚太区域贸易份额		亚太区域内 RTAs 的内部贸易份额	
	出口份额	进口份额	出口份额	进口份额
澳大利亚	80. 2	69. 3	16. 1	30. 3
加拿大	82. 1	75. 7	76. 5	56. 3
智利	68. 4	46. 8	44. 5	25. 1
中国	72. 5	62. 6	23. 6	13. 5
印度尼西亚	68. 2	68. 6	57. 2	52. 4
日本	70. 1	64. 2	12. 5	9. 7
韩国	70. 4	63. 3	4. 3	3. 4
墨西哥	87. 8	79. 6	85. 2	57. 4
新西兰	72. 9	72. 7	39. 4	43. 3
俄罗斯	25. 1	36. 1	—	—
新加坡	78. 8	67. 3	51. 8	51. 6
美国	56. 3	57. 2	25. 7	28. 2

① USTR. Economic Opportunities and the TPP [EB/OL]. http://www. ustr. gov/about－us/press－office/factsheets/2009。

② 盛斌：亚太区域合作的新动向：来自竞争性构想的洞察？[J]. 国际经济评论，2010（3）.

（三）亚太地区 RTAs 多边化的发展现状

由于 APEC 的内在缺陷使其在整合区内 RTAs 上力不从心，亚太多边化区域主义需要新的平台，这个平台能为亚太地区的主要经济体提供排他性的制度约束。加拿大在 2004 年提出“亚太自由贸易区”（FTAAP）方案，希望在亚太地区建立统一的自由贸易区，FTAAP 构想在 APEC 河内峰会上得到美国的明确支持，因为它符合美国通过统一的一体化框架来主导亚太地区经济和政治事务的战略利益。由于用约束性的互惠承诺来替代 APEC 的自愿原则令很多 APEC 成员方难以接受，FTAAP 动议因而被束之高阁。在推动 FTAAP 未果后，美国转而选择泛太平洋战略经济伙伴关系协议（Trans - Pacific Strategic Economic Partnership Agreement，TPP）作为基础平台整合亚太区域经济一体化。

TPP 原是由新加坡、文莱、智利和新西兰（简称 P4）4 个小国组成的自由贸易区，随着 2010 年美国高调宣布加入谈判而引人瞩目。美国认为 TPP 的结构和内容符合美国的战略利益，不但能够促进美国的就业与经济繁荣，而且能为设定“21 世纪贸易协定的标准”做出巨大贡献。以 TPP 为蓝本实行“4 + X”战略，给美国提供了一个包括更广泛成员的自由贸易区的“基准平台”，可以避免与其他经济体逐个达成协议而节约谈判资源，TPP 的“基准协定文本”可适用于在未来有意加入的新成员。TPP 的谈判内容完全体现了美国利益，包括农产品贸易、服务贸易、知识产权保护、标准与技术壁垒、投资保护、政府采购、原产地规则、环境与劳动标准①。美国通过 TPP 不但能获得稳定的区域市场、促进就业等方面的经济利益，更重要的是可以实现美国“重返亚洲”的战略意图，抵制排斥美国势力的“东亚共同体”的形成，并重建美国在亚洲的领导地位。

四、亚太多边化区域主义的发展趋势与中国的策略选择

多边化区域主义可以减少贸易与投资壁垒，符合亚太区域经济合作的发展趋势。但亚太多边化区域主义涉及大国利益的新一轮博弈，故发展前景取决于多方面的因素。为应对亚太多边化区域主义的发展，中国应该尽早制定对策措施。

（一）亚太多边化区域主义的发展前景

在美国大力推动下，以 TPP 为平台的亚太多边化区域主义已初显峥嵘。截止到 2010 年 12 月，美国、澳大利亚、秘鲁、马来西亚、越南已经与 P4 展开谈判，TPP（准）成员将扩展到 P9。此外，日本决定与 P9 展开磋商。韩国、印度尼西亚、菲律宾、泰国、加拿

① Deborah Elms. From the P4 to the TPP：Explaining Expansion Inter ests in the Asai - Pacific ［A］. Paper presented in UN ESCAP Conference on Trade - Led Growth in Times of Crisis，Bangkok，Thailand，November，2009.

大、墨西哥等也对TPP表示出兴趣，P9有望扩大至P16，成为亚太地区规模最大的自由贸易区。TPP的发展将主要取决于以下三个因素：

1. 美国的政策取向对TPP的前景至关重要

亚太多边化区域主义由美国推动，因为它在总体上符合美国的利益。但是，美国政府的决策受利益集团影响，这些集团的利益并不一致，他们会通过各种方式影响政府决策。如贸易谈判代表办公室（USTR）主张积极开拓新的自由贸易区；代表制造业利益的商务部和代表农场主利益的农业部更为关切对敏感行业和产品的贸易保护或补贴；主管外交事务的国务院则更多地从外交与安全角度考虑多边化区域主义的非经济收益。各个利益攸关部门的分歧将导致多边化区域主义的前景存在“政府内部决策”的不确定性。此外，相对于经济复苏、金融监管改革、医疗改革和阿富汗战争等棘手问题，贸易问题并不是当前美国政府最需要解决的问题。

2. 区域内大国的态度是决定亚太多边化区域主义前景的重要因素

多边化区域主义的发展最终会对亚太地区的RTAs结构进行彻底清理，也是地区大国利益的新一轮博弈。如果多边化区域主义不能保障其他大国的正常利益，必然命运多舛。由于TPP包括经济、政治、外交、安全等多方面内容，这些体现美国利益的条款是否能得到亚太地区其他大国的认可还未可知。以日本和韩国等美国在亚太地区的最亲密盟友而论，其在农产品贸易、敏感工业品的市场准入等方面与美国尚且矛盾重重，其他经济体与美国的利益分歧就更加明显。

3. 亚太多边化区域主义本身的吸引力也将影响其发展

作为未来亚太地区高级别的自由贸易协定，内部贸易发达程度是吸引区内经济体加入的首要条件。虽然TPP的成员方有望达到9个，但成员方间的经济互补性不强，这会制约内部贸易的发展。P9中没有经济体与美国的经济结构互补，即使未来日本、韩国加入，只会更多地与美国展开竞争而非合作。因此，现阶段TPP的成员构成能否持续吸引亚太经济体加入也值得怀疑。

（二）中国参与亚太地区经济一体化的策略选择

2010年，亚太多边化区域主义的发展速度明显加快。目前，TPP已初具规模，可望形成横跨太平洋的巨大自由贸易圈，并将改变APEC中东盟“10+3”和NAFTA相互分割的局面。TPP的发展会强化美国在亚太地区的控制力，也将对中国利益形成巨大的冲击。除了巨大的贸易转移和投资转移效应外，中国长期倚重的“10+3”区域自由贸易体系有可能沦为多边化区域主义的组成部分，而“10+3”成员还面临被TPP分化瓦解的威胁。更重要的是亚太多边化区域主义抛弃了中国努力推动并倚重的APEC，这可能导致中国丧失对亚太区域经济合作中很多重大问题的实质性控制权。因此，面对亚太多边化区域主义的发展，中国作为亚太地区的主要经济体和重大利益攸关方，必须未雨绸缪，尽快制定应对之策。根据以上分析，本文对中国应对亚太多边化区域主义的发展提出两点政策建议：

1. 积极融入亚太多边化区域主义发展进程

多边化区域主义符合亚太区域经济合作的发展趋势，将深刻改变亚太地区的经贸格局并影响各国的经济地位。因此，中国必须充分认识和把握这种趋势，尽早融入其发展进程。这样，中国至少可以获得以下利益：一是中国与目前 P4 都存在自由贸易协议，加入谈判只需要将协议升级，谈判成本低；二是避免被越来越多的 TPP 成员边缘化，承受贸易和投资转移之苦；三是可以尽早参与规则制定，影响议程覆盖面、成员范围与进程速度，排除损害中国利益的议题，避免在 TPP 成型后加入而沦为规则接受者。

2. 继续深化现有区域经济合作机制

除了与 TPP 保持接触并力争尽早参与外，中国应该强化现有的区域合作机制：一是要努力促进 APEC 的发展；二是要深化“10 + 3”的合作机制，巩固与东盟的双边互惠关系，并尽早完成中、日、韩自贸区谈判和建设；三是要结合 APEC、上海合作组织等跨区域经济合作平台以及东北亚经济共同体、环北部湾经济区、大湄公河经济圈等次区域经济合作平台，根据不同层次的区域合作平台灵活安排区域经济合作的方式，不断推动区域经济合作。

参考文献

[1] 樊勇明．区域性国际公共产品［J］．世界经济与政治，2008（1）．

[2] 李向阳．新区域主义与大国战略［J］．国际经济评论，2003（7）．

[3] Baldwin，Richard E. Multilateralising Regionalism：Spaghetti bowls as Building Blocs on the Path to Global Free Trade［J］．The World Economy，2006，29（11）．

[4] Ethier. The New Regionalism［J］．Economic Journal，1998，108（449）．

[5] Fernandez R，Portes J. Returns to Regionalism：an Analysis of Non – Traditional Gains from Regional Trade Agreement［J］．The World Bank Economic Review，1998（12）．

[6] Schiff M，Winters L. Regional Integration as Diploma［J］．The World Bank Economic Review，1998（12）．

[7] Whalley J. Why do countries seek Regional Trade Agreements［J］．NBER Working Paper，1996，No. 5552.

10年后的展望*
——关于上海合作组织未来定位与空间的思考

冯绍雷

10年之前，上海合作组织的横空出世，成为欧亚大陆历史发展进程中的一件令全球关注的大事。10年来，上海合作组织经历了国际国内环境的巨大变化，推动了区域跨国交往的扩展和深化，揭开了欧亚地区跨国政治经济与安全合作的历史性篇章。

历史地看，这一组织是在21世纪初欧亚地区面临新的发展和安全挑战的环境中形成的，是在不同发展水平、不同宗教文明、不同国力大小和不同国内体制的复杂背景下建立起来的区域性国际组织。上海合作组织的这一成长路径一方面表明了这一组织乃是史无前例的历史性创举，另一方面也充分说明了这一组织的发展道路决不会一帆风顺。

在这10年中，上海合作组织的成员国继解决相互间的边界问题之后，通过种种条约为这些国家增进互信和确保安定提供了非常重要的政治与法律保证；构建了相当丰富多样的组织框架和机制，为成员国、观察员国和对话伙伴国之间发展合作提供了重要的制度框架；推动了上海合作组织内部的经济与安全合作，使得这一组织的发展有了一个坚实的基础；多年来，在维护地区稳定与安全的进程中，该组织的声音始终是转型中国际社会的重要方面。

10年来，世界的形势正在发生进一步的重大变化。

第一，国际政治经济重心正在迅速地从西方向东方转移，一个多样化、多元化的国际发展势头正在迅速出现。新兴国家的发展特别是中国、印度等国家的成长，正在成为这个转型中世界的竞争与合作进程中的重要方面，成为推动国际经济发展的重要动力。新兴国家之间的合作机制也正在不断地推陈出新，G20、“金砖国家”以及一系列全球的和地区的国际组织正在发挥巨大的作用，而上海合作组织则是这一领域的突出亮点。虽然，欧美国家无论在战略力量、经济实力、管理水平、体制影响以及思想文化的辐射力等方面，依

---

* 本文选自《俄罗斯研究》2011年第2期。

基金项目：人文社会科学重点研究基地重大项目“上海合作组织研究”（项目批准号：2005JJDGJW039）的阶段性成果。

作者简介：冯绍雷，教育部人文社科重点研究基地华东师范大学俄罗斯研究中心主任，华东师范大学国际关系与地区发展研究院院长、教授。

然在全球格局中明显占据上风，但传统工业国家在国际政治经济结构中所占权重正在下降，在思想文化领域的优势正在逐渐地消退；它们相互之间的联盟关系虽依然存在，但是内部相互依存度正在下降。

第二，随着后冷战时期大国间结盟对抗现象的消失，国家关系中的意识形态因素远不如冷战时期那样重要。但是，国家间实际冲突水平、频率和烈度依然令人担忧。从 1999 年开始的科索沃战争、2001 年的阿富汗战争、2003 年的伊拉克战争、2008 年的俄罗斯与格鲁吉亚战争，一直到最近的利比亚战争。几乎所有的战争都集中在欧亚大陆的边缘地区。这中间，一方面是极端主义、恐怖主义的猖獗、包括过度依赖镇压的暴政，使得国际形势大大复杂化，但是另一方面，借反恐、反对镇压平民而实施的势力扩张政策显然已经成为强权的行为惯性。值得注意的是，意识形态因素还是一再以各种方式被作用于国家间的正常关系。其中，美国所主张的外交就是为了“推广民主”的信条，已经成了冷战后国际关系重新被意识形态化的主要源头之一。在这样动荡而微妙的形势下，中亚各国、俄罗斯、中国等国组织起来，以我们自己的合作行动避免外部势力对于我们所在地区的干扰，确保我们所在地区的安宁与稳定，显示了上海合作组织这样的区域国际组织存在的意义。

第三，全球化推进下的正反两方面效应、若干强权附加于全球化进程中的主观意志及其被激发起来的社会抗拒，使得国际社会各个领域的动荡、危机和非常规性事件层出不穷，危机—反应式的事态处理成为大国间国际交往的主要表现形式之一。大国行为因突发性危机事件作用于地区局势的稳定，同时也借助于重大危机来实现外交突破。“9・11”事件、颜色革命、天然气冲突、世界金融危机、中东、北非形势动荡等，几乎所有重大事件的应对处理，都带有一定程度的危机—反应式的事态处理特点。而上述这些事件几乎又都与上海合作组织所在地区有着密切关联。从如何应对发生在这一地区的危机形势的角度看，国际经验证明了这一国际组织存在的必要，同时，也给这一组织今后发展的前景设置了重重考验。

第四，从国际金融危机、日本大地震和海啸以及中东北非的所谓“革命”以来的局势变化看，当危机中的各国难以自保、客观上却又置身于各自原有的区域合作框架下时，当美国也难以施展全球性的影响、不得不退而以经营若干地区作为其战略重点时，在地区和次区域层面的国际合作与竞争，非常可能成为今后一个阶段国际事务的焦点所在。欧盟在原有区域框架已经力不从心、各国意见分歧渐趋扩大之时，将竭尽全力力保维持区域合作进程，以免在全球竞争中沉沦；东亚地区的合作在遭受一系列天灾人祸的背景下，特别是面临美国“重返亚洲”的重大战略调整的背景下，也必将是一番新的竞争与合作的局面。上海合作组织所在的欧亚大陆的核心地带乃是大国间博弈的聚集地：在这一地区，北约与欧盟在过去 10 多年里经历了重要的扩张，目前只是处于间歇状态；而近年来，俄罗斯在苏联地区大力提升影响力和聚合力，特别体现在对于集体安全条约组织、欧亚经济共同体、俄白哈三国海关同盟、包括欧亚开发银行等一系列地区机构合作水平的提升上，也将给上海合作组织带来一种新的外部环境；包括中亚国家要求实现自己的自主性建设、使这一地区免受任何大国主宰的愿望，也都给区域合作进程输入了新的动因。总之，“区域”概念在国际事务中的提升已是相当令人关注的事实。

第五，21 世纪以来，新兴国家和转型国家的发展势头迅猛，内部整合的水平有所提升，在世界经济中所占份额继续上升，但是，发展和转型的方式正在面临深刻变化。俄罗斯正在进行有关“2020 年前社会经济发展战略”的大讨论，中国正在进行从过于依赖海外市场转向海外发展和发展内需均衡式发展的战略大调整。中国、俄罗斯等新兴大国正在以不同方式进入所谓的“第二次转型”，以寻求新的发展动力，并克服前一阶段改革进程中所遗留下来的“政策陷阱”。这种发展机理和内部体制结构的变化，势必将对新兴国家、转型国家的外部关系带来不同含义的影响：虽然，体制变迁中相对权力集中的过程可能引发与西方国家关系的敏感与紧张，但是，像中国这样从外延型发展转向内需和外部平行发展的战略，也有可能成为一个迟缓国际紧张状态的有利因素。这是上海合作组织今后发展中的一个重要背景。

总体来说，上海合作组织更富有活力的发展与壮大，这是当前以及今后一个阶段国际社会、地区层面、成员国各国内部发展等多方面因素所规定的客观需求。

上海合作组织成立 10 年以来，人们对于该组织本身的地位与作用也正在越来越具有客观清醒且富有远见的认识。

鉴于该组织是在冷战后的一个特殊阶段建立起来的跨国区域组织，它已经在一系列区域和国际事务中发挥了巨大的影响力，但是还不可能希望它立即就具备像欧盟、北约那样的老牌国际组织在长时间中所形成的非常成熟的内部功能和机制。因此，可以在一个较长期的过程中，期待它在一旦发生重要的国际变局，包括本地区面临突发事件的情况下，发挥其所有预想中的作用。作为一个已经在较短时期内处理了那么多复杂的国际与区域事务的地区国际组织，上海合作组织的影响力是完全可以在今后的发展进程中进一步体现出来的。

由于上海合作组织成员国所具有的不同国内国际背景，对于上海合作组织未来的功能定位，可能还会在增加政治互信、加强安全合作和深化经济交往水平等方向的相互交叉中被确认，而不会被简单地定格为或者仅仅是着眼于经济功能，或者仅仅是着眼于安全事务，或者仅仅是提升政治互信水平。这样一种状态既是由于所在地区的多种需求的客观态势所决定的，也是出于各成员国和各观察员国唯有在进一步合作中才能够寻求和发展出更多共同的合作机制。

上海合作组织从成立开始，就被其宪章定格为一个开放性的国际组织。鉴于上海合作组织各成员国处于不同程度的进一步体制变迁和对外开放的过程中，所以，10 年以来，不仅上海合作组织的成员国有所扩大，吸收了乌兹别克斯坦成为其正式的成员国，而且也吸收了蒙古、伊朗、印度、巴基斯坦作为其观察员国，以及吸收白俄罗斯和斯里兰卡作为其对话伙伴国。至于上海合作组织的进一步扩展问题，在该组织已经具备了关于吸收成员国的一系列机制和程序的国际法规范的基础上，可以谨慎、稳步地推进，前提是既有利于各成员国在该组织框架之内发挥建设性作用，也有利于区域和整个国际社会的互利、正义、合作和稳定。

就未来发展的态势而言，一个根本性的趋势是：上海合作组织地区推进区域合作进程依然存在着巨大潜能。

第一，上海合作组织各方相互之间互补性的经济与安全结构仍将主导上海合作组织地区的发展。从经济的角度看，最近有学者提出独联体的发展有三个难题：粮食安全、创新经济、自由贸易区。实际上，这也正是今后上海合作组织成员国相互之间可以发挥合作互补的优势之所在。从安全领域看，该地区普遍存在着的安全隐患，包括美国宣布撤军之后以阿富汗形势为核心的地区安全问题，各国有着大量的共同认知，可以使之形成安全合作的机制。

第二，上海合作组织所奉行的“上海精神”，是这个新生国际组织的一笔宝贵的精神财富，为该组织的多边与双边合作提供了必不可少的依托。在推进合作的过程中，大国小国一律平等、相互尊重各成员国的诉求和利益，乃是这种精神的基本要义。非常重要的是，这种相互尊重的态度不仅在各自已经参与的多边或双边合作的构建过程中得到了体现，而且也在各自暂时尚未参与的成员国多边和双边关系中得以体现。这样一种本着协商求同的精神、相互理解与尊重的态度，为该组织的长远发展做出十分重要的铺垫。

第三，上海合作组织的生存与发展还有一个更大的国际背景。上文讲到，冷战后的国际社会已经没有了冷战时期结盟对抗的紧张态势，但是，出于各种动机的意识形态惯性依然没有全然消失，有人还是习惯于用“输出民主”式的立场和战略来看待和处理这一地区的事态发展。对于上海合作组织国家来说，发展市场经济、推动民主体制，总体来说是一个不可逆转的历史过程。但是，这一过程不同的行进节奏，不一样的内部和外部政策匹配，使得对于这一异常复杂转型过程，有一个被外部世界认知和接受的过程。苏联解体20年来的历史经验表明，发展与西方国家良好关系的愿望不一定能够被及时理解和接受的前车之鉴，使得当地国家与西方国家之间改善相互关系的过程始终具有高度的动态性。因此，为了避免内部的转型过程受到过多的外来不虞之扰，为了市场经济和民主改革能够顺利推进，上海合作组织内部存在着从体制接近走向体制合作的可能性。这一逻辑惯性的存在至少将会以外部世界多大程度上愿意以及能够客观友善地看待非西方国家的转型事务和非西方国家本身将在多大程度上认真地推进这一领域的改革为前提。

总之，10年的经历对于势将担当大任的区域国际组织来说，还是一段非常短暂的历史。但是，在这样一段丰富的历史体验中，人们正在进一步看清推动上海合作组织未来发展的诸种动因与机理。

西部地区进行跨国性能源合作的模式选择*

——基于新疆与中亚五国能源合作的分析

麦勇　胡文博

【摘　要】我国西部省区与中亚国家地理位置接近，历史渊源深厚，资源尤其是能源互补性较强，具有经济合作的天然优势与现实基础，其前景非常可观。新疆与中亚五国能源种类差异显著，能源储备颇具优势，长期以来双方一直在能源开发、利用上有着多领域的合作，且已取得了显著成效，但仍存在诸多问题，需进一步发挥各自优势，挖掘合作潜力。根据新疆的经验，可得出西部进行跨国性区域经济合作模式的若干结论性思考：一是跨国性区域经济合作是合作双方实现互利双赢的战略性选择；二是跨国性区域能源与资源的合作开发与利用，是西部省区与中亚五国经济合作的主攻方向；三是西部省区在与中亚五国进行跨国性区域能源与资源合作时，必须注意扬长避短，发挥优势。

【关键词】西部地区；新疆；中亚五国；经济合作

今日世界，跨国性的区域合作已成为有效带动双边或多边经济发展的一大引擎，它产生于全球经济一体化的深刻背景下。一般来讲，满足跨国性区域经济合作的条件主要有地理、文化、资源互补等因素。我国西部省区与中亚国家地理位置接近，历史渊源深厚，资源尤其是能源互补性较强，具有经济合作的天然优势与现实基础，其前景非常可观。新疆在资源禀赋和人文环境等方面在中国西部地区极具代表性，且长期以来新疆与中亚五国有着密切的能源合作交流的历史。本文以新疆为例来展开分析，以期探索西部地区参与区域性跨国能源合作的有效模式。

---

* 本文选自《郑州大学学报》（哲学社会科学版）2010 年第 1 期。

基金项目：国家自然科学基金项目“面向中亚区域的新疆特色产业选择与发展战略研究”（项目编号：70663008）。

作者简介：麦勇，华东理工大学商学院教授，应用经济学博士后，主要从事区域发展战略研究；胡文博，华东理工大学商学院硕士研究生，主要从事公司金融研究。

一、新疆与中亚五国能源合作的现实性

新疆是中国西北能源资源最丰富也是最具发展潜力的省份之一，能源储备颇具优势。从资源禀赋看，新疆能源在满足自身需求的基础上仍有较大开发潜力。如何在现有能源潜力的基础上，最大限度地利用优势能源，是新疆能源开发面临的首要问题。新疆远离中国内陆，但与中亚能源消费市场临近，因而新疆惟有抓住中亚经济增长的机遇，实现优势互补的发展模式，进一步开拓中亚市场，才有利于提高其能源利用的效益。

中亚五国西临欧洲，东接亚洲，位于世界两大能源需求市场之间，在保障亚洲乃至世界能源供应方面扮演着日益重要角色。在全球能源需求日益旺盛的环境下，为挖掘开发能源的潜力，中亚五国积极吸引外国投资。它们一方面加大勘探力度，增加储量，寻求合作以便克服周期性能源短缺及对不可再生能源的依赖；另一方面，中亚五国积极加强能源运输基础设施建设，不断促进能源出口多元化，以掌握能源供应主动权，为各国能源出口拓展新的国际市场，从而取得稳定的外汇收入。

由于同处内陆腹地，为获得长期稳定的能源供给以维持经济增长，同时为避免单一能源供给模式存在的较大风险，中国新疆与中亚五国同样都面临着在更长时期内，谋求能源利用效率提高并实现能源市场多样化的战略模式选择。随着中亚和新疆经济进入加速发展时期，新疆与中亚五国之间能源合作正进入重要的历史机遇期。新疆能否抓住机遇，积极参与中亚各国能源合作，对实现中亚地区能源资源的优势互补，提高中亚区域经济增长率具有重要的意义。

二、新疆及中亚五国的能源储备量与各自特色

新疆能源资源种类丰富，拥有较大能源资源储备，且可再生能源的开发潜力巨大。在不可再生能源中，新疆石油储备相当丰富，特别是新疆塔里木盆地蕴藏着极具开采潜力的石油资源，除石油资源外，新疆在中亚区域中也具备了较大的水电、风能、太阳能等可再生能源的开发潜力。表 1 反映了新疆和中亚五国目前探明的可开采的初级能源储备量。从中可见，2008 年新疆探明的石油可采储量为 1.95 亿吨。同年新疆的天然气的储备量分别达到 3.9 万亿立方米和 1726.61 亿吨，可见新疆能源储备相当丰富。

表 1　2008 年新疆与中亚五国可开采的初级能源储备量

国家 \ 资源	石油（百万吨）	天然气（万亿立方米）	煤炭（亿吨）	天然铀（万吨）	水电（亿千瓦时）
中国新疆	195	3.9	1726.61 *	—	160
哈萨克斯坦	1300	1.82	310	81.6	270
吉尔吉斯斯坦	13	—	8	—	520
塔吉克斯坦	2	—	—	—	3170
土库曼斯坦	76	7.9	—	—	20
乌兹别克斯坦	82	2.1	39	11.6	150
中亚五国合计	1473	5.65	357	93.2	4130
备注	证明可采储量	证明可采储量	证明可采储量	开采成本近 130 美元/千克	按现有技术可开发潜力

注：＊为 2007 年保有储藏量。

资料来源：BP Statistical Review of World Energy June 2009；《2008 年新疆统计年鉴》。

哈萨克斯坦素有世界能源和矿产品原料基地的美称，其能源在整个中亚地区产量和出口量均居于首位，石油和煤炭储备也相当丰富，并逐渐成为该国重要的支柱产业。2008 年哈萨克斯坦已探明煤炭储量达 310 亿吨，石油储备达 13 亿吨，同年石油和凝析油产量为 7074 万吨，比 2007 年增长 5.0%。另据报道，2008 年天然气实际产量 331.84 亿立方米，比 2007 年增长 12.3%。随着勘探开发力度加大，哈萨克斯坦石油、天然气探明储量和产量逐年增长。

吉尔吉斯斯坦和塔吉克斯坦水利资源丰富，其中吉尔吉斯斯坦除了拥有少量的石油外，其他资源相对匮乏，水力发电是吉尔吉斯斯坦的优势能源。塔吉克斯坦煤矿和水资源储量较大。表 1 显示，塔吉克斯坦的水电现有技术可开发量 3170 亿千瓦时，2008 年发电总量 1440 亿千瓦时，仅次于俄罗斯，其水力资源丰富，水资源优势明显。

土库曼斯坦天然气储量占世界总储量的 1/4，在中亚五国天然气储量中居于首位。目前土库曼斯坦有 6000 万吨的年开采能力，其中约 5000 万吨为天然气，石油占 1/6。2007 年土库曼斯坦开采天然气近 800 亿立方米，其中约 70% 供出口，而原油产量大约 1000 万吨，其中出口约占 1/3。土库曼斯坦陆上油气资源探明储量和里海大陆架油气远景资源量均十分可观，这为土库曼斯坦近年来能源开采和出口大幅增加提供了保障。

乌兹别克斯坦的石油、天然气、煤炭、铀矿等资源储量丰富。能源储备种类齐全，其天然气开采量较大，天然气产量仅次于土库曼斯坦，居于中亚第二位。2008 年该国探明可开采天然气储量为 2.1 万亿立方米，远景储量为 5 万亿立方米；铀矿储量居世界前 10 位，产量目前居全球第 6 位。此外，乌兹别克斯坦还具备太阳能、风能、水电等可再生能源的开发潜力。

总体而言，新疆和中亚五国能源资源的储备数量较大、种类齐全，而且各自都有独特的禀赋优势和特色，这就为参与跨国性的区域能源合作提供了条件和保障。

三、新疆与中亚五国能源合作的成效与问题

（一）初级能源合作领域广泛，合作成效显著

由于中亚五国能源资源储量各具特色，优势互补。为共享能源运输的管道和交通运输设施，并促进能源出口多元化，中亚各国之间都有增强合作的需求。如哈萨克斯坦、土库曼斯坦、乌兹别克斯坦石油和天然气资源丰富，它们在向国外出口运输石油、天然气的同时，正在抓紧利用管道对周边国家出口。同时哈萨克斯坦还向吉尔吉斯斯坦与乌兹别克斯坦出口煤炭。虽然哈萨克斯坦石油与天然气自然资源丰富，但其60%的电力能源需要从吉尔吉斯斯坦与乌兹别克斯坦进口。油气资源匮乏的塔吉克斯坦、吉尔吉斯斯坦两国则发挥优势，争相上马水电项目，以满足哈萨克斯坦和新疆的水电需求。而吉尔吉斯斯坦的天然气与石油基本依靠从哈萨克斯坦与乌兹别克斯坦进口。又如乌兹别克斯坦发挥优势资源积极地向哈萨克斯坦与吉尔吉斯斯坦出口天然气。中亚五国之间能源合作领域正逐渐扩大，合作也正向着纵深发展。

新疆也在积极参与中亚五国能源合作。目前在能源输出方面，新疆向哈萨克斯坦出口电力，同时也向中亚五国提供新能源开发与利用的技术支持。由于新疆在可再生能源开发方面处于领先地位，继而积极向中亚五国开展可再生能源的技术合作与交流。2008 年，新疆风电资源具有 3433 万千瓦，年运行时数可达 3000 小时，风电资源开发潜力巨大。由于风能发电适合新疆和中亚各国人口分散用电的特点，因此新疆在促进太阳能与风能发电并对中亚国家出口方面具有较大前景。新疆政府希望能通过吸引投资与创办合资企业来扩大地方电站装机容量，并以此来发展风能与太阳能的利用。在新疆从中亚五国进口能源方面，主要是从吉尔吉斯斯坦进口电力，从哈萨克斯坦进口石油，并从乌兹别克斯坦进口天然气。这些合作在一定程度上缓解了新疆电力紧张的局面，提高了能源的综合利用率。

（二）能源资源禀赋和商品贸易互补性明显

表 2 列示了 2008 年新疆与中亚各国之间进出口能源与商品种类。可以看出，新疆与中亚各国之间能源进出口种类具有较显著的互补性优势，一般商品贸易也有较大的互补性特征。新疆与中亚国家贸易主要出口纺织产品等轻工业制品，主要进口原油、天然气工业原材料等重工业产品。这种互补性资源与产品结构，促进了新疆与中亚各国之间长期贸易增长，凸显出新疆参与中亚五国双边合作的优势。

表 2　2008 年中国新疆与中亚的主要能源与贸易商品

国家（地区）	主要自然资源种类	主要出口商品种类	主要进口商品
中国新疆	石油、天然气、煤矿、太阳能、风能	肠衣、棉花、绵羊保护衣、毛线、毯子	石油、牛皮革及马皮革、钢铁制品
哈萨克斯坦	石油、天然气、铬、铁、矿石、煤、金、铜	石油、天然气、煤、非铁冶金、谷物、衣服、鞋	石油、天然气、机械
吉尔吉斯斯坦	水力发电、金、汞、铀、煤、铯、锑	水力发电、贵金属、矿产品	石油与天然气、小麦、加工食品、机械
乌兹别克斯坦	石油、天然气、金、煤、银、铜、锌、钨	天然气、黄金、肥料、轻工业产品	机械、石油及天然气、化学制品

（三）基础设施仍是中亚与新疆能源合作的“瓶颈”

新疆与中亚各国区域能源合作的同时也存在着制约，主要表现在能源输送的基础设施薄弱，能源利用效率亟待提高。如哈萨克斯坦缺少将石油便利地输送到新疆工业产区的基础设施，同时哈萨克斯坦将其石油向新兴市场国家输送的设施仍严重依赖于俄罗斯管道。同样乌兹别克斯坦和土库曼斯坦在将天然气运送到新兴市场国家中也无法避免对俄罗斯管道的依赖。而吉尔吉斯斯坦由于基础设施建设滞后，因而缺少将其电力出口至中国新疆、巴基斯坦、印度的途径，并且吉尔吉斯斯坦开发其国内煤矿资源的铁路运力也十分短缺。新疆则缺少便利地进口能源的运输路径，基础设施的“瓶颈”也降低了能源利用效率，不利于实现区域能源合作。因此克服这些基础设施限制是中国新疆和中亚五国的重要任务，今后几年新疆和中亚五国迫切需要加大基础设施的投入力度。

四、新疆参与中亚五国能源合作的优势和潜力

尽管新疆和中亚区域能源合作存在诸多的制约因素，但新疆自身的能源资源优势是显而易见的，表 3 列示了新疆与中亚各国能源进出口的方向。从中可以看出新疆参与中亚五国能源合作的潜力和优势主要体现在以下诸方面：

表 3　未来新疆与中亚各国能源进出口方向及潜力

能源	出口国（地区）	进口国（地区）
石油	哈萨克斯坦	中国新疆
水电	吉尔吉斯斯坦	中国新疆
太阳能	中国新疆	哈萨克斯坦
风能	中国新疆	哈萨克斯坦

注：潜力意味着已经发生的进出口或可能在将来发生的进出口；本文只考虑中亚地区内部的进出口贸易。

（一）可再生新能源具有较大出口潜力

可再生新能源也是新疆的特色能源，近年来，新疆太阳能和风能开发在中亚各国中处于领先地位，这有利于新疆在未来新能源开发利用中形成向中亚国家出口的潜力。新疆北部拥有15万平方公里的风区，丰富稳定的风能资源具备长期开发的条件。目前，新疆已形成205台风力发电机组，173.4兆瓦的风能发电总容量，新疆已初步具备风能发电的自主设计和研发能力。

太阳能也是新疆另一种潜力巨大的优势能源。新疆太阳能资源十分丰富，全年日照时数为2550~3500小时，日照百分率为60%~80%，年辐射总量达5430~6670兆焦耳/平方米，年辐射照度总量居全国第二位，仅次于西藏高原。经过持续研发和试验，截至2008年，新疆光伏发电系统发电量已达1035万千瓦时，新疆正逐步形成太阳能产业链。贯穿哈萨克斯坦南北与新疆中部的充足的太阳能资源为该地区未来太阳能利用提供了广阔的空间。随着新疆太阳能发电与风电资源的逐步开发，这些电力不仅能为新疆本地提供服务，并且能够向哈萨克斯坦等国家长途输送。

（二）煤炭储备量大，开发利用前景广阔

在中亚国家中，哈萨克斯坦的卡拉干布与其他地区蕴藏着丰富的煤炭资源，预测储量达1620亿吨，可采储量为340亿吨，但煤炭质量较差，且矿区离主要的工业城市十分遥远，有限的铁路运煤能力造成了扩大开采与使用这一资源的结构性“瓶颈”。而吉尔吉斯斯坦虽然拥有丰富的煤炭资源，但分布于该国难以进入的区域，无法通过铁路将煤炭从这些地区运输到市场。乌兹别克斯坦的煤储量就比较有限。而新疆作为中国西北重要的能源基地，2008年新疆煤炭预测资源量达2.19万亿吨，占全国预测资源总量的40%以上，煤炭预测储量位居全国首位。储量大、热值高、开采方便的特点，使新疆完全可以建设成为中国特大型煤电供应基地。随着未来产能的逐步扩大和运输设施的改善，新疆煤炭开发利用效率和供给能力将得以迅速扩张。

（三）石油和天然气与中亚五国合作空间巨大

与中亚五国相比新疆的石油储量具有一定优势，但从新疆在中国的地理位置看，由于远离国内石油消费市场，单纯依靠新疆石油储备来供应内地市场仍不现实。同时，目前中国石油进口大部分依赖从中东进口，单一的进口渠道使我国能源安全面临巨大风险。哈萨克斯坦和临近里海的土库曼斯坦和乌兹别克斯坦拥有丰富的石油储量，其产能远不能满足巨大的石油储备。通过哈萨克斯坦等中亚国家进口石油不失为一项可行的能源供给选择。同时，目前新疆的原油供给量只有其炼油能力的一半左右，新疆应积极参与哈萨克斯坦的石油冶炼，并拓展石油进口加工渠道。

天然气是中亚重要的能源，虽然新疆在天然气资源上自给自足，但面对国内主要消费市场，新疆天然气仍有较大的进口需求。中亚五国中土库曼斯坦与乌兹别克斯坦的天然气

储量最大。土库曼剩余天然气可采储量 20.4 万亿立方米，世界排名第三位。乌兹别克斯坦探明可采储量为 2.1 万亿立方米，远景储量为 5 万亿立方米。上述两国天然气储量可观，但产出量却十分有限，如 2008 年土库曼斯坦每年产出仅 800 亿立方米，乌兹别克斯坦仅为 500 亿立方米，因此新疆参与这些国家天然气开发和利用空间较大。

（四）促进水电进口有利于形成优势互补格局

中亚的水力资源丰富，这些资源基本位于吉尔吉斯斯坦与塔吉克斯坦。2008 年吉尔吉斯斯坦水力发电量超过 140 千瓦/小时，较充裕的电能使吉尔吉斯斯坦在满足国内需求的条件下还有较大出口能力。由于用于发电的水资源是免费的，因而水电资源发电成本低，环保效能高，水电的长距离传输是可行的。因而随着吉尔吉斯斯坦水电复合体工程的投产，将极大地提高吉尔吉斯斯坦出口水电的能力。随着吉尔吉斯斯坦水电投入的增加，新疆与吉尔吉斯斯坦的水电合作与贸易进入重要的机遇期。目前，新疆与吉尔吉斯斯坦之间的一个可行合作工程是在现有的生产能力的基础上，建设从吉尔吉斯斯坦到喀什噶尔的新的水电传输线，这一工程的实施将有效地缓解新疆南部地区的电力需求。

五、对西部地区跨国性能源合作模式的若干结论性思考

新疆与中亚五国近年来在能源方面的合作，对于加快双方经济的发展起到了积极的促进作用。从新疆近年来合作的成功经验中，我们以点带面地推演整个西部地区进行跨国性经济合作的必要性和选择模式，并得出以下若干结论：

首先，区域性的跨国经济合作是合作双方实现互利双赢的战略性选择。市场经济既是一种竞争经济，同时更是一种合作经济，加强竞争中的合作尤其是跨国性的区域经济合作，是各国经济实现互利双赢的战略性选择，也是当今世界经济发展的一个趋势。在中央实施西部大开发战略的今天，西部省区应该具有更加开放的眼光，抓住这个千载难逢的机遇，加强与中亚五国全方位的经济合作。可以预见，这种合作对于加快西部经济的跨越式发展，提高西部经济在全国经济总量中的比重将有着极为重大的意义。

其次，应把跨国性能源开发与利用作为西部省区与中亚五国经济合作的主攻方向。西部在实施大开发战略中，应重视两种合作方式：一是西部与我国东中部的经济合作，由于西部与东中部客观存在着经济发达程度的差异，故这种合作主要体现在技术与产业方面，即东中部的相对高端技术和产业逐步向西部转移，使西部仍处于产业链的末端。二是西部省区与中亚五国的跨国性经济合作，由于两个地区经济发展程度较为接近，能源与资源的互补性较强，区域市场的地理位置比邻且原来有着合作传统。所以，西部省区与中亚五国的经济合作应把能源的合作开发与利用作为重要内容和主攻方向，这有利于克服西部实现经济腾飞的“瓶颈”制约。

最后，西部省区在与中亚五国进行跨国性能源合作时，必须注意扬长避短，发挥优势。由于西部与中亚五国能源与资源分布和储量的差别以及开采条件的限制等，在进行跨国性合作时，不能划定统一的标准与模式，而应该发挥各自的优势。对于我国西部各省区来说，更应该抓住目前正在制定“十二五”规划的有利时机，认真、科学地审视、评估各自的能源和资源优势，找出开发利用的“瓶颈”和“短板”，详细勾画出与中亚各国的能源和资源合作的项目与进度，达成多个合作意向，并尽可能建立起一种长期的合作机制，这样就能够为能源相对单一的省区提供多样的能源供给，在跨国区域范围内降低能源使用成本，提高能源使用效率；为我国西部地区乃至整个中亚区域经济增长与繁荣注入强大的活力。如新疆近年来充分利用其丰富的石油、天然气、风能、太阳能等资源与水电较充足的中亚国家进行广泛合作，就是扬长避短、优势互补的典型模式。

注：作者感谢华东理工大学商学院刘光林同学对本文相关数据资料的整理。

参考文献

［1］阙光辉．中国能源可持续战略［M］．外文出版社，2007.

［2］Dorian J. P. Energy in China：Poised for the 21st Century，Vol. 1Management Report［M］. London：Financial Times Energy Press，1998.

［3］辛晴，綦建红，李鸿．全球采掘业对外直接投资的趋势及启示［J］．国际经济合作，2008（5）.

［4］新疆统计局．新疆统计年鉴 2008［M］．中国统计出版社，2009.

［5］韩庆鹏．基于主成分分析的新疆优势产业的选择与发展［J］．新疆职业大学学报，2007（4）

［6］国家统计局．中国统计年鉴 2006 ~ 2008［M］．中国统计出版社，2007.

［7］胡隽秋．新疆可再生能源发展定位与前景分析［J］．中国能源，2009（5）.

［8］Paul S T，Christopher H. China Swild West：A Wealth of Natural Resourcesh as Made Xinjiang abustling Newf Rontier［J］. The China Business Review，1996（3 - 4）.

［9］刘晏良．建设新疆油气生产基地和能源安全大通道的构想［J］．宏观经济研究，2006（8）.

［10］郭新明．对金融业关注和支持新疆能源大通道建设的思考［J］．中国金融，2008（1）.

［11］Asian Development Bank. Key Indicaters for Asian and the Pacific 2008［R］. 2008.

东北亚区域经济制度性合作研究*

——以全球金融危机为背景

陈菁泉

【摘　要】由美国次贷危机引发的国际金融危机肆虐全球，对包括东北亚区域经济在内的世界经济造成了严重的冲击和深刻影响。东北亚各国纷纷采取多种措施，积极应对国际金融危机的挑战。与此同时，这些国家所面临的经济上的不确定性也在增加。在这样的形势下，加强区域经济一体化和制度性合作，推进区域经济合作由简单、初级的功能性合作向制度性合作的转变，成为东北亚各国面临的新课题，在后金融危机时期其必要性凸显。本文从这些问题入手，比较分析了全球金融危机给东北亚各国带来的冲击，在此基础上提出在东北亚各国区域经济制度性合作的必要性以及对区域经济一体化制度性合作途径提出建议。

【关键词】金融危机；东北亚；区域经济；制度性合作

一、金融危机对东北亚各地区经济的影响

国际金融危机已经对世界经济和贸易产生全面影响，而对先进经济体的影响尤为严重。据国际货币基金组织（IMF）最新统计，2009 年全球经济收缩 0.8%，这是第二次世界大战以来世界经济首次出现下降。发达国家经济体总体上收缩了 3.2%，而新兴国家和

---

* 本文选自《财经问题研究》2011 年第 6 期。

基金项目：教育部人文社会科学青年基金项目“金融危机下东北亚区域经济发展与我国对策研究”(09YJCGJW002)；辽宁省教育厅人文社会科学一般项目“东北亚区域经济合作与辽宁经济发展互动研究”(2009A252)；辽宁省社会科学规划基金青年项目“提高辽宁省对东北亚农产品市场出口竞争力的对策”(L10BJY009)。

作者简介：陈菁泉，辽宁辽阳人，助理研究员，博士研究生，辽宁省人文社会科学重点研究基地区域经济一体化与上海合作组织研究中心兼职研究员，主要从事世界经济、国际贸易、东北亚区域经济合作等方面研究。

发展中国家增长了2.1%。世界商品和服务贸易总额下跌了12.3%，同时制成品贸易也在急剧的收缩。由于出口急剧的收缩，东北亚经济体的GDP增长率受到显著的影响。俄罗斯在全球金融危机中遭受的影响最大，俄罗斯经济发展部公布的数据显示，2008年俄罗斯国内生产总值增速同比下降2.5个百分点。2009年上半年，俄罗斯经济同比下降10.1%。2009年全年俄GDP下降了7.9%。紧随其后的是日本，大约有5.3%的负增长率。日本已遭遇连续数个季度的经济负增长。至2010年1月，日经股指已缩水到10000点以下。从2002~2008年3月，日本的失业率仅为3.8%，而到2009年年中，失业率再次攀升超过了5%，使原来6年的努力化为乌有。韩国在2009年上半年受经济危机的影响也很严重，2008年11月韩国出口、生产、消费等各项指标均呈负增长。其实体经济遭受了较大的冲击，但是在2009年下半年又开始强烈复苏，增长率达到了0.2%。从2008年第三季度起，中国经济增长率出现了下滑的趋势，第四季度GDP增速只有6.8%，比第三季度降低了2.2个百分点。2009年的经济增长率是8.7%，2010年达到了10%以上。蒙古国在经济下滑之后也增长到了2.8%。经济危机的冲击使东北亚各国具有了联合起来共同面对困难的忧患意识。

表1反映了国际金融危机期间东北亚各主要国家的GDP总量及其在世界的总排名情况。

表1 2009~2010年东北亚主要国家的GDP总量及排名 单位：万亿美元

2009年			2010年		
国别	位次	GDP	国别	位次	GDP
日本	2	5.07	中国	2	5.87
中国	3	4.90	日本	3	5.47
俄罗斯	8	1.29	俄罗斯	8	1.46
韩国	15	0.93	韩国	15	1.01

资料来源：根据《世界经济年鉴》（2009）和《世界经济年鉴》（2010）数据整理。

东北亚地区各国受国际金融危机的影响表现在以下三个方面：

（一）金融市场受到的严重冲击

受国际金融危机的严重冲击，日本股市暴跌，日元升值，首家金融机构破产。由于证券市场对海外投资高度依赖，海外资金抽走，致使东京证券市场遭受严重冲击。韩国金融市场也剧烈动荡，股市暴跌，韩元贬值，外汇储备严重不足。中国的股市大跌，香港和沪深指数大幅下滑。金融危机对俄罗斯金融体系的冲击更严重，造成股市短期内暴跌，银行流动性不足，汇率波动异常，汇市剧烈震荡。特别是股市曾几度因暴跌而暂停交易。俄主要股指2008年累计跌幅逾70%，卢布结束强劲走势，自2008年8月以来不断贬值，卢布对美元实际贬值超过30%。此外，外资加速撤离俄罗斯。据俄罗斯《新闻报》2008年11

月12日报道称，俄罗斯资本外逃从来没有如此迅速：9月纯资本外逃246亿美元，10月更是达到空前的500亿美元。另据俄央行2009年1月13日公布的最新统计数据显示，2008年俄罗斯私有资本净流出额高达1299亿美元。在金融危机背景下，传统的功能性合作具有很多不确定性，为了共谋发展，东北亚国家应迫切以金融合作为契机，加快区域经济制度性合作的步伐。

（二）实体经济遭受沉重打击

尽管金融危机对东北亚各国的影响不同，但危机使东北亚各个国家实体经济都遭受了重创。东北亚地区有近2/3的企业利用贷款作为流动资金，由于信贷紧缩和利率上升，给这些企业造成资金周转困难。另外，很多大型企业通过抵押企业股票向国际市场融资来实施大型国际并购项目，当股价跳水、国际金融市场信贷紧缩之后，这些大型企业遭遇了融资困境。受此影响，许多企业的资金链断裂，生产积极性大大受挫，特别是冶金、机器制造、建筑、房地产业、汽车制造业的情况尤为严重。俄罗斯的实体经济更是深受国际金融危机之害。由于发达国家的市场需求严重萎缩，使俄出口产品的生产企业和出口企业损失惨重；而且，卢布迅速贬值使那些依赖进口原材料和部件进行生产的实体经济部门受到严重打击，许多实体经济部门的企业如机器制造、冶金、汽车制造业、建筑业由于资金短缺而大规模裁员，造成失业人数不断攀升。2008年10月失业大军就达到了460万人，2009年12月，俄罗斯的失业人数又增加了100多万人。当时俄罗斯已有近7000家企业倒闭或大幅裁员。韩国央行在2008年11月公布的统计数据显示。韩国国内生产总值第一至第三季度与上年同期相比仅出现小幅增长。韩国统计厅2008年10月底公布的数据显示，韩国工矿业2008年9月开工时间比上年同期下降0.8%，这是自2001年9月以来韩国工矿业开工时间首次出现同比下降。2008年11月工矿业生产同比下滑14.1%，创下1970年有统计数据以来的最低值。11月企业景气指数预测仅为65，为最近10年的最低点。经过2009年的休养生息，2010年韩国的工矿业生产恢复性上涨环比增长了10%以上。实体经济与银行捆绑，一方面给银行业绩增长带来广大发展空间；另一方面也给银行造成了风险，银行与企业将一损俱损、一荣俱荣。因此要减少金融风险，就要对实体经济的投融资体系进行重新设置，即实体经济除了向银行贷款外，更应采取在资本市场通过股票、基金和债券等方式进行直接融资，改变单一的市场融资方式，借用“10+3”平台进一步推进制度性合作。

（三）进出口贸易大幅缩减

国际金融危机使外部需求明显收缩，经济增长下行压力明显加大，各国的工业发展下滑，出口急剧减少，东北亚6国的贸易规模也急剧减少。由于国际市场对资源类产品需求下降，俄罗斯外贸出口受到明显影响。2009年第一季度，由于石油和天然气出口额下降，俄外贸出口额仅为579亿美元，同比锐减47.4%，在全球出口国中的排位从2008年底的第9位下滑至第13位。2008年日本贸易出口额为71.1435万亿日元，较上年减少

16.4%，为1980年以来的最大降幅。其中对中国出口由上年度的增长15.3%转为减少9.8%。该年度日本贸易进口总额为71.8688万亿日元，同比下降4.1%。2008年韩国11年来首次出现贸易逆差。韩元汇率2008年12月下跌16.6%，为1998年3月以来的最大月度跌幅。受原油价格和原材料价格上涨及出口下滑等因素影响，韩国2008年6~9月连续出现贸易逆差。韩国统计厅公布的数据显示，韩国出口增速从2008年9月的28.2%大幅滑落至10%，其中对中国出口下降1.8%，为2002年以来首次出现对华出口下滑，2008年11月出口出现19.5%的负增长，到2009年1月才开始转正，2010年进入恢复性上涨。中国商务部数据显示，2008年中国出口额仅增长17%，同比回落8.5个百分点，自11月出口逐月下降，其中2009年头两个月下降21.1%。2009年全年中国进出口总值为22072.7亿美元，同比下降13.9%，其中，出口12016.6亿美元，下降16%；进口10056亿美元，下降11.2%，但是到2010年中国进出口总值达到了29727.6亿美元。为稳定各国出口贸易，政府有必要通过相互间的政策协调行动来减少美元对本币汇率的影响，以达到维持双边进出口贸易稳定的目的。随着金融危机的减缓，中国等国家引领复苏作用的加强，东北亚区域的未来巨大发展潜力不断彰显，更有待制度性合作的建立。金融危机后，东北亚主要国家的进出口状况如表2所示。

表2　2009~2010年金融危机后东北亚主要国家的进出口情况　单位：10亿美元

国别	进口商品总额—月平均			出口商品总额—月平均		
	2009年	2010年	增加额	2009年	2010年	增加额
日本	45.79	58.11	28.82	48.25	48.84	0.97
俄罗斯	15.98	20.71	31.25	25.28	33.33	32.02
韩国	26.92	35.43	29.32	30.29	38.83	26.73
中国	83.81	116.23	39.96	100.13	131.49	30.28

资料来源：中经网统计数据库。

总体看，受国际金融危机的深刻影响，世界经济前景扑朔迷离。金融市场“蝴蝶效应”的影响，使得东北亚地区股市、汇市、期市全线遭到重挫，并且这种危机传导到实体经济，对实体经济造成较大冲击，东北亚地区经济发展的不确定性进一步增加。这种发展态势更多地需要该地区各国加强密切制度性合作，以共同抵御未来可能出现的风险，共同应对各种挑战。

二、东北亚区域经济制度性合作的必要性

在融入金融全球化和实行金融自由化进程中，东北亚各国始终面临着各种风险的考验，特别是难以在国际金融危机中“独善其身”。由于目前东北亚各国投融资体系仍不完

善，不仅使该地区不能充分分享金融全球化带来的收益，而且在一定程度上削弱了吸引全球资金的能力，融资方式的多样化也受到限制，金融资源不能得到有效的配置；更会影响国际贸易，造成大量的国际贸易摩擦和贸易争端，增加了交易成本，不利于长期的交流与合作。而制度是降低风险并保证交易者稳定性预期的装置。因此，金融危机之后东北亚区域经济合作需要上升到制度层面。事实上，饱受国际金融危机肆虐之苦的东北亚各国已经切身感受到加强本地区国际合作特别是加强制度性合作的重要性和迫切性。

（一）制度性合作可以减少不确定性所带来的成本

不确定性往往是国与国之间进行贸易往来的最大问题，双方之间的信任程度会直接影响彼此贸易额的增减和多寡，如果贸易往来是分散的、一次性的，双方之间的不确定性就更大，导致加大信息搜寻成本，增加考察、了解和监督的成本，从而使双方的贸易活动大量减少。而通过制度化的合作形式，将东北亚地区国际经济合作上升到国家的层面，有相应的制度保证和信誉担保，就会大大减少这些成本。

总体看，近些年东北亚国家特别是中、日、韩三国间的经济依存度在不断加强。中、日、韩三国均为出口导向国，各国之间的对外贸易依存度更紧密。然而这种经济联系又具有很大的脆弱性。这是因为，由于信息不对称，三国之间的贸易投资活动常常受到来自贸易投资环境不确定性的困扰，包括相关国家贸易政策的不确定性、市场价格变动的不确定、交易对象经济状况的不确定等。这些不确定因素不仅会增大交易风险、造成经济损失，而且还会迫使区域内国家纷纷采取防范措施，从而增加调研、判断、谈判、应对等行为的成本。目前，中、日、韩等东北亚国家致力于发展制度性区域合作，推动区域一体化建设，目的就是希望通过签署区域自由贸易协定等制度安排，约束有关国家的政府行为，增强贸易政策的连续性、稳定性以及可预见性，消除国家机会主义行为发生的制度环境，减少相应的交易成本。

（二）制度性合作可以减少对外讨价还价的成本

在国际经济领域，“讨价还价”能力的大小可以影响一个国家的对外发展空间，一国对外谈判的地位以及对国际经济规则的影响力取决于该国能够向世界提供多大的市场。一般而言，一国进口的规模越大，它对国际经济规则的影响力也就越大，在对外谈判中越具有主导地位。面对一体化步伐逐渐加快的欧盟和北美自由贸易区，目前仍处于市场分散状态的东北亚国家，在国际经济交往中处于相对不利地位。制度性合作有助于区域市场的融合与统一，提升东北亚国家的经济地位，增强与区外国家讨价还价的能力，减小被边缘化的风险，也可以把过去分散的国别市场整合为统一的区域性市场，使单个国家的力量发生聚合，从而增加在国际市场上讨价还价的砝码。东北亚国家推进东北亚区域经济一体化的主要动机之一，就是试图通过签署区域一体化协定，组成区域一体化集团，以东北亚统一市场作为后盾，与欧盟、北美自由贸易区等区域经济集团进行平等对话，提高谈判地位，避免不必要的让步与损失，节约交易费用支出。

（三）制度性合作可以减少贸易摩擦引发的成本

制度性合作是化解区域内各国贸易摩擦，充分发挥各自的比较优势和竞争优势的需要，也是进一步扩大本地区经济贸易联系的需要。一般而言，国与国之间的贸易联系越是密切，贸易摩擦就可能越多。金融危机后，东北亚各国之间经济关系日趋紧密，经济依存度逐年增强。与此同时，各国之间的贸易发展又具有不平衡性。据日本财务省的贸易统计，2009 年日本对韩国的贸易顺差为 1. 95 万亿日元，对中国的贸易逆差为 2. 925 万亿日元。而韩国贸易协会发表的资料则显示，2009 年韩国对日本的贸易逆差为 190. 3 亿美元，对中国的贸易顺差为 132 亿美元（中国统计为 230. 4 亿美元）。伴随着贸易不平衡问题的日渐突出，中、日、韩三国的贸易摩擦已经开始出现。这些贸易摩擦是在三国间贸易规模和收支不平衡扩大的背景下，由三国产业结构调整以及实行贸易保护主义所致。金融危机过后，中韩两国出口产品结构逐步升级，此类摩擦仍有发生甚至扩大的可能。因此，有必要通过建立制度性的合作机制，消除贸易壁垒，减少贸易摩擦，以达到降低交易成本的目的。区域经济合作的直接原因是资源优化配置可能带来的经济效率。但能否实现有效合作，其决定性因素是经济合作中各方竞争与合作博弈的制度规则问题。东北亚各国之间贸易的依存度不断增强，在金融领域的联系日渐增多，建立统一的投融资体系呼声高涨。金融危机促使东北亚各国将经济合作从初级阶段自发的功能性合作推向更高层次的由政府参与的机制性和制度性合作，这种合作有其客观必然性。

三、东北亚区域经济制度性合作的途径

国际金融危机爆发后，东北亚各国相继采取重大措施，在稳定金融市场的同时，着力调整经济增长方式特别是经济发展方式。中国加快了经济由数量型向质量型转变的步伐，经济增长方式也随之发生改变；日本和韩国更加注重将经济向内需主导型方向调整，以构建具有弹性的经济结构；俄罗斯则在产业间和地域间的均衡发展方面对经济做出调整。此外，东北亚各国也在重新思考金融体系与实体经济之间的关系问题，并对其做出相应的调整。更重要的是，经过此次国际金融危机考验的东北亚各国，重新认识到本区域内各国间加强相互协调与合作，特别是加强以制度性合作为基础的区域经济合作的重要性，认为只有这样，才能打破原有的低效率的区域经济合作模式，并探索新的、高效率的和具有实效性的区域合作制度，进而使东北亚区域经济合作取得实质性的进展。

（一）建立自由贸易区

后金融危机时期，世界经济一体化的发展趋势使得区域性经济集团越来越成为国际经济关系中的主体。欧共体的建立与发展，增强了西欧的经济实力，使之能够有效地与美国

等经济大国相抗衡。北美自由贸易区的建立促进了其成员国经济的增长。而东北亚地区各国虽有密切的经济合作关系和实现本地区经济一体化的愿望，但至今尚未建立自由贸易区。据世界银行2003年的《世界发展报告》统计，在全世界GDP位于前30位的国家和地区中，有25个国家和地区已成为地区性的自由贸易协定或关税同盟的成员，没有涉及的只有5个国家和地区，即中国、日本、韩国、中国台湾和中国香港。从中国（包括香港特别行政区）、日本和韩国三国占世界总量的比重看，人口占23.9%，GDP占20.6%；进口和出口贸易额分别占16.7%和13%；外汇储备占36.8%；能源占19.3%。如果三国建立自由贸易区，就可以成为世界第三大自由贸易区。三国携手合作必将有力地促进亚太地区和东北亚次区域合作的发展，增强与西欧、北美区域集团的竞争力。

当前，由于东北亚各国在经济政治体制、经济发展水平以及意识形态、传统文化等方面差距较大，各国都没有明确的意向在整个东北亚地区的贸易投资自由化方面采取联合行动，因而在东北亚难以像欧盟、北美自由贸易区那样实现全区域的高层次一体化。东北亚的区域经济一体化，短期内只能沿着市场力量驱动的方向发展。即通过各国间功能性合作如产业分工、资源共享以及民间部门尤其是企业部门的合作来推动区域经济一体化。而随着区域经济一体化程度的加深，必然导致各国民间部门对制度性合作的愿望与预期产生，反之促使民间部门对政治当局施加压力，形成区域经济合作的制度性机制。因此，东北亚地区的合作，必然经历从功能性过渡到制度性的过程。由于功能性（非正式制度）过渡到（正式）制度性是制度变迁的一种方式（渐进性），制度变迁则决定东北亚各个国家的制度性合作随着时间演进的方式。现用制度变迁的演化模型来说明制度性合作的渐进方式，模型如下：

假定在区域经济制度性合作的演化进程中，有甲乙两国，甲国缺乏制度性合作的知识与见识，而乙国则具有一定的制度性合作意识，假设通过乙国不断诱导，使得甲国的制度合作的知识与认识水平不断提升，最终实现两国的制度性合作，那么，在这一进程中制度性合作的演化博弈如下：在全面制度性合作前，假定甲国对两国制度性合作所取得利益的认识 Ko = 0 或很少，从而使得两国缺乏制度合作的动力。当市场经济制度水平 Lo = 0 时，甲国的利益 $M_{a0}=0$。假设甲国通过国与国的合作实践中积累了一定的制度合作认识K，主动或者被动地将制度变迁发展到 L_i 阶段，所获得利益 $M_{a0}=-L_i\ (g^{1/k}-g)\ +L_i^z b^k>0$。若此时甲国希望进一步改革，使经济合作制度供给达到预期的小则必须使预期收益满足式（1）：

$$M_{a0}^e=-L_{i+1}(g^{1/k}-g)+P(L_{i+1}^x-L_i^x\mid K)(L_{i+1}^x-L_i^x)b^k+L_i^x b^k\geqslant M_{a0} \tag{1}$$

式中，$0<K<1$，g 和 b 均为大于 1 的常数，其中 $P\ (L_{i+1}^x-L_i^x\mid K)$ 表示甲国以制度性合作的设想 K 预期制度供给 $(L_{i+1}-L_i)$ 所带来经济效益增加 $(L_{i+1}^x-L_i^x)$ 的概率。在此处不考虑甲国预期改革失败所造成的利益损失，而且在以下论述中均不考虑这一因素。

由式（1）可知，仅当 $P\geqslant(L_{i+1}-L_i)(g^{1/k}-g)/[(L_{i+1}^x-L_i^x)b^k]$ 时，甲国才会产生供给制度合作空间。如果当K很小时，$(g^{1/k}-g)/b^k$ 很大，而且对于制度合作认识不足的甲国来说，P不会太大，因此，要使式（1）成立的惟一途径就是使 $(L_{i+1}-L_i)$ 足够小，因为 $[(L_{i+1}-L_i)]/[(L_{i+1}^x-L_i^x)]L_{i+1}>0$。这意味着，当甲国缺乏制度变迁的相关知识时，其主动的制度合作供给将十分缓慢或存在改革极限。又因为 M_{a0} 是关于 L_i 的凹函数，当认识量不变时，甲国最多将制度供给推进到 $L_i^x \varepsilon \arg\max M_{a0} = [Xb^k/(g^{1/k}-g)]^{1/(1-x)}$，当 K 很小时，$L_i^x$ 是非常小的正数。那么能否发生乙国自主的市场经济合作制度创新，甲国因此获得关于制度变迁的认识与动力呢？

假设两国制度合作风险为 RA，RA 与两国对制度性合作认识程度呈负相关，令 $R_A = B/\beta$，其中，B 为常数，大于零，L 为乙国进行制度合作创新后，被甲国认可的概率 $q(L) = L$，则乙国自主进行制度性合作的预期效用函数可用式（2）来表达：

$$M_{ai}^e = q(L_{i+1}^x + 1 - L_i^x) + L_i^x - [1 - q(L_i)]R_A \tag{2}$$

只有当 $M_{ai}^e \geqslant M_{ai}$，即是 $L_{i+1}^x + 1 - L_i^x > [1 - q(L_i)]R_A/q(L_i) = B(1 - L_i/L_i^2)$ 时，乙国自主的制度性合作才有可能发生。实际上，当 L_i 很小时，式 $M_{ai}^e \geqslant M_{ai}$ 几乎没有成立的可能。所以在制度变迁之前或初期除非出现发展危机，否则乙国不会冒险主动进行具有合作性质的制度创新。

该模型说明，制度变迁需要相应的条件，由于受到以往条件的影响，制度性变迁存在路径依赖，大多数情况下只能通过渐进诱导方式发生。那么在建立自由贸易区中进行制度性合作也一样，要遵循循序渐进的过程。建立自由贸易区的第一步，区内各国应广泛开展双边贸易。目前中俄、中朝、俄蒙间的边境贸易区正常运作，效果比较明显。需要增加中蒙、朝韩的边境贸易，设立若干边境贸易区。日本与俄罗斯也可在宗谷海峡建立轮渡边贸区，使日本稚内与俄国达尔尼亚成为繁荣的边贸城市。朝俄间的边贸目前可通过中国珲春口岸进行。

第二步是以双边自由贸易区为基础，积极建立多边自由贸易区。在双边层次上，通过 FTA 等低层次的制度化合作机制，减少产品服务与资本流动的限制，双边自由贸易将成为东北亚经济联合的主要内容和基本形式。在多边层次上，逐步发展以中、日、韩为主体的核心性多边合作机制，再逐步发展核心集团与区域内其他国家双边合作关系，最终形成涵盖整个地区的制度化合作机制。以中、日、韩自由贸易区为样本，探讨构建中、日、韩自由贸易区各产业关税与合作协定的基本框架，探索推进东北亚区域合作的有效途径与合作机制，开放多个自由贸易区。“中日韩三国建成的自由贸易区，将是一个拥有近 15 亿消费者、近 2 万亿美元贸易总额、世界上人口最多的发展中国家和发达国家联合起来的自由贸易区。这一地区将在激烈的国际竞争中处于有利地位，自由贸易区将给中、日、韩三国带来更大的利益”①。

第三步是以东北亚地区的产业、金融、能源、交通运输等领域为重点，研究大图们江地区开发的途径和多边联合开发机制，建立图们江国际自由港为代表的东北亚自由贸易区。在联合国国际开发署的支持下，中、俄、朝三国决定联合开发图们江流域，已经组成了跨国的图们江自由贸易区。可以东北亚地区的产业、金融、能源、交通运输等领域为重点，以大图们江自由贸易区开发为基础，从双边联系向多边联合开发的机制迈进，推进东北亚区域多边合作。就图们江区域经济合作而言，中朝、中俄关系仍是最重要的国际关

① 张秀杰．从金融危机看区域经济一体化［J］．哈尔滨商业大学学报（社会科学版），2009（5）．

系。在图们江区域合作中，中国与朝鲜的路—港—区一体化项目或中国与俄罗斯的路—港—关项目，任何一点的重大突破与发展，都将对东北亚区域合作产生决定性的影响。

（二）加强区域内金融合作，完善投融资体系

东北亚地区作为第三大经济体和贸易体以及未来可能的第一大经济体和贸易体，由于缺少制度性合作机制，区域内各国间的贸易不但没有通用的货币，而且要用美元结算，不仅造成较大的率差损失，而且在全球金融危机中还要承受美元不断贬值造成的汇率损失。因此，无论从现在应对金融危机，还是未来承担起世界第一大经济体、贸易体的历史责任看，东北亚国家需要在金融合作上取得明显突破。应在东北亚主要国家的主要城市和主要贸易口岸互设银行，或者建立区域内的金融合作银行。以加强协调，推动国际金融体系改革，增加东北亚经济体在国际金融体系中的代表性。可以成立区域和全球层面的非正式协商组织，以强化区域内的金融体系。金融机构应关注企业对金融服务的多方位需求，积极提供贸易融资及贷款服务，如针对俄市场潜力大、资金短缺的情况，支持中国有实力和有投资意向的企业，如机电和通信设备、轻工、纺织服装和家电企业等对俄投资。此外，应当由各国政府和央行牵头沟通信息，对各国商业银行的信息交流和信息收集发挥媒介作用。借助领导的定期会晤、会议或以网络为媒介等多种形式，了解各国有关金融、外汇、税收和双边贸易等方面的政策措施，发挥信息交流和信息收集的媒介作用。

（三）建立东北亚能源开发共同体

无论是签订国家间的能源合作协议，分别建立能源输出国与进口国的能源战略合作关系，还是不同国家的企业间建立能源开发的战略合作伙伴关系，并就具体能源项目签订合作开发合同，都会加速能源合作开发进程。东北亚各国建立“东北亚能源开发共同体”，签署共同体相关文件，确立长期互利合作关系，并建立东北亚能源开发合作部长级会议机构是大势所趋。中、俄、日、韩应共同编制“东北亚能源通道网络共建计划”。还可根据能源输出国的安排，在主要能源产地建设油气产业开发区或煤炭工业开发区，能源进口国企业入区投资建设开发项目，加快能源产业发展速度。从国家层面上看，建立企业与政府相结合的能源战略储备体系，稳定国际市场的能源供求压力；加大替代能源的开发，用太阳能、风能、潮汐能等清洁能源替代传统能源，保护生态环境；维护周边海域的能源所有权。让以能源的互利合作为启动点的多边的国际性、区域性组织或双边合作协议，成为国家参与国际能源合作的主流。

四、结　语

国际金融危机对东北亚地区经济造成了严重的冲击和深刻影响。在金融危机后，东北

亚各国采取多种措施积极应对国际金融危机的挑战，取得了较明显的成效。目前，虽然总体看东北亚各国经济衰退阶段已基本结束，但经济衰退的结束并不意味着危机已经完全过去。这些国家依然面临着复杂的经济形势和艰巨的经济社会发展任务，经济上的不确定性仍在增加。这种情况一方面要求东北亚各国继续采取有效措施稳定本国经济；另一方面，也促使这些国家产生建立有效的区域经济制度性合作机制的意识，在贸易和投资等领域加强制度性合作，推进区域经济合作由简单初级的功能性合作向制度性合作转变，以共同抵御未来可能发生的风险，共同应对经济全球化和区域经济一体化进程中的各种挑战。基于此，在今后一个时期，建立自由贸易区；加强区域内金融合作，进一步完善投融资体系，建立东北亚能源开发共同体，都将是东北亚区域经济合作向制度性合作迈进的重要举措。虽然东北亚区域经济制度性合作不可能一帆风顺，但只要区域内各国在合作中遵循互惠性、自主性、差别性和渐进性四项原则，坚持先易后难、局部突破、求同存异、循序渐进、由量到质，就会使这种合作逐渐接近东北亚区域经济一体化的最终目标。

参考文献

［1］张秀杰．从金融危机看区域经济一体化［J］．哈尔滨商业大学学报（社会科学版），2009（5）．

［2］仝志鹏．金融危机下东北亚经济未来设计——区域合作与制度变革［J］．前沿，2009（10）．

［3］邱询立，张志强．东北亚国际贸易发展的新态势［J］．贵州财经学院学报，2010（5）．

［4］［美］道格拉斯·诺思．制度、制度变迁与经济绩效［M］．陈昕，杭行译．上海三联书店，上海人民出版社，2008.

［5］陈志恒．东北亚区域经济一体化研究［D］．吉林大学学位论文，2006.

［6］顾仲恺．东北亚区域经济合作模式构想及中国的战略选择［J］．合作经济与科技，2005（2）．

［7］刘爽等．东北亚制度性合作带给辽宁老工业基地振兴的战略机遇与对策［J］．辽宁经济，2008（3）．

［8］笪志刚．后金融危机时期东北亚区域合作新变化及展望［J］．亚非纵横，2010（4）．

［9］鲍振东．后金融危机时期《东北地区振兴规划》的实施与东北亚国际合作［J］．西伯利亚研究，2010（8）．

［10］河合正弘．全球金融危机和东北亚次区域合作［J］．东北亚研究，2010（2）．

［11］米纳基尔·H. A.，苏斯洛夫Ⅱ·B. 论东北亚国家的经济合作机制［J］．西伯利亚研究，2010（8）．

［12］郭连成．经济全球化与转轨国家财政金融安全相关性研究［J］．国外社会科学，2010（6）．

［13］王胜今，赵儒煜．从国家战略高度认识长吉图开发开放先导区的建设和发展［J］．吉林大学社会科学学报，2010（3）．

中日低碳技术合作现状及前景探讨*

景跃军　杜鹏

【摘　要】在全球气候变化的背景下，以低能耗、低污染为基础的低碳经济成为国际热点，低碳技术日益受到世界各国的关注，低碳技术合作遂成为各国共同面对气候变化的有效方式之一。在东北亚地区，日本的温室气体减排压力迫使日本企业为其先进低碳技术寻找市场，以获得低成本的温室气体减排。对我国而言，节能减排、提高能源利用效率等不单单是通过减少能源使用量，而是力争在低碳技术方面有所突破。中国现阶段的经济发展阶段恰好承接了日本低碳技术的应用，因此，中日之间在低碳技术领域的合作空间很大。我国应加大技术研发力度，缩短与日本先进低碳技术水平的差距，规范交易市场，使中日在此领域的技术合作有序进行。

【关键词】中国；日本；低碳技术；环境合作

在全球气候变化背景下，降低能耗和减排温室气体成为国际社会面临的严峻挑战，以低能耗、低污染为基础的低碳经济成为国际热点，成为继工业革命、信息革命之后可能对全球经济产生重大影响的新趋势。英国、日本等发达国家大力推进向低碳经济转型的战略行动，着力发展低碳技术，低碳技术方面的国际合作成为各国共同面对气候变化的有效方式之一。我国煤炭储量占全世界的13%，而石油和天然气储量只占全世界的1%，因此，造成我国以煤炭为主的能源结构在相当长时期内难以改变。2005 年全球一次能源消费构成中，煤炭仅占27.8%，而我国高达68.9%。与石油、天然气相比，单位热量燃煤二氧化碳排放量分别高出约36%和61%。因此，我国应力争在低碳技术方面有所突破。我国与日本自然地理位置联系紧密，面临共同的区域性大气环境问题，中国环保市场潜力巨大，因此，中日两国在低碳技术合作方面将有广阔的合作前景。

---

* 本文选自《现代日本经济》2011 年第 3 期。

基金项目：教育部人文社会科学重点研究基地重大项目“中日韩环境保护与合作研究”（07JJDGJW253）；国家社会科学基金青年项目“生态环境与我国区域人口承载关系耦合研究”（08CRK004）

作者简介：景跃军，经济学博士，吉林大学东北亚研究院教授，博士生导师；杜鹏，吉林大学东北亚研究院在读博士研究生。

一、中日低碳技术合作的现状

（一）中日低碳技术方面的合作始于贷款与人员交流

中日环境合作开始于1977年，进入20世纪80年代，两国的实质性环境合作逐渐增多。关于低碳技术方面的合作始于1992年，该年中国加入日本经济产业省制订的“绿色援助计划”。该计划的主要内容是加强两国政府在能源环保技术领域的交流与合作，引进日本先进的节能技术、清洁煤技术和环境管理经验。高效的低碳技术的采用必将在很大程度上减少环境污染和温室气体的排放，降低环境污染的程度和风险，改善自然环境状况。同时，自1979年对华日元贷款实施以来，日本已向我国提供了4批日元贷款，涉及与环保有关的贷款项目逐年增加，重点领域包括环保设施以及环保技术合作等方面。

中日早期低碳技术合作包括中日环保示范城市建设项目。日本前首相桥本龙太郎访华期间，经与中国领导人协商，双方同意制订《面向世纪中日环保合作构想计划》，其中主要内容包括日本政府提供27亿日元政府无偿援助资金，在中国各城市建设环保信息网络以及在中国设立大连、重庆和贵阳3个环保示范城市，利用日本低息贷款在3个城市加强城市基础设施改造、能源结构的调整和重点污染源治理等。在环保示范城市项目的实施中，日本派遣了长驻专家，在解决环保示范城市项目中的技术性问题以及中日相关部门、3个城市间的协调等方面都发挥了积极的作用。

中日早期低碳技术合作还包括中日环境信息技术交流。以中日友好环境保护中心的技术合作为例，1992~2006年，中日环境技术合作先后分为3个阶段，历时近14年：第一阶段专项技术合作期间（1992~1995年），3名日本常驻专家、11名日本短期专家投身技术合作，开展了以人才培训为主的合作活动12项，我国派遣了24名技术人员赴日进修，接受了价值7500万日元的援助器材；第二阶段专项技术合作（1996~2000年）及后续合作项目期间（2001~2002年），日本派遣长期专家20名，短期专家52人次，提供了价值1.25亿日元的援助器材，中日中心派遣30名进修生赴日学习取得了丰硕的成果；第三阶段专项技术合作期间（2002~2006年），日本国际协力事业团（JICA）为第三阶段技术合作共派遣了长期专家12名，短期专家59人次，提供了价值1.28亿日元的援助器材。

（二）以清洁发展机制项目（CDM）为依托的低碳技术转移

根据《京都议定书》的规定，清洁发展机制是指发达国家通过提供资金和技术的方式向无减排义务的发展中国家投资项目，以购买温室气体排放权。它是一种双赢的国际环境合作机制，一方面能帮助发达国家以较低的成本获得温室气体减排量；另一方面，发展中国家可以获得资金和先进的技术，实现可持续发展。自《京都议定书》生效以来，日本积极向中国、印度等发展中国家通过转移低碳技术和资金的方式开发了大量的清洁发展机制项目。截止到2009年10月31日，在中日合作开发的清洁发展机制项目中，有36个项目在CDM执行理事会（EB）注册成功，占我国成功注册项目总量的13.6%。在这36个注册成功的合作项目中，多数为新能源和可再生能源项目，使我国成功地引进了风力发电、水力发电等低碳技术，促进了可再生资源的开发利用。

（三）节能减排等低碳技术的交流与合作

我国“十一五”规划纲要中提出的节能减排的具体目标，是单位GDP能源消耗降低20%，主要污染物排放总量减少10%。节能减排不仅是我国调整经济结构的重要目标，而且也是我国应对气候变化、向低碳经济转型的具体行动。日本在节能减排方面技术优势明显。2007年12月，日本前首相福田康夫访华期间，两国政府签署《关于推动中日环境能源领域合作的联合公报》，双方就气候变化问题积极展开合作，考虑到技术在应对气候变化、节能减排和保护环境方面的重要作用，愿进一步加强在技术转让方面的合作。具体领域涉及钢铁、水泥节能和中日双边机制下火力发电厂技术改造等的务实合作，其中包括技术转让、资金及能力建设等内容。

日本将不同能耗企业分级，在高能耗企业中借助政府的财政支持，加强技术创新。日本通过高效能源等利用技术，在企业、交通运输业、房屋住宅、电器设备等领域进行最优节能产品的研发和推广，以完成能源节约保护的目标。自石油危机以来，日本通过高新技术和先进应用技术的研发和应用，单位GDP能耗改进了约35%，对石油的依赖度下降了近30个百分点。为减少二氧化碳排放，新日铁企业和中国首钢设计院合作，在中国推广干熄焦等重大节能技术，以实现节能和扩大廉价非黏结煤的利用。

二、中日低碳技术合作中存在的问题

虽然中日环保合作开展最早、规模最大、效果最好，但在环保技术合作尤其是低碳技术合作方面仍存在一些问题：

（一）技术转移费用过高

中日环保合作主要以污染防治为主，重点领域为大气污染及酸雨防治和水污染防治。因为我国的大气污染和水污染往往会对日本造成直接的影响，与日本的利益关系最密切。中日环保合作方式主要是以直接投资和设备为主，技术转让及技术支持为辅。

2008年我国政府工作报告指出，我国环保投入达5500多亿元，占同期GDP的1.24%。同时启动十大重点节能工程，其中燃煤电厂脱硫工程是主要领域。因为我国大量的大气污染物排放都是由燃煤引起的，其中最严重的污染物是二氧化硫，2005年二氧化硫排放造成大约600亿美元的直接经济损失。因此，日本脱硫除尘的技术是我国所急需的。实际上，日本在环保技术方面转移的费用相对过高，超出中国的承受能力，如三菱重工向中国转移的脱硫装置作为发电站的排烟脱硫设备，其设备费占全部发电设备费的1/3，如此高的环保成本自然使这种脱硫装置难以推广。

（二）技术转移类型单一

近年来，在中日合作项目中，低碳技术方面的合作主要集中在风力、水力发电的项目上，节约能源和提高能源利用效率方面的技术合作较少，这一方面是因为此领域合作的成本相对较小、收益可观；另一方面，此类技术的转移对日本国内企业发展和本国的国际竞争力不会构成威胁。可以看出，日本合作开发清洁发展机制项目是带有目的性的低碳技术国际转移。日本等发达国家在先进低碳技术的转移中一般不会将其最先进的技术进行国际转移，这主要是由于担心转让先进技术会影响其国内产业和产品的国际竞争力。

（三）应对环境的立场差异带来的影响较大

中日两国在历史问题、经贸摩擦等方面降低了双方的合作热情，已成为中日环境合作的最大制约因素。同时，在外交政策上，中日两国作为东北亚地区的核心国家，其对外政策直接关系中日合作的进程。中国作为发展中国家，在对外环境政策上支持发展中国家的立场，认为在全球气候变暖问题上发达国家负有更大责任，坚持发展中国家和发达国家“共同但有区别的责任原则”，抵制和自身发展水平不相适应的环保义务；而日本作为发达国家，坚持发达国家立场，强调南方国家应配合北方国家在全球环保方面所做出的努力。尽管日本在中日环保合作中态度相当积极，十分关注中国环保问题，并对中国环保事业发展做出重大贡献，但日本的这种态度并不是出于对纯粹的环保的考虑，而是出于对其中潜在的日本自身国家利益的考虑，扩大政治影响，争夺世界主导权，树立大国形象。因此，中日两国的差异会在一定程度上影响中日环境合作的顺利进行。

三、中日低碳技术合作的前景

日本是《京都议定书》的发起和倡导国，也是在世界范围内率先提出建设低碳社会的国家。日本低碳技术的发展分为三种类型：一是减碳技术，指高能耗、高排放领域的节能减排技术，如煤的清洁高效利用、油气资源和煤层气的勘探开发技术等；二是无碳技术，如核能、太阳能、风能、生物质能等可再生能源技术；三是去碳技术，典型的是二氧化碳捕获与埋存（CCS）。

日本在加大低碳技术研发力度的同时，通过各项法规和激励措施，鼓励和推动低碳经济发展。早在1992年。日本政府就提出了“新阳光计划”，将太阳能产业确定为日本新能源领域的发展重点。2004年，日本环境省发起“面向2050年的日本低碳社会情景”研究计划，该计划是为2050年实现低碳社会目标而提出的具体对策。日本在低碳技术计划中指出，在中短期内改进现有技术并在全社会推广，在中长期内发展创新技术。日本不仅积极制定国内碳减排战略，而且通过全球环境基金等资金机制资助发展中国家应对气候变化，加强与发展中国家的双边和多边合作。

日本是资源消费大国，经济发展所需资源和能源绝大部分依靠进口。据日本经济产业省2010年8月称，日本政府和相关企业将启动一项国家计划，即向以亚洲为中心的9个国家转移最先进的低碳技术和设备，同时换取技术接受国相应的温室气体排放权。对中国而言，日本将首先向中国推出中低层住宅相关技术，该技术融太阳能发电、高保温、热能多重自然循环和家庭生活垃圾再生利用等多种最新环保技术为一体，是低碳住宅的新模式。由此可见，中日两国在加强低碳技术合作方面有着广阔的合作前景。

国际能源机构估算，2001~2030年，中国能源部门需要投资2.3万亿美元，其中80%用于电力投资，约为1.84万亿美元。能源基础设施建设对长期温室气体排放具有较大影响。对于如此大规模的基础设施建设，如果只使用当前的非低碳技术，对于环境的伤害是不可逆转的。现阶段，我国的低碳技术还达不到发达国家的先进水平，这就容易形成两个方面的问题：一是能源基础设施在其生命周期内的资金和技术锁定效应，因此造成的高排放问题将很难解决；二是我国此方面的技术水平不高，自主研发缺乏资金和相应的技术积累。我国要避免这种情况发生，就要加大研发力度，引进国外的先进技术。

从各部门的节能减排贡献看，伴随工业化、城市化进程的加快，我国工业部门一直是节能减排的最大贡献者，其中又以高耗能行业为主。2020年以后，商用/民用建筑物、交通部门的节能减排贡献度开始加强，到2050年，建筑物部门的节能贡献度将超过交通、工业部门，居于首位。从各类途径的贡献度看，不同时段技术进步对节能减排的作用不断提升，因此，关注重点部门的节能减排，引进日本的产业装备体系和用能设备，加强中日低碳技术诸多领域的合作，有助于我国实现低碳发展（见表1）。

表1　中日低碳技术合作的可能领域

合作领域	具体途径
工业	钢铁行业的单项工艺路线能效改进 水泥行业的节能技术进步 其他高耗能工业行业技术进步 其他工业技术进步
商用/民用	建筑物墙体材料的节能技术进步 建筑物设备效率提高
交通部门	道路部门技术进步 其他交通运输部门技术进步

续表

合作领域	具体途径
发电部门	电源结构改善 发电技术进步

资料来源：国家发展和改革委员会能源研究所课题组．中国2050年低碳发展之路［M］．科学出版社，2009.

日本综合研究所认为，中国的节能和环保市场非常广阔，其市场规模可达3000亿美元。日本温室气体减排压力迫使日本企业在为自身的节能和环保技术寻找市场，以获得低成本的温室气体减排，而我国现阶段经济发展阶段恰好适合承接日本技术的应用，因此，中日在这个领域的合作空间很大。

四、中日低碳技术合作的推进对策

中日低碳技术合作需要一定的合作机制，在具体的框架范围内才能有效开展环保合作。除了日本协力银行和日本国际协力事业团这类专门对华援助和技术合作进行具体操作的机构外，中日友好环保中心也是合作框架内建立的两国环保合作的主要机构之一，并在资金支持、人员交流以及技术合作等多方面发挥了重要作用。日本拥有世界先进的环保技术，中日两国相邻的自然地理关系，使得两国在环保领域有着共同的利益。面对全球气候变化，中日积极寻求合作领域以及合作模式，在低碳技术等方面的合作有着广阔的合作空间。

（一）加大研发力度以消除技术差异

在低碳技术领域，我国的综合能效仅为35%，整体科技水平落后，低碳技术的开发与储备不足，与日本在低碳技术方面还存在较大落差。黄采金等（2001）通过建立了双边环境博弈模型来研究技术差异对国际环境合作的影响，研究显示，尽管双方合作使得环境资源得以整体优化，但如果技术差异过大，则技术先进的一方不会进行合作，从而环境合作的潜在收益只能外部于系统成员。所以，促进低碳技术方面大力合作的根本解决办法，就是技术落后方大力推进科技进步，以缩小技术差异，从而才能通过环境合作更好地优化使用环境资源。

（二）低碳型环保产业等方面的合作

环保产业是环境保护的技术保障和物质基础，环保产业体现了环境技术的实际应用。低碳型环保产业是以清洁能源、能源的高效利用以及新能源的开发为主的环保产业。环保产业不仅可以改善一国的环境质量状况，而且构成经济发展体系中最具潜力的经济增长点。若要从根本上发展低碳经济，必须大力发展同发达国家，尤其是日本的低碳经济技术合作，并努力促进低碳型环保产业的发展。

（三）加强能效技术方面的合作

我国正处于工业发展中期，工业化和城市化的快速推进使我国产业结构变动趋势与降低单位 GDP 能耗的方向相背，提高能源效率、调整能源消费结构成为我国节能减排的主要手段。日本拥有先进的能源利用技术，能源利用水平较高，加强能源利用技术方面的合作，将有效促进我国节能减排目标的实现，促进我国经济社会的可持续发展。新能源和可再生能源的利用方面技术合作虽然对我国经济的发展带来了一定的成效，但同时也增加了我国温室气体减排的成本，而对我国节能和提高能源方面的贡献不大。所以，中日技术合作方面应加强务实合作，尤其是在提高能源效率、促进可再生能源开发方面加强合作。

（四）促进技术合作的市场化运作

应对气候变化要实现适应气候变化、减缓温室气体排放的目标，关键是要技术创新，通过技术转让、技术创新实现既定的目标。虽然国际法规规定发达国家有义务向发展中国家转让低碳技术，但日本等发达国家怠于履行国际义务，导致低碳技术的转移存在较大的障碍。实践证明，要克服这种障碍就要通过市场化的手段，使低碳技术合作实现双赢，增加技术合作的积极性。清洁发展机制的成功实施为世界各国技术合作的市场化运作提供了典范。作为发展中国家，我国应规范国内市场，完善市场运作机制，为技术的国际合作提供理顺的政策法规环境。

综上所述，技术合作是中日环境合作的重要方面，也是促进中日环境合作全面推进的动因。全球气候变暖为我国引进低碳技术提供了较大的平台，我国应充分利用这个机会，调整低碳技术合作战略，加大技术研发力度，缩短与日本先进低碳技术水平的差距，规范交易市场，使中日技术合作有序进行。

参考文献

［1］陈英姿，李雨潼．低碳经济与我国区域能源利用研究［J］．吉林大学社会科学学报，2009（2）．

［2］庄贵阳．节能减排与中国经济的低碳发展［J］．气候变化研究进展，2008，4（5）．

［3］余维海．中日环境合作述评［J］．日本研究，2006（3）．

［4］杜伟，吴建华．发展中日环保合作的有利因素［J］．当代亚太，2004（2）．

［5］佟新华，孙猛．中国城市化进程中的低碳经济发展路径选择［J］．人口学刊，2010（6）．

［6］陈燕平．十年创业十年发展打造国际环境合作典范［J］．环境保护，2006（7）．

［7］李冬．日本环境产业的发展［J］．东北亚论坛，2009（1）．

［8］刘大椿，明日香寿川，金淞．环境问题——从中日比较与合作的观点看［M］．中国人民大学出版社，1995.

［9］中国能源和碳排放研究课题组．中国能源和碳排放报告 2050［M］．科学出版社，2009.

[10] 王新，李志国．日本低碳社会建设实践对我国的启示［J］．特区经济，2010（10）．

[11] 孟晶．日本：政策引导抢占技术制高点［J］．中国石油和化工，2010（8）．

[12] 刘继森，王耕．日本高效利用能源的经验对中国节能减排的启示［J］．能源与环境，2009（3）．

[13] 日本拟向中国等9国出口低碳技术换取排放权［EB/OL］．http：//news. 163. com.

[14] 国家发展和改革委员会能源研究所课题组．中国2050年低碳发展之路［M］．科学出版社，2009.

[15] 黄采金，王浣尘，陈明义．技术差异对国际环境合作的影响［J］．系统工程理论方法应用，2001（4）．

[16] 王丹．生态视域中的马克思自然生产力思想［J］．东北师大学报，2009（1）．

The Sino – Japanese Cooperation on Low – carbon Technologies: Status Quo and Prospects

Jing Yuejun　Du Peng

Abstract: Low – carbon economy, which is featured with low energy consumption on low – carbon technologies has therefore become an effective way to deal with the changing climate. In northeast Asia, Japanese firms are seeking market for their advanced low – carbon technologies in order to lower the cost of reducing greenhouse gas emission. For China, a breakthrough in low – carbon technologies can be much more important than a reduction of energy consumption, as an approach to energy conservation and energy efficiency improvement. China is currently in a good position to continue the application of Japanese low – carbon technologies, promising a great potential in the technical collaboration in the field. We argue that China can facilitate the collaboration in the field. We argue that China can facilitate the collaboration with Japan by strengthening R & D activities to narrow the technological gap, and by developing the market for technology.

Key Words: China; Japan; Low – carbon Technology; Environment Collaboration

中国与中亚国家政治经济关系：回顾与展望*

吴宏伟

【摘　要】中国与中亚国家建交以来，政治经济关系有了快速发展。中国与有共同边界的三个中亚国家顺利解决了边界划分问题，签订了睦邻友好条约，与中亚五国建立了密切的政治互信关系。可以说，中国与中亚国家已经不存在阻碍政治关系发展的任何障碍。在经济方面，中国与中亚国家之间关系也日益密切。双方本着互利互惠的原则，互通有无，贸易额不断增加，经济合作规模不断扩大，档次不断提高，双方已经成为重要的合作伙伴。中国与中亚国家发展良好的政治经济关系，对维护地区稳定，促进中亚国家经济复苏和发展起到了积极作用。展望未来，中国与中亚国家关系会更加稳固，前景更加广阔。

【关键词】中国与中亚；关系；回顾与展望

2011 年中亚国家独立 20 周年、上海合作组织成立 10 周年，2012 年 1 月中国与中亚国家建交 20 周年。中国与中亚国家建交以来，双边关系健康、平稳、快速发展。近年来中国与中亚国家之间睦邻友好关系进一步提升，双方政治互信不断加深，经贸合作迅猛发展，人文交流逐步扩大，为推动建设持久和平、共同繁荣的和谐地区做出了重要贡献。

一、政治关系

（一）中亚国家独立以后中国与它们迅速建立了外交关系

中亚国家独立后，中国就与它们建立了外交关系。中国是最早与中亚国家建交的国家

*　本文选自《新疆师范大学学报》（哲学社会科学版）2011 年第 32 卷第 2 期。

基金项目：国家社会科学基金课题“中亚地区发展与国际合作机制”（10FGJ002）的阶段性成果。

作者简介：吴宏伟，中国社会科学院俄罗斯东欧中亚研究所中亚研究室主任、研究员。

之一。1992 年 1 月 2 日中国与乌兹别克斯坦建交，1 月 3 日与哈萨克斯坦建交，1 月 4 日与塔吉克斯坦建交，1 月 5 日与吉尔吉斯斯坦建交，1 月 6 日与土库曼斯坦建交。

（二）解决边境地区军事互信和边界纠纷问题

中国与中亚国家建立外交关系以后，在政治方面首先需要解决的是苏联遗留下来的边界问题以及中国与这些国家的军事互信问题。

1996 年 4 月 26 日在上海，中、俄、哈、塔、吉五国领导人签署五国关于在边境地区加强军事领域信任的协定。1997 年 4 月 24 日，中国与俄、哈、吉、塔五国在莫斯科签署关于在边境地区相互裁减军事力量的协定。在此基础上形成了五国领导人会晤机制，并在 2001 年最终发展成上海合作组织。

在苏联后期，中苏已经开始为解决边界问题进行谈判。苏联解体以后，当时以中国为一方，以俄罗斯和中亚三国为另一方继续进行边界问题谈判。中国与这四个邻国最终都顺利解决边界问题，签署了相关协定。

1994 年 4 月中国与哈萨克斯坦签署了《中哈国界协定》，1997 年两国签署《中哈国界补充协定》。1998 年签署中哈国界第二补充协定。1996 年 7 月中国与吉尔吉斯斯坦签署了《中华人民共和国和吉尔吉斯共和国国界协定》，1999 年 8 月中国与吉、哈共同签署了中、吉、哈三国边界交界点协议，中吉签署中吉边界补充协议。1999 年中塔签署《中塔两国国界的协定》。2002 年中塔签署《中塔关于中塔国界的补充协定》，彻底解决边界问题。2004 年中吉签署《中吉国界线的勘界议定书》。至此，中国与中亚三个邻国圆满解决了边界划分问题，解决了中国与中亚国家关系发展中最大和最主要的障碍，为加强双边政治互信创造了条件。

（三）签订睦邻友好条约，建立长期睦邻友好关系

解决边界问题之后，中国又分别与中亚三个邻国签订了睦邻友好合作条约。2002 年中吉签署《中吉睦邻友好合作条约》、中哈签署《中哈睦邻友好合作条约》，2007 年，中塔签署《中塔睦邻友好合作条约》。这些文件的签署为发展中国与这三个国家的友好关系奠定了坚实的法律基础。2007 年在吉尔吉斯斯坦召开的第七次元首峰会上通过了《上海合作组织成员国长期睦邻友好合作条约》。

经过这些年的不断努力，中国与中亚国家之间的政治互信与合作日益加深。这既突出表现在双边频繁高层互访上，也表现在中国与中亚国家在一些国内国际事务上相互理解和支持，密切配合。现在，中国与中亚国家已经不存在任何影响双边政治关系的障碍。

（四）民间交往成为中国与中亚关系的重要组成部分

除了政府间关系不断密切外，中国与中亚国家之间民间交往也越来越多、越来越密切，不同民族都积极参与其中。目前在哈萨克斯坦、吉尔吉斯斯坦等国有不少新疆过去的哈萨克族和维吾尔族商人在此经商。在比什凯克甚至形成了以中国维吾尔族商人为主的布

料市场。新疆哈萨克族、柯尔克孜族和塔吉克族与中亚国家各民族的交往日益增多，相互间文化的影响也越来越大。民间交往和民众广泛参与的双边贸易使中国与中亚国家政治关系有了雄厚的民众基础，这也是区别其他国家与中亚国家关系最重要的特征之一。

二、经贸关系

（一）机制和法律基础建设

中亚国家独立以后，中国与其开始了经贸合作，首先是双边协商机制不断完善，相关基础性法律和法规制定工作已经到位。1992 年中国与哈萨克斯坦成立了中哈政府间经贸和科技合作委员会，2004 年成立中哈合作委员会。合作委员会下设经贸、交通、口岸和海关、科技、金融、能源、地质矿产、人文、安全、铁路合作等分委会。1994 年中国和吉尔吉斯斯坦成立中吉政府间经济贸易合作委员会，1995 年 6 月 13 ~ 15 日中吉政府间经济贸易合作委员会第一次会议在比什凯克举行。1992 年中国和乌兹别克斯坦签署关于建立中乌政府间经贸合作委员会的协定，1995 年 6 月中乌经贸合作委员会第一次会议在乌首都塔什干举行。1998 年中国与土库曼斯坦建立中土政府间经贸合作委员会。1996 年中国和塔吉克斯坦签署《中国政府和塔吉克斯坦政府经济贸易关系协定》，2001 年 4 月中塔经贸混委会成立并在杜尚别召开第一次会议。这些委员会的建立和正常运转为中国与中亚国家进行有效的经贸合作搭建了相互沟通和解决问题的平台。

为了给双边经贸合作提供法律保护，中国还与中亚国家签署了一系列法律文件，为中国发展与中亚国家紧密经贸关系奠定了坚实的法律基础。

中国与哈萨克斯坦签署的主要经贸合作文件主要包括：双方签订的政府间经贸文件《中国和哈萨克斯坦政府经济贸易协定》（1991 年）、《中国政府和哈萨克斯坦政府关于鼓励和相互保护投资协定》（1992 年）、《中国政府和哈萨克斯坦政府关于开放边境口岸的协定》（1992 年）、《中国政府和哈萨克斯坦政府科技合作协定》（1994 年）、《中国和哈萨克斯坦银行合作协议》（1996 年）、《中国政府和哈萨克斯坦政府关于利用连云港装卸和运输哈过境货物的协定》（1995 年）、《中国政府和哈萨克斯坦政府关于在石油天然气领域合作的协定》（1997 年）、《中国政府和哈萨克斯坦政府海关合作与互助协定》（1997 年）、《中国和哈萨克斯坦经济技术合作协定》（2000 年）、《中国政府和哈萨克斯坦共和国政府避免双重征税协定》（2001 年）、《中国政府和哈萨克斯坦政府关于在油气领域开展全面合作的框架协议》（2004 年）、《中国政府和哈萨克斯坦政府经济贸易合作协定》（2004 年）、《中国铁道部和哈萨克斯坦运输通信部铁路运输合作协定》（2004 年）、《中哈关于地质和矿产利用领域合作的协议》（2005 年）、《中华人民共和国和哈萨克斯坦共和国经济合作发展构想》（2006 年）、《中华人民共和国政府和哈萨克斯坦共和国政府非资源经济领域合作规划落实措施计划》(2008 年)，等等。

中国和乌兹别克斯坦签署的经贸合作文件主要有：《中国和乌兹别克斯坦政府经济贸易协定》(1992 年)、《中国和乌兹别克斯坦政府关于鼓励和相互保护投资协定》(1992 年)、《中华人民共和国政府和乌兹别克斯坦共和国政府关于对所得避免双重征税和防止偷漏税的协定》(1996 年)、《中国政府和乌兹别克斯坦政府经济技术合作协定》(2004 年)、《中国政府向乌兹别克斯坦政府提供优惠贷款的框架协议》(2004 年)、《中国政府和乌兹别克斯坦政府扩大经济贸易、投资和金融合作备忘录》(2004 年)、《中国石油天然气集团公司与乌兹别克斯坦国家石油天然气公司在石油天然气领域开展互惠合作的协议》(2004 年)、《中乌关于海关互助的协定》(2005 年)，等等。

中国和塔吉克斯坦签署的相关经贸合作文件主要有：《关于中国向塔吉克斯坦提供商品贷款协定》(1993 年)、《中塔政府间关于鼓励和相互保护投资协定》(1993 年)、《中国和塔吉克斯坦政府经济贸易关系协定》(1996 年)、《中国和塔吉克斯坦政府汽车运输协定》(1999 年)、《中国政府和塔吉克斯坦政府经济技术合作协定》(2000 年)、《中塔政府关于能源领域合作协定》(2002 年)、《中华人民共和国政府和塔吉克斯坦共和国政府对所得和财产避免双重征税和防止偷漏税的协定》(2008 年)，等等。

中国和吉尔吉斯斯坦签订的经贸合作文件主要有：《中吉政府经济贸易协定》(1992 年)、《中吉政府经济贸易协定》、《中吉政府关于鼓励和相互保护投资协定》(1992 年)、《中吉政府关于建立政府间经贸合作委员会的协定》(1994 年)、《中吉政府汽车运输协定》(1994 年)、《中华人民共和国政府和吉尔吉共和国政府科学技术合作协定》(1995 年)、《中华人民共和国政府和吉尔吉斯共和国政府关于开放边境口岸及其管理制度的协定》(1996 年)、《关于吉向中国新疆地区供电协议》(1998 年)、《中国和吉尔吉斯斯坦政府经贸合作协定》、《中吉能源领域合作协定》(2002 年)、《中国政府和吉尔吉斯共和国政府关于对所得避免双重征税和防止偷漏税的协定》(2002 年)、《中吉 2004 年至 2014 年合作纲要》(2004 年)，等等。

中国与土库曼斯坦签订的双边经贸文件主要有：《中国政府和土库曼斯坦政府关于鼓励和相互保护投资协定》(1992 年)、《中华人民共和国政府和土库曼斯坦政府经济贸易协定》(1992 年)、《中国石油天然气总公司与土库曼斯坦石油天然气部开展合作的意向书》(1994 年)、《中国向土库曼斯坦提供优惠贷款框架协议》(1998 年)、《中国和土库曼斯坦科技合作协定》(1998 年)、《中国和土库曼斯坦民用航空运输协定》(1998 年)、《中华人民共和国政府和土库曼斯坦政府关于建立中土政府间经贸合作委员会的协定》(1998 年)、《关于中国向土库曼斯坦提供优惠贷款的协定》(2000 年)、《中国石油天然气集团公司与土石油部在石油天然气领域的合作备忘录》(2000 年)、《中华人民共和国政府和土库曼斯坦政府关于实施中土天然气管道项目和土库曼斯坦向中国出售天然气的总协议》(2006 年)、《中华人民共和国政府和土库曼斯坦政府对所得避免双重征税和防止偷漏税的协定》及议定书 (2009 年)，等等。

(二) 贸易

贸易合作是中国与中亚国家关系稳定发展的重要支撑点。近年，中国与中亚国家双边贸易快速发展，呈现以下几个主要特点：

1. 贸易额大幅增长

据中国海关统计，2009 年中哈贸易额为 140.04 亿美元，其中，中国出口 77.48 亿美元，进口 62.56 亿美元；中吉贸易额为 52.76 亿美元，其中，中国出口 52.28 亿美元，进口 0.48 亿美元；中塔贸易额为 14.03 亿美元，其中，中国出口 12.18 亿美元，进口 1.85 亿美元；中乌贸易额为 19.1 亿美元（乌方统计为 20.51 亿美元），其中，中国出口 15.6 亿美元，进口 3.5 亿美元；中土贸易额为 9.54 亿美元，其中，中国出口 9.16 亿美元，进口 0.38 亿美元。中国与中亚国家建交第一年即 1992 年，中国与中亚五国的贸易总额仅为 4.6 亿美元，到 2007 年已经达到 196.6 亿美元，15 年中增长了 41 倍。到 2009 年中国与中亚五国贸易额总计 235.47 亿美元，比 1992 年增长了 50 倍。

2. 受国际金融危机影响，2009 年中国与部分中亚国家贸易额和 2008 年相比已经有较大幅度下降，但总体上下降幅度要小于中亚国家与其他国家贸易下降幅度，而且在 2010 年已经开始逐步恢复

在金融危机其间，中国与中亚国家贸易普遍下降，如 2009 年中塔同比下降 6.5%，中哈同比下降 20.2%，中吉同比下降 43.5%。而 2010 年第一季度中哈贸易同比增长 56.4%，其中中国从哈进口增速远远大于中国向哈出口增速。中吉贸易 2010 年前四个月继续下降，同比下降 28.7%。

中亚国家中只有乌兹别克斯坦和土库曼斯坦与中国贸易没有受金融危机的影响，贸易额没有下降，反而上升。2009 年中乌双边贸易额 19.1 亿美元，同比增长 18.9%，中土双边贸易额 9.54 亿美元，同比增长 14.9%。2010 年中土贸易结构发生巨大变化，进出口发生逆转。以前中国出口大于进口，而 2010 年 1~4 月中方出口 1.54 亿美元，同比减少 69.7%，进口 2.17 亿美元，同比增长 1748.3%。

3. 中国与中亚国家之间的贸易额在中亚国家对外贸易总额中所占比重有不同程度的提高，相互成为重要贸易伙伴

根据各国官方资料，2009 年中国成为哈萨克斯坦的第二大贸易伙伴（出口和进口都是第二位）。2010 年上半年中国已经成为哈萨克斯坦最大出口市场。2009 年中国由前一年乌兹别克斯坦的第三大贸易伙伴上升为第二大贸易伙伴，达到 20.51 亿美元。据乌方有关人士透露，2010 年中国很有可能成为乌最大贸易伙伴。中国与吉尔吉斯斯坦和塔吉克斯坦贸易额在两国对外贸易总额中所占比重也有较大提高。根据塔吉克斯坦方面数据，2009 年中国已经是塔最大出口市场，占其出口总额的 40.1%；从中国进口居第三位，占 10.4%。

4. 中国对中亚国家出口商品结构比较平衡，涉及种类很多，既有高档商品和高新技术产品，也有普通民众消费的日用品

在中亚国家经济十分困难的时候，中国商品对中亚国家人民大众维持基本的生活水平

做出了巨大贡献。不少中亚国家官员和学者都特别谈到这一点。近年中国与中亚国家大型合作项目不断启动，带动了一大批大型机械设备出口。而中亚国家由于受产业结构的限制，出口中国的商品主要还是以能源、矿产资源、棉花和畜产品等为主。根据哈方统计，哈萨克斯坦2009年出口的主要商品有：能源类产品，占到出口总额的69.2%，其中，原油与凝析油占到出口总额的60.6%；原材料性商品（包括钢铁、铜材、锌、铝、铅、钛）共计约65.35亿美元，占比为15.1%；固体资源类商品14.04亿美元，占3.25%。2009年哈对中国的出口商品中，石油和主要矿产品占52.9%，其中石油占38.7%，铁矿7.6%，铜矿6.6%，此类产品出口量同比上升，受价格因素影响，金额比2008年下降；各类加工产品中90%为工业原料制品，包括铀，金属制品，皮革等；自中国进口35.7亿美元，同比下降21.8%，进口商品类别多元化，基本上均为成品。其中石油天然气管道占进口金额的24.6%，钻机和掘进机等工程设备占2.6%，通信设备占2.29%，推土机、平路机、铲运机、挖土机等设备占2%。

5. 新疆在中国与中亚五国贸易中占有重要地位

在五个中亚国家中有3个与中国新疆接壤。新疆已经成为中国向西开放的桥头堡和连接中国内地乃至整个东亚地区与中亚、西亚及欧洲地区非常重要的陆上通道。新疆作为中国与中亚国家对外贸易的主要枢纽，承担了绝大多数的进出口业务，新疆对外出口产品中有70%都是来自中国内地。

以2008年中国海关统计数据为例，2008年新疆外贸总额为222.17亿美元，其中出口192.99亿美元，进口29.18亿美元。2008年中国新疆与中亚五国贸易额为188.12亿美元。而2008年中国对中亚五国贸易总额为308.2亿美元。这样2008年，新疆与中亚五国贸易额占当年新疆外贸总额中的84.67%，占中国当年与中亚五国贸易总额的61%。就具体国家而言，2008年中国新疆与哈萨克斯坦的贸易额为90.7亿美元，占中国与哈贸易总额的51.7%；与吉尔吉斯斯坦贸易额为79.7亿美元，占中国与吉贸易总额的85.4%；与塔吉克斯坦贸易额为12.54亿美元，约占中国与塔贸易总额的83.6%。可见中国新疆在中国与哈、吉、塔三国贸易中发挥了重要的作用。中国新疆与乌兹别克斯坦和土库曼斯坦两国贸易额在中国与两国贸易总额中所占比重较少，这说明在中国或新疆与中亚国家贸易中，边境贸易占了相当大的比重，从统计数据看也说明这一点。2008年新疆边境贸易额为176.42亿美元，占全区进出口总额的79.4%。由于中亚国家对边境贸易缺少统计，这也导致中国海关对中哈、中吉和中塔之间贸易统计数据与这三个国家统计部门的统计数据出现较大差别。

数据上的差异会导致对中国与这些国家贸易分析和判断造成偏差，如根据塔经贸部统计资料，2007年中国在塔吉克斯坦贸易伙伴中居第六位，贸易额为2.833455亿美元，其中出口838.21万美元，进口2.750174亿美元。而按照中国海关统计为5.24亿美元，这个数额应该排在俄罗斯和荷兰之后，列第三位。

（三）投资与经济技术合作

在经济技术合作方面，中亚国家独立初期中国与其的经济技术合作尚在起步阶段，当时双方建立的合资企业规模小，中国对中亚国家的投资数量有限。以1997年中国投资哈萨克斯坦阿克纠宾油田为标志，中国大型企业开始进入中亚国家。从现在情况看，中国对中亚国家的投资已经达到相当的规模。石油开采、矿产、有色金属开采和加工、农产品、轻工业产品的生产加工等是中国在中亚投资比较集中的行业。在能源合作方面取得很大突破，在交通、光缆、电力等网络型项目有的进展很大，有的也在积极开展。

中国与中亚国家经济合作占首位的依然是哈萨克斯坦。中国目前对哈萨克斯坦的投资已经达到90多亿美元，其中至2010年第一季度，中国对哈直接投资已经超过40亿美元。2005年中国石油天然气集团公司斥资41.8亿美元收购哈萨克斯坦石油公司，使中哈经济合作迈上一个大台阶。2005年12月中哈输油管道一期完工，二期工程也在建设之中。2010年12月21日，中哈天然气管道二期工程开工。这一工程始于哈萨克斯坦曼格斯套州的别伊涅乌，在南哈萨克斯坦州的奇姆肯特与中亚天然气管道相连，全长1475公里，设计年输气能力为100亿立方米，可扩至150亿立方米/年。此外，还有中哈霍尔果斯国际边境合作中心、大型火力和水力电站建设、中国铁路经新疆伊犁霍尔果斯口岸与哈萨克斯坦铁路连接等项目有些已经上马，有些即将开工。

中国与中亚其他国家的经济合作近年来也呈现快速发展的势头。中吉乌公路正在建设之中，中吉乌铁路也在积极筹划。在中国向上海合作组织成员国提供9亿美元出口信贷框架下建设了位于吉尔吉斯斯坦巴特肯州的水泥厂；在上海合作组织框架下中国支持塔吉克斯坦杜尚别—恰纳克公路修复改造和500千伏、220千伏输变电成套项目等工程都已顺利完工。此外，中国还通过低息贷款、赠款、各类援助等方式支持中亚国家建设，未来中国在上海合作组织框架下还将提供更多的出口信贷。

在能源领域，自2006年7月11日中哈原油管道正式开通输油至2010年1月已经累计向中国输送原油2000余万吨。2009年7月11日中哈原油管道二期一阶段肯基亚克至库姆科尔管道正式投入使用，为二期二阶段工程建设奠定了基础。线路全长792千米，管道运输量为1000万吨/年。这一工程完工，使哈萨克斯坦西部和里海地区丰富的油气资源与中国稳定的消费市场成功对接，产于中油阿克纠宾油气股份公司的原油将源源不断输往中国。第二阶段将对全线的站场进行改扩建，输送能力达到2000万吨/年。中哈石油管道二期工程预计2012年竣工。

2009年中国与中亚国家在能源领域合作最大的亮点是连接中国与土库曼斯坦，途经乌兹别克斯坦和哈萨克斯坦的天然气管线。管线境外长1833千米。2006年4月，土库曼斯坦总统尼亚佐夫与中国签订了天然气出口和在2010年之前建设土库曼斯坦至中国的输气管道的协议，该管道年输气量为300亿立方米，2007年工程开始动工。2008年8月，在中国国家主席胡锦涛访问阿什哈巴德期间，土库曼斯坦提出使土向中国天然气年出口量增加100亿~400亿立方米。2009年12月13日，哈萨克斯坦总统纳扎尔巴耶夫和中国国家主席出席了土库曼斯坦—乌兹别克斯坦—哈萨克斯坦—中国天然气管道哈萨克斯坦段的开通仪式。14 日四国总统在土库曼斯坦一起出席了整个管线的开通仪式。自此，土库曼斯坦至中国的天然气管道正式修通。在开通仪式上，四国领导人对这条数千千米管道修通给予了极高的评价。2010 年 10 月 26 日，中国—中亚天然气管道 B 线投产通气，提前两个月实现双线贯通目标。中亚天然气进入新疆，除供应中国内部地区以外，也有一部分留在新疆，为新疆改善民生，改善环境服务。中国—中亚天然气管道的开通将中国与中亚国家战略利益紧紧捆绑在一起，改变了中亚地缘政治格局。

2009 年中国与中亚国家在电力领域的合作也取得重要进展。由中国电工设备总公司承建的乌兹别克斯坦安集延 -2 号（2×25 兆瓦）和阿航格朗水电站（2×10.5 兆瓦）于 2009 年 12 月建成并投入运营。中国与中亚国家经济合作占首位的依然是哈萨克斯坦。除能源出口外，未来哈萨克斯坦向中国粮食出口潜力巨大。中国目前已经放开了对进口哈萨克斯坦粮食配额的限制，哈萨克斯坦正在为此进行充分准备。双方确认将加强在农业领域的合作，为中哈两国的农业合作搭建融资平台。

2009 年是中塔关系发展的重要一年，中塔经济合作取得重要进展。近年来，随着塔乌公路、沙赫里斯坦隧道、罗拉扎尔—哈特隆和南北输电线等项目的实施，中塔互利合作已迈上新的台阶。2009 年 6 月塔吉克斯坦与中国新疆签署了 6 项合作协议，包括共同建设努拉巴德 -1 水电站以及在塔首都杜尚别修建以煤为燃料的热电厂。随着一系列项目的陆续完工和新项目的不断展开，中塔关系已经进入了一个崭新阶段。

中国与土库曼斯坦的合作关系发展也非常迅速，合作项目日益增多，合作范围不断扩大，水平不断提高。中国在土库曼斯坦承建了一系列大规模工程项目。2009 年最引人注目的是中土天然气管线于 12 月正式修通。除天然气管道以外，中土还有很多合作项目在进行中。目前中国与土库曼斯坦正在就建设玻璃工厂、化肥工厂以及在土库曼斯坦东部建设水泥工厂进行磋商。

中国与中亚国家的经贸合作为该地区民众提供了价廉物美的商品，改善了民众生活水平。中国的投资和援助为各国经济与社会发展创造了条件，加快了当地的基础设施建设，为当地民众提供了众多的就业岗位，对各国应对金融危机起了很大作用。

2008 年全球金融风暴导致中国和中亚国家经济遭受不同程度的影响。中国在确保自身经济平稳较快发展的同时，加强同中亚国家的沟通协调，并向中亚国家伸出援手。在 2010 年 4 月和 6 月吉尔吉斯斯坦发生政局动荡期间，中国政府对吉人民提供了力所能及的帮助。特别是在其他周边国家纷纷关闭与吉边界的情况下，中国仍然保持中吉边界口岸的正常开放和通行，这是对处于极度困难时期的吉尔吉斯斯坦民众最大的支持。对此吉各界给予了极高的评价。塔吉克斯坦大使阿利莫夫高度评价中国在应对全球金融危机方面采取的措施，认为中国的举措惠及全世界。此外，中国与中亚国家在联合国等国际组织和国际事务中相互配合，相互支持，密切合作，维护了地区安全与稳定。

三、中国与中亚国家关系的前景

2008 年以来是国际局势相对动荡的时期，发生了很多具有转折性和标志性意义的事件，给中国与中亚国家关系带来一定机遇与挑战。总体看，机遇大于挑战，因为出现了很多对于发展中国与中亚国家关系的利好因素。

从全球层面看，金融危机、能源和粮食市场动荡、自然灾害等世界经济中新的消极因素的出现增加了国际关系中的复杂性、不确定性和混沌性，给年轻的中亚国家的独立与发展带来更多的困难，迫使它们与外界特别是自己的近邻——中国加强沟通、协商与合作，共同抵御新的挑战与威胁。

从地区层面看，阿富汗形势恶化、印巴局势动荡、俄格冲突等事件表明中亚地区周边潜藏的各种安全威胁不但没有减少和弱化，反而有增强的趋势，这种状况导致中亚国家对于长期困扰它们的恐怖主义、宗教极端主义、毒品和武器走私等非传统安全威胁的担忧上升，从而对与中国的安全合作需求增强。这有利于双方建立共同应对非传统安全威胁的机制，从而带动和密切双方在各个领域的合作。

从国家层面看，俄格冲突的发生，使中亚国家对于俄罗斯以“保护国民”为由对其他国家动武的做法忧虑和疑心加重。美国次贷危机引发金融危机，美国经济实力下滑已成为不争的事实，被国内问题缠身的奥巴马上台后除了需要继续应对阿富汗问题、伊核问题和朝核问题外，已经无法向中亚投入更多的精力。欧洲国家在金融危机打击之后又陷入严重的债务危机，欧元地位岌岌可危。相比之下，北京奥运会以及中国在金融危机等一系列国际事务中的不俗表现，使中亚国家对于中国实力有了相对客观和清晰的认识，特别是中国的发展模式对其具有很大吸引力。中亚国家在发展与中国的关系时不再仅停留在平衡俄罗斯和西方势力的层次，而是全面加强和提升与中国的关系。可以说，在经过金融危机的洗礼后，中国与中亚国家政治和经济关系更加密切，也更加牢固。目前，中亚地区经济上普遍遇到资金和资源紧张、自然灾害加剧等各种困难，因此以发展促稳定的任务提上日程。中亚国家均希望加强与中国的经济合作，争取中国的援助和投资，以渡过目前的难关。而中国拥有大量外汇储备，也愿意支持中国企业走出去进行投资与合作。随着中国与中亚国家间石油、天然气管线的开通运营以及铀资源的开发利用，多条铁路和公路交通运输大通道建成使用或即将动工兴建，中国与中亚国家贸易与经济合作不断出现新的增长点，未来发展潜力十分巨大。

与此同时，还需看到新形势下中国与中亚国家关系中存在的消极因素，或者说问题。不及时妥善解决这些问题，很可能给双边关系发展带来一些麻烦。首先，由于语言障碍、沟通有限以及信息误导等原因，中亚一些国家的部分官员、学者和民众对于中国的内外政策以及中国的现状理解有误，对于中国在中亚发展平等互利关系的目的存有疑虑。其次，第三方势力出于政治和经济利益目的的竞争和干扰给双边正常的合作带来负面影响。最后，中国与中亚国家的经济合作规模还不大，经济技术合作水平还不高。一些中亚国家在贸易对象和贸易结构上还存在认识误区。双方在经济合作中还存在诸如法律法规如何接轨、技术标准不一致、投资贸易环境亟待改善、官僚体制弊病严重等具体问题。

总体看，中亚国家对于中国的重视程度不断提升，期待中国更多地参与本国以及整个地区的稳定与发展进程。具体而言，不同国家对于中国的需求也不完全一致。哈萨克斯坦希望中国支持哈在国际和地区事务中，包括地区经济一体化进程中发挥重要作用，希望中哈两国在合理利用跨界河流水资源问题上密切合作。乌兹别克斯坦希望中国支持卡里莫夫总统提出的阿富汗问题协调小组“6 +3”倡议，支持乌在解决中亚水资源纠纷中所持立场。吉尔吉斯斯坦和塔吉克斯坦希望中国给予两国更多的投资和援助，参与两国丰富的水电开发。土库曼斯坦则希望中国在实现能源出口多元化战略中扮演重要角色。中国应根据各国的诉求处理与各国的关系，以使彼此关系能平稳、顺利地向前发展。中亚国家也可以参与中国经济发展进程，参与中国西部大开发，从中国经济快速发展中获得自己的利益。

参考文献

[1] 新疆统计年鉴（2009）[M]. 中国统计出版社，2009.

[2] 中哈天然气管道二期工程开工 [N]. 中国石油报，2010-12-22.

[3] 中亚天然气管道 B 线通气 [J]. 中国石油报，2010-10-27.

[4] 中国电工设备总公司承建的水电站将于年底投入运营 [EB/OL]. 中国电力新闻网（www.cpnn.com.cn/hqdl/200910/t20091014_ 294330.htm）.

[5] 李静杰. 十年巨变·中亚和外高加索卷 [M]. 东方出版社，2003.

[6] 邢广程. 俄罗斯东欧中亚国家发展报告（2009）[M]. 社会科学文献出版社，2009.

[7] 吴恩远. 俄罗斯东欧中亚国家发展报告（2010）[M]. 社会科学文献出版社，2010.

[8] 吴恩远，吴宏伟. 上海合作组织发展报告（2010）[M]. 社会科学文献出版社，2010.

[9] 赵常庆. 中亚五国概论 [M]. 经济日报出版社，1999.

[10] 施玉宇. 土库曼斯坦 [M]. 社会科学文献出版社，2005.

[11] 刘庚岑，徐小云. 吉尔吉斯斯坦 [M]. 社会科学文献出版社，2005.

[12] 刘启芸. 塔吉克斯坦 [M]. 社会科学文献出版社，2006.

[13] 赵常庆. 哈萨克斯坦 [M]. 社会科学文献出版社，2004.

[14] 孙壮志，苏畅，吴宏伟. 乌兹别克斯坦 [M]. 社会科学文献出版社，2004.

Political and Economic Ties between China and Central – Asian Countries: Looking Back and Ahead

Wu Hongwei

Abstract: Since establishing diplomatic ties with central – Asian countries, China has witnessed rapid progress in political and Economic ties. It has succeeded in solving the problem of border division with three central Asian countries, signed the agreements of neighboring friendship and established close – knitted political mutual – trust relationship. So to speak, no obstacles exist on the way to political – ties development between China and central Asian countries. In economy, China is getting closer ties with those countries. The both sides help supply each other's need on the mutual – benefit principle, increasing trade volume and enlarging the scale of economic cooperation to further level as important partners. China is on good term with those countries in political and economic fields, which helps maintain the regional stability and promote the economic recovery and development in central Asian countries. Looking ahead, the relation between China and those countries promises more solid and extensive.

Key Words: China and Central Asia; Relationship; Looking Back and Ahead

国际收支结构研究：基于人民币国际化视角的分析*

张青龙　王舒婷

【摘　要】跨境贸易人民币结算试点标志着人民币国际化已经进入了新的阶段。人民币国际化是一个由初级到高级逐步发展的渐进过程。人民币国际化的不同阶段需要不同的条件。本文主要探讨了人民币国际化不同阶段所要求的国际收支结构特征，在此基础上，结合我国当前的国际收支结构状况，对国际收支政策及人民币国际化战略提出建议。

【关键词】国际收支结构；债权国；人民币国际化

随着我国跨境贸易人民币结算试点改革的启动，人民币国际化进程进入了新阶段。人民币国际化是一个由初级到高级逐步发展的渐进过程。在人民币国际化的初级阶段，人民币仅是在有限区域的部分国际交易中发挥有限的作用，充当支付手段、记账单位或价值储藏手段。在人民币国际化高级阶段，人民币已经发展成为国际货币，在一个相当大的市场范围内被他国或地区的参与者普遍接受，充当一般等价物，发挥货币的各项职能。而人民币一旦发展为国际中心货币，人民币国际化就达到了最高级阶段。伴随着人民币国际化的阶段性发展，国际收支结构也应体现出阶段性特征。本文将从人民币国际化的角度分析人民币国际化的不同阶段所对应的国际收支结构特征。

---

* 本文选自《国际金融研究》2011 年第 5 期。

基金项目：上海市教委重点学科建设项目（项目编号：J50504）“经济系统运行与调控”资助。

作者简介：张青龙，金融学博士，现供职于上海理工大学管理学院；王舒婷，金融学、公共政策硕士，现供职于中国人民银行上海总部。

一、人民币国际化初级阶段的国际收支结构特征

（一）经常账户特征

在人民币国际化初级阶段，充足的国际储备是人民币国际化的重要价值支撑，这就需要国际收支能够保持顺差。但是，从人民币国际化的角度看，我们还必须要分析国际收支结构，分析国际储备增加来源于国际收支的哪个部分，以避免增加的国际储备出现“虚胖”现象，难以对人民币国际化形成支撑。为此，有两点特别重要：

1. 经常账户顺差的重要性

只有当储备资产增加来源于经常账户顺差（主要是贸易账户）时，才能真正增加对外净金融资产和对外净金融债权，增强我国对外支付能力，有利于我国成为世界债权大国。而世界债权大国地位对人民币国际化是很重要的。历史上的英镑、马克和现在的美元、日元在国际化的起步阶段，其发行国都是作为世界债权大国出现的。若储备资产的增加来源于资本和金融账户顺差，我国对外净金融资产并不会增加，因为随着储备资产的增加，对外负债也增加。由此导致的国际储备增加属于借入型增加，容易使国际储备产生“虚胖”现象。这不利于增强我国债权大国地位。因此，我们应主要通过经常账户顺差来增加国际储备，这样才能真正增加我国对外净金融资产和对外债权，增强我国的世界债权大国地位。

2. 经常账户顺差的竞争性

在人民币国际化初级阶段，我们应该主要通过经常账户顺差（主要是贸易账户的顺差）来增强国际储备和国际债权。而经常账户（贸易账户）顺差又必须具有竞争性和可持续性。经常账户顺差的竞争力和持续性取决于出口产品的竞争力。较高的出口产品竞争力既有利于经常账户顺差和国际储备增加真正具有持久性和竞争性，又有利于人民币在国际贸易中发挥计价结算功能。而若经常账户顺差是建立在较低的出口产品竞争力基础上的，由此形成的国际储备增加就是一种“虚胖”现象，难以持续，而且也不利于人民币发挥计价结算功能。

近年来，我国国际收支的持续顺差，主要来源于经常账户顺差特别是贸易账户盈余。自 2005 年以来，经常账户顺差一直占总顺差的 60% 以上，且贸易账户更是占经常账户的 70% 以上。由此导致我国储备资产的增加真正增强了我国国际债权国地位。同时，这也在一定程度上反映了我国出口产品的竞争力在不断增强。

但是，我国出口产品竞争力总体上还较弱。从货物贸易顺差看，主要来源于加工贸易顺差与外商对华投资企业产品出口；而且，出口的国际竞争力仍主要侧重于劳动密集型产业，在资本密集型和层次更高的技术和知识密集型产业中，我国的国际竞争力依然薄弱。

由此不难看出，近年来我国经常账户顺差和国际储备的增加缺乏竞争性和持续性，存在一定的“虚胖”现象。而根据货币国际化理论，本国出口产品竞争力越强，本国企业货币定价权力越高，本国货币越可能被用于出口的计价和结算，从而越有利于货币的国际化。由于我国出口产品竞争力不高，人民币也就很难充当国际贸易的计价、结算货币。

我国出口产品的竞争力不高。由此产生我国外汇储备的增加可能存在一定程度的“虚胖”现象。从长期看，这一方面导致经常账户顺差难以持续，另一方面也不利于人民币在国际贸易中的计价和结算功能的发挥，最终会阻碍人民币国际化进程。

（二）人民币输出入特征

上文分析表明，在人民币国际化初级阶段我们应通过国际收支顺差增加国际储备和国际债权。但是，人民币国际化又需要人民币的跨境流动，那么，如何在国际收支顺差的情况下，实现人民币的有效输出和有序回流？下面我们从国际收支结构角度进行分析。首先，从人民币输出看，在经常账户方面，可通过对东亚国家或地区的贸易账户赤字输出人民币，同时通过对发达国家的贸易账户盈余来弥补对东亚国家或地区的贸易账户赤字，实现贸易账户总体盈余乃至经常账户的总体顺差。因为亚经济体与我国有密切的贸易关系，特别是在中国—东盟自由贸易区建成之后，该地区对人民币有比较大的需求，因此，我们可以通过增加从该地区的进口，利用对该地区的贸易账户赤字来输出人民币。而在现阶段，人民币还难以在对欧美一些发达国家及日本的贸易中使用。因此，我们应该力争维持对发达国家的贸易账户盈余，以此弥补对东亚国家的贸易账户赤字。而且这从中国国际贸易的未来结构特征看也是可行的。根据 Roland - Holst（2002）的分析预测，2000 ~ 2020 年的 20 年间，随着中国经济的增长，中国与东亚的双边贸易额也将不断增长。到 2020 年，中国将成为东亚最大贸易国和最大的进口国，同时形成对 OECD 国家的结构性贸易盈余，其规模与其他东亚经济体的贸易赤字大体相当。到 2020 年中国超过半数以上的进口将依赖东亚其他经济体。

在资本金融账户方面，在人民币国际化初级阶段我国对资本金融账户仍实施一定程度的管制，此时，我们可通过对国际交易的特定地区或交易对象实施一定程度的放宽政策，以输出人民币。如以人民币对东盟和非洲一些国家进行直接投资和提供援助贷款，或者适当开放东盟或非洲一些国家及一些国际金融机构在中国发行人民币债券，进而输出人民币。从人民币的回流看，对于在境外流通的人民币，我们也应该考虑为其提供有效的回流和使用渠道。在现阶段可以允许其在贸易账户下回流购买我国商品（即出口），在资本金融账户下以人民币对我国进行直接投资、购买我国政府债券或通过人民币 QFⅡ 有限投资于我国股票市场。由此，我们可以在维持国际收支双顺差的格局下，实现人民币一定程度和范围的输出和回流，推动人民币的区域化和国际化。

这样也就形成了与人民币国际化初级阶段的人民币输出回流机制相适应的国际收支结构（见图 1）。

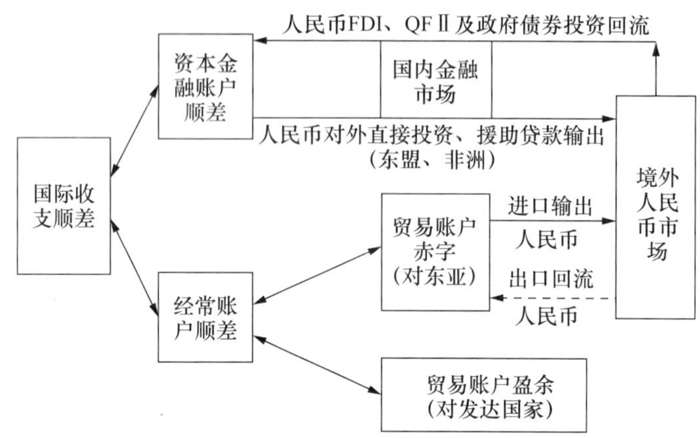

图1　人民币国际化初级阶段的人民币输出回流机制相适应的国际收支结构

二、人民币国际化高级阶段的国际收支结构特征

当人民币国际化发展到高级阶段，中国作为国际货币发行国，可能会面临一种两难处境：需要通过国际收支平衡或顺差来维持人民币国际价值的稳定，可这又难以通过输出本币来满足国际市场对本币的需求；而要满足国际市场对本币的输出需求，需要通过国际收支赤字来实现，可这又会危及本币国际价值的稳定。要解决这一难题，国际收支结构应具有这样的特征：在国际收支总体平衡或顺差的情况下，维持经常账户顺差和资本、金融账户逆差。经常账户顺差反映了一个国家债权的真正增加，对本国货币的国际价值形成有力支撑；同时，通过经常账户顺差积累资本，对外投资，成为资本输出国，金融账户逆差输出人民币，满足对本币的国际流动性需求。

然而，在此阶段如何实现经常账户顺差呢？经常账户主要有三项构成：贸易账户（货物贸易和服务贸易）、收入账户和经常转移账户。传统上，把货物贸易账户盈余看作是一个国家竞争力的表现，是经常账户顺差最重要的来源。许多国家都力争实现货物贸易账户盈余来达到经常账户顺差，这也是一国货币国际化初级阶段的要求。但当人民币国际化发展到高级阶段，人民币国际货币地位的巩固和提高的关键还在于通过经常账户交易特别是货物贸易账户交易向国外提供以人民币计价的需求。即通过货物贸易账户的赤字，增加以人民币计价的进口，从而输出人民币。那么，我们在要求货物贸易账户保持赤字的情况下，如何实现经常账户的顺差呢？在此阶段，经常账户顺差应该主要通过经常账户中的投资收益和服务收益账户的盈余来实现。通过投资收益和服务账户盈余弥补货物贸易账户

的赤字，使经常账户实现平衡甚至顺差。其中，投资收益账户的盈余主要是通过资本输出和对外投资实现的，而这又要靠资本金融账户的逆差来推动，它应该成为实现经常账户顺差的最可靠来源。这样，在维持经常账户顺差的情况下，既可通过经常账户中货物贸易赤字达到输出人民币的目的，又可通过投资和服务收益账户的盈余使一部分人民币回流。同时，通过资本金融账户的逆差来输出人民币，既可增加经常账户的投资收益的盈余，又可增加人民币的国际流通量。

然而，我们可否通过经常账户的全面顺差（包括货物贸易、服务贸易、投资收益账户的盈余）和资本金融账户的逆差来实现人民币的输出和回流呢？尽管通过资本金融账户的逆差也可达到输出人民币的目的，但若同时保持货物贸易账户盈余和经常账户顺差，就会使资本、金融账户输出的人民币又通过货物贸易和经常账户盈余流回国内，导致人民币在国外的存量减少，达不到扩大人民币国际流通的目的。

上述与人民币国际化高级阶段相适应的国际收支结构如图 2 所示。

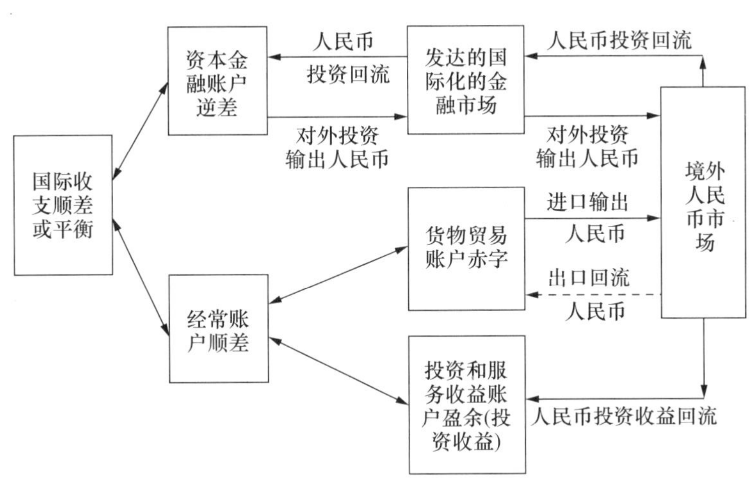

图 2　人民币国际化高级阶段相适应的国际收支结构

图 2 表明在人民币国际化高级阶段，在维持国际收支总体平衡或顺差的情况下，通过货物贸易账户赤字和资本金融账户逆差输出人民币，满足国际市场对人民币的需求，然后再通过以人民币计价的出口、投资收益的回流以及多样化的金融资产投资，使一部分人民币又从国际市场流回国内。由此形成了以人民币为载体的国际资金循环体系，中国也就成为国际资金流动的中心。这样的国际收支结构既有利于人民币国际价值的稳定，又有利于人民币的输出。

三、从人民币国际化高级阶段特征看我国的国际收支结构问题

上述分析表明，人民币国际化高级阶段，通过货物贸易账户的赤字和资本金融账户赤字输出人民币，通过投资收益和服务收益账户的盈余实现一部分人民币回流，从而维护和巩固人民币的国际地位。而投资收益和服务收益账户的盈余主要是靠对外投资的累积以及提高服务贸易的国际竞争力来实现。因此，利用国际储备增加对外投资，提高服务业的国际竞争力对推进人民币国际化、提高未来人民币国际货币地位意义重大。然而，我国目前的对外投资和服务业竞争力状况还难以令人满意。从对外投资上看。无论是对外投资的规模和结构都存在不合理现象。我国现行外汇管理制度和汇率形成机制使国际储备大量集中于中央银行手中，主要表现为官方储备，而民间储备很少。由此导致我国对外资产主要表现为官方储备资产，而对外直接投资规模相对较小。我国的外汇资产主要是以储备资产的形式存在，2005~2009 年的储备资产占对外总资产的比重分别达到 67.5%、63.9%、64%、66.5% 和 70.8%，而对外直接投资仅分别为 5.3%、5.4%、4.8%、6.3% 和 6.6%。由于官方储备主要投资于安全性、流动性较高而收益率较低的美国政府和机构债券等金融资产上，民间储备的对外投资渠道又不足，而收益率较高的对外投资的比例相对较低，由此导致我国的外汇资产的投资收益率总体比较低。而从对外负债看，外国在我国的资产多为直接投资，收益率高（见表 1）。

表 1　2005~2009 年中国对外资产负债结构简表　　单位：亿美元

项目	2005 年末	2006 年末	2007 年末	2008 年末	2009 年末
净头寸	4077	6402	11881	14938	18219
资产（其中两项）	12233	16905	24162	29567	34601
1. 对外直接投资	645（5.3）	906（5.4）	1160（4.8）	1857（6.3）	2296（6.6）
2. 储备资产	8257（67.5）	10808（63.9）	15473（64）	19662（66.5）	24513（70.8）
负债（其中一项）	8156	10503	12281	14629	16381
外国来华直接投资	4715（57.8）	6144（58.5）	7037（57.3）	9155（62.6）	9974（60.9）

注：括号中的数字为占比，单位:%。

资料来源：国家外汇管理局网站。

2005~2009 年，外国直接投资占对外负债的比重分别达到 57.8%、58.5%、57.3%、62.6% 和 60.9%。显然，我们是将高成本的外商直接投资负债借来，然后以低收益的储备资产的形式持有。这种资产负债结构存在一定程度的扭曲现象。另外，对外投资结构上的不合理还体现在：目前我国的对外投资主要是以外汇对外投资，基本上没有以人民币进

行对外投资的。这样的投资结构是不利于增强未来人民币国际地位的。其次，从服务贸易账户看，服务贸易长期处于逆差状态，这反映了我国出口商品结构层次较低，显然要增加服务收益账户的盈余，还需要进一步提高我国服务贸易的竞争力。

四、结论与建议

本文的分析表明，在人民币国际化的不同阶段，国际收支结构应具有不同的特征。但是，无论是从适应目前的人民币国际化的初级阶段的国际收支结构，还是从为未来人民币国际化高级阶段做准备角度看，我国的国际收支结构还存在一些问题。因此，我们应该对国际收支结构进行一些政策上的调整和改革，以适应人民币国际化的阶段性需求，从而促进人民币国际化稳步、有序地向前推进。

（一）提高出口产品竞争力

加快调整产业结构和产品结构，注重技术的进步，提高出口产品的技术水平和科技含量，切实提高我国出口产品竞争力，促进人民币在国际贸易中发挥计价、结算功能，使外汇储备的增加真正建立在我国产业及产品竞争力的基础上。

（二）鼓励和支持对外投资

人民币国际化高级阶段的国际收支结构特征要求我们增加投资收益。为此，首先应该调整扭曲的对外资产负债结构，鼓励对外投资。目前，我们应该利用庞大的国际储备资源增加海外投资，增加对外直接投资比重。同时，稳步推进外汇管理体制改革，逐步放松境内居民持汇限制，实施藏汇于民政策，拓宽居民外汇运用渠道，鼓励对外投资。其次，在大力支持对外投资的同时，应鼓励和支持企业用人民币对外投资。

（三）大力推进上海国际金融中心建设

通过推进上海国际金融中心建设，发展多样化和多层次的金融资产和工具，使上海逐步发展成为发达的国际金融中心，成为人民币金融产品的交易和资金流动中心，最终发展成为以人民币为载体的国际资金循环体系的中心。

（四）提高服务业的国际竞争力

首先，大力推进上海国际航运中心建设。努力提高中国运输业的国际竞争力，推动中国运输业的国际化经营，大力鼓励和支持上海国际航运中心建设，以上海的国际航运中心建设带动中国国际航运业的发展和竞争力的提高，建立起与贸易大国相应的国际运输业，不断增加国际运输服务的整体收益。其次，鼓励我国商业银行的国际化经营。支持商业银行按照国际规范进行改革和创新，提高其国际竞争力，以国际金融中心为据点，把我国银行的业务网络辐射至全球。形成覆盖亚洲、美洲、欧洲的全球业务网络和资金网络，以强大的全球资金链作支撑，满足中国及外国的跨国公司在全球范围内配置资金（包括本外币资金）的需求，从中获取大量的金融服务收益。

参考文献

[1] 关世雄. 亚洲货币一体化研究—日元区发展趋势 [M]. 中国财政经济出版社，2003.

[2] 姜波克. 资本账户开放研究：一种基于内外均衡的分析框架 [J]. 国际金融研究，2004 (4).

[3] 菊地悠二. 日元国际化 [M]. 中国人民大学出版社，2002.

[4] 吉川元忠. 金融战败 [M]. 中国青年出版社，2001.

[5] 李东荣. 人民币跨境计价结算：问题与思路 [M]. 中国金融出版社，2009.

[6] 许宪春. 中国国际收支差额分析 [J]. 金融研究，2001 (3).

[7] 赵海宽. 人民币可能发展成为世界货币之一 [J]. 经济研究，2003 (3).

[8] Bergsten, C. Fred. The Dilemma of the Dollar: The Economics and Politics of United States International Monetary Policy [M]. New York University Press, 1975.

[9] Blinder. S. A. The Role of the Dollar as an International Currency [J]. Eastern Economic Journal, 1996, 22 (2).

[10] Roland - Holst, D. An Overview of PRC's Emergence and East Asian Trade Patterns to 2020 [R]. ADB Institute Research Paper Series No. 44, 2002.

FDI知识溢出效应对中国能源强度的区域性影响*

齐绍洲　方　洋　李　锴

【摘　要】本文运用DEA方法测算出我国东、中、西部三大区域的全要素生产率，并分解为纯技术效率、技术变化和规模效率，以此作为技术进步的代表量，分析各个区域外商直接投资的知识溢出效应及其对当地能源强度的影响。得出的研究结论为：第一，东部地区外商直接投资的知识溢出效应体现在纯技术效率上，中部地区体现在纯技术效率和技术变化上，西部地区体现在技术变化上。第二，东部地区FDI的知识溢出对本地区能源强度的影响不显著，中部地区FDI的知识溢出提高了本地区的能源强度，西部地区FDI的知识溢出能够显著降低能源强度。本文的政策含义是：东、中部地区应该提高引进外资的技术和能耗门槛，提高外商直接投资的知识溢出效应；西部地区要进一步完善市场经济体制，创造良好的市场氛围，吸引更多、更好的FDI，并注重眼前利益和长远利益的平衡。

【关键词】外商直接投资；能源强度；知识溢出效应

一、引　言

我国幅员辽阔，区域差异显著，因此不同区域外商直接投资（FDI）引致的技术进步对当地能源强度的影响不同。开展对不同区域FDI的知识溢出效应对能源强度影响的研究，可以更加有效地指导各区域因地制宜地引导FDI，充分发挥FDI的知识溢出效应来降低各区域的能源强度，使FDI对我国各地区节能减排，走能源节约型的可持续发展道路做出积极的贡献。

---

* 本文选自《世界经济研究》2011年第11期。

基金项目：国家自然科学基金资助项目（项目批准号：71073114）、教育部人文社会科学研究项目（项目批准号：09YJA790157）和中央高校基本科研业务费专项资金资助项目（项目批准号：20101050102000053）的资助。

作者简介：齐绍洲、方洋、李锴，武汉大学经济与管理学院。

国内外对FDI知识溢出效应的研究较多，郭颖（2006）利用1985～2003年江苏省的时间序列数据，对FDI知识溢出效应的存在性和FDI的来源地结构、利用方式结构和行业结构以及技术外溢效应的关系进行了实证检验。在计量分析方面，沈坤荣（1999）利用29个省、市、自治区的FDI比重与各省的全要素生产率作横截面的相关分析，得出FDI占GDP的比重每增加1个单位，全要素生产率就可以提高0.37个单位的结论。由于全要素生产效率是整体经济运行效率的体现，它的提高可以作为技术进步的体现，这就充分反映出FDI对技术进步的促进作用。Glass和Saggi（1998）的研究认为，FDI带来的知识溢出效应取决于发达国家与发展中国家的技术差距，若两个国家技术水平差距过大，则发达国家的FDI不会给发展中国家带来什么知识溢出甚至会是负的影响。因为过大的技术水平差距使得本国企业的模仿成本大大增加，不能产生激励效应，而且市场竞争的压力和巨大的追赶难度会大大削弱发展中国家的研发投入力度。而较小的技术差距则可以激励本国企业模仿，提高生产效率。

国内外对外商直接投资的知识溢出效应与能源强度的关系研究也很多，国外学者Mielnik和Goldemberg（2002）以20个发展中国家的FDI和能源强度为样本进行了统计回归，发现FDI的增加可以显著地降低能源强度，进一步分析认为，主要原因是FDI技术溢出效应的存在。国外学者Hubler和Keller（2008）运用实证方法研究FDI的流入对发展中国家的能源强度的影响。他们首先假设FDI能够降低能源强度，并用最小二乘法进行检验，但是结果显示这个假设不成立。然后他们又收集60个发展中国家1975～2004年的宏观数据，进行面板数据模型检验。检验结果依然是FDI的流入并不能降低发展中国家的能源强度。国内学者张炎治等（2009）利用加法形式的对数平均Divisia分解方法将我国能源强度变化分解为FDI规模效应、FDI结构效应和GDP结构效应三部分，并进行了实证研究。结果表明：1997～2006年，FDI规模效应对我国的能源强度起增加作用，FDI结构效应起降低作用，GDP结构效应呈现出与国家投资政策相关联的阶段性。分析结论对我国的节能降耗工作有两点启示：第一，应设置外资进入的技术门槛和进入领域；第二，应设立一定的行业能耗标准，高于标准的投资应予限制。国外学者Mielnik和Goldemberg（2002）通过研究20个发展中国家的数据发现FDI的增加能够降低能源强度。出现这种情况的原因是外商直接投资带来的先进技术代替了这些国家的传统技术，FDI带来的技术进步降低了东道国的能源强度。Blackman和Wu（2002）收集了美国投资者信息以及中国的官方数据，研究投入到中国能源部门的FDI的数量以及特点，进一步分析影响能源效率的因素。研究结果表明，FDI对能源效率的提高具有显著的积极作用，在其文中调查的20个FDI项目中有1/3使用了能提高能源效率的新技术。由于小项目中的FDI对能源效率的积极作用没有大项目明显，所以对FDI提高能源效率产生不利影响。

但是，在上面所提到的文献中，多数作者没有从区域的角度定量研究FDI的知识溢出效应与能源强度的关系。本文将参考以上文献中的研究方法，并结合具体情况进行适当改进，收集中国省、市、自治区（以下简称省区）1995～2005年的年度面板数据对这一问题展开研究。

二、理论模型

（一）FDI 知识溢出结构效应模型

通过 DEA 方法可以将全要素生产率指数 TFP 分解为 EC 和 TC 两项的乘积。EC（Efficiency Change）是技术效率变化指数，它表示从 t 时期到（t+1）时期每个观测对象对生产前沿的追赶程度。而 EC 又可以分解为 PE 和 SE 两项的乘积。PE（Pure Efficiency Change）是纯技术效率变化指数，它表示从 t 时期到（t+1）时期每个观测对象规模效应不变的情况下与生产前沿的距离。SE（Scale Efficiency Change）是规模效率变化指数，它表示从 t 时期到（t+1）时期每个观测对象的规模效应变化程度。TC（Technical Change）是技术变化指数，它测度了从 t 时期到（t+1）时期生产前沿的移动。因而，全要素生产率变化就被分解为纯技术效率变化、规模效率变化和技术变化。如果 PE、SE、TC 大于 1 意味着纯技术效率改善、规模经济和技术进步，小于 1 则意味着纯技术效率恶化、规模不经济和技术退步，等于 1 意味着技术效率、规模效应和技术进步无变化。

本文建立验证中国各个区域 FDI 知识溢出效应的模型，同时进一步分析知识溢出的结构效应，因此选取三个指标来检验 FDI 是否有知识溢出效应以及通过什么途径实现，即建立分别以规模效率（SE）、纯技术效率（PE）和技术变化（TC）为解释变量的三个模型。第一个模型检验外商直接投资通过要素投入产出边际效应递增实现技术进步的效应，第二个模型检验外商直接投资通过优化资源配置的方式实现技术进步的效应，第三个模型检验外商直接投资通过提高生产效率的方式实现技术进步的效应。

$$SE = \alpha_0 + \alpha_1 FG + \varepsilon \tag{1}$$

$$PE = \alpha_2 + \alpha_3 FG + \varepsilon \tag{2}$$

$$TE = \alpha_4 + \alpha_5 FG + \varepsilon \tag{3}$$

其中，FG 是指每年该省区的实际利用外商直接投资占该省区国内生产总值的比例，SE、PE 和 TC 分别是通过 DEA 方法计算出来的全要素生产效率的分解因素规模效率、纯技术效率和技术变化。

（二）能源强度影响因素模型

本文选取的影响能源强度的因素包括产业结构、能源价格和技术进步。

产业结构的变化对能源强度的影响十分明显。第三产业主要是相对能源消耗较少的服务业，所以第三产业经济结构中的比重的提高必然会引起能源强度的整体下降。根据国家统计数据，2005 年第三产业能源消耗的比例仅为 9.8%，但是第三产业对 GDP 贡献率达到了 41%。直观的分析可知，第三产业的比重的提升对降低能源强度的重要性很明显。

本文采用第三产业占 GDP 的比例作为产业结构的代表性变量。

较高的能源价格会提高能源的使用效率，即降低能源强度。在其他要素价格保持相对稳定的条件下，能源价格的上升会降低能源的消耗，从而降低能源强度。面对很高的能源价格，各个部门会采用更加有效地利用能源的方式或是替换掉高耗能产品的生产。Shi 和 Polenske（2006）对中国 1980 ~ 2002 年能源强度变化的实证研究表明，能源价格是影响能源使用效率的重要因素。Cornillie 和 Fankhauser（2004）对中东欧的转轨经济国家的实证研究发现，能源价格提高 1 倍可以使能源强度下降 34%。所以本文也将能源价格变化的差异作为影响能源强度的因素，选用原材料、燃料、动力购进价格指数作为代表性变量。

新技术的发明、管理技术水平的提高都可以降低能源强度，进而提高能源使用效率。因此，技术进步的差异性也是导致各个区域能源效率差异的重要因素。李廉水和周勇（2006）以 35 个工业行业为样本，用非参数 DEA - Malmquist 生产率方法将广义技术进步分解为技术变化、纯技术效率和规模效率 3 个部分，采用面板技术估算了这 3 个部分对能源效率的作用。结果表明，技术效率（纯技术效率与规模效率的乘积）是工业部门能源效率提高的主要原因，技术进步的贡献相对低些，但随着时间的推移，技术进步的作用逐渐增强，技术效率的作用慢慢减弱。总之，技术进步能够提高能源的使用效率。由于本文研究的是 FDI 的知识溢出结构效应对能源强度的影响，因此选择 FDI 知识溢出的结构效应作为技术进步的代表量。前文的分析已经得出各个区域的 FDI 知识溢出所引致的技术进步的途径，因此将技术进步分解为技术变化、纯技术效率和规模效率，分别用 TC、PE 和 SE 来表示，并根据不同区域 FDI 知识溢出的结构效应的显著性选择相应的分解量来代表技术进步。

本文使用的能源强度模型如下：

$$\log(EI_{it}) = \log(A_{it}) + \sum_{k=1}^{k} \beta_k \log(X_{it}^k) + \varepsilon_{it} \tag{4}$$

式中，EI_{it}表示 i 地区 t 年的能源强度；X_{it}^k表示 i 地区 t 年影响能源强度的第 k 项因素；A_{it}表示 i 地区 t 年的常数项；ε_{it}表示 i 地区 t 年的误差项。

三、样本与数据

本文全部样本为 1995 ~ 2005 年我国 31 个省、市、自治区共 11 年的样本数据。数据来源于《新中国五十年统计资料汇编》、《中国统计年鉴（2007）》、各省区个别年份的《统计年鉴》以及各省区统计局官方网站。

我们以 1995 年不变价格的实际 GDP 作为产出变量，投入量包括资本投入和劳动投入两项。其中，劳动投入是采用劳动力人数来衡量的。关于资本投入，我们采用通用的永续

盘存法来度量，公式如下：

$$K_t = I_t/P_t + (1-\delta)K_{(t-1)} \tag{5}$$

式中，K_t 表示第 t 年年末实际资本存量；$K_{(t-1)}$ 表示上一年年末实际资本存量；I_t 表示第 t 年名义投资；P_t 为固定资本投资价格指数；δ 表示折旧率。在实际计算过程中，我们将各省区的实际折旧率假定为 5%。

各省区的 FDI 值的原始数据是用美元表示，我们通过外汇管理局公布的当年的外汇价格换算成人民币。然后通过 FDI 的数量占 GDP 的比例来衡量各区域的 FDI 的引进程度。

基于 Malmquist 指数方法，本文使用 DEA 方法评估我国 1995 ~ 2005 年各个省区的全要素生产效率，首先使用 DEA 方法求得全要素生产效率后，进一步将其分解为技术变化（TC）、纯技术效率（PE）和规模效率（SE）。表 1 就是通过此方法求得的各省区 1995 ~ 2005 年通过 DEA 方法算得的参数的平均值。

表 1　各省、市、自治区 Malmquist 指数的均值

	Tech	Pech	Sech		Tech	Pech	Sech
北京	1.0592	0.9979	0.9976	河南	0.9929	0.9781	1.0386
天津	1.0702	1.0147	1.0005	湖北	0.9993	0.9936	1.0320
河北	1.0133	0.9918	1.0394	湖南	0.9960	0.9825	1.0237
黑龙江	1.0160	1.0107	1.0180	内蒙古	1.0505	1.0020	1.0094
吉林	1.0231	0.9985	1.0138	广西	1.0073	1.0060	1.0193
辽宁	1.0514	0.9675	1.0180	贵州	1.0024	1.0045	0.9939
上海	1.0985	1.0000	1.0000	云南	1.0120	0.9878	1.0150
江苏	1.0520	0.9923	1.0154	陕西	1.0203	1.0027	1.0135
浙江	1.0510	0.9882	1.0210	甘肃	1.0177	1.0457	0.9914
福建	1.0329	1.0015	1.0196	青海	1.0435	1.0265	0.9892
山东	1.0270	0.9855	1.0218	宁夏	1.0559	1.0120	1.0045
广东	1.0557	1.0000	1.0294	新疆	1.0729	1.0035	0.9943
海南	1.0245	1.0547	0.9850	重庆	1.0096	0.9812	0.9979
山西	1.0089	1.0203	1.0147	四川	0.9988	0.9825	1.0261
安徽	0.9942	0.9786	1.0237	西藏	1.0195	1.0000	1.0144
江西	1.0004	0.9725	1.0092				

资料来源：根据相关年份《中国统计年鉴》整理而得。

由表 1 可以看出技术变化的均值基本大于 1，说明在这段时间里，技术变化是处于增长状态，生产可能性边界是在不断地增大。但是各个区域的变化又各不相同，东部地区的技术变化进步最快，而有超过一半省份的纯技术效率的均值小于 1，从这一点我们可以看出，技术创新研发虽然有了很大的发展，生产可能性边界有了很大的扩展，但是经济运行的效率还是不够高。这主要是因为市场化的程度还不够高，体制性障碍依然存在，从而导致资源不能够最有效地配置。规模效率的均值也都基本大于1，这说明我国经济还处在边际效用递增的过程中，增大要素的投入能够得到更多的产出。

四、实证检验分析

（一）FDI 在东、中、西部的知识溢出结构效应

我们首先对各变量进行单位根检验，发现均满 I（1）过程，我们采用 Fish 协整检验来考察回归方程中变量间的长期动态均衡关系，发现东部地区纯技术效率（PE）、中部地区纯技术效率（PE）和技术变化（TE）以及西部地区技术变化（TE）与 FDI 利用程度（FDI/GDP，简写为 FG）都具有唯一的协整关系。固定效应检验结果显示每一产业部门和省区所得到的 F 统计量和 chi－square 统计量的相应概率都低于5%显著水平，所以选择截面和时间均固定的模型比较好。相应的估计结果如表 2 所示。

表 2　FDI 在东、中、西部的知识溢出结构效应的回归结果

地区	知识溢出结构	C		FG		调整 R^2	F－statistic	
东部	SE	0.9653***	(109.34)	0.0326	(0.24)	0.6189	0.5381	7.65
	PE	1.0471***	(66.03)	－1.0807***	(－4.49)	0.5310	0.4316	5.33
	TC	1.5262***	(62.50)	－0.1340	(－0.36)	0.9292	0.9142	61.92
中部	SE	0.9955***	(126.43)	－0.1046	(－0.20)	0.3634	0.2103	2.37
	PE	1.0019***	(49.11)	－6.0079***	(－4.46)	0.7347	0.6708	11.51
	TC	1.3226***	(60.16)	－3.1631**	(－2.18)	0.8232	0.7806	19.35
西部	SE	1.0105***	(144.02)	－0.1276	(－0.18)	0.5784	0.4837	6.10
	PE	0.8896***	(47.96)	－3.4420	(－1.91)	0.7888	0.7413	16.62
	TC	1.2077***	(3.17)	7.5755***	(48.96)	0.8013	0.7566	17.94

注：括号中数据为相应系数的 t 检验值，*** 表示在 1% 水平上显著，** 表示在 5% 水平上显著。

东部地区 FDI 知识溢出效应显著体现在纯技术效率上，因此，在仅有 PE 与 FG 的协整关系检验中，FG 系数的 t 值在 1% 显著水平上完全显著；其 F 值为 5.33，表明 F 检验在 1% 的水平上显著；拟合优度为 0.53①。综合以上分析，在东部地区 FDI 的引进力度与纯技术效率之间存在负相关关系，引进更多的 FDI 并不能够提高东部区域经济运行的纯技

① 面板数据中拟合优度不高的问题很普遍，关键是看固定效应模型适应性的检验是否通过。

术效率。

纯技术效率表示的是在生产可能性边界里，实际生产点与效用最大化点的距离，在东部地区 FDI 占 GDP 的比重越高其纯技术效率反而会降低，即引进更多的 FDI 并不能提高生产的效率，从侧面反映出 FDI 的引进并没有促进东部地区的技术进步。出现这种情况的原因可能有以下几点：第一，东部地区的外商直接投资的产业并不是这个地区最稀缺的产业，而是投资在已具规模的行业，这样的重复投资并不能够带来整个地区经济运行效率的提高。第二，FDI 的优惠政策使其在市场竞争中占有优势，这就使引进 FDI 的技术门槛大大降低、追求技术进步的压力也较小。第三，东部地区经济发达、人力资源水平高、本地企业的研发能力和水平相比 FDI 更高。第四，东部地区经济增长已经达到较高的阶段，不需要引进技术含量低的 FDI，因此，仍然沿用过去的招商引资优惠政策，只能导致 FDI 的知识溢出效应相对本地的技术水平更低，对本地的技术贡献为负。

中部地区的 FDI 知识溢出效应体现在纯技术效率和技术变化，对于中部地区，在 PE 及 TC 与 FG 的协整关系中，FG 的 t 值和 F 值都通过检验。所以，在中部地区 FDI 的利用程度不但与纯技术效率成负相关关系，而且还与技术变化成负相关关系。换言之，更多的 FDI 在降低中部纯技术效率的同时，还使中部出现技术退步而不是技术进步。

技术变化反映的是生产可能性边界的变化，技术变化的进步则说明这个经济结构的创新能力加大、管理水平提高、专利发明数量增多，同样的投入由于工艺、管理的改进能有更多的产出。与东部相同，中部地区引进的 FDI 对纯技术效率提高没有产生积极的影响，甚至中部地区的 FDI 利用程度还与技术变化成负相关关系，即在中部地区 FDI 并没有产生狭义的知识溢出效应，反而还限制了本地区的创新活力并引致技术退步。可能的原因是：中部地区正处于经济增长的关键阶段，为了加大招商引资力度、承接国际和东部地区的产业转移，中部地区承接了更多相对本地区增长阶段而言技术含量并不高的 FDI；中部地区的技术水平相对于东部地区更加落后，较大的技术差距使得中部地区本国企业的技术模仿成本较高，技术模仿与创新的积极性不高。

西部地区的知识溢出效应体现在技术变化，在西部地区的 TC 与 FG 的协整关系中，FG 的 t 值和 F 值都在 1% 显著水平上完全显著。与东部和中部地区不同，加大西部地区的 FDI 的引进程度能够提高技术进步，也即 FG 与 TC 是正相关关系。

西部地区的 FDI 对技术进步的促进作用与东部和中部地区不同，FDI 的知识溢出效应在西部地区出现。在该地区 FDI 引进程度的加大会促进技术进步。虽然引进的 FDI 在全国引进的 FDI 中只占很小的比例，但是这个地区的 FDI 产生了知识溢出效应，提高了技术进步。原因在于：西部地区经济增长水平相对于东西部地区更加落后，经济投入水平低，只要有 FDI 投入，相对于本地区而言就是技术水平高的投入，就可以产生正的知识溢出效应。

（二）FDI 知识溢出效应对东、中、西部能源强度的影响

根据前文的分析，下面选用技术进步、能源价格、产业结构作为解释变量来分析这些因素影响能源强度的程度。关于 FDI 知识溢出效应对东、中、西部能源强度的影响，我们

的逻辑是这样的：根据前文的研究，东部地区的FDI知识溢出效应对技术进步的影响体现在纯技术效率（PE）上，中部地区的FDI知识溢出效应对技术进步的影响体现在纯技术效率（PE）和技术变化（TC）上，西部地区的FDI知识溢出效应对技术进步的影响体现在技术变化（TC）上。由于数据可得性的原因，目前还无法得到FDI在东、中、西部各自引致的相应的技术效应。于是，我们就根据各区域FDI知识溢出效应显著的PE（东部）、PE和TC（中部）和TC（西部），在下列回归方程中代入相应变量的总效应，这些总效应既包括FDI引致的也包括非FDI引致的。如果东部的能源强度随总PE的提高而降低，而前面的协整分析已证明FDI的提高会降低东部的总PE，这就说明FDI的提高不利于东部能源强度的降低。中部和西部同此逻辑。因此我们可以构造东、中、西部各自的能源强度回归模型如下：

1. 东部地区纯技术效率模型

$$\ln(PE_{it}) + \beta_2\ln(P_{it}) + \beta_3\ln(TI_{it}) + \varepsilon_{it} \tag{6}$$

式中，EI_{it}表示东部i省区t年的能源强度；PE_{it}表示东部i省区t年的纯技术效（包括FDI引致的和非FDI引致的）；P_{it}表示东部i省区t年的能源价格；TI_{it}表示东部i省区t年的第三产业占国内生产总值的比例。

2. 中部地区纯技术效率和技术变化模型

$$\ln(EI_{it}) = \beta_4 + \beta_5\ln(TC_{it}) + \beta_6\ln(PE_{it}) + \beta_7\ln(P_{it}) + \beta_8\ln(TI_{it}) + \varepsilon_{it} \tag{7}$$

式中，EI_{it}表示中部省区i省t年的能源强度；TC_{it}表示中部i省区t年的技术变化（包括FDI引致的和非FDI引致的）；PE_{it}表示中部i省区t年的纯技术效率（包括FDI引致的和非FDI引致的）；P_{it}表示中部省区i省t年的能源价格；TI_{it}表示中部i省区t年的第三产业占国内生产总值的比例。

3. 西部地区技术变化模型

$$\ln(EI_{it}) = \beta_9 + \beta_{10}\ln(TC_{it}) + \beta_{11}\ln(P_{it}) + \beta_{12}\ln(TI_{it}) + \varepsilon_{it} \tag{8}$$

式中，EI_{it}表示西部i省区t年的能源强度；TC_{it}表示西部i省区t年的技术变化（包括FDI引致的和非FDI引致的）；P_{it}表示西部i省区t年的能源价格；TI_{it}表示西部i省区t年的第三产业占国内生产总值的比例。对方程（5）、方程（6）和方程（7）的回归结果如表3所示。

东部地区的能源强度随着纯技术效率的提高而降低，但东部地区的纯技术效率又随着FDI的增加而下降，所以，FDI知识溢出引致的纯技术效率对东部能源强度的下降产生不

表3　东、中、西部能源强度影响因素随机效应实证结果

	变量	系数	t统计量	R^2	调整的R^2	F统计量
东部	C	1.9318	6.0059***	0.5845	0.5738	54.872
	lnPE	-0.0221	-0.1681			
	lnP	-0.4513	-7.2991***			
	lnTI	-1.0948	-5.4361***			

续表

	变量	系数	t 统计量	R^2	调整的 R^2	F 统计量
中部	C	0.8728	3.8122***	0.9446	0.9369	122.279
	lnPE	-0.2284	-2.2855**			
	lnTC	-0.7423	-5.7983***			
	lnP	-0.3304	-3.1982***			
	lnTI	-0.3190	-2.0797**			
西部	C	0.9392	3.7908***	0.9054	0.8937	77.392
	lnTC	-0.3500	-2.7663***			
	lnP	-0.3322	-3.5228***			
	lnTI	-0.3102	-1.9247			

注：*** 表示在1%水平上显著，** 表示在5%水平上显著。

利影响。但由于纯技术效率对于东部地区能源强度的影响不能通过 t 检验，所以 FDI 的引进对于东部地区的能源强度的影响并不明显。

同样，中部地区的能源强度随着纯技术效率和技术变化的提高而降低且都通过了 t 检验，中部地区的纯技术效率和技术变化又随着 FDI 的增加而下降，所以，FDI 知识溢出引致的纯技术效率和技术变化对中部的能源强度的下降产生不利影响。

FDI 的增加能够显著提高西部地区的技术变化，而西部地区技术进步又能有效地降低能源强度，所以在西部地区加大 FDI 的引进力度能够提高能源使用效率。

五、结论和政策含义

本文通过将 1995 ~ 2005 年中国东、中、西三大区域的全要素生产率分解为纯技术效率、规模效率和技术变化，以此来分析 FDI 的知识溢出结构效应，即知识溢出的纯技术效应、规模效应和技术变化效应，并针对影响东、中、西各个区域能源强度的因素进行了相关分析。其中技术进步是根据不同区域 FDI 的知识溢出结构效应的显著性选取相应的分解因素作为代表量，在应用面板数据模型进行实证估计的基础上得出以下结论：东部地区 FDI 的知识溢出对本地区能源强度的影响不显著，中部地区 FDI 的知识溢出提高了本地区的能源强度，西部地区 FDI 的知识溢出能够显著降低能源强度。

本文的政策含义是：东部地区要进一步提高引进 FDI 的技术水平，充分利用自身相对发达的经济和研发能力提高 FDI 的知识溢出效应。中部地区在大规模承接国际和东部产业转移过程中要提高 FDI 的技术和节能门槛，不能盲目引进。西部地区现阶段 FDI 的知识溢出效应显著，对技术进步的影响处于边际效应递增阶段。与此同时，西部地区的 FDI 引入量还不到全国总量的10%，而西部地区有广阔的地域和丰裕的劳动力，因此利用FDI的空间还很大。所以，西部地区要进一步完善市场经济体制，创造良好的市场氛围，吸引更多、更好的FDI但也要着眼中长期，大力引进技术先进和环保节能的FDI项目，不能只顾眼前短期的利益。

参考文献

[1] 郭颖．江苏省外资结构现状与技术溢出效应研究［D］．东南大学博士论文，2006.

[2] 李廉水，周勇．技术进步能提高能源效率吗？——基于中国工业部门的实证检验．管理世界．2006（10）．

[3] 沈坤荣．外商直接投资与中国经济增长．管理世界，1999（5）．

[4] 张炎治，聂锐，冯颖．我国投资规模、投资结构与能源强度变化的实证研究［J］．软科学，2009（8）．

[5] Blackman，Allen，Xun Wu. Foreign Direct Investment in Chi－na's Power Sector：Trends，Benefits and Barriers. Energy Po－lice，2002（7）．

[6] Cornillie，J.，S. Fankhauser，The Energy Intensity of Transi－tion Countries［J］. Energy Economics，2004，26（3）．

[7] Jocelyn，Glass Amy，Kamal Saggi. International Technology Tr－ansfer and the Techology Gap. Jounal of Development Econom－ics，1998，55（3）．

[8] Hübler，Michael，Andreas Keller. Energy Savings via FDI? Em－pirical Evidence from Developing Countries. Kiel Working Pa－pers 1393. Kiel Institute for the World Economy，2008.

[9] Mielnik，O，J. Goldemberg. Foreign Direct Investment and Decoupling between Energy and Gross Domestic Product in De－veloping Countries. Energy Policy，2002（2）．

[10] Shi，Xiaoyu，Karen R. Polenske. Energy Prices and Energy In－tensity in China：A Structural Decomposition Analysis and E－conometrics Study. Working Papers 0606. Massachusetts Insti－tute of Technology，Center for Energy and Environmental Policy Research，2006.

Empirical Analysis of the Regional Impact of the Knowledge Spillover Effect of FDI on the Energy Intensity in China

Qi Shaozhou　Fang Yang　Li Kai

Abstract：Using DEA method，this paper estimates the total factor productivity of the eastern, central and western China. It decomposes the TFP into pure technical efficiency, technical change and scale efficiency, which is to be a representative of the technological progress when it analyzes the spillover effects of the foreign direct investment in the three regions. Then, it studies the impact of foreign direct investment's effect of knowledge spillovers on the local energy intensity in the three regions. It uses panel data econometric methods to empirically test and draw conclusions as follows: Firstly, the eastern area's foreign direct investment reflects a pure spillover effects of technical efficiency, the central region's FDI spillover effects of knowledge is embodied in the pure technical efficiency and technological changes, the western area's FDI knowledge spillover effects is showed in technological change. Secondly, the eastern and central regions' spillover effects of the foreign direct investment enhance energy intensity insignificantly, while it is significant in the central regions. The western region' spillover effects of foreign direct investment, however, reduce energy intensity significantly. The policy implication of this paper is: In the introduction of FDI of regional economic development strategy, we must encourage and guide the local government to try to take energy - saving and sustainable way of attracting FDI. The eastern and central region should lift the threshold of FDI in terms of technology and energy saving to increase the knowledge spillover effects of FDI. The western region should improve the market mechanism and create a high quality market environment to absorb more and better FDI, as well as to balance the interest of short term and long term.

Key Words: FDI; Energy Intersity; Knowledge Spillover Effect

国际税收协定的多边化发展趋势与应对*

张美红

【摘　要】国际税收合作作为国际经济合作的重要内容之一，在形式上仍然主要表现为双边税收协定。国际税收协定至今在多边层面并没有取得实质性的突破，但是从有关国际组织在制定多边税收协定上的尝试、区域性多边税收协定的发展以及最惠国待遇条款在许多国家双边税收协定中的引入可以看出，国际税收协定是朝向多边化趋势发展的。面对这种多边化的发展态势，我国一方面应坚持国家税收主权原则；另一方面要密切关注国际税收协定的这种多边化发展态势，同时加强对 OECD 范本和 UN 范本及有关税收协定的研究和评估，为我国签订新的或修改旧的双边税收协定提供参考。此外我国还应该积极参与国际多边税收协定的谈判和签订。

【关键词】双边税收协定；区域性多边税收协定；国家税收主权

当今，国际税收合作主要体现为各国就避免对所得及财产的双重征税而缔结的国际税收协收协定。在形式上一般体现为双边协定，在内容上则是以经济合作与发展组织（OECD）或联合国（UN）的税收协定范本为蓝本。截至 2000 年底，世界各国签署的双边税收协定有 4000 个左右而且每年还在以 145 个的平均速度增加。[①]其中关于避免双重征税协定的数量至 2006 年底多达 2651 个。[②]从表象上看双边税收协定发展势头蒸蒸日上而多边税收协定前途渺茫，至今在世界范围内还没有达成一个供绝大多数国家适用和执行的多边税收公约。但笔者认为从国际组织在制定多边税收协定上进行的尝试、区域性多边税收协定的发展和最惠国待遇条款在许多国家双边税中的引入来看，国际税收协定的发展趋势是朝向多边化方向发展的，只不过这一进程相对缓慢而已。

---

* 本文选自《税务研究》2011 年第 12 期总第 319 期。

基金项目：国家社会科学基金重点项目（经济全球化背景下国际税收行政合作法律问题研究，项目批准号：11AFX017）及教育部人文社会科学研究青年基金项目（国际税收协定争议解决机制的发展及中国的应对研究，项目批准号：10YJC820028）的阶段性研究成果。

作者简介：张美红，安徽财经大学。

① 萧承龄．面对经济全球化的国际税收管理对策［J］．涉外税务，2000（10）．

② UNCTAD, Recent Developments in International Investment Agreements, 2006—June 2007, IIA MONTIOR, 3, 2007.

一、区域性多边税收协定的发展

自20世纪70年代以来,[①] 随着世界范围内区域性税收合作的加强，合作水平的提高，区域性多边税收协定发展呈现出良好的势头，一些国家缔结了越来越多的区域性多边税收协定。这些区域性税收协定主要有：

（一）在避免双重征税方面

安第斯集团成员国于1971年签订了一个多边双重征税协定。[②] 该多边协定强调来源地税收管辖权而非居民税收管辖权。经济互助委员会（CMEA）各成员国于1977年在匈牙利米什科尔茨签订了关于对个人所得和财产避免双重征税的多边协定。一年以后，该委员会又在蒙古的乌兰巴托针对法人达成了类似的协定。北欧国家[③]于1983年在芬兰的赫尔辛基就避免对所得及财产双重征税缔结了《关于对所得及财产避免双重征税的北欧多边协定》，1996年9月，北欧国家又对该多边协定进行了修改。此外北欧国家还在1989年9月12日签订了关于对遗产和赠予避免双重征税的北欧多边协定。欧共体于1990年通过了三个关于协调直接税的重要指令:[④] 加勒比共同体的8个成员国于1994年也签订了一个多边税收协定。同安第斯集团的多边协定一样，该协定更注重来源地税收管辖权。

（二）在税收事务行政协助方面

1977年，欧共体就税收协助问题发布了《在直接税领域各成员国税务当局相互协助指令》。1988年欧洲议会又制定了《关于税务相互行政协助的经合组织公约》。1989年12月北欧国家也签订了《关于税务相互行政协助的公约》。此外，丹麦、芬兰、冰岛、荷兰、挪威、瑞典以及美国等也达成了《关于相互协助的欧洲协定》，该协定从1988年1月起开放供各国签字并已经生效。

上述这些区域性协定的签订国在地域上遍及欧美，在全球范围内具有广泛的代表性，在协定的内容方面主要涉及避免对所得和财产的双重征税问题和税务行政合作问题，并且

---

① 早在1922年在澳大利亚、匈牙利、意大利、罗马尼亚和塞尔维亚、克罗地亚、斯洛文尼亚王国之间就签订了一个东南欧多边双重税收征税协定（South - East European Multilateral Double Taxation Tax Agreement），这是曾经签订的第一个多边税收协定。

② 该多边税收协定的成员国主要包括玻利维亚、智利、哥伦比亚、厄瓜多尔和秘鲁，但智利后来退出了该协定。

③ 这些国家主要指丹麦、法罗群岛（Faroe Islands）、芬兰、冰岛、挪威和瑞典。

④ 这三个重要指令为：《适用于不同成员国母子公司的共同征税指令》（简称《母子公司征税指令》，亦称《股息分配指令》、《关于不同成员国公司的兼并、分立、财产转移以及股票交换的共同征税的指令》（简称《资本利得税指令》）以及《关于避免因调整联属企业利润而引起的双重征税的协定》（又称《仲裁公约》）。详见张勇，欧洲统一大市场税收协调与对策［M］．中国政法大学出版社，1995.

主要参照 OECO 或 UN 税收协定范本所涉内容，具有同一性，这些都表明了国际税收协定正朝向多边化的方向发展。可以毫不夸张地说，区域性多边税收协定是全球性多边税收协定的前奏，是国际税收协定朝多边化发展道路上的里程碑式的飞跃。

二、最惠国待遇条款在双边税收协定中的引入

传统的国际税收协定以互惠原则①为基础并不存在最惠国待遇问题，这主要是由于各国实行的税收制度有很大的差异。这种税制上的差异使得各国在有关问题上的立场、观点很难协调一致，因而最惠国待遇条款很难在税收协定中订入。国际税收协定之所以仍然采用耗时费力、效率低下的双边形式，主要原因在于最惠国待遇原则至今没有在国际税收协定中确立起来，最惠国待遇原则没有被双边税收协定所采纳。换言之，一旦最惠国待遇原则在税收协定中得以确立，双边税收协定的垄断局面将被打破，全球性多边税收协定将会被签订。

然而在最近的国际税收协定缔结实践中，最惠国待遇条款已悄然被一些国家引入双边税收协定中并有逐步发展的趋势。目前，已有美国、加拿大、德国、荷兰、西班牙、印度等国在其双边税收协定中订有最惠国待遇条款。

三、国际税收协定多边化发展趋势的原因及面临的困境

国际协定是国际条约的一种。而国际条约又可分为双边条约和多边条约两类。从国际条约发展史可以发现，关于某一方面的条约一般都存在着由双边向多边发展的规律和走势。国际税收协定也不例外。与此同时，国际税收协定在多边化的发展道路上又面临着许多困境，这些困境又进一步阻碍了多边化的发展速度。

（一）国际税收协定呈多边化发展趋势的原因

与双边税收协定相比，多边税收协定的优势主要体现在以下几方面：

1. 从跨国投资的角度来看

多边税收协定通过消除对投资区位决策过程产生消极影响或者甚至是起关键作用的障

① 所谓互惠原则，是指两国根据协议相互给予对方国民（公民）以某种同等的待遇或权利的原则。根据互惠原则，缔约国之间相互给予的待遇是对等的，一方给予另一方的待遇以另一方给予该方的待遇为条件和标准。因此，如果不同国家在某一特定的领域通过条约给予某一国家不同的待遇，那么根据互惠原则，该国也将根据其他国家所给予其待遇的不同而相应地分别给予不同国家不同的待遇。互惠原则是一种差别待遇原则。

碍，有助于避免竞争性的扭曲。在主要的直接投资决定因素基本相同的情况下，跨国公司也许会将其资金投向那些签订最优惠协定条款、能为他们提供最大程度保护的国家。这种情况实际上可能导致争相吸引外国直接投资的有害税收竞争。多边税收协定能够消除潜在的不同双边税收安排的扭曲性影响，因此能够避免投资东道国之间的可能的税收竞争优势或劣势。

2. 多边税收协定通过提供更加统一的各种关于税收法律的解释有助于提高法律的确定性

虽然1997年的DECD范本注释建议，无论何时只要DECD范本条款被引入双边协定在涉及解释问题时就可以求助于它，但是只有多边税收协定能够确保对特定条款的解释能同样地适用于所有的协定当事方。

3. 在多边税收协定中协定条款的影响是直接的

尽管DECD范本保持持续的复审和定期的修改，这种修改会理想地转化成对个别国家双边税收协定条款的相应的调整，但是多边税收协定的修改却可以同时适用于所有的签约国。

4. 多边税收协定具有更高的权威性和稳定性

在多边税收条约中，一方若违约，必将对其他所有的缔约方承担国际责任，违反条约的成本高，因而多边税收条约的约束力更强。在多边税收协定的场合，个别缔约方因顾忌违约的后果不会轻易做出违反条约的行为，因而多边税收协定具有更高的权威性和稳定性的优势。

5. 双边税收协定只是在两个国家间取得一致，而多边税收条约可以在更多的国家范围内达成统一的规则，照顾到大多数缔约方的利益使所有的缔约方能在平等互利的条件下进行合作

在经济全球化的今天，多边条约的优点更明显。各国打击国际逃税，提高税收征管效率的需要推动着国际税收协定向着多边化的方向发展。对于跨国纳税人的国际逃避税行为，各国一般采取单边措施和双边措施进行规制，但是由于跨国纳税人经济活动的国际化，其采取的逃避税措施往往不会仅仅涉及两个国家，在许多情况下会涉及第三国甚至更多的国家。在这种情况下，单边措施和双边措施在规范跨国逃避税行为方面并不能发挥理想的效果，尤其在涉及需要第三国提供税务情报和税务协助时，一国国内法和双边税收协定更显得“力不从心”，不利于打击国际逃避税。这种情形呼唤着全球性多边税收协定的产生，换言之，只有签订全球性多边税收协定，给更多国家之间的税务情报交换和税务协助机制以法律的约束，才能进一步消除国际逃避税，提高税收征管效率。

（二）国际税收协定多边化发展趋势面临的困境

虽然国际税收协定向着多边化方向发展，但其发展道路缓慢而又曲折，其在多边化的发展道路上面临着许多困境，主要表现如下：

1. 税收主权的重要性和敏感性

目前并不存在有关限制国家税收立法管辖权的明确规则。各国在通过立法确定其对纳税人和征税对象的税收管辖权范围方面，除遵从国际法关于国家管辖权的一般原则外，不受其他限制。正是由于税收主权对各国的特殊重要性与敏感性，因而国家一般不愿意签订对其税收主权有更大限制和削弱的多边税收协定，这是国际税收协定多边化发展所面临的主要困境之一，导致国际税收协定的多边化发展缓慢。

2. 各国对税收主权的坚守，导致协调各国的税制相当困难

由于各国在经济发展水平以及政治、社会、文化等方面的差异，各国在实行怎样的税收法律制度对什么人进行征税、征什么税以及实行怎样的税率等方面均存在差异，协调起来相当困难。此外，又由于税收主权原则的存在使得任何国家不得被强迫与其他国家就税制方面的差异进行协调。一个国家可以任意制定本国的涉外税收立法，包括确定税收管辖权、[①] 税基与税率以及制定避免双重征税、防止避税与逃税的措施等。[②] 而且即使在产生双重征税的情况下，一国是否要采取措施对其进行消除，也完全取决于本国的法律规定。税收协定也不要求一国必须采取措施以消除双重征税。任何一个国家不能要求他国必须实行某种涉外税收法律制度。在国际税法领域，不存在对国家税收管辖权产生限制的法律。

四、我国对国际税收协定多边化发展趋势的应对策略

面对上述的税收协定多边化的发展趋势，我国应该怎样应对，这是人们必须面对的问题，也是我国税法学界必须研究的课题。我国应坚持以下策略：

（一）以国家税收主权原则[③]作为首要的核心原则

众所周知，税收主权是国家主权中最核心的组成部分，只有有效地维护国家税收主权才能维持国家机器的正常运转。我国作为一个发展中国家，同世界上其他国家一样，税收收入是我国财政收入的主要来源，几乎所有税收都与经济活动密切相关。因此，即使在国际税收协定朝着多边化发展的情形下，我国也要坚持国家税收主权原则。事实上在我国已

① 在税收管辖权方面，有的国家只实行来源地税收管辖权，有的国家同时实行来源地和居民两种税收管辖权，还有的国家同时实行三种税收管辖权，即来源地税收管辖权、居民税收管辖权和国民税收管辖权。见王传纶：国际税收［M］. 中国人民大学出版社，1992。

② 在解决国际双重征税方面，有的国家对外国来源所得实行免税制，而有的国家只对来源国根据来源地税收管辖权而收取的税额进行抵免在实行抵免制的国家中，有的实行饶让抵免有的则不实行饶让抵免等。见王传纶：国际税收［M］. 中国人民大学出版社，1992。

③ 所谓国家税收主权原则是指在国际税收中一国在决定其实行怎样的涉外税收制度以及如何实行这一制度等方面有完全的自主权，任何人、任何国家和国际组织都应尊重他国的税收主权。

签订的诸多税收协定中对最惠国待遇原则的排除，是我国高度维护税收主权的体现。[①] 当然要求我国坚持税收主权并不意味着国际税收分配公平原则、国际税收中性原则以及跨国纳税人税负公平原则不重要。[②] 我国在坚持税收主权原则的同时，也要兼顾这些原则，这些原则同样是国际税法的基本原则，只不过在国际税法的基本原则中，税收主权原则居于首要的核心地位，是我们无论如何都不能放弃的。

（二）加强对 OECD 范本和 UN 范本及有关税收协定的研究和评估

绝大多数国家的税收协定都是参照 DECD 税收协定和 UN 税收协定这两个范本所签订的，且这两个范本的内容框架基本相同。尤其是 DECD 范本一直处于动态发展中，会随着国际税收实践的变化而及时做出相应修订。我国有关税务主管部门和税法学界应密切关注和追踪这两个范本的变化，加强对范本中核心条款的研究，如关于常设机构的定义及归属于常设机构的利润、跨国纳税人待遇标准、利息、股息、关联企业、重复征税和税收争议的解决等。

与此同时，我国还要加强对一些区域性多边税收协定的研究和评估。由于区域性多边税收协定的缔约国在世界范围内具有广泛的代表性，因此他们签订的区域性多边税收协定在某种程度上可以说代表着未来全球性多边税收协定的发展方向。加强对这些区域性多边税收协定的研究，有利于我国把握和了解税收协定多边化发展的进程，以便我国根据国际税收的实践适时调整自己的税收政策，和为我国签订新的或修改旧的税收协定提供参考。

（三）积极参与国际多边税收协定的谈判和签订

面对国际税收协定的多边化发展态势，我们不应该消极对待，即不能“游离”于国际税收多边法律体制之外。对于国际多边税收协定的谈判，我国应该积极参与，在谈判中积极表达我国的立场和观点，力争在谈判中制定有利于维护本国税收权益的国际税收法律规则，防止我国税收主权受到不合理的限制和削弱。此外，我国应该积极地和那些经济发展水平与我国相当，税收法律制度与我国存在较多相似性、我国企业海外投资较多并且容易产生双重征税的一些国家进行协调和合作努力，促成我国与这些国家之间的多边税收协定的达成，进一步促进我国企业海外投资的发展。但无论如何都要以维护我国的税收权益

---

① 在我国与其他国家所签税收协定中，基本上没有最惠国待遇条款的规定。不过 1987 年 5 月我国与荷兰所签订的税收协定议定书第 9 条规定，如果我国根据与其他第三国的税收协定免除资本利得的税收，那么中方有义务就其与荷兰进行谈判。这一条款隐含地规定了最惠国待遇原则。

② 国家税收分配公平原则是指，主权国家在其税收管辖权相互独立的基础上，平等地参与国际税收利益的分配，使有关国家从国际交易的所得中获得合理的税收份额。在国际税收协定中，预提税率的规定也反映了税收分配公平原则。目前几乎所有的税收协定都有对消极投资所得的预提税率进行限制的条款。经合组织税收协定范本将预提税率限制在 15% 以内，联合国范本虽然没有规定具体的预提税率，但也主张对预提税率进行限制。所谓国际税收中胜原则是指，国际税收体制不应对跨国纳税人跨国经济活动的区位选择以及企业的组织形式等产生影响。所谓跨国纳税人税负公平原则是指，跨国纳税人所承担的税收与其所得的负担能力相适应的原则。国际税法中涉及的避免双重征税和防止避税与逃税的众多制度与规范都体现了国际税收中性原则和跨国纳税人税负公平的原则。

为限。总之面对税收协定的全球化发展趋势，我们应该积极应对。国家税收主权原则要坚守，国际税收协定的多边化发展趋势要关注 DECD 范本和 UN 范本及有关税收协定，要加强研究和评估国际多边税收协定的谈判，签订也要积极参与。

参考文献

［1］张勇．欧洲统一大市场税收协调与对策［M］．中国政法大学出版社，1995.

［2］洛克．政府论（下篇）［M］．叶启芳，翟菊农译．商务印书馆，1964.

［3］廖益新．国际税法学［M］．高等教育出版社，2008.

［4］王传纶．国际税收［M］．中国人民大学出版社，1992.

［5］LUBELL，J. India – Germany Tax Treaty has Most Favoured Nation Consequences［J］. Tax Notes International，1996（1）.

［6］Simontacchi，S. Taxation of Capital Gains under the OECD Model Convention：With Special Regard to Immovable Property［J］. Kluwer Law International，2007（3）.

［7］Thuronyi，V. International Cooperation and A Multilateral Treaty［J］. Brooklyn Journal of International Law，2001（26）.

［8］UNCTAD. Taxation，UNCTAD Series on Issues in International Investment Agreements，UNCTAD/ITE/IIT/16，New York and Geneva，2000.

金融危机“后遗症”与中国对外投资的战略选择*

夏 雨 尚文程

【摘 要】国际金融危机后，由危机本身或其应对政策所引起的一系列“后遗症”，对全球经济和中国经济的发展形成了阻碍。中国面临的主要问题有三个方面：一是中国出口增长受到外需增长慢的抑制；二是国际主权债务危机加剧了中国外汇储备风险；三是全球流动性过剩增大了中国通胀压力。中国解决这些问题的关键是促进产能和资金向国外转移，而加快对外投资是实现这一目标的必然选择。因此，中国应该进一步放松对对外投资的审批和监管、扩大主权财富基金对外投资规模、加快实施技术追赶型对外投资、继续鼓励资源获取型对外投资、在对外投资过程中注意抓住低碳经济的发展机遇。

【关键词】金融危机；债务危机；外汇储备；通货膨胀；对外投资

2008 年以来，源于美国的次贷危机引发全球金融风暴，使美、欧、日等发达经济体以及新兴经济体相继陷入经济衰退或增长减速。为了使经济尽快摆脱危机，多数国家迅速实施了经济刺激政策。目前，虽然全球经济已步入复苏进程，但是，金融危机所产生的“后遗症”，即由金融危机本身或由应对金融危机的政策所引起的诸多不利因素，如经济增长乏力、贸易保护主义抬头、财政赤字增加、主权债务危机和通货膨胀等，对全球经济发展产生了明显的负面影响。在此背景下，中国正在面临来自实体经济和金融两方面的冲击：在出口增速下降、大宗商品价格上涨和贸易顺差减少的同时，热钱的冲击将导致资产价格和物价上涨压力的增加。中国现有外汇储备的实际价值也将遭受美国国债价格下降和美元贬值的双重打击。加快对外投资是解决中国所面临一系列问题的重要途径，但在复杂的国内外环境中需要做出合理的选择。

* 本文选自《财经问题研究》2011 年第 8 期总第 333 期。

作者简介：夏雨，北京大学国际关系学院；尚文程，东北财经大学金融学院。

一、金融危机“后遗症”及其对中国经济的影响

（一）发达经济体经济增长缓慢，贸易保护主义抬头，抑制中国出口增长

对外贸易的增长对中国经济增长具有重要的贡献，主要发达经济体一直是中国出口贸易的重要目的地。然而，金融危机之后主要发达经济体的经济复苏步伐缓慢，导致中国的外部需求增长大不如前。2011 年第一季度，欧元区、美国和日本的 GDP 增速分别为 2.5%、1.8%和-3.7%。其中，美国的 GDP 增速明显低于 2010 年第四季度 3.1%的增速；日本受地震影响，出口严重萎缩，经济衰退明显。而且，主要发达经济体的失业率仍居高不下。据美国劳工部统计，美国 2011 年 5 月失业率达 9.1%，较 4 月上升了 0.2 个百分点；据欧盟统计局统计，欧元区和欧盟 2011 年 4 月失业率分别为 9.9%和 9.4%；据日本总务省统计，日本 2011 年 4 月失业率为 4.7%，环比上升 0.1 个百分点。

同时，危机后各国经济复苏进程进一步分化，一些主要经济体贸易保护主义不断升温，中国已成为贸易保护主义的主要目标国、对象国和受害国。2009 年，中国的出口占全球总出口额的比重为 9.6%，但遭受的反倾销案占到全球的 40%、反补贴案占全球的 75%、遭遇的贸易调查数占同期全球案件总数的 43%。2010 年中国遭受贸易救济调查 66 起，涉案金额 77 亿美元。贸易摩擦正日趋政治化，非传统领域的贸易摩擦强度大增。人民币汇率、自主创新、新能源政策、知识产权保护、投资环境和市场准入等成为贸易摩擦的新热点。2010 年，中国遭遇的贸易摩擦不仅来自欧美等发达经济体，也来自巴西、阿根廷以及印度等发展中国家，其中既有针对中国传统优势产业的，也有针对高新技术产业的。

受外部需求增长缓慢和贸易保护主义的影响，中国对外贸易的增速有所放缓。据中国海关统计，2011 年 1~5 月，中国进出口 14017.9 亿美元，同比增长 27.4%，增速低于 2010 年同期 16.6 个百分点。其中，出口增速为 25.5%，低于 2010 年同期 7.7 个百分点；仅从 2011 年 5 月看，中国出口同比增速为 16.6%，环比下降 4.4%。尽管片面追求出口额增长不是中国的目的，但不可否认的是出口对于中国经济增长具有重要的拉动作用。而外需增长慢，会进一步加剧中国业已存在的内需不足问题。

（二）国际主权债务风险加剧，威胁中国外汇储备价值

目前，主要发达经济体的财政赤字和公共债务风险均呈现不断加剧的趋势。金融危机过后，由于经济增长恢复缓慢，一些发达经济体的公共债务偿还问题凸显出来。其中，尤以希腊的债务危机最严重。2010 年，希腊财政赤字占 GDP 的比重为 10.5%，这虽较 2009 年高达 15.4%的赤字水平有所下降，但却超过了欧盟规定的 9.6%的水平。同时，希腊的

公共债务由2009年占GDP的127.1%升至2010年的142.8%。除了希腊外，欧元区成员国爱尔兰、葡萄牙、西班牙和意大利的主权债务危机也不容小觑。从整个欧元区看，2010年，欧元区财政赤字占GDP的比例为6%，是欧盟所定上限3%的两倍；公共债务占GDP的比例由2009年的79.3%升至85.1%，高于欧盟要求的60%。此外，2010年，美国的公共债务占GDP的比重已接近100%，日本的公共债务仍然居高不下，是其GDP的两倍多。

由此可见，主要发达经济体多深处主权债务违约风险之中。关键是，欧元区、美国和日本等发达经济体的主权债务多为相互持有，一旦某国主权债务发生违约，必将引起链式反应，全球金融市场将大幅震荡，进而引发新一轮的经济危机。正是在这种担忧下，主要发达经济体的投资信心和消费需求迟迟无法恢复到应有的水平，这不仅不利于相关国家的经济增长，而且会进一步削弱公共债务偿还能力，加剧债务违约风险。对中国而言，由于有大量的外汇储备需要保值增值，中国选择了大量持有美国国债，并积极参与希腊、西班牙等欧盟国家的债务危机救助。这虽然有助于稳定中国出口贸易的外部市场，但却使中国与国际主权债务风险更紧地捆绑在了一起，同时也使中国数额庞大的外汇储备余额存在大幅贬值的潜在风险。

（三）全球流动性泛滥，增大中国通胀压力

目前，全球性通胀的趋势已经越来越明显。此轮通货膨胀的主要成因是，国际金融危机期间各国普遍采取的经济刺激政策。一方面，无论发达经济体还是发展中经济体，均向市场中注入了大量流动性，用以刺激经济复苏。理论上而言，如果经济刺激政策奏效，通过扩大产能使供给增加，商品的价格不会过快、过高地上涨，通货膨胀的压力不会太大。待经济企稳后，通过反向操作收回超发的货币，就不会对经济产生严重的负面影响。然而，过去两年的实际情况是，发达经济体增加投放的货币，很大一部分流入到了新兴经济体，加上新兴经济体自身多投放的货币，迅速地在许多新兴经济体催生了严重的通货膨胀和资产价格泡沫。尤其是在“金砖国家”，2011年上半年，印度和俄罗斯的通胀率达9%左右、巴西的通胀率达6%左右、中国的通胀率在5%以上。另一方面，由于美元不断贬值，使得粮食、资源能源等大宗商品价格持续走高，主要发达经济体的通货膨胀率也不断走高。2011年5月，美国CPI同比上涨3.6%，创三年来新高；欧盟成员国罗马尼亚、爱沙尼亚和立陶宛的通胀率分别达到了8.5%、5.5%和5%；英国、德国和法国的通胀率分别达到了4.5%、2.3%和2.1%。

在新兴经济体和发达经济体通货膨胀率陆续攀升的背景下，为了防止物价上涨过快对经济造成更大的影响，许多国家都通过加息、提高存款准备金率等紧缩性货币政策来抵御通胀压力。2010年1月至2011年6月，中国已通过12次提高存款准备金率和4次加息，竭力遏制通货膨胀，但通货膨胀率仍在5%以上。今后一段时期，在外部输入型通胀和内部成本推动型通胀的双重作用下，中国仍将面临较大的通胀压力。这样下去，中国经济很有可能陷入“滞涨”困境，中国宏观经济政策也将面临两难选择——继续实施紧缩性政

策抑制通胀，很可能伤及刚刚复苏的投资需求，减缓经济增长；不实施紧缩性政策，必然导致通货膨胀进一步加剧，最终可能导致更大的经济衰退。

二、加快对外投资是解决中国所面临问题的有效途径

依前所述，金融危机“后遗症”所表现出来的一系列症状，对中国所产生的负面影响主要有三个方面：一是抑制出口增长；二是外汇储备风险上升；三是通胀压力加剧（见图1）。归结起来，中国所面临问题的根源是“两个过剩”——产能过剩与流动性过剩。产能过剩与内需不足、外需增长慢形成矛盾，导致出口压力大；外汇储备余额过剩，外汇占款过多，再加上危机时注入的超量货币，导致资产价格泡沫和通货膨胀加剧。解决这“两个过剩”的关键是促进产能和资金向国外输出，而对外投资显然是实现产能和资金流出的有效途径。具体而言，对外投资对于解决中国当前所面临的问题具有以下几点作用：

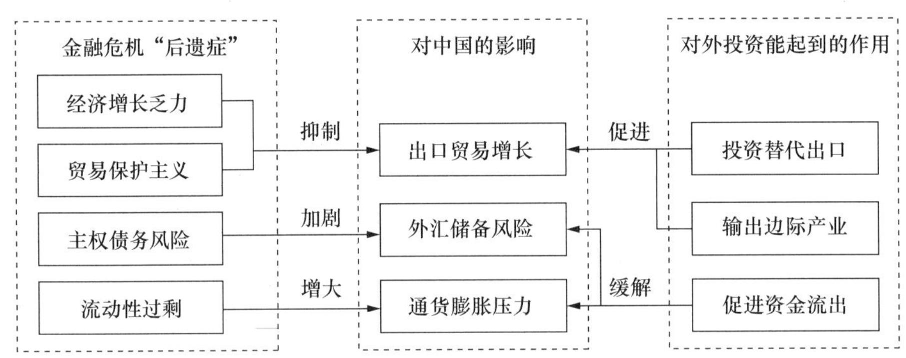

图1 金融危机“后遗症”对中国的影响与对外投资所能起到的作用

（一）以对外投资替代本国出口，规避贸易保护主义

发展对外投资，既可以选择那些对中国采取贸易壁垒的国家，也可以选择第三国。此举可以形成原产地多元化，通过设在目标国或第三国的境外企业的产品销售或出口，替代中国的出口，从而达到绕过目标国贸易壁垒的目的。而且，对外投资产生的出口替代效应，在一定程度上减少了中国与东道国之间的贸易顺差，从而改善与该国的双边贸易关系。从长期看，中国对外经贸关系的改善对扩大对外贸易规模具有重要意义。

（二）通过对外投资获取先进技术和输出边际产业，优化出口产品技术结构

中国出口压力大，除了外需增长慢的原因之外，还与出口产品的技术结构有很大关

系。如果中国出口产品的技术含量更高，其竞争力会更强。目前，中国的科技创新能力与发达国家相比还存在较大差距。除了增加国内企业和政府的研发支出之外，还应该通过对外投资来获取国外的先进技术。对外投资有利于获取国外先进技术和输出边际产业，调整出口产品结构。尤其是发展中国家对发达国家的投资，很容易实现反向技术外溢效应。中国通过发展“追赶型”对外投资，设立境外企业，能够最大限度地获取发达国家技术集聚区所产生的溢出效应。同时，此类境外企业能将大量技术信息及时传递到国内公司总部，从而有助于国内企业及时了解世界前沿技术动态，增强国内企业的技术研发能力。

（三）通过对外投资缓解外汇储备风险和通货膨胀压力

截至2011年3月末，中国外汇储备余额首次突破3万亿美元。中国外汇储备余额不断增加的原因是复杂的。2002年之前，中国的外贸顺差和外商直接投资净流入（外商直接投资流量减去对外直接投资额）之和，都超过了新增外汇储备额，这说明当时外汇储备余额的增加与外贸顺差、外商直接投资是息息相关的。但是近些年，尤其是2009~2010年，外贸顺差额与外商直接投资净流入额之和，占新增外汇储备的比重仅为50%左右（见表1）。由此可见，从非贸易、非直接投资途径流入中国的外汇正在大幅增加。

表1　2000~2010年中国外汇储备余额、外贸顺差额与外商直接投资净流入额

单位：亿美元

年份	外汇储备余额	新增外汇储备①	外贸顺差额②	外商直接投资净流入③	（②+③）/①×100
2000	1655.7	109.0	241.1	397.2	585.6
2001	2121.7	465.9	225.5	399.8	134.2
2002	2864.1	742.4	304.3	500.4	108.4
2003	4032.5	1168.4	254.7	506.6	65.1
2004	6099.3	2066.8	320.9	551.3	42.2
2005	8188.7	2089.4	1020.0	601.4	77.6
2006	10663.4	2474.7	1774.8	515.6	92.5
2007	15282.5	4619.1	2618.3	570.1	69.0
2008	19460.3	4177.8	2981.3	524.0	83.9
2009	23991.5	4531.2	1956.9	334.7	50.6
2010	28473.0	4481.5	1831.0	467.0	51.3

资料来源：《中国统计年鉴》（2010）和《国民经济和社会发展统计公报》（2010）。

但不管怎样，规模如此庞大的外汇储备余额不仅增大了保值增值风险，而且恶化了国内的流动性过剩问题。在欧洲主权债务风险不断加剧的背景下，中国的外汇储备只能大量购买美国国债。但由于美国经济恢复缓慢和美元不断贬值，美国国债的风险也在不断累积，这对中国外汇储备保值来说是巨大的威胁。因此，对于中国而言，目前最紧迫的事情是尽快削减外汇储备余额。就此问题，中国已经采取了多方面的措施，如通过扩大进口来降低贸易顺差、控制热钱流入、设立主权财富基金对外投资和鼓励国内企业“走出去”开展对外投资等。从外汇储备余额的构成看，防范热钱流入和降低外贸顺差是中国削减外汇储备余额过剩的重要举措，但是积极鼓励国内企业开展对外投资更不容忽视。相比于其他措施的被动调整和被动防范，对外投资是主动的，不仅可以直接减少外汇储备余额，而且对国内的产业结构调整、技术升级和转变经济增长方式等都是有利的。因此，中国应该进一步扩宽渠道，鼓励更多的对外投资，以减少外汇储备余额，缓解国内的通货膨胀压力。

三、现阶段中国对外投资的战略选择

为了应对外部需求增长缓慢、外汇储备风险和通货膨胀压力，加快对外投资是现阶段中国经济发展的必然选择。但是，鼓励对外投资不能盲目，切忌为了解决少数问题而带来更多的问题。因此，对外投资既要有助于缓解中国面临的紧迫问题，又要有助于提高对外投资本身的绩效，进而促进中国经济的健康和可持续发展。

（一）进一步放松对对外投资的审批与监管

随着中国企业实力的提升，很多企业具有开展对外投资和开拓国际市场的需求，但是，中国相关政府部门的审批和监管程序依然不够完善和便捷，使很多企业对外投资的计划无法顺利实施。这主要表现在对外投资项目的审批上，稍大一些的项目要中央政府审批，特别是对国有企业的对外投资项目审批更严。企业对外投资中确实有很多曲折，国企到海外在投资、经营管理方面确实出了一些问题，但往往因为个案，引起监管部门担心国有资产流失，全面从严审批。可实际上，减少国有企业在海外投资失误，关键在于加强对母公司的监管，推进公司治理结构改革，而不是依靠政府部门的审批。

严格的监管和繁琐的审批程序，会阻碍大量的对外投资流出，这是与当前中国鼓励资金流出的总体战略相冲突的。因此，现阶段中国应该进一步地放宽对外投资的审批和限制，为投资资金的流出提供便利，同时，鼓励和支持母公司对境外投资企业的自主监管。

（二）扩大主权财富基金对外投资规模

目前，中国外汇储备的1/2以上投资于包括美国国债在内的美国债券，但美国国债收益水平远低于美国资产收益率，这相当于用高收益的股权资产交换低收益的资产，利益分配严重不对称。因此，中国应该及时调整外汇储备资产配置原则，将资本优势转为制度、资源和投资优势，提高其在全球配置资源的能力。一方面，中国应该通过合理使用外汇储备，尽快建立全方位的要素资源战略储备制度；另一方面，要通过主权财富基金对外投资，提高外汇储备资产的收益率。主权财富基金的主要资本金长期投资于海外市场，追求投资组合的财务回报最大化，是实现国家财富增值的重要途径。由于主权财富基金奉行多元化的资产组合策略，且大多不谋求敏感行业的控股股权交易，因此能够较好地回避投资东道国的政策限制，有利于在全球范围内展开资金布局。

现阶段，中国的主权财富基金公司主要包括华安投资有限公司、中国投资有限公司和全国社保基金，管理约 3471 亿美元、2888 亿美元以及 1465 亿美元的外汇资产，分别占中国全部外汇储备的 11.6%、9.6% 和 5%。从投资结构看，中国主权财富基金过分重视资产的流动性和安全性，与其他国际主权财富基金的一般资产配置规律存在差异。如 2008 年，中投公司的资产配置中，现金类资产占 87.4%、固定收益证券占 9%、股权投资仅占 3.2%，而全球主权财富基金一般的资产配置结构是债权占 25%、股权占 45%、其他资产占 30%。

因此，中国应进一步扩大主权财富基金的规模，促进外汇资产向国外产业资产转移。受金融危机影响，自 2009 年以来，中投公司的确逐步增强了在投资行业、地域分布、投资方式上的多元化，且控股与参股并行，国内与国外投资并重，单笔投资金额显著下降。今后，中国的主权财富基金的对外投资应该与产业结构调整、经济发展方式转变相结合，提高对主权财富基金在海外并购、市场拓展、技术升级、资源能源收购和知识产权保护等项目的支持力度，鼓励主权财富基金在新兴产业领域进行对外投资，进而不断提高中国外汇资产和重要战略资产的融合度，搭建连通国内外产业链的实业经济平台，提升中国在世界产业链条中的地位。

（三）加快实施技术追赶型对外投资

中国出口产品的竞争优势大多建立在低成本的基础上。中国的进料加工贸易仍占较大比重，原创性、自主性产品偏少。而且，中国企业研发新技术的费用占销售收入的比重，与发达国家相比明显偏低，自主品牌和自主创新不足。对发展中国家而言，提高技术创新能力有两条途径：一是内源式技术进步，这种技术进步来自国内企业自主创新、自主研发；二是外源式技术进步，通过国际技术转移来实现技术进步。内源式技术进步需要较高的研发投入和较长的研发周期，而世界技术发展水平的不平衡性，使得发展中国家的企业通过国际技术转移快速实现技术进步成为可能。因此，越来越多的国家通过国际技术转移，大大缩短研发时间，并节约相应的资源投入。这样，可以避免重复研发，少走弯路，进而跳跃式地缩小与先进国家之间的技术差距，在较高的起点上获得技术的超常规发展。

中国应该支持有实力的企业对外投资，一方面，通过设立产品设计和研发中心、开展技术型海外并购、技术合作、战略联盟等，构建利用外部智力和研发资源的平台；另一方面，应围绕主要技术产品建立海外营销网络，改变单纯依赖国外中间商的局面，进而为以海外市场需求为导向的技术产品创造市场条件，加快培育具有较高技术含量的中国跨国公司形象和国际知名品牌。

（四）继续鼓励资源获取型对外投资

据中国商务部统计，截至2009年底，中国对外直接投资存量达2457.5亿美元，其中，采矿业对外直接投资存量所占比重达16.5%，主要集中在石油天然气开采业、黑色金属和有色金属矿采选业；在对外直接投资存量排名前五十家公司中，中国石油天然气集团公司和中国海洋石油总公司、中国石油化工集团公司和中国铝业公司分别位于前四位。

中国经济的增长速度仍维持在9%以上，生产活动对资源的需求有增无减。然而，中国主要自然资源大多需要从外部输入才能维持正常的运转，在输入形式中，进口贸易受到国际政治和寡头垄断等因素的影响。从铁矿石进口看，如巴西淡水河谷、澳大利亚的必和必拓等，操控着铁矿石的涨价幅度，中国钢铁企业只能被动接受；从石油看，中国仍有大量的进口原油油轮必须通过多国共管的马六甲海峡，一旦出现国际争端和战争，中国的石油生命线将受到严重威胁。

因此，中国必须积极主动地利用对外投资，在世界范围内广泛的利用资源，掌握资源的开采权、定价权。这样，一方面通过在境外收购油气田和矿产资源，可以稳定资源供应渠道和资源价格，保障中国的资源安全；另一方面，资源类或者采矿业的对外投资一般需要大量的资金投入，加之中石油、中海油、中石化和中国铝业等资源类企业的对外投资经验丰富，可以保证对外投资更加安全和有效地流出。

（五）对外投资要注意抓住低碳经济的发展机遇

现阶段，中国经济发展仍未摆脱高能耗、高排放的经济增长方式。尽管对外投资要争取大量地获取国外的自然资源，但也要注意获取国外先进的环保节能技术，抓住低碳经济的发展机遇。低碳经济是通过技术创新、制度创新、产业转型、新能源开发等多种手段，尽可能减少高碳能源消耗，减少温室气体的排放，达到经济社会发展与生态环境保护双赢的经济发展形态。低碳产业链不仅涵盖清洁能源、节能环保等新兴产业，还延伸到制造、建筑、交通、物流、销售等传统环节，低碳经济的发展极大地拓宽企业对外投资的领域。在低碳技术方面，欧美等发达国家拥有众多中小型高科技公司，但缺少市场开发途径和资金。中国企业应该通过收购、兼并或合资、合作经营等方式与其合作，实现优势互补。更重要的是，可以通过建立战略合作伙伴关系和合作开发跟踪技术前沿，有效地掌控和利用各种战略资源。

因此，中国要不断创新对外投资方式，在已有的促进对外投资专项资金的框架下，为设立低碳经济领域的对外投资专项扶持资金创造条件；支持具有一定实力的企业赴境外开展投资并购，获取低碳领域关键技术和人才，尤其是加大对中小制造企业对外投资的支持力度；建立低碳经济领域对外投资的信息咨询平台，促进服务于低碳技术投资的中介机构的建设。

参考文献

[1] 余水定后危机时期的全球公共债务危机和中国面临的挑战［J］. 国际经济评论，2011（1）.

[2] 文蜻，李唐宁. 商务部有关人士预测：未来五年我国仍是贸易保护重灾区困［N］. 经济参考报，2011-03-02.

[3] 宗良，廖淑萍. 化解希腊债务危机需通盘考虑［N］. 人民日报，2011-06-22.

[4] 张明. 新兴市场国家如何应对资本流入：中国案例［J］. 国际经济评论，2011（2）.

[5] 李东阳，周学仁. 中国企业"走出去"的战略意义［N］. 光明日报（理论版），2007-01-28.

[6] 石仁坪，张小济：中国企业"走出去"的形势和问题困［N］. 第一财经日报，2009-10-27.

[7] 张茉楠. 中国外储资产应"去关元化"［N］. 中国经济时报，2011-05-26.

[8] 程慧. 抓住低碳经济机遇发展中国对外投资［J］. 国际经济合作，2011（2）.

[9] 赵保国. 中国企业海外并购策略研究［J］. 财经问题研究，2010（12）.

跨境经济合作区的功能*

吕 珂 胡列曲

【摘 要】在经济全球化的今天，各国都积极地参与到各种形式的经济组织中，整合各种资源来发展本国经济。跨境经济合作区作为近年来的新生经济组织形式，凭借其自身的优势，在经济发展的过程中发挥了重要的作用，对各国的经济发展具有积极的意义。

【关键词】边境区位；跨境经济合作区；经济发展；经济合作

一、跨境经济合作区产生的背景

（一）跨境经济合作区产生的理论基础

跨境经济合作区产生的理论基础源于边界问题，在经历了早期传统的边境区位理论、增长极理论、边界的两重性、边界区位再创造、边界的转换机制，并且结合了区位理论、新经济地理学等，才形成了今天初具规模的跨境经济合作理论。

早期研究边境区位的学者大多是从政治地理学的角度出发，也就是传统的边境区位理论。这种理论更多强调的是边境对经济发展的消极影响，国家的安全与主权问题是边境地区遵循的中心原则，区域经济发展依赖中心城市的技术、资金等生产要素的扩散。对于边境地区的经济发展主要依靠外生力量，有增长极理论和核心—边缘理论等。但是，内生增长理论更适合各国边境地区的现实，这主要是因为大量的边缘区同核心区间经济发展水平的差距存在着扩大的现象，为研究边境地区的经济发展提供了新的理论支持。按照内生潜

* 本文选自《学习与探索》2011 年第 2 期总第 193 期。

基金项目：教育部人文社会科学研究规划基金项目“中国沿边开放中的跨境经济合作建设研究”（10YJA790073）；云南财经大学科学研究重点项目“云南与周边国家跨境经济合作区建设研究”（YC10A001）的阶段性研究成果。

作者简介：吕珂，博士研究生，云南财经大学经济研究院，从事世界经济研究；胡列曲，教授，经济学博士，云南财经大学经济研究院，从事宏观经济学研究。

力理论，边境地区可以寻求他国异境的科技进步和生产要素的较强互补性，作为引发经济增长的新动力，同时促进跨边界网络建设，实现边境地区经济社会的发展。

而边界问题引起西方学术界的重视是在20世纪中后期，认为边界对边境区经济发展和经济合作具有双重影响，也就是显性（主要是指与国家贸易政策相联系的关税和非关税壁垒对边境区的影响）和隐性（主要是指社会、文化、语言、习俗等方面的差异而导致的高于国内经济行为体经济交往的交易成本）两个方面。此时的研究学者认为边界在开放条件下，经济活动的区位指向是外向的。

随着对边境问题的更深层次的研究，边境转化理论的提出为边境地区促进经济的发展提供了新的理论基础。这主要是由于边境区位再创造使得边境地区的空间可达性得到了提高，为边境双方的经济合作提供了基础。边界在一国的经济发展中主要表现出内向性和外向性，一方面，阻碍了国家之间的经济往来，降低了资源的有效配置；另一方面，由于边界地区是国家间经济联系的接触面，所以在进行边界两侧的经济交往时具有天然的优势。该理论的提出也为次区域经济合作提供了全新的分析视角，即边界效应分析框架，借此来分析边界的屏蔽效应和中介效应。在经济全球化的今天，各国之间贸易量不断增加，这就促使过境的需求极度的旺盛，进而促进边境地区完善当地的基础设施建设，同时也成为吸引跨国公司投资的集中区，促使边境地区从边缘区转换为核心区。同时更好地发挥边界在相邻两国之间的中介作用，最终促进经济的发展。这就是跨境经济合作区建立的理论基础。

（二）跨境经济合作区产生的现实依据

在全球化日益突出的今天，作为经济合作重要表现形式的区域经济一体化在各国经济发展的过程中起着重要的作用。不仅是发达国家，各发展中国家也都参与了不同的区域经济组织。比较成功的区域一体化组织有：欧盟、北美自由贸易区、东盟等。但是与发达国家不同的是，绝大多数的发展中国家虽然参加并成立了一些区域经济一体化的组织，但是在实际过程中遇到了很大的困难，经济绩效比较差。国际货币基金组织的经济学家根据12个发展中国家一体化组织从1960年到1990年的区域贸易统计，得出结论认为：不要以为工业化国家一体化成功的经验可以照搬给发展中国家区域集团。尤其是发展中国家的集团还包括一些市场很小、人均收入很低、生产要素类同、生产结构相似的小国家，这种经济结构的类同不利于利用工业内部的专业分工和商品多元化来保护夸大贸易。

此外，在亚洲地区成立了很多的区域经济合作区，最早建立的也是最成功的就是东盟自由贸易区。中国已于2010年加入东盟成为“10+1”成员，这为中国和东盟各国的发展提供了更好的发展机遇，从而可以进一步促进双方的经济发展。在这种经济形势下，大力发展跨境经济合作区，作为比东盟自由贸易区更低一层次的经济合作形式，可以使中国的边境城市利用自身的区位优势等更好地加入经济合作中，大力发展经济。同时，由于跨境经济合作区大多是以边境地方政府来协调合作区内的政策，这也在一定程度上降低了政策协调的难度，相应的也降低了政治风险和经济风险，为中国—东盟自由贸易区的推进累积经验。

从更微观的角度来考察跨境经济合作区的成立背景应该归结到，处于边缘化地位的边境城市。不同于沿海城市或内陆大中型城市，边境城市由于地理位置与邻近国家毗邻，更方便经济合作的开展。同时中国长期的经济发展战略，即先发展沿海城市，造成了现在经济格局不协调的现状。所以继续扩大沿边开放，促进沿边城市的开放水平，提高沿边城市的经济水平，成为中国目前实现经济又好又快发展必不可少的发展战略。1999 年提出的西部大开发战略正是这一战略的体现。跨境经济合作区就是服务于这一战略的经济模式，通过加强与周边其他国家城市往来，成为经济发展的新的增长极。

在经济全球化和各国自身的经济发展要求的背景下，在区域经济一体化组织的基础上，出现了次区域经济合作区以及跨境经济合作区等层次。层次越低，复杂性随之降低，参与各方也更容易展开合作。

二、跨境经济合作区的功能

跨境经济合作区是指，各相互接壤的国家或地区在形成合作共事的前提下，彼此在法律约束下，按照一定合作方案共同划出相应面积的接壤土地，整合成相对封闭的空间，建立特殊经济监管区，实行共同认可的特殊的经济政策，以利用两国或多国资源和市场，充分发展合作区以带动相关地区的经济发展步伐。

跨境经济合作区的建立有着积极的经济效应和功能，主要反映在两个方面：

（一）微观层面

首先，跨境经济合作区的建立可以减少边境效应，促进边境地区的融合。McCall 首次提出了边境效应（Bordereffect）或本国偏好（Homebias）的说法，用来说明边境对贸易的影响程度。他认为对于距离和经济规模相同的两个地区，同一国家的两个地区之间的贸易量要明显大于不同国家的两个地区之间的贸易量。造成这种贸易问题的原因主要有两方面：一是政府行为导致的显性屏蔽效应，主要表现在政府人为设置关税和非关税等贸易壁垒，增加了贸易的成本，也降低了边境地区之间的贸易往来；二是隐性屏蔽效应，主要表现在相邻边界两边的地区在历史、文化、社会习惯和语言等方面的差异造成的障碍。边界不仅阻碍了生产要素的流动，降低了资源的配置效率，同时也阻碍了双方的经济联系，这也在一定程度上阻碍了贸易的流动。

而跨境经济合作可以很好地解决边境效应。跨境经济合作的初衷就是在特定的边境地区建立经济合作区，通过双方的合作，在区内实行货物贸易、技术贸易和投资的开放政策，进而提高参与方的经济发展水平，整合区内的资源，形成成熟的经济圈。也正是由于跨境经济合作区在地理上的位置优势，使其较之其他高层次的经济合作，具备了直接、迅速、灵活性大、主权成本低的独特优势。从经济学的角度看，跨境经济合作的实质是生产要素在这个特定区域范围内的趋向自由化的流动，借此来带动生产资源的有效配置以及生产效率的提高，主要体现为在合作区内贸易和投资的自由化。Hanson（1996）认为，从新经济地理学模型中可以推导出贸易自由化和经济一体化对边境区是有利的，这种合作形式是复杂的经济、政治、文化现象，具有社会的积累特征。

其次，在促进经济发展、促进边境地区融合的同时，跨境经济合作区还解决了边境地区的安全隐患问题。由于边境地区地理位置特殊，大多数都是一国经济比较落后的地区，存在着爆发区域冲突的危险和隐患。而跨境经济合作通过在边境地区创造更多的劳动就业机会，改善边境地区的发展水平，对于边境的安全和稳定、和谐发展和民族团结起到了积极的作用。同时对整个国家的安全稳定也发挥了重要的战略意义。要充分发挥跨境经济合作区的功能，必须重视企业的作用。作为区内合作的主体，其作用不可忽视，它是跨境经济合作成功的保障。因此，吸引更多的企业进入合作区内是十分必要的。同时，能否吸引企业集聚也是评断一个经济合作区优劣的标准之一。

（二）宏观层面

宏观层面主要是从一个国家的经济发展战略的角度来考察。不同于区域经济合作中对成员国之外的歧视行为，跨境经济合作区在实践上奉行开放性和非歧视性原则。跨境经济合作区不仅为参与合作的边境城市带来经济效应，同时也为整个国家参与更高层次的经济合作积累经验，获得制定合作规则的话语权。现在的经济发展是建立在经济全球化基础上的发展，各个国家不仅要注重国家自身的发展，同时也需要参与到适合自己的经济组织中，借由外部资源或者整合更充足的资源来发展。因此，各国特别是发展中国家应该参与跨境经济合作，作为参与更广泛的经济合作组织的第一步来完成，同时也是区域经济合作组织的重要补充部分。进行跨境经济合作的过程，应该保持积极主动的合作态度，适时提出合理有效的合作构想和方案，借以积累和不同国家经济合作的经验，提高本国在经济合作中的话语权和主导地位。

三、跨境经济合作区的实践

国外的跨境经济合作组织最成功的就是欧洲的上莱茵边境区。在十八九世纪就已经建立了区域性的经济同盟。合作领域从经济扩展到文化、教育、科研、规划以及社会生活的多个方面。甄颖提到在欧盟的跨境合作类型主要有 Euroregions 及类似形式、工作共同体及其他组织、针对 Interrrg 和欧盟项目的特定组织，这三种组织形式以不同的合作程度开展跨境合作。以上莱茵跨境经济合作为例，欧盟为其合作提供了专门基金，提供了有效的支持，目的就是要增强边境地区的竞争力，帮助他们从跨边境合作中获益。目前，上莱茵地区已有150多个工程项目投入实施，累计投入资金达100亿欧元，建成的多是小型的但实用的软项目，如边境区域信息咨询服务中心、上莱茵委员会秘书处、三国工程学校等。她还提出，跨境合作主要就是消除边境屏蔽效应，充分利用其中介效应，达到促进共同发展的目的。到目前为止，欧洲的边境合作组织已经发展到60个国家，跨境经济合作作为欧盟促进边境地区发展和融合的重要战略措施，促进了欧盟内部区域间的平衡发展和边境地区的融合，成为欧洲统一建设的重要组成部分，为欧盟创造了良好的外部环境，最大化了参与方的利益。

国内的跨境经济合作主要有中国与越南、中国辽宁与朝鲜的跨境经济合作等。中哈霍尔果斯国际边境合作中心是最成功的跨境经济合作区，中哈霍尔果斯国际边境合作中心是在上海合作组织框架下国际区域经济合作的第一块试验田，是中国首个跨境经济贸易合作区和投资合作中心。建立在中国与哈萨克斯坦国界线两侧毗邻接壤区域，紧靠霍尔果斯口岸的跨境经济贸易区和投资合作中心。合作中心建设采用的是跨国经济合作开发区、边境自由贸易区的两种经济合作模式。在该中心实行封闭式管理，总面积为5.28平方千米，其中，中方区域3.43平方千米，哈方区域1.85平方千米。其主要功能是贸易洽谈、商品展示和销售、仓储运输、宾馆饭店、商业服务设施、金融服务以及举办各类区域性国际经贸洽谈会等。目标是建设成为中亚和上海合作主旨区域的投资自由、贸易自由、人员出入自由、高度开放的综合性国际贸易中心。此外，在合作中心以南1公里处建立作为支撑中心发展的中方配套区域，配套区域规划面积为9.73平方千米，主要是出口加工、保税物流、仓储运输。

中哈双方具有较强的互补性优势：产业方面，哈萨克斯坦的重工业与中国的轻工业以及生产性服务业存在着互补；要素方面，哈萨克斯坦在资源禀赋上具有优势，而中国在资金、高科技、劳动力和市场上具有优势。此外，双方在合作中制定的优惠政策，紧密的人缘、地缘关系以及在文化、经济发展模式和水平等方面都有相似的地方，为中哈霍尔果斯国际边境合作中心的开展提供了雄厚的基础。

霍尔果斯口岸本身具有品牌优势、进出口优势、宏观环境优势、区位优势、民族交往优势、行政体制优势、功能承载优势、内外环境优势、气候优势以及并地融合优势。同时在合作中心已经建成了一系列的有益于实现其目标定位的基础设施：霍尔果斯口岸基础设施完备，航空、铁路、公路、管道立体交叉运输网络初步形成。此外，两国还具有广阔的经济腹地和发展空间。从霍尔果斯处出境，经阿拉木图、比什凯克、塔什干一线，恰恰是中亚五国的人口稠密区、市场中心和经济发展带，中亚五国的两个市场中心——阿拉木图和塔什干都在其中，而且该区域也是我国轻工产品集散、消费的主要区域。因此，中哈霍尔果斯国际边境合作中心将有力地吸引国际国内的大量投资，并且投资对贸易会产生乘数效应。

参考文献

[1] 杨徐君．跨国界次区域中的民族经济［D］．中央民族大学硕士论文，2007.

［2］焦成举．走进中越跨境（广西）经济合作区［J］．广西经济，2009（1）．

［3］徐驰．跨境经济合作理论与中国参与图们江跨境经济合作研究［D］．外交学院硕士论文，2008.

［4］Hanson. Integration and Location of Activities – Economic Integration，Intraindustry Trade，and Frontier Regions［J］. European Economic Review，1996（40）．

［5］李铁立．边界效应与跨边界次区域经济合作研究［M］．中国金融出版社，2005.

［6］马松峰，王亚东．我国跨境次区域合作进程研究与沿边经济圈形成展望［J］．国际经济，2009（1）．

［7］王亚梅．欧盟跨境合作政策述评［J］．德国研究，2006（3）．

［8］梁新渊．对霍尔果斯口岸优势及经济发展的思考［J］．伊犁师范学院学报，2006（4）．

［9］张晔，毕燕茹．中哈霍尔果斯国际边境合作中心——区域经济合作新模式［J］．石河子大学学报，2009（2）．

论中美清洁能源合作*

刘 卿 刘蓉蓉

【摘 要】清洁能源合作是中美两次战略与经济对话的重点内容和两国经济与战略合作的重点领域之一。目前，中美在清洁能源领域的合作有不少亮点和重要成果。但美方存在市场壁垒和政策性障碍以及对中国某些政策的误读，严重制约两国在这一领域合作潜力的发挥。双方应从相互利益的大局出发，加强协商、弥合分歧、克服障碍，努力开创中美清洁能源合作互利双赢的新局面。

【关键词】中美合作；清洁能源

一

清洁能源合作是新的国际形势背景下中美两国加强战略合作的重要基石。它不仅有利于两国携手合作共同应对全球气候变暖问题，还有助于确保双方能源安全、减少贸易逆差，进而为中美关系的发展提供新的动力。现在，中美清洁能源合作呈现积极的发展势头。两国政府都表现出极大的热情，努力通过各种交流机制和平台，就推进清洁能源合作方式、合作重点进行对话，取得了一系列成果。

2004 年，中美启动能源政策对话机制，为两国清洁能源合作搭建了重要平台。小布什执政后期，中美签订了《中美能源环境十年合作框架》，为中美清洁能源合作奠定了基础。奥巴马上台以来，中美清洁能源合作步伐加快。2009 年 7 月，首轮中美战略与经济对话以清洁能源合作为主要议题，双方签署了《中美清洁能源和气候变化合作谅解备忘录》。同年 10 月，中美双方在第 20 届中美商贸联委会上签署了《促进建设中美能源合作项目谅解备忘录》，正式启动清洁能源合作项目；11 月，奥巴马访华期间，中美双方还签署了《中美关于在页岩气领域开展合作的谅解备忘录》、《中美关于建立可再生能源伙伴

---

* 本文选自《国际问题研究》2011 年第 2 期。

作者简介：刘卿，中国国际问题研究所美国研究部主任；刘蓉蓉，美国乔治亚大学学者。

关系的合作备忘录》、《关于中美能源合作项目的谅解备忘录》三项政府部门间合作文件。中美在共同发表的《联合声明》中，对两国清洁能源合作做了重点阐述。

为推动务实合作，两国决定成立清洁能源联合研究中心。以此作为政策传递、企业合作和研究成果共享的重要平台。2009 年 7 月，中美双方签署了《中美清洁能源联合研究中心合作议定书》，同意筹建联合研究中心，准备在未来 5 年共同出资 1.5 亿美元，支持清洁煤、清洁能源汽车和建筑节能等优先领域的联合研发。同年 11 月，中美同意成立清洁能源科技合作指导委员会，对中美清洁能源联合研究中心下的研究活动及方向进行指导、监督和评估。双方同意成立高层联合顾问组，由来自双方大学、企业和科研机构的专家组成，负责向中心提供建议。2010 年 11 月，中美正式成立并启动了中美清洁能源研究中心。美方同时公布了参与研究中心的美国成员名单。其中，美国西弗吉尼亚大学、劳伦斯·利弗莫尔国家实验室以及通用电气、杜克能源等机构与企业参与开发和测试碳捕捉与封存技术的联合项目，密歇根大学、麻省理工学院、通用汽车、福特和克莱斯勒及美国电力等侧重汽车电气化的联合项目，劳伦斯·伯克利国家实验室、陶氏化学、霍尼韦尔、通用电气全球研究、施耐德电气和飞马资本顾问等侧重提高建筑能效应用技术的联合项目。纵观美方公布的合作成员名单，知名大学、研究机构以及一些大型跨国企业均赫然在列，足见美方对中心合作的重视。

与此同时，两国企业加快了合作的脚步，合作项目在各个领域展开。在可再生能源领域，2009 年 9 月，吴邦国访美期间，美国第一太阳能公司决定在中国内蒙古的鄂尔多斯投资建立 2000 万千瓦的太阳能发电站，10 月，美国 AES 电力公司与中国华锐风电签订战略合作协议，在全球范围内寻求项目合作机会。在核能合作领域，2007 年，美国西屋电气公司签订了建设浙江三门和广东阳江的 4 台核电机组的合同，价值达 53 亿美元，计划于 2013 年投入运营。在清洁煤技术领域，2009 年 5 月，美国西北太平洋国家实验室和中国科学院签署了备忘录，决心在未来 5 年内合作推进碳捕捉和封存的工艺；8 月，中国华能集团公司与美国杜克能源公司签订合作备忘录，计划在碳捕捉与封存以及煤气化技术等方面加强合作；9 月，中国神华集团与美国西弗吉尼亚大学签署了《关于开展煤炭直接液化二氧化碳捕捉和封存技术合作的协议》，争取在 2010 年底正式开展二氧化碳地下封存的试验；11 月，中国神华集团与美国通用电气能源集团签署了《关于设立气化技术合资公司的谅解备忘录》，双方成立将开展战略合作的合资公司。此外，在页岩气勘探和开发领域，2009 年 9 月，中国石油天然气集团公司与美国康菲公司签署合作意向书；2010 年 8 月，双方就开发四川省页岩气资源进行深入谈判。

中美清洁能源合作通常是由美国公司在中国开展业务，但近年来这种合作模式出现新的变化，即中国公司也开始向美国扩展业务。2009 年 10 月，中国沈阳动力集团有限公司与美国可再生能源集团和美国天空风能有限公司签署了总额高达 15 亿美元的风能合作投资协议。这是迄今为止中美企业在新能源领域签署的最大金额合作协议。依据协定，三方共同在美国得克萨斯州合作建设一个装机总容量达 600 兆瓦的风力发电厂，该合资项目将向沈阳动力集团购买 240 台 2.5 兆瓦风机涡轮设备，涉及资金总额超过 10 亿美元。该风电项目建成后，预计可满足约18万个美国家庭的电力需求，将是美国兴建的第二大风电厂。同月，美国杜克能源与中国新奥集团合作达成协议，在美国合作开发、拥有并经营太阳能发电项目。此外，尚德、英利能源等中国企业在华尔街上市，其在加州等地也具有较强的竞争力。

中美清洁能源合作的显著特点是，两国优势互补，相互依存度不断提高。如通用电器公司制造的风力发电机，就包含中国的部件，而尚德公司最大的多晶硅承包商是美国的MEMC电子材料公司。许多美国公司将装配线等大量主要设备迁移到中国，而尚德公司也在美国建立了一家太阳能装配工厂。中美两国清洁能源合作特别是太阳能和风力发电产业的合作，很难区分哪种产品是中国制造的、哪种产品是美国制造的，经常是“你中有我，我中有你”。

二

尽管中美合作出现了积极的发展态势，但相对于两国清洁能源市场潜能、两国技术的互补性来讲还远远不够。根据美国商务部预测，中国清洁能源市场到2020年将达到1000亿美元。目前，在中国清洁能源市场独占鳌头的是欧洲企业，如丹麦维斯塔斯风力技术集团2009年在中国的累计装机量达到2042台，占全中国累计装机量的8%。尽管美国拥有一流的清洁技术，以清洁煤技术为例，美国已开发十六七种，几乎在所有方面都遥遥领先，但中美清洁技术合作步伐明显慢于中欧合作，而且双方合作多为意向性，具体合作项目不多，合作的广度和深度有限。究其原因，主要在于美方仍然存在政策壁垒和市场障碍。

（一）美国针对中国的高技术出口管制政策制约双方清洁技术合作的开展

在出口控制清单上，一些清洁技术及相关软件被列入。其中包括用于生产太阳能板和LED灯具的有机金属化学气相沉积设备；用来生产风车涡轮机和超轻型民用复合材料飞机结构与发动机部件所用的碳纤维和机械用具；水净化处理系统部件（如化学剂、泵、阀）和节能产品（如工业用燃汽轮部件、热感成像仪）；洁净煤高温气化技术；智能电网需要的高速运转计算机及软件；用于监测环境的卫星技术等。这些被列在出口控制清单上的设备及相关软件需要出口许可证，而审批出口申请证明的机构重叠、手续繁琐，缺乏透明度，直接或间接地阻碍了中美清洁技术贸易。一些情况下，即便发放许可证，还附加发货检查，要随时接受美国当局的核查，验证其进口设备的实际用途。这样的举措等同于对中国企业商业行为的直接干涉，且加重了中国企业的成本负担。使得中国企业转而向其他国家寻找合作伙伴，从而不愿与美国进行相关贸易。另外，美国“视同出口”许可证制度也不利于双方在清洁技术领域的相互交流。美国政府规定外国学者和研究人员在接触其敏感知识和技术时，必须申请“视同出口”许可证，其范围包括在美国的中国公民、可能将敏感技术携带来华的外国公司和个人，从而有害于中美清洁技术界和商界的交流与合作。

（二）美国新能源保护主义妨碍中国企业进入美国市场

主要体现在：一是以保护“绿色岗位”为名增加本土化采购规定。美国国会通过的7870亿美元经济复苏一揽子法案中有“购买美国货”条款，规定基础设施项目要使用美国制造的产品，并限制从外国购买新能源设备。二是妨碍中国清洁能源企业在美国融资。如中国风能企业沈阳动力集团进入得克萨斯州，在与美国可再生能源集团和美国天空风能有限公司合作时，联邦参议员舒默给奥巴马总统写信，要求政府终止对该项目提供的15亿美元贷款融资。三是要求中国企业承担额外负担。如中国金风科技进入明尼苏达州时，不得不购买美国公司与其相同的知识产权，还得携带规定数量的中国国内贷款。四是地方利益保护主义。如得克萨斯州风能利益集团游说州议会否决支持太阳能企业的补贴法案，阻止中国太阳能企业尚德公司在得克萨斯州投资设厂。美国“非市场经济国家条款”对中国清洁能源企业不平等待遇，也是中美清洁能源合作的重要障碍。由于该条款的存在，中国企业在美国政府采购中得不到像欧洲等企业的同等待遇，同时，该条款也随时可能成为美国反倾销、限制中国出口的重要政策手段。

（三）美国对中国经济发展和清洁能源企业的偏见，不利于合作的开展

当前，美国一些国会议员认为中国是美国经济的威胁，中国清洁能源所取得的进步意味着对美国清洁能源行业的挑战。2010年总统国情咨文中也称，“没有理由让欧洲人和中国人应该坐最快的列车和拥有制造清洁能源产品的最新工厂”。美国企业对中国清洁能源企业快速发展感到焦虑，要求政府实行产业保护。2009年9月，美国第一太阳能公司等太阳能生产商警告说，中国产品竞争力提高，不仅使他们削减产能，而且可能危及奥巴马政府扶持可再生能源产业的计划，要求政府进行补贴和对中国企业进行反倾销。

美方对中国的不满主要有：美国认为中国也存在市场保护主义，如中国执行了5年的“风电设备国产化率要超过70%”的政策，直到2010年1月才宣布取消，中国更要求其第一个太阳能发电厂设备的80%为国内产品；认为中国过于强调技术转移问题而忽视国内依然存在知识产权保护不力问题，美国对技术转移偏向帮助所在国的能力建设，而不是中国所强调的现行技术的直接转移；担心中国国内创新机制的实施，使其失去像过去一样的政策优惠。

三

中美清洁能源合作的基调是积极的，但对于合作中存在的障碍需要认真对待。双方需

加强协商，努力弥合分歧，利用各自的优势，加快推进合作的步伐。

（一）利用现有对话渠道加强清洁技术合作的磋商，增进互信

中美两国政府高层之间、政府职能部门之间以及能源与环境研究机构之间已建立起一套合作机制。双方需充分利用这些机制，加强对清洁能源合作的商讨，减少分歧，增强合作信心。技术转移和知识产权保护是双方争论最大的问题，也是双方最关注的内容。根据《联合国气候变化框架公约》和《京都议定书》，美国有义务、有责任帮助包括中国在内的发展中国家发展清洁技术。清洁技术转移涉及的不仅是商业利益，更重要的是对全球气候变化、地球环境保护、人类健康等方面的共同利益，体现人权保护和国际气候道义方面的责任。对于美方关切知识产权保护问题，中国需继续向美方说明中国负责任的态度和行动，并继续健全知识产权保护法律体系和进一步加强执法力度。

（二）努力消除政策壁垒，营造良性竞争的市场环境

中美清洁技术合作最大的障碍是美国对华实行严格的技术出口管制。美国如取消对华技术出口歧视性政策，放松高技术对华出口，建立绿色技术通道，就能极大地促进两国绿色技术贸易。目前，美国政府正在修改这一制度，从透露的情况看，美国更愿意在简化出口许可证手续上做一些改进。在公平竞争环境方面，美方至今未承认中国的市场经济地位，使中国清洁能源企业在美国市场竞争处于不利的地位。要排除对中国企业的歧视和质疑，美国应尽快承认中国市场经济地位。对于美国企业对中国经营环境变化的关切，中国应多做解释工作，促其尽快适用从超国民待遇向国民待遇的转变。事实上，中方正在修订《外商投资产业指导目录》，鼓励外资参与新能源、节能和环保产业，并扩大这些产业向外资开放的领域。

（三）以重点合作领域为突破口，加快推进务实合作

就新能源汽车而言，虽然美国在某些技术领域比较成熟，但在太阳能薄膜电池、电动汽车等前沿技术仍未突破。世界上还没有一个国家已发展出一套成熟的技术商用模式，中美两国作为汽车生产和销售大国，可通过建立合作示范区，尽快摸索出行之有效的方法。清洁煤技术是另一个重点合作领域，中国已是世界上最大的运用临界技术和超临界技术的国家，在这方面已积累了一些经验，可以为美国提供借鉴。而在碳捕捉和封存工艺上，双方可通过建立合作示范工程，探索商业化模式。在页岩气勘探和开采方面，美国已取得技术突破，但国内市场已经饱和，因此，美国公司需利用中国开拓页岩气市场的大好时机，向中国转移开采技术。

（四）加强绿色教育和绿色培调合作

绿色技术的市场应用和推广，需要大量的绿色人才，如亟须具有资质和经验的能源审计师，他们能够寻找节能机会，制订商务计划，为银行和其他金融机构投资节能和清洁能

源项目提供支持。美国拥有世界一流的大学和研究机构，在绿色教育和培训方面具有优势，而中国是最大的绿色教育和培训市场。两国大学、能源研究机构、金融机构之间可采用多种合作方式。高校之间可设立“教员绿色培训”项目，联合推出课程教育、认证和学位计划；研究机构可扩大访问学者交流计划，协调技术创新活动；金融机构之间实施“绿色金融”培训项目，培养银行职员在清洁能源商业化项目的开发和投资技能。

总之，尽管两国清洁能源合作存在一些障碍，但只要双方朝着扩大共同利益方向努力，就能打开广阔的合作天地。

上海合作组织的经济合作：成就与前景*

孙壮志　张　宁

【摘　要】经济合作是上海合作组织的重要基础和主要方向，经过10年的努力，上海合作组织在经济合作方面取得了许多共识与明显进展，签署了一系列合作文件，确定了经济合作的目标、原则和方式。通过各种会晤机制的实际推动以及成员国的共同努力，使得上海合作组织在推动贸易投资便利化、加快基础设施建设和经济技术合作、扩大企业间联系、培养经贸人才等方面的合作顺利进行。虽然经济合作受到成员国政府的高度重视，但也遇到了很多具体困难。由于上海合作组织奉行互利、共赢的原则，随着投入的增加，示范性项目的落实，合作领域的不断拓展，其特有的发展潜力将不断展现出来。

【关键词】上海合作组织；经济合作；多边机制；便利化

经济合作是上海合作组织开展多边合作的重要基础，目的是鼓励成员国之间加强经贸合作，促进各自的经济发展，进一步巩固成员国间的友好关系，提高地区的整体竞争能力，共同应对外部环境变化带来的挑战。2001年9月14日，上海合作组织成员国首次政府首脑会议提出，经济合作的总体目标是："顺应经济全球化和区域经济一体化趋势，发展上海合作组织框架内的区域经济合作，增强本地区经济实力，提高本地区在世界政治、经济格局中的地位。"

一、多边框架内的经济合作稳步推进

早在"上海五国"时期，经贸合作就成为领导人重点讨论的问题。1998年7月，"上海五国"元首在阿拉木图会晤时，提出要相互提供国际通用的贸易条件，以扩大贸易额；

---

* 本文选自《国防观察》2011年第3期。

作者简介：孙壮志，中国社会科学院上海合作组织研究中心研究员；张宁，中国社会科学院上海合作组织研究中心副研究员。

鼓励和支持各种形式的地方和边境地区经贸合作以及五国大企业和大公司间的合作；改善各自投资环境，为增加对各国经济项目的投资创造条件。2001 年 6 月上海合作组织成立后，经济合作成为多边合作的基本方向，虽然起步较晚，但目标明确，取得了很多共识和明显进展。

（一）总理会晤的重要成果

上海合作组织政府首脑会议承担了规划、推动经济合作的主要职责。2001 年 9 月 13～14 日，成员国总理在阿拉木图举行首次会晤，签署了《关于开展多边经济合作的基本目标和方向及贸易投资便利化进程的备忘录》。2003 年 9 月 23 日，成员国总理在北京举行第二次会晤，提出经济合作的长期目标（2020 年前）是致力于在互利基础上利用区域资源为贸易投资创造有利条件，逐步实现货物、资本、服务和技术的自由流动。中短期（2010 年前）的任务是共同努力制定稳定的、可预见的、透明的规则和程序，在上海合作组织框架内实现贸易投资便利化，并且通过制定多边协议、法律措施，建立和发展经贸投资的信息空间，确定经贸合作优先领域和示范项目并付诸实施。2004 年 9 月 23 日，第三次成员国政府首脑会议在比什凯克举行，商定了合作的重点领域和具体项目。

2005 年 10 月 26 日，上海合作组织成员国政府首脑第四次会议在莫斯科举行，会议强调在油气开发和建设油气管道过程中开展合作的重要性、紧迫性以及在信息与通信高技术领域开展合作的必要性，并签署了《救灾互助协定》等文件。2006 年 9 月 15 日，在杜尚别举行的总理会晤中，确定能源、交通、电信领域为优先合作领域，商定了首批示范项目。2007 年 11 月 2 日，第六次总理会议在塔什干举行，签署了《海关合作和互助协定》。2008 年 10 月 30 日，在阿斯塔纳举行第七次总理会议。2009 年 10 月 14 日，第八次总理会议在北京举行，强调要共同应对国际金融危机危机，有效利用上海合作组织这一重要平台，加强宏观经济金融政策协调，加快实施能源、交通、通信领域网络型项目，积极推动新兴产业合作，培育新的经济增长点，维护开放自由的贸易投资环境。2010 年 11 月 25 日，第九次总理会议在杜尚别举行。

（二）部长级会议及其他工作机制

在经济领域，上海合作组织已经启动了经贸部长、交通部长、农业部长等会晤机制，建立了多个高官会和专业工作组。2002 年 5 月，各成员国经贸部长在上海举行首次会晤；11 月，成员国交通部长首次会议在比什凯克举行，确定了交通运输合作的主要方向，即消除交通运输壁垒，建立和完善国际交通运输走廊以及大力发展过境运输。2003 年 9 月，第二次经贸部长会议决定尽快成立高官会和工作组。到 2010 年，成员国经贸部长会议共举行了 9 次，积极落实成员国领导人会议上达成的合作共识，启动经济发展监测机制，建立电子商务平台、专门账户等，还关注具体合作领域的投资项目。交通部长会晤举行了 4 次，重点讨论跨成员国交通走廊的实施步骤，研究制定多边公路运输协定等文件。2009 年 12 月举行了财长和央行行长会议。2010 年 10 月，上海合作组织首次农业部长会议在北京举行，会议进一步扩大了合作领域。

（三）经济合作的基础文件

1.《上海合作组织宪章》

2002 年 6 月 7 日在圣彼得堡举行成员国元首第二次会晤时通过，是指导组织发展的纲领性文件。其中提到，“支持和鼓励各种形式的区域经济合作，推动贸易和投资便利化，以逐步实现商品、资本、服务和技术的自由流通；有效使用交通运输领域内的现有基础设施，完善成员国的过境潜力，发展能源体系。”

2.《上海合作组织成员国多边经贸合作纲要》

2003 年 9 月总理会晤时签署。内容主要包括：确定互利的经济和科技合作途径；在世界贸易组织框架内相互协作；为保证经营主体生产活动的平等机会而创造条件；制定经济合作的共同专项规划和投资项目，促进建立良好的投资环境；提高贸易和投资政策的透明度，就该领域法律法规进行信息交流；发展本地区各国银行间合作和金融信贷关系；就利用和进一步发展交通运输和通信领域现有基础设施进行合作；在商品标准和合格评定方面开展合作；完善海关程序；逐步消除相互贸易中的关税和非关税壁垒；强调可在一些更具体的领域尝试加强合作，如开发能源网络、石油和天然气的开发和加工、地质勘探、改造运输体系、采用高级信息和电信技术、发展农业及农产品加工业、引导居民存款流向投资领域、建立保障创新技术的法律、保护生态平衡及科教文卫领域的合作等。

3.《〈上海合作组织成员国多边经贸合作纲要〉落实措施计划》

2004 年 9 月总理会晤时签署。涵盖了上海合作组织 6 国在贸易投资领域、海关领域，在采用技术规程、标准和评定合格程序领域，金融、税收和创新领域，交通、能源、农业、科学和新技术领域，信息和电信高技术领域，利用自然和环境保护领域以及卫生、教育和旅游领域等 11 个重要领域的合作，总共涉及 127 个具体项目、课题和合作方向，并根据分阶段原则确定了落实机制及项目的执行方案。

4.《上海合作组织成员国关于加强多边经济合作、应对全球金融危机、保障经济持续发展的共同倡议》

2009 年 10 月总理会晤时通过。明确了 17 个方面的合作重点，主要内容包括：加强各成员国海关部门在信息交换、通过改善口岸基础设施实现通关便利化等领域的合作；全力推动投资领域合作和实施共同项目；加强在技术规程、标准和合格评定程序应用领域的共同工作；协助解决贸易安全与产品质量问题；继续推进同观察员国、对话伙伴及相关国家经贸领域的联系；定期开展农业领域先进经验和技术交流等。

（四）多边经贸合作的积极成果

经过各方不懈努力，上海合作组织区域经济合作已经取得重要的阶段性成果。成员国间贸易额占各自外贸总量的比重逐年提高，经贸关系更加紧密。2008 年中国与上海合作组织其他成员国间贸易额达868亿美元，比2001年增长了7.2倍。① 投资和经济技术合作逐步成为区域经济合作的主要内容。据不完全统计，成员国之间的相互投资已超过150亿美元，各方在油气、交通、电信、电力、化工、建材、承包工程、农业和农产品加工等领域的一批经济合作项目已开始实施。跨境合作领域不断拓展、层次不断深化，进一步推动了区域经济的融合与发展。一批基础设施领域项目的启动实施，使得连接本地区的能源、交通、电信等网络已初显轮廓。中国在上海合作组织中经济实力最强，是多边经贸合作的积极推动者。中方率先提出的“先推进贸易投资便利化改善合作环境，再加强经济技术合作使各方从中受益，最后在10～15年内实现区域内货物、资本、技术和服务的自由流动”的“三步走”设想，被各方接受。

为了使经济合作尽快取得成果，帮助各国企业建立直接联系，落实一些对各国经济发展有所帮助的项目，2005年，胡锦涛在上海合作组织阿斯塔纳峰会上呼吁，尽快建立银行联合体，积极探索多边和双边相补充、政府和企业相结合的合作模式，推动上海合作组织同国际金融机构建立联系、开展合作。在各成员国政府的推动下，2005年正式成立了银行联合体。2006年6月，上海合作组织实业家委员会举行成立大会，同时举办首次成员国工商论坛；同年8月又签署关于合作运营和维护本组织区域经济合作网站的议定书。各成员国对重点领域的合作还提出了一些具体的建议，如建立本组织的能源俱乐部，进一步简化成员国境内国际运输的行政和海关手续等，这些都有利于多边合作的持续深化。

二、上海合作组织在经济合作中遇到的难题

上海合作组织的经济合作受到各个成员国的重视，但在实际推动的过程中却遇到了很多具体问题。温家宝曾多次指出成员国经济合作中存在的制约因素，包括各成员国的立法和政策差异较大，贸易投资环境不够完善，经济合作资金短缺，基础设施建设薄弱等。温家宝强调，企业参与不足和资金投入不够是影响上海合作组织经济合作的两大重要问题。具体来说，可以概括为以下几个方面：

（一）经济合作的基础不够牢固

多边经济合作需要参与各方对合作的规则有共识，能够从合作中普遍受益，消除体制上和法律上的障碍。上海合作组织的6个成员国都是转型国家，经济体制和相关法规有较大差异，经济规模更是相差悬殊，对国际合作的参与程度和贸易规则的认识有很大差别。中国和俄罗斯是地区大国，哈萨克斯坦和乌兹别克斯坦勉强算是次地区的中等强国，吉尔吉斯斯坦和塔吉克斯坦是贫弱的小国。这些国家之间开展经济合作的互利性、互补性不

① 受国际金融危机影响，2009年出现明显下滑，2010年恢复到839.6亿美元。

强，即便有合作的机会，相互之间的戒心也往往使合作有名无实。要想在这种情况下开展多边合作，就必须协调彼此的政策和基础设施标准，但难度可想而知，不容易形成合力。由于过多考虑本国的利益，存在着成员国有约不履与合作时貌合神离的问题。上海合作组织奉行平等和协商一致原则，有利于成员国维护自身权益，但也导致成员国可以拒绝执行决议，影响合作效率。

（二）经济合作的优先性问题

作为一个兼具安全和经济职能的国际组织，在有些成员国看来，上海合作组织有时可以为政治和安全利益而牺牲经济合作。由于上海合作组织是中、俄两个大国共同发挥核心作用，中国的经济实力强，俄罗斯担心中国在中亚的影响过大，觉得双方在一些经济领域甚至是竞争的关系，对多边经济合作态度比较消极。俄罗斯更希望上海合作组织在安全领域发挥作用，成为其地缘政治上对抗北约和美国的工具。

（三）面临资金投入的现实“瓶颈”

上海合作组织的多数成员国都面临资金短缺的问题，本国的经济发展要靠投资来拉动。为了提高成员国的自觉性，最急迫的问题是解决项目的资金来源问题。据初步估算，仅实现《多边经贸纲要落实措施计划》所列项目就需要100多亿美元的资金。如何筹措，对上海合作组织确实是个考验。

（四）在合作优先方向的选择上有不同意见

很多一体化组织都面临类似的难题：经济相对发达的成员往往强调贸易和投资自由化的重要性，担心发展经济技术合作会把国际组织变成援助机构；而发展中国家成员则希望通过经济技术合作来提升自己的竞争力，出于保护自身产业的目的不愿意开放市场。在上海合作组织成员中，乌兹别克斯坦面对“双内陆”的困境，对贸易和投资便利化的态度更积极一些，而俄、哈、吉和塔则反应冷淡。俄罗斯和哈萨克斯坦已经与白俄罗斯建立了关税联盟，无意在上海合作组织框架内推进自贸区建设。欧盟和东盟等之所以在贸易和投资便利化方面发展较快，是因为具备一些有利条件，如市场狭小、竞争性产品多等。而对上海合作组织来说还缺乏这些推动因素，导致达成框架共识容易，但实质进展却不明显。

（五）多边合作与双边合作的关系处理

上海合作组织的经济合作确立了一个重要的合作原则，即多边与双边相结合，但具体到某领域的经济合作是更多采用多个双边合作协定，还是采用一个综合的多边合作协议，这之间的“度”不易把握。在开展区域合作时，采用多边合作方式的优点是有利于区域整体协调发展，缺点是谈判费时费力。在政策法规、基础设施以及观念意识差距悬殊的情况下，如果一味追求多边合作协议，往往收效甚微。采用双边协定的好处是可操作性强，可以涉及广泛的领域，可以超越经济发展水平的局限。但对整个区域而言，双边协议往往

是零散而无规划的，不同步的，不利于整个区域的协调发展。上海合作组织面临的问题是，如何在各个具体领域规划出合作的基本原则，以此来规范成员国间的双边合作。

（六）在具体的合作领域和方式上有争论

对上海合作组织来说，从部分领域开始合作比全面合作难度小，但建自贸区时间漫长；一揽子协议和全面展开方式虽好，不过谈判复杂。从已经通过的决议来看，上海合作组织采用的是先点后面的做法，即先从几个重点领域入手，这些领域或是各方互补性强，或是有前景的项目，或是影响大，或是见效快，总之是各成员国都感兴趣且能较快受益的领域。这反映了上海合作组织讲求实效的工作特点。但是问题在于，只有落实到可操作层面上，才能真正找到成员国彼此间的利益共同点和差别所在。以能源合作为例，这是个非常宏大的概念，可以包含很多内容，需要把它具体化，以便找到适合成员国合作的切入点。成员国对上海合作组织框架内的能源合作也存在不同意见：中国的兴趣在于购买其他成员国的油气以及建立畅通的能源过境体制；俄罗斯的兴趣主要在于控制中亚能源，让其通过俄境内的管道出口；哈萨克斯坦和乌兹别克斯坦的兴趣在于加强勘探开发、鼓励出口、进行设备改造以及发展石化工业；吉尔吉斯斯坦和塔吉克斯坦的兴趣在于建设水电站和电力网，将能源合作与水资源合作相结合。由此可见，各成员国对能源合作的理解有很大差别，无法整体推进，只能是各个成员国分别提出自己感兴趣的项目，再进行“合成”，因此，在现实中各成员国要共同受益比较困难。

三、未来经济合作的重点与发展方向

从目前状况看，上海合作组织的结构基本平衡，发展比较稳定，但随着时间的推移及合作领域的拓展，会出现很多新的变量、暴露出新问题，需要采取必要的措施，防止向消极方向发展。各成员国都具有不小的经济潜力，双边经贸关系的迅速发展为多边合作奠定了良好的基础。今后，一方面要继续扩大贸易的规模，除资源性商品外，逐步提高机电产品、高科技产品等在各自贸易中的比重，增强成员国之间的经济依存度；另一方面要落实海关、质检、交通运输等领域便利化措施，将非资源领域合作作为新的重要发展方向。从国际经验看，便利化建设的主要内容是协调与统一成员国的相关法律法规和改善基础设施条件；从经济技术合作拓展到成员国在各具体领域内开展合作，这两部分有时也被称为制度一体化和产业一体化。而能力建设的主要目的则是为了统一认识，增加沟通与协调，提高合作的效率。未来上海合作组织经济合作的重点为以下三个方面：

（一）继续推动贸易投资便利化

贸易投资便利化旨在减少在实施、规范和管理贸易与投资政策过程中所发生的交易成本，以建立相互协调、透明和可预见的贸易投资环境，进一步营造良好的贸易投资平台，保证货物、资本、技术和服务的高效流动。现实中，贸易投资便利化遇到的主要障碍为各种形式的贸易和投资壁垒，各国为了保护和促进国内的生产和消费，或出于政治目的而采取一些限制货物贸易、服务贸易、投资和知识产权等方面的措施，如关税制度、许可证制度、配额制度、外汇管理制度、商品检验检疫制度、原产地规则以及有关保护竞争、限制垄断和不公平贸易做法的法律与制度等。

贸易投资便利化是区域经济合作的一项长期工作。通过在海关、质检、运输、投资促进、法律救济等方面，为企业开展贸易和投资活动创造公开、透明、可预见的良好环境，减少企业经贸活动的成本，降低投资风险，这样在不需要太多投入的情况下，产生事半功倍的效果，有利于进一步扩大贸易和投资的规模。各成员国商签《鼓励和相互保护投资协定》，制定便利化的法律框架，实施优惠税率政策，研究制定公路网络协调发展规划，加强口岸管理合作，同时协调解决成员国贸易中出现的产品质量安全问题。

（二）逐步开展多边经济技术合作

开展多边经济合作的目的主要在于深化各领域的合作，夯实合作基础，推动成员国间货物贸易尽快向更高阶段发展。根据各成员国经济现状，遵循从实际出发、分阶段和有重点的合作原则，上海合作组织《多边经贸合作纲要》中确定了该组织在经济技术合作方面的优先领域：能源、交通、电信、农业、旅游、银行信贷、水利、环境保护以及促进中小企业建设 9 个领域。由于各个成员国的经济发展水平不一，加上每个行业都有自己的特点，有些行业在成员国间是互补关系，有些则是竞争关系，因此，需要针对不同情况采取不同的合作方式。

首先是推动优先领域的网络性合作项目。通过落实一批经济技术合作项目，逐步形成区域内的能源网、交通运输网和电信信息网，增进各方对区域经济合作的信心。加快实施示范性项目，逐步实现各国基础设施互联互通和网络化。继续准备实施上海合作组织信息高速公路和利用电子数字签名开展跨界电子合作示范性项目。

其次是深化财政金融合作。加强金融货币政策交流，完善贸易结算支付体系。促进国际货币体系多元化、合理化，共同维护金融稳定。积极发挥上海合作组织银行联合体的作用，推动上海合作组织专门账户的建立与运行。拓宽商业融资渠道，研究成立上海合作组织开发银行，探讨共同出资、共同受益的新方式；扩大区域内本币结算合作，促进成员国经贸往来。

最后是拓宽合作渠道，启动新的合作机制。包括深化农业合作，研究建立边境农产品贸易促进机制与粮食安全合作机制；研究建立科技合作机制，开展新材料、新技术以及科技成果产业化方面的合作，促进传统产业转型、升级和现代化改造，提高自主创新能力；扩大能源合作，确保能源输送安全，合作开发利用风能、太阳能，提高能源利用率。

（三）重视加强能力建设

包括政府能力建设和民间能力建设。与贸易投资便利化、自由化重在制度和基础设施建设以及经济技术合作重在实际应用不同的是，政府能力建设重点在于提高并拉平成员国的思维判断和决策能力，从而加强彼此的沟通与理解，寻求一致的看法。区域合作的经验表明，如果成员国的发展水平和认识水平差距太大，区域合作很难开展。民间能力建设包括民众和企业两部分，目的是增强它们适应市场竞争的能力。开展经济合作的最终服务对象是企业，经济合作的内容最终也要由企业来执行。上海合作组织通过举办工商论坛、投资论坛等，激发企业合作的积极性。完善企业界与政府的互动机制，为中小企业合作创造良好条件。坚持政府引导，推动企业按照市场规则，依靠科技进步，融入地区经济合作，提高市场竞争能力。国际组织最典型的能力建设方式就是在人力资源领域进行交流与培训合作，同时在开展项目时，鼓励并支持当地企业和民众参与。上海合作组织非常重视成员国的能力建设，中方积极举办各种培训班，为成员国培训汉语和高级管理人才。2005 年 7 月 5 日，在阿斯塔纳举行的第五次元首会议上，胡锦涛提出中方将拨出专项资金，在 3 年内为其他成员国培训 1500 名不同领域的管理和专业人才。

能力建设还包括共同加强对全球宏观经济、金融形势的研判能力。在当今世界经济全球化和区域经济一体化迅猛发展的趋势下，上海合作组织作为新生的区域性国际组织，应适时、前瞻性地探讨区域经济合作的长远发展目标。

四、结　语

上海合作组织的经济合作是多主体、多领域、多层次、多种方式的合作，只有如此才能最大限度地发挥其作用和影响，密切成员国间的经济联系。多主体体现在政府、企业、民间组织的广泛参与；多领域体现在多边合作的范围和广度逐步扩大；多层次体现在从中央到地方的整体推进。在区域一体化过程中特别是当全区域范围合作进展缓慢时，通常可由地方层面的合作入手，经逐步完善后，再通过示范效应来促进区域整体的经济发展。

判断上海合作组织的经济合作能否取得成功，有以下几个标准：首先要看它能否平衡各种影响因素，能否促进组织的团结和发展。通过协调各方利益，发挥各系统的最佳效益，最大限度地满足各方需求并调动各方积极性。其次要看成员国相互间的贸易投资额是否增长，这是衡量上海合作组织合作效果的最重要标准①，也是决定多边合作模式成败的重要基础之一。再次要看协议能否真正落到实处，机制能否真正有效运作。检验上海合作

① 《上海合作组织成员国经贸部长第二次会议纪要》中规定："成员国间贸易的增长是上海合作组织合作关系发展的最重要标准。"商务部网站（http：//www. sco - ec. gov. cn/crweb/scoc/info/Article. jsp？a_ no = 572&col_ no = 51）。

组织经济合作发展是否顺利的最直观依据，就是看决议是否能够执行、组织的宗旨和任务是否能够实现。最后要看成员国是否具有开展多边合作的信心和耐心。考察组织的合作效果，应与其面对困难的大小相结合，不能把某段时期内的合作进展缓慢简单地归咎于合作模式错误。应给予上海合作组织一定的时间去实践、去发展，并允许它走弯路，迂回前进。

基于上述标准，上海合作组织经济合作的方式和目标是务实的、积极可行的，也是有良好前景的。基本依据是：成员国凝聚力比较强，能够有效应对外部挑战；贸易投资额稳步增长；制订的各项合作计划逐步落实；成员国政府都非常重视。随着该组织的发展壮大，合作基础的不断夯实，上海合作组织的经济合作将逐步实现由会晤洽商方式向制度性规则转变，由高层磋商机制向多边经贸合作安排转变，日益展示出巨大的发展潜力。

参考文献

［1］顺应时代潮流弘扬“上海精神”上海合作组织文献选编［M］. 世界知识出版社，2002.

［2］上海合作组织成员国政府首脑（总理）理事会会议联合公报［EB/OL］. http：//news. xinhuanet. com/world/2006 -09/16/content_ 5097353. htm.

［3］王嵎生. 亲历 APEC——一个中国高官的体察［M］. 世界知识出版社，2000.

［4］《上海合作组织成员国经贸部长第二次会议纪要》http：//www. sco - ec. gov. cn/crweb/scoc/info/Article. jsp？a_ no =572&col_ no =51.

基于博弈视角下的中国与上海合作组织成员国能源合作分析*

耿晔强　马志敏

【摘　要】能源合作既是上海合作组织各成员国经济合作的重要接轨点，也是增强该组织活力和凝聚力的重要途径。虽然中国与上海合作组织各成员国能源领域的合作具有很强的互补性，但成员国间的合作仍不可避免地受到诸多不确定因素的制约。本文结合中国和上海合作组织各成员国能源合作的具体情况，建立动态博弈模型，分析能源合作的过程，研究各方的行为和可能产生的结果，为中国与上海合作组织成员国能源合作机制提供理论依据。

【关键词】上海合作组织；能源合作；博弈

一、引　言

上海合作组织的前身是由中国、俄罗斯、哈萨克斯坦、吉尔吉斯斯坦和塔吉克斯坦组成的上海五国会晤机制。2001 年 6 月，乌兹别克斯坦以完全平等的身份加入上海五国，至此上海合作组织正式成立。从 2004 年开始，上海合作组织启动了观察员机制，蒙古国随即获得观察员资格。2005 年 7 月 5 日，上海合作组织第 5 次峰会决定给予巴基斯坦、伊朗、印度观察员地位。上海合作组织成员国总面积 3000 多万平方公里，约占欧亚大陆的 3/5；人口 14.89 亿，约占世界人口的 1/4。上海合作组织正式成立 10 年来，各成员国在经贸、教育、信息安全和反恐等诸多领域加强了合作，各国领导人签署了《上海合作

* 本文选自《世界经济研究》2011 年第 5 期。

基金项目：第 48 批中国博士后科学基金面上资助项目、国家统计局重点项目（项目编号：2008LZ008）和高等学校校内人文社会科学研究（项目编号：0809020）。

作者简介：耿晔强，山西大学投资发展研究中心；马志敏，太原师范学院政法系。

组织成员国多边经贸合作纲要》、《上海合作组织成员国元首关于国际信息安全的声明》等10多份文件，上海合作组织已经成为新兴的区域性国际合作组织，其影响力不断扩大。

随着经济全球化和区域经济一体化迅猛发展，为保障经济可持续稳定的发展以及能源安全，近年来，各成员国在上海合作组织框架下加强了能源合作。上海合作组织中既有能源资源大国（俄罗斯、乌兹别克斯坦和哈萨克斯坦），也有能源消费大国（中国），对开展区域能源一体化合作有着强大的内在需求（韩立华，2006；陈小沁，2008）。能源合作既是经济合作不可缺少的一个方面，是经济合作中的重要一环，又是上海合作组织各成员国的经济合作的重要接轨点，也是增强该组织活力和凝聚力的重要途径（刘朝锋，2007；王海运，2008）。上海合作组织的能源合作，同环保、文化、科技、交通及金融信贷等其他方面的合作一样，不仅有利于各成员国的经济发展，也有利于地区和平、安全与稳定（张玉国，2007）。为保证能源来源的多元化，确保能源安全，中国应加强能源多边合作，在利用国内资源的同时大力开发国外的油气资源，并且努力实现进口油气多通道，这是中国调整能源政策和能源开发战略的重要内容（潘光，2005；李葆珍，2010）。在中国的海外能源发展战略中，与上海合作组织成员国之间的双边及多边能源合作具有重要的地位。在能源合作的整个过程中，中国将会与多方主体产生行为关系。本文分析中国在与上海合作组织成员国之间能源合作中发生的利益博弈过程，它们的能源合作关系可以理解为一个动态博弈的过程，而且这个动态博弈过程也是一种重复博弈。因此，在此情况下的博弈问题就主要归结为道德风险和逆向选择下的信息不对称的克服问题，本文以中国与上海合作组织成员国构建博弈模型，并分析能源合作的过程，来研究各方的行为和可能产生的结果，以便为中国与上海合作组织成员国能源合作机制提供理论依据。

二、上海合作组织能源合作现状

（一）上海合作组织能源合作基础

首先，上海合作组织成员国之间的要素禀赋存在很强的互补性。俄罗斯和中亚国家能源丰富，特别是具有可观的油气资源储量，中国是一个稳定的能源消费国，每年需要进口大量能源，这为上海合作组织框架下开展能源合作提供了可能。俄罗斯已经探明的可采石油储量达74.2万亿桶，占世界石油储量的5.57%；天然气储量为44.38万亿立方米，占世界天然气储量的23.67%；天然气年产量为5275.1多亿立方米，石油年产量达4.94多亿吨，分别居世界第一、第二位（见表1和表2）。哈萨克斯坦已探明的石油储量近39.8万亿桶，产量和出口量逐年增加，成为日益重要的能源供应国。乌兹别克斯坦天然气资源十分丰富，其开采量居独联体国家第二位和世界前十位。能源出口是俄罗斯和中亚国家经济转型和经济增长的重要引擎，增加对能源资源的开发和出口则成为其不可替代的经济增长点（林跃勤，2006）。中国经济的迅速发展，带动了能源消费需求的快速增长，尤其是对石油的需求量逐年递增，年增速在近年来已达到16%左右，远远超过世界6%~7%的平均值。而中国探明的石油和天然气储量仅占世界的1.11%和1.31%（见表1和表2），因此为保障国家经济安全，中国必须要有足够的能源储备。尽管中国采取了一系列措施，旨在系统地降低能源需求、节约能源及压缩“能源篮子”，但预计到2020年，中国对石油进口的需求将从目前的300万桶/日增加到500万桶/日。

表1 2009年上海合作组织国家的石油储量、产量及消费量

国家	储量（万亿桶）	占世界储量（%）	年产量（亿吨）	占世界产量（%）	消费量（亿吨）	占世界总量（%）
中国	14.8	1.11	1.89	4.95	4.05	10.42
俄罗斯	74.2	5.57	4.94	12.94	1.25	3.22
哈萨克斯坦	39.8	2.99	0.78	2.04	0.12	0.31
乌兹别克斯坦	0.6	0.05	0.045	0.12	0.05	0.13
吉尔吉斯斯坦	n a	n a	n a	n a	n a	n a
塔吉克斯坦	n a	n a	n a	n a	n a	n a
伊朗	137.6	10.32	2.02	5.30	0.84	2.15
印度	5.8	0.44	0.35	0.93	1.49	3.83
巴基斯坦	n a	n a	n a	n a	0.21	0.53

注：n a无可靠数据资料。

资料来源：BP：《世界能源统计》（2010）。

表2 2009年上海合作组织国家的天然气储量、产量及消费量

国家	储量（万亿立方米）	占世界储量（%）	年产量（亿立方米/年）	占世界产量（%）	消费量（亿立方米）	占世界总量（%）
中国	2.46	1.31	851.7	2.85	887	3.02
俄罗斯	44.38	23.67	5275.1	17.66	3896.8	13.25
哈萨克斯坦	1.82	0.97	322.3	1.08	196.1	0.67
乌兹别克斯坦	1.68	0.90	644.3	2.16	456	1.55
吉尔吉斯斯坦	n a	n a	n a	n a	n a	n a
塔吉克斯坦	n a	n a	n a	n a	n a	n a
伊朗	29.61	15.79	13.12	4.39	1.317	4.48
印度	1.12	0.60	392.6	1.31	518.8	1.76
巴基斯坦	0.91	0.49	379	1.27	379	1.29

注：n a无可靠数据资料。

资料来源：BP：《世界能源统计》（2010）。

其次，上海合作组织的能源合作具有良好的地缘优势。上海合作组织成员国及其观察员国都是彼此接壤的邻国，交通便利。特别是中亚国家处于较优越的地理位置，北临俄罗斯，西通欧洲大市场，南接印度次大陆，东靠经济蓬勃发展的中国及亚太地区。如中国与俄罗斯及哈萨克斯坦、乌兹别克斯坦等中亚国家在地理位置上相邻近，便于采用管道输送油气，可以为中国提供长期而稳定的陆路能源供应、提高运输安全系数、降低油气进口费用。中哈两国已建成全长 3000 公里的输油管线；中俄正在建设全长 1030 公里、年输油量 1500 万吨的油气管道。

最后，在国际能源格局快速调整的大背景下，上海合作组织的能源合作有利于各成员国的能源安全。从供应方来看，俄罗斯和中亚国家均致力于扩大能源出口，但面临着出口市场单一、出口渠道狭窄的问题，这成为制约它们发展能源经济的“瓶颈”，因此这些国家急于寻求其他能源合作伙伴，积极实行能源出口多元化战略，以保证能源的出口安全。从需求方看，中国石油进口的 50% 通过海上运输来自中东地区，但是中东国家政局不稳和马六甲海峡海盗频繁出没，使中国的能源安全难以得到充分保障。在这种情况下，中国正在积极寻求能源进口安全，以满足因经济快速发展带来的能源需求的急剧增加。因此，发展上海合作组织框架下的能源合作符合各方利益，是上海合作组织成员国促进本国经济发展、保障能源安全的共同需要。

（二）上海合作组织能源合作存在的问题

虽然深化上海合作组织的能源合作是各成员国经济发展的共同要求，但是，在推进能源合作的进程中也存在着诸多困难与挑战。这其中既有客观条件的限制，也有主观因素的影响。

从客观限制条件看：①由于受到开采条件的限制，石油的实际开采量限制了输油能力，难以保证预期的石油输出。②上海合作组织能源合作还受到外部力量的干扰和影响。如亚太地区能源消耗大国中国和日本都将自己的能源进口多元化目标瞄准俄罗斯，导致二者一定程度上的恶性竞争；美国则试图将中亚等国的油气资源导向西方；欧盟则要摆脱对俄罗斯的能源依赖，拟直接从中亚—里海地区获取能源。另外，里海的法律地位和海底资源划分归属问题也是制约上海合作组织能源合作的重要因素。

从主观影响因素看：①上海合作组织成员国间不同能源战略制约能源合作。如俄罗斯能源战略重点是考虑本国和全球的能源安全，而中国为了经济持续平稳的发展，期望能源供应充足而稳定。②上海合作组织体制机制不完善制约能源合作步伐。各成员国在上海合作组织框架内的能源合作还未达成最终的一致，未制定统一、整体的发展规划，致使能源合作缺少法律基础和运行机制，各种合作协议的落实缺乏资金保障。

三、中国与上海合作组织成员国能源合作的博弈分析

利益博弈指的是一种互动决策，即每一行为主体的利益不仅依赖自己的行为选择，而且依赖他人的行为选择。博弈论就是研究理性的决策者之间冲突与合作的理论。假设博弈的局中人由两个国家的政府组成，政府在博弈过程中主要关注本国的经济利益，博弈的策略组合是由合作和不合作两种行动构成的，局中人可以观察到双方的支付函数，但是对于策略选择的判断却要依赖自身的观察和双方利益可能性大小的判断。在现实中，能源合作博弈不会只进行一次，而是长期反复进行的。因此，有必要用重复博弈对这个问题进行分析，对于重复博弈有以下定理：

定理1：令G是阶段博弈，G（T）是G重复T次的重复博弈（$T<\infty$）。那么，如果G有唯一的纳什均衡，则重复博弈G（T）的唯一子博弈精炼纳什均衡结果是阶段博弈G的纳什均衡重复T次。

定理2：令G为一个n人阶段博弈，G（∞，δ）为以G为阶段博弈的无限次重复博弈，a^*是G的一个纳什均衡，$e=(e_1, e_2, \cdots, e_n)$是a＊决定的支付向量，$v=(v_1, v_2, \cdots, v_n)$是一个任意可行的支付向量，V是可行支付向量集合。那么，对于任何满足的$Vi<ei$的$V\in V(i)$，存在一个贴现因子$\delta<1$使得对于所有的$\delta\geqslant\delta$，$v=(v_1, v_2, \cdots, v_n)$是一个特定的子博弈精炼纳什均衡结果。

模型假设：①中国和上海合作组织成员国都是理性的；②双方都可以了解到对方的资源禀赋、技术特长和市场需求与供给状况等信息，且双方在行动过程中有先后顺序关系；③双方从能源合作中获得的收益分别是R_1、R_2；④在一方合作、另一方不合作时，采取合作策略的一国将得到最少的报酬S_1，而采取不合作策略的一国将得到诱惑的报酬T_2，T是一方合作时另一方不合作的动机所在；⑤若双方都不合作所遭受的损失分别为C_1、C_2；⑥R、S、T、C>0，这些报酬的顺序是$T>R>C>S$。

（一）有限次博弈看能源合作的可能性

从图1可以看出，只考虑一次博弈，两个国家同时选择战略时，一次博弈的纳什均衡结果是（不合作，不合作），此时双方获得的收益是（C_1，C_2），这与经典的囚徒困境结果是完全一致的。从上海合作组织成员国的角度看，如果中国先选择了合作，上海合作组织成员国选择不合作获益最多（$T_2>R_2$），上海合作组织成员国选择不合作是比较好的策略；而如果中国先选择不合作，上海合作组织成员国选择不合作的损失最少（$C_2>S_2$）。因此，在一次博弈中，上海合作组织成员国的占有策略是不合作。此时，由于预料到上海合作组织成员国会选择不合作，如果中国选择合作的话则比选择不合作损失更多（$S_1<C_1$），故中国会在开始时就选择不合作。

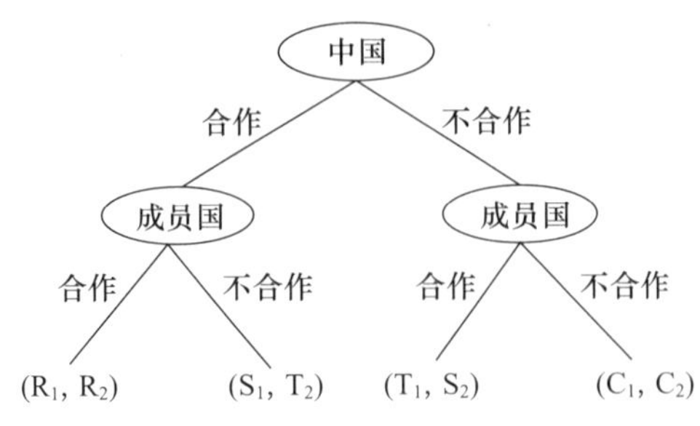

图 1　能源合作博弈树

根据定理 1，考虑有限次博弈，假定对局的次数为 N，且 N 为有限的。可以用逆推归纳法来分析该重复博弈，即从最后一次的对局开始分析。此时对一国来说，在最后一次进行不合作是划算的，已不存在进行报复的可能性，前一阶段的结果已成为既成事实，此后又不再有任何的后续阶段，因此实现自身当前的最大利益是博弈方在该阶段决策中的唯一原则。不难得出结论，不管前一次博弈的结果如何，最后一次的结果都和一次博弈的结果是相同的。既然一国在第 N 次一定选择不合作策略，那么在第 N－1 次选择合作策略是没有意义的。因此，两国在第 N－1 次博弈开始就将采取不合作策略。依此类推，可以得出有限次的博弈与一次性的博弈将得到同样的结局。

（二）无限次博弈看能源合作的可能性

根据定理 2，在完全信息条件下无限次重复动态博弈中，中国和上海合作组织成员国就会作出不一样的战略选择。双方将采取"冷酷政策"，即开始一国选择合作，如果另一国选择了不合作，则在下一轮博弈中一国必然也选择不合作作为报复性或防范性措施，然后双方永远选择对抗。在"冷酷战略"下，一旦国家在某个阶段博弈中自己选择了不合作，而它又没有改正错误的机会，之后它将永远选择不合作。"冷酷政策"的结果是双方都没有背叛对方的积极性，因而选择合作。因此，从长久的无限次重复博弈看，由于双方都害怕遭到报复性行为，博弈均衡必然是（合作，合作），此时中国和上海合作组织成员国获得的收益分别是（R_1，R_2）。

因为博弈没有最后阶段，不能用逆向归纳法求解。令 δ 为贴现因子（假定双方的贴现因子相同，可以理解为参与者的合作意愿和耐心程度），且 $0<\delta<1$。显然，只有下述条件满足，双方的不合作才能被有效地抑制住：

$$R-R\delta-R\delta-R\delta-\cdots-R\delta\geqslant T-C\delta-C\delta-C\delta-\cdots C\delta \quad (1)$$

即 $R/(1-\delta)\geqslant T-[C\delta/(1-\delta)]$

即 $\delta\geqslant(T-R)/(T-C)$

式（1）左端为长期合作的未来收益的贴现值，右端是一次性不合作的收益加上在以后阶段两国采取不合作策略所能获得的收益的贴现值。在这个假定下，双方必须有强烈的合作意愿和耐心程度，使得贴现系数 δ 大于 $(T-R)/(T-C)$。只有这样两方的最优策略才是永远合作，因为第一步不合作得到的好处最终将被长期的惩罚所抵消。这将使一国得到长期的损失，结果就是两败俱伤，甚至双方将永远失去合作的机会。这就达到了一个新的纳什均衡，从而走出一次博弈的困境。

四、中国与上海合作组织成员国能源合作的路径探讨

通过以上博弈分析，中国与上海合作组织成员国在有限次博弈中并不会合作，只有在无限次重复博弈中，采用惩罚性政策才会使双方存在合作的可能性。但在现实中，能源合作并不像理论讨论的那么简单，要使中国在能源合作中获得稳定的长期收益，就必须具备一系列的保证条件：①贴现值 δ 越大；②双方从能源合作中获得的收益 R 越多；③双方不合作的动机 T 越小；④双方不合作自身损失 C_1 越小，对方损失 C_2 越大。

首先，中国要想在能源合作中获得理想的经济利益，就必须使各成员国在深化上海合作组织框架内的能源合作方面达成广泛共识，强化各方的合作意愿以提高贴现因子 δ。为了使各成员国共同努力，应尽快建立和完善有效的合作协调机制。新修订的《〈上海合作组织成员国多边经贸合作纲要〉落实措施计划》，在能源合作上还没有行之有效的协调合作机制。为此，需进一步强化能源合作在上海合作组织整个经贸合作中的重要地位，中国与其他上海合作组织成员国应制定上海合作组织框架内的能源合作长期战略，设立能源合作的专职协调机构，加强参与国际能源合作的宏观指导。上海合作组织国家为进一步加强能源合作的协商与对话，可考虑通过上海合作组织的能源俱乐部进行双边和多边合作，定期召开由各国能源部长参加的国际会议，以便加强沟通。

其次，要减少各成员国采取不合作的可能，就必须充分发挥各自能源的潜在比较优势，寻求能源合作多元化以提高合作收益 R，并减少不合作的动机 T。中国可以和上海合作组织成员国之间开展能源多元化合作方式，采取投资、贸易、合作研发、技术转让等方式开展组织内双边或多边合作。将能源合作由资源贸易型向精深加工型转变，带动煤炭、油气、核电、森林、矿产等资源设备和技术等领域合作，并在新能源、节能环保等领域发掘培育新项目。这不仅可以拓展合作领域、延长合作价值链并为双边和多边合作创造更多的财富价值，而且也有利于就业的增加和加快各国经济的开发。目前，在上海合作组织框架下中国与上海合作组织成员国开展了多项能源合作，且发展势头良好。中国作为能源消费大国和稳定可靠的油气大市场，与上海合作组织成员国之间的双边及多边能源合作正在逐一有序地展开，在推进与俄罗斯和中亚的合作时，中国坚持维护地区安全与稳定以及公平竞争、互利共赢的原则，赢得了俄罗斯及中亚国家的信赖，有力地推进了中国与俄罗斯和中亚国家间的能源合作（见表3）。特别是中国和俄罗斯近年来在石油领域的合作进入了快速发展期，基于两国的能源现实情况及其意愿，双方在石油合作领域会有一定的发展潜力。

表 3　近年来中国与上海合作组织成员国能源合作情况

国家	石油、天然气能源合作
中国与俄罗斯	2008 年 10 月 29 日，中国石油天然气集团公司和俄罗斯管道运输公司签署了《关于斯科沃罗季诺—中俄边境原油管道建设与运营的原则协议》等能源领域合作文件 2009 年 2 月，中国和俄罗斯就修建中俄能源管道、长期原油贸易、贷款等一揽子合作项目达成广泛共识 2009 年 4 月和 5 月，中俄原油管道工程俄罗斯境内段和中国境内段分别开工 2009 年 4 月 21 日，两国签署了《中俄石油领域合作政府间协议》 2009 年 10 月，两国签署了《关于俄罗斯向中国出口天然气的框架协议》 2009 年 10 月，两国签署了《中国石油天然气集团公司与俄罗斯石油股份公司关于推进上下游合作的谅解备忘录》
中国与哈萨克斯坦	2005 年 10 月 26 日，中国石油天然气集团公司收购了哈萨克斯坦石油公司 2006 年 5 月 25 日，中哈原油管道建成并正式对中国输油 2007 年 8 月 18 日，中国石油天然气集团公司与哈萨克斯坦国家石油公司签署了《关于中哈天然气管道建设和运营的合作协议》 2008 年 11 月，中国与哈萨克斯坦签署了《关于在天然气及天然气管道领域扩大合作的框架协议》
中国与乌兹别克斯坦	2005 年 5 月，两国签署了石油开采等协议 2008 年 4 月，中国石油公司和乌兹别克斯坦石油天然气公司组建了合资企业 Asia Trans Cas 有限责任公司，负责输送能力为 300 亿立方米的乌—中天然气管道设计、建设和运营工作，这条天然气管道将通过乌兹别克斯坦，把土库曼斯坦的天然气输往中国 2008 年 11 月，中国和乌兹别克斯坦达成了开采乌纳曼甘州明格布拉克油田的协议
中国与土库曼斯坦	2006 年 4 月 3 日，两国天然气输送管道的建设问题签署协议
中国与吉尔吉斯斯坦	2008 年 3 月，中国与吉尔吉斯斯坦签署了从吉国向中国出口煤炭的协议
中国与伊朗	2009 年 3 月，中国与伊朗签署了一项价值 32 亿美元的天然气协议

最后，为了减少上海合作组织能源合作失败后自身所遭受的损失，中国应采取多元化的能源进口供应渠道。如建立多元化的能源供应体系，保证能源供给的多元化，多元化有利于降低中国对上海合作组织成员国的能源依赖，避免能源危机。中国特别应关注东盟、非洲及南美洲等未来具有潜力的能源供应市场，这些地区能源储量较丰富，但尚未大规模开发，中国应积极与这些地区开展能源合作。同时，中国应改变现有的能源消费方式，提高能源利用效率，在有限的资源条件下实现能源安全。

参考文献

［1］林跃勤．对扩大上海合作组织框架内能源合作的若干思考［J］．俄罗斯中亚东欧市场，2006（11）．

［2］刘朝锋，刘晓玲．新时期上海合作组织能源合作探析［J］．西伯利亚研究，2007（4）．

［3］潘光．上海合作组织与中国的海外能源发展战略［J］．世界经济研究，2005（7）．

[4] 张玉国．上海合作组织能源俱乐部建设问题与前景［J］．俄罗斯研究，2007（3）．
[5] 陈小沁．上海合作组织能源一体化前景探析［J］．国际经济合作，2008（10）．
[6] 韩立华．上海合作组织框架下多边能源合作的条件与前景［J］．国际石油经济，2006（6）．
[7] 李葆珍．上海合作组织的能源合作与中国的能源安全［J］．郑州大学学报，2010（7）．
[8] 王海运．关于上海合作组织能源合作的思考［J］．西安交通大学学报，2010（1）．

An Analysis on Energy Cooperation between China and the Shanghai Cooperation Organization Member States from Game Theory Perspective

Geng Yeqiang　Ma Zhimin

Abstract: Energy cooperation is both an important convergence point of economic cooperation in the Shanghai Cooperation Organization member countries, but also an important way of enhancing the vitality and cohesiveness of the organization. Although China and the Shanghai Cooperation Organization member states cooperation in the field of energy are highly complementary, but cooperation between Member States still inevitably constrained by many uncertainties. In this paper, by establishing of dynamic game model and combining with the specific circumstances of China and the Shanghai Cooperation Organization member states energy cooperation, it analyzes the process of energy cooperation, and studies the behavior of the parties and the likely outcome for China and the Shanghai Cooperation Organization member states, and provides the theoretical basis of energy cooperation mechanism.

Key Words: SCO; Energy Cooperation; Game Theory

促进新疆与中亚五国扩大边境贸易之浅见*

朱金鹤　崔登峰

【摘　要】推进形成主体功能区是我国“十一五”规划的重大创新。边境贸易作为新疆对外开放的一大特色和优势，新疆与中亚五国的边境贸易对于加强国际经济合作、促进边疆地区的经济和社会发展以及推进实施新疆主体功能区建设均具有重要意义。本文对1999~2008年新疆与中亚五国边境贸易进行实证分析，探讨新疆与中亚五国边境贸易的现状、优势与障碍，在此基础上提出有效改善和促进新疆与中亚五国边境贸易的发展相关对策：依托上海合作组织积极建设中亚自由贸易区，加强新疆与中亚五国全方位的经贸合作，积极承接中东部地区的产业转移，培育对中亚贸易主体，开拓对中亚五国的贸易市场以及加强边贸相关管理部门的协作。

【关键词】新疆；中亚五国；边境贸易；优势；障碍

一、新疆与中亚五国经贸合作的有利条件

新疆地域辽阔、资源丰富，既是我国西北的战略屏障和对外开放的重要门户，也是我国实施西部大开发战略的重点地区和战略资源的重要基地。在国家主体功能区规划中，对新疆天山北坡国家级重点开发区的定位是构建以乌鲁木齐—昌吉为中心，石河子、奎屯—乌苏—独山子三角地带和伊犁河谷为重点的空间开发格局；要强化对西开放大通道功能，提升贸易枢纽功能和制造业功能，把新疆建设成为国家大型油气生产加工和储备基地、大型煤炭煤电煤化工基地、大型风电基地和国家能源资源陆上大通道，建成西北地区重要的

* 本文选自《现代财经》（天津大学学报）2011 年第 5 期。

基金项目：国家社科基金青年项目（项目编号：08CJL022）；石河子大学 211 工程重点学科建设项目。

作者简介：朱金鹤，石河子大学经济管理学院副教授，管理学博士；崔登峰，讲师，中国农业大学经管学院博士生。

国际商贸中心、制造业中心、物流中心和出口商品加工基地。2010 年 5 月中央召开的新疆工作座谈会提出，加快新疆与内地及周边国家物流大通道建设，努力把新疆打造成我国对外开放的重要门户和基地；加大实施沿边开放战略力度，在喀什、霍尔果斯各设立一个实行特殊经济政策的经济开发区，新设一批铁路、航空、公路口岸，加快发展边境贸易和边境旅游，支持新疆产品出口，鼓励资源类产品进口加工，支持新疆企业走出去。

国际化战略取向是新疆继续推进西部大开发和主体功能区建设的必然要求。新疆居于欧亚大陆腹地，毗邻中亚五国，与哈萨克斯坦（简称哈）、吉尔吉斯斯坦（简称吉）、塔吉克斯坦（简称塔）三国接壤的边境线长达 3288 公里，又邻近乌兹别克斯坦（简称乌）与土库曼斯坦（简称土）两国，是面向中亚、东欧地区对外开放的陆路交通枢纽。新疆与中亚五国贸易源远流长，始于 2000 多年前闻名世界的丝绸古道就是这两个地区经济贸易和文化往来的有力见证。新疆与中亚五国的国情不同，发展模式和阶段存在差异，对现实利益的需求也不相同，但在推动区域经贸合作方面有着共同的利益和需要。新疆与中亚五国在资源禀赋及经济领域、产业结构方面的优势互补是双方区域经贸发展的物质基础，独特的地理区位与地缘互补性优势使新疆成为参与中亚区域经贸合作的前沿、主要力量；国家对新疆"西向开放、贸易枢纽、出口商品加工基地"主体功能的明确定位，是促进新疆与中亚五国贸易发展的动力和依据，中央新疆工作座谈会更为新疆与中亚五国经贸发展提供了难得的机遇和政策支持。因此，新疆与中亚五国之间的贸易合作基础、合作条件及合作前景均趋于积极向好，应在新疆主体功能区建设中得到充分重视和利用，加强在能源、交通、旅游、金融、环保、人力资源开发领域的合作，真正发挥新疆与中亚区域经济的比较优势和竞争力。

在主体功能区框架下，加强与中亚区域的经贸合作关系将成为新疆主体功能区建设的外向重点与优势。新疆与中亚五国加快贸易发展，有利于强化互宜性促进因素，充分发挥地缘优势与经济领域的互补性优势，使新疆蕴含的巨大发展潜能得以释放和辐射，形成国际投资与经贸合作的热点、国际资源与要素的集结点以及其他国际外力的作用点和新的经济增长点，从而促进新疆的经济发展。

二、新疆与中亚五国边境贸易现状

（一）新疆与中亚五国边境贸易规模分析

新疆与中亚五国贸易自 1999 年至今一直保持上升趋势，且增长幅度逐年加大。1999 ~ 2008 年，新疆与中亚五国进出口总额增长了 16.63 倍，从 10.67 亿美元增加到 188.12 亿美元；其中，出口增长明显快于进口，1999 ~ 2008 年，进口与出口分别增长了 3.24 倍和 28.39 倍。2008 年，新疆与中亚五国进出口总额比上年增加了 78.36 亿美元，增速为71.39%；其中进口只增长了5.59亿美元，出口增长了72.77亿美元，进口增长额只相当于出口增长额的7.68%，可见双边贸易中新疆出口增长远快于进口增长。在新疆与中亚五国贸易中，出口比重逐年上升，进口所占比重逐年下降。1999年，进口与出口所占比重分别为46.76%和53.24%，进口所占比重比出口低6.48个百分点；2008年，出口所占比重高达88.76%，比进口所占比重高77.52个百分点。同时，出口与进口对进出口总额的贡献率也呈此消彼长的关系，出口贡献率逐年增加，进口贡献率逐年下降。2000年，进出口总额增长3.06亿美元，出口与进口对增长的贡献率分别为18.33%和81.67%，进口对增长的贡献率比出口高63.34个百分点；2008年，出口与进口对增长的贡献率分别为92.87%和7.13%，出口对增长的贡献率比进口高85.74个百分点。2007年，新疆与中亚五国进出口贸易总额109.76亿美元，占新疆进出口总额的80.02%，占新疆对亚洲进出口总额的比重高达92.01%；2008年，新疆与中亚五国进出口总额188.12亿美元，占新疆进出口总额和占新疆对亚洲进出口总额的比重分别高达84.67%和94.20%，比上年增长71.39%，增速比新疆进出口总额高9.41个百分点（见图1）。

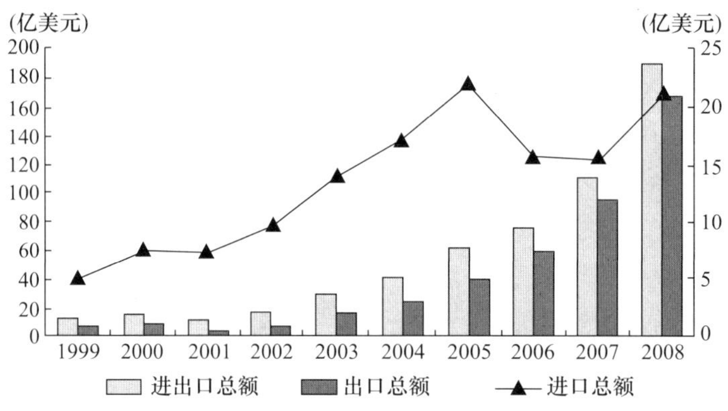

图1　1999~2008年新疆与中亚五国贸易状况

（二）新疆与中亚五国边境贸易结构分析

1. 商品结构

与10年前相比，新疆对中亚五国的进出口商品结构有了显著改变。1995年新疆出口商品主要是棉花、棉纱、羊毛衫、棉布、呢绒等以资源型、劳动密集型产品为主的新疆本地产品，深加工、精加工和技术含量高的制成品出口比重较低；进口商品主要以初级制成品、石油、钢材、化工原料、化肥为主；而近年来，双方出口的商品结构表现出很强的互补性。中亚五国主要出口原油及石油制品、天然气、钢材、有色金属、矿产品、畜产品、木材、棉花等资源及原料类商品；新疆主要出口食品、轻纺产品、家用电器等工业品，在一定程度上实现了出口商品结构的优化，但高科技和高附加值产品所占比重仍然较小，大多集中于劳动密集型产品（见表1）。

表 1　新疆与中亚五国贸易商品结构

贸易对象	新疆出口商品	新疆进口商品
对吉贸易	交通工具、农用机械、矿物质和纺织品等轻工业产品	黑色和有色金属、金属加工品、电力、牛羊皮、棉花等
对哈贸易	粮油食品、小型农机具、焦炭、矿物肥、茶叶、鞋类、餐具、服装、纺织品、塑料制品和家电（电视机）等	原油、石油制品、金属矿砂、钢锭、废钢、化肥、铝、铜、羊毛和牛皮等
对塔贸易	以轻纺产品、机电产品为主，机械和通信设备、交通工具、日用百货、家具、灯具、瓷器、五金、建材及农产品等	矿产品、黑金属及其制品、铝及其制品、铜及其制品、棉花、生皮和鞣制皮、丝绸等产品
对乌贸易	家电、石油和机械设备、通信、化工和塑料制品、拖拉机、服装、鞋类、茶叶、食品等	石油产品、棉花、生丝、塑料
对土贸易	纺织、机电、化工产品	能源与原材料产品

2. 国别结构

近年来，新疆与中亚五国贸易呈现出高速增长势头，总体增速远高于同期我国进出口贸易发展。2002 ~2008 年，新疆对哈贸易额增长了 5. 60 倍，对土贸易额增长了 7. 50 倍，对乌贸易与对吉贸易分别增长了 22 倍和 50. 70 倍；对塔贸易增长了 249 倍，从 0. 05 亿美元提升到 12. 50 亿美元。新吉贸易规模虽然一直仅次于双边贸易中最大的新哈贸易，但 6 年间新吉贸易增长高达 50. 70 倍，大大缩小了与新哈贸易规模的差距。对于新疆来说，哈、吉两国一直是新疆贸易排名第一和第二的两个最重要的贸易伙伴，2008 年新疆对哈、吉两国贸易占新疆外贸总额比重达 76. 71%，比这两国进出口占新疆对亚洲进出口总额的比重低 8. 38 个百分点，其中对哈进出口占新疆进出口总额的比重比 2007 年下降 10. 01 个百分点，对哈进出口占亚洲进出口总额的比重比 2007 年下降了 13. 04 个百分点；而对吉进出口占新疆进出口总额的比重和占亚洲进出口总额的比重分别比 2007 年增加了 12. 19 个百分点和 12. 68 个百分点。新疆对吉贸易增长远快于对哈贸易，2008 年新疆对吉出口首次超过对哈出口，比对哈出口多 6. 93 亿美元，2009 年吉国上半年一度取代了哈国第一贸易伙伴地位。新疆对塔贸易规模在中亚五国中增速最快，2008 年塔国成为新疆第三大贸易伙伴；而新疆对乌、土贸易发展规模小、增长速度相对较慢，不尽如人意；2008 年乌国是新疆第六大贸易对象伙伴，而土国未进入新疆贸易伙伴排名前列；但这两国在中亚五国中经济实力仅次于哈国，远高于吉、塔两国，表明新乌、新土贸易仍具有提升空间。

（三）新疆与中亚五国外贸依存度分析

1998 ~2008 年，新疆对塔、乌、土国的贸易依存度一直明显偏低，并且变化幅度较小；历年新疆对乌、土国的贸易依存度均低于 1%，对塔国贸易依存度最高仅 2. 07%；新疆对吉贸易依存度在 1998 ~2003 年较平稳、变化幅度较小，2003 年以后有显著变化，呈迅速增加态势，但历年贸易依存度均小于新疆对哈贸易依存度。在新疆与中亚五国贸易中，新疆对哈贸易依存度始终处于首位，波动较小，变化幅度也不大。1998 年，新疆对哈贸易依存度 3.65%，比新疆对其他四国贸易依存度高 1.13 个百分点；2005 年，新疆对哈贸易依存度达到最高值 15.78%，比新疆对其他四国贸易依存度高 12.64 个百分点；2008 年，新疆对哈贸易依存度 14.99%，分别比新疆对吉、塔、乌、土贸易依存度高 1.82 个百分点、12.92 个百分点、14.27 个百分点和 14.86 个百分点。从贸易规模上看，新疆对吉贸易与对俄贸易规模相当，略高于塔国和乌国，远高于土国，但与新疆对哈贸易规模相比显著偏低。表明哈是新疆主要边境贸易国家之一，新疆对哈贸易在新疆外贸经济发展中具有重要地位（见表 2）。

表 2　新疆对中亚五国的贸易依存度

单位：%

年份	对吉贸易依存度	对哈贸易依存度	对塔贸易依存度	对乌贸易依存度	对土贸易依存度
1998	1.45	3.65	0.89	0.18	0
1999	1.38	6.59	0.64	0.03	0
2000	1.04	7.16	0.06	0.06	0.01
2001	0.55	5.01	0.04	0.03	0.01
2002	0.79	7.01	0.02	0.10	0.05
2003	1.01	11.17	0.04	0.17	0.11
2004	1.73	12.31	0.12	0.32	0.01
2005	2.35	15.78	0.31	0.44	0.04
2006	4.86	13.13	0.57	0.70	0.11
2007	7.02	15.05	0.81	0.72	0.09
2008	13.17	14.99	2.07	0.72	0.13

资料来源：根据 1999 ~ 2009 年《新疆统计年鉴》相关数据计算整理得出。

三、新疆与中亚五国进行贸易合作的优势分析

（一）相对和平稳定的政治环境优势为双方贸易发展奠定了坚实基础

1996 年和 1997 年，中、俄、哈、吉、塔五国元首分别签署了《五国边境地区军事领域相互信任协议》和《边境地区裁军协议》，彼此互信程度进一步增强，为建立友好的外交关系和经贸合作奠定了良好的基础；近年来，中国与中亚五国政治关系迅速发展，建立了元首定期会晤制度，签署的一系列规范双边关系的文件和联合声明也充分体现了对发展经贸关系的高度重视。同时，随着上海合作组织框架内各成员国之间多边磋商制度不断完善，多边政治、外交关系和经贸合作关系日益健康发展，中国与中亚各国之间的区域性经贸合作的外部制度和政治环境趋向完善和稳定，为新疆与中亚五国经贸合作创造了向好的外交和政治环境。

（二）独特的地理区位与地缘互补性优势是新疆与中亚国家发展经贸的原动力

新疆与中亚五国存在对彼此地缘优势的强烈需求。地处亚欧大陆腹地的中亚五国，作为第二欧亚大陆桥的重要地段和辐射区，是新疆通往欧洲的必经之地；但发展国际贸易存在天然缺陷，不仅没有出海口，而且与海洋的最近距离也在1700多公里；新疆区内幅员辽阔，资源丰富，远离国内、国际大都市，却毗邻中亚国家，是新亚欧大陆桥国内段的桥头堡和中国东西向开放的重要通道，中亚五国的出海通道经由新疆、甘肃，取道连云港、通往太平洋。同时，新疆与其接壤的哈、吉、塔三国一共互相开放了10个陆路一类口岸，众多边境口岸为新疆利用地理区位优势，发展与中亚国家的区域性经贸合作关系，提供了有利的地理条件和便利。

（三）经贸领域互补性优势是深化双方经贸合作的物质基础

受苏联国民经济区域布局的影响，中亚五国缺乏综合均衡的产业结构，轻工产品相对紧缺；而新疆具有较齐全的产业结构体系，从而使双方具有很强的产业互补性。新疆与中亚五国的经贸互补关系还体现在区域分工及资源与能源产品结构互补性上。中亚五国是仅次于中东、西伯利亚的石油天然气密集区。新疆具有煤炭、钢铁、石油、有色金属、电力、机械、化工等方面的生产和深加工能力，可借助区位优势承接、转化、输入中亚国家丰富的油气与矿产资源，同时输出轻工产品满足中亚五国市场缺口。

（四）独特的、深厚的人文资源优势是扩大双方贸易的有利补充

新疆是我国少数民族重要聚居区，与中亚五国的主体民族——维吾尔族、哈萨克族、塔吉克族、乌孜别克族、柯尔克孜族形成众多跨境而居的现象，他们宗教信仰一致、风俗习惯相近、语言文化相通、行为方式近似，这种历史造就的浓厚的宗教、民族、文化情结和长期以来密切的不间断的经济社会文化联系，形成了新疆向中亚开放独特的、深厚的人文资源优势。

四、新疆与中亚五国开展贸易的障碍与制约因素

（一）体制与制度障碍

中亚五国尚处于向市场经济转轨阶段，在对外政策上缺乏连贯性和一致性，法律法规多变且不健全，政策与法令法规朝令夕改、随意性强，在贸易立法、管理体制、投资环境、金融服务、法律保障、政府管理等方面还存在诸多不符合市场经济要求和国际惯例的

障碍和问题，在一定程度上影响了新疆边境贸易的正常发展。同时，哈国等中亚国家至今尚未就对华边贸制定出相应的优惠政策，造成其政策与中方的一系列边贸优惠政策明显不对等。中方现行边贸政策针对性与有效性较弱，贸易信用体制、经贸合作保障机制和服务机制尚不健全，容易造成政策之间的相互冲突，从而错失了许多合作良机。

（二）基础设施障碍

基础设施是制约新疆与中亚五国区域贸易的“瓶颈”之一。一方面，新疆边境口岸的基础设施建设比较落后，铁路、公路、空运交通运输网、水电、通信、金融、商检、检疫、旅游等配套设施的建设尚不能满足需求。新疆与周边国家 10 多条航空、铁路、公路的联系通道，但只有新疆唯一的国际铁路通道——土西铁路和 312 国道与哈萨克斯坦相接，而与其他中亚国家缺少相应的公路与铁路。除航运及阿拉山口、霍尔果斯、巴克图、吉木乃、都拉特等陆路口岸联系较便捷外，其他口岸因处在山坳、达坂地带，山势险峻、海拔偏高，加之路况差、等级低，常年通关受限制；全疆 15 个陆路口岸中，阿拉山口约占全区口岸过货量的 60% 以上。另一方面，新疆与中亚国家贸易基础设施不配套，交通基础设施及运输车辆的技术标准各异，标志、标线等差异较大，对过境车辆的限制条件随意变换，给运输者带来不便和损失。

（三）产业结构与合作障碍

新疆落后的加工贸易水平极大地影响了与中亚五国发展贸易的内在动力。2007 年新疆加工贸易进出口总额仅占新疆外贸总额的 3%，新疆向中亚五国出口商品一半以上是内地商品，这种中转贸易容易演变为单纯的“通道经济”，从而因贸易产业“空洞化”而沦为“经济洼地”。双方合作存在诸多无序和不规范现象。同时，双方产业合作中还存在诸多问题亟待解决。

（四）双边贸易发展不平衡的障碍

首先，外贸发展不平衡，贸易顺差增长过快。2008 年新疆对中亚五国的出口额是进口额的 7.90 倍，贸易顺差是 2007 年的 1.85 倍。这种不对等的双边贸易极易引起贸易摩擦。其次，贸易商品结构不合理。双方贸易商品以资源密集型、劳动密集型的初级产品为主，资本密集型与技术密集型产品所占比重相对较低；新疆出口商品差异化策略和品牌策略意识较薄弱，技术含量、附加值不高，致使出口产业部门抗风险能力较弱。最后，贸易增长空间有限，竞争日趋激烈。欧洲、韩国和日本等国不断拓展中亚市场，无形中挤压了新疆对外贸易的增长空间；近年来出现中亚五国跨越新疆直接与内陆省区开展过境贸易、跨区贸易，也不利于新疆的外贸发展。

（五）贸易交易成本居高不下的障碍

首先，贸易结算方式落后，支付手段单一，大部分结算方式以借贷和现金结算完成，

在双方边境口岸缺乏相应的贸易结算机构，加大了贸易双方的交易风险。其次，尚未建立有效解决双方涉外经贸问题的仲裁机构，对进出境限制较多；加上中亚地区赋税多杂、外汇管制苛刻，办理签证、劳务许可等手续繁复且办理时间较长，货物运输成本高、安全性差、通关效率低，影响了双边贸易的进一步发展。最后，双方金融体系不完善，相互金融市场开放度有限，加上未开展境外商业保险和信贷等业务，新疆与中亚国家大额交易主要通过第三国银行的汇兑业务和信用证业务完成，增加了中方贸易交易成本。

五、促进新疆与中亚五国扩展边境贸易之策

（一）依托上海合作组织积极建设中亚自由贸易区

随着上海合作组织成员间合作的日益深入，建立中亚自由贸易区已成为新疆与中亚各国共同的愿望和迫切要求。一方面，扫除构建稳定、安全、自由的中亚自由贸易区所存在的一些政治、经济环境、贸易政策方面的障碍，成立中亚自由贸易区管理委员会，在自由贸易区内建立具有共同法律效力的区域经济合作制度和管理制度，实行包括投资、生产、贸易等多方面的优惠政策，减少市场准出、准入和部分商品的进出口配额限制，实现通关和出入境手续服务的快捷、简化和高效。另一方面，共同构建覆盖中国和中亚各国的区域性货币互换与金融合作机制，尝试本币结算业务，进一步放开外汇市场，共同防止国际投机资本的冲击和国际金融危机的蔓延，最终形成区域性的互惠金融制度安排，为中亚自由贸易区建设创造良好的金融环境。

（二）加强新疆与中亚五国全方位的经贸合作

新疆与中亚五国在多个领域的经贸合作具有巨大潜力：一是以油气资源开发为主的能源与资源合作；二是农牧业发展、绿洲节水灌溉、农产品加工合作；三是文化交流、职业教育、交通通信、服务业、高新技术、货币和金融领域的合作；四是跨境旅游、沙漠治理、生态环境保护等方面的合作。应鼓励新疆与中亚五国开展多领域、多形式的合作，扩大贸易、科技、技术贸易、劳务、资源开发等合作范围，积极开展商品、投资、服务、加工、工程承包、对外援助等多元化的对外经贸合作，使经贸合作从产品合作层次逐渐向产业合作层次提升。

（三）积极承接中东部地区的产业转移

新疆应充分发挥劳动力成本、资源与市场优势，主动承接中东部地区的产业转移，建设能源与资源的深加工基地和出口基地，努力发展特色农产品深加工、纺织、机械制造、化工、新能源和高新技术、物流服务等产业，促进新疆外向型经济结构和产业结构的升级

与优化，获得外贸持续增长的动力。同时，应引导加工贸易在新疆落地生根和转型升级，鼓励新疆企业以独资、合资、合作、参股、控股等多种形式积极开展境外加工贸易，并有重点、有规划、有步骤地发展面向中亚市场的出口加工区和产业园区，促进以产业带动贸易、以贸易刺激产业升级的良性产业链发育，从而改变新疆“贸易空洞化”趋势与内地产品中转站的尴尬地位，以保障新疆比较优势和出口竞争力的持续提高。

（四）培育对中亚贸易主体，开拓对中亚五国的贸易市场

首先，要不断培育新的对中亚贸易主体，积极鼓励和引导具有一定规模和实力的外向型龙头生产企业、外边贸企业、流通企业、民营企业进入对中亚五国贸易领域，引导中方贸易企业规范经贸活动，尽快调整经营策略以开拓中高档市场。其次，应努力拓展贸易形式，在搞好边境小额贸易的同时，努力发展加工贸易、旅游贸易、服务贸易、寄售贸易等其他灵活的贸易方式。最后，放宽对外商投资的限制，允许外商投资兴办金融和商业零售等三资产业，并向国内外投资者开放新疆境内的资源产业和市场，鼓励新疆企业到中亚五国开展来料加工、境外投资、境外销售业务，为新疆外向型经济发展营造良好氛围。

（五）加强边贸相关管理部门的协作

首先，创新口岸治理、政府工作人员、往来客商、贸易秩序、进出口商品质量等方面的相应管理办法和规章制度，高效合理地运用进出口专营权、进出口配额和许可证、外贸促进资金、外贸中小企业市场开拓资金等有限的贸易资源。其次，双方边检、商检、海关、交通运输、外汇管理等有关经济、执法部门建立常态联络机制、信息交流与反馈机制和贸易争端解决机制，从而解决中亚国家政策多变、技术贸易壁垒繁多、通关时间较长、通关速度较慢、报关手续复杂等问题，为新疆对中亚国家贸易创造宽松环境。最后，双方应在上海合作组织框架内协调铁路过境运输政策，加强现有口岸基础设施和物流配套设施建设，开辟最便捷的航空运输通道，尽快改善中亚经济圈的内部环境。

参考文献

［1］王海燕．中国新疆与中亚五国经贸合作关系的回顾和展望［J］．俄罗斯中亚东欧市场，2005（6）．

［2］黄一超，贺湘焱．中国新疆与中亚五国经济合作现状与制约因素分析［J］．新疆金融，2007（7）．

［3］付华蓉．新疆与中亚五国经济贸易发展探析［J］．新疆金融，2008（10）．

［4］李钦．扩大中国与中亚五国双边贸易研究基于新疆的视角［J］．亚太经济，2009（1）．

［5］王海燕．中亚五国与中国新疆经济合作的互补性分析［J］．中欧东亚市场研究，2002（2）．

［6］李钦．中国新疆与中亚五国经贸合作比较研究［J］．商业经济，2010（6）．

共有观念的缺失与构建*

——“概念分歧与中欧关系”国际研讨会综述

潘忠岐　朱　鸣

20世纪90年代中期以来，中欧关系虽取得长足发展，但始终受到“西藏问题”、人权、市场经济地位、武器禁运以及非洲、伊核等问题的干扰，波折不断。中欧关系甚至在2008年陷入历史性低谷。原因固然错综复杂，但在一定程度上与中欧在核心政治概念上的认知分歧不无关系。鉴于此，复旦大学国际关系与公共事务学院和德国艾伯特基金会于2011年1月19~20日在上海联合主办“概念分歧与中欧关系”国际研讨会。中欧双方30多位大学学者、智库专家和外交官员围绕6个主要概念（主权、人权、规范性权力/软权力、多边主义/多极化、全球治理、战略伙伴关系），深入探讨了中欧之间的概念分歧及其根源，客观分析了概念分歧对中欧关系的消极影响，并就双方应如何管理概念差异提出了政策建议。

一、中欧在核心政治概念上的认知分歧

在研讨会涉及的六大政治概念中，与会者普遍认为，中欧双方在主权和人权概念上的认知分歧最明显，也最难弥合。而且在其他概念上的认知分歧都或多或少与此有关。在规范性权力/软权力、多边主义/多极化方面，中欧不仅存在认知分歧，甚至在术语的使用偏好上都形成明显对比。在全球治理和战略伙伴关系问题上，中欧之间相对而言存在更多的共同语言，但也存在概念差异。

（一）主权

主权概念源于欧洲，随着历史的发展，政治诉求的不同使中欧对主权概念的认知出现

---

* 本文选自《欧洲研究》2011年第2期。

基金项目：上海欧洲学会、陈志敏教授主持的欧盟让·莫内项目和潘忠岐教授主持的2010年度上海市浦江人才计划“核心政治概念的认知分歧对中欧关系的影响”等。

作者简介：潘忠岐、朱鸣，复旦大学国际关系与公共事务学院。

了难以弥合的裂隙。复旦大学潘忠岐指出，中国作为一个历史上被强迫接受主权原则的国家，现在变成了主权原则最坚定的倡导者和捍卫者之一，而欧洲作为主权原则的创始人和受益者，现在变成了主权原则的挑战者和攻击者之一。强化还是弱化国家主权对于中国和欧洲来说具有完全不同的意义。强化国家主权有利于中国实现统一，而削弱国家主权有利于欧洲实现进一步一体化。因此，中欧主权观的发展曲线不是趋合而是渐分，它们根深蒂固的主权观分歧不论怎么发展都难以缩小。中国固守威斯特伐利亚传统，强调主权是一国内在的固有权利，不可分割、不可转让，主权原则既是国际关系的基本准则，也是中国外交政策的指导原则。而在欧盟及其成员国看来，主权与其说是权利，不如说是责任（即所谓“保护的责任”），是相对的、可转让的。不少欧洲人甚至认为主权概念已经过时，欧洲正进入“后主权”时代。主权原则在很多时候变成了欧盟各国对内说“不”的工具和对外谈判的筹码。

与此不同，爱尔兰国立大学的高德瓦和杜甘强调，中欧尽管在主权概念上存在认知分歧，但也有不少趋同之处。他们认为，中欧的主权概念都具有多元性，并且双方都把主权原则当作某种可选择的政治工具，均务实地根据政策领域和具体情境用主权原则维护自身利益。更重要的是，在各类地区和全球性问题（如金融危机）的治理方面，中欧的主权概念开始呈现某种趋同的势头。如双方都支持金融稳定委员会和 G20 机制，都接受可能会对国家主权带来深远影响的新型全球合作。同样，来自欧盟委员会的邓认为，在主权的定义上，中欧之间事实上不存在真正的分歧。欧盟成员国只是将主权视为可以为了本国利益而转让的东西，而欧盟并没有要求其他国家也这样做。因此，不是主权概念发生了变化，而是国家用这一概念去做什么发生了变化。

（二）人权

如果说双方在主权概念上难以找到共同语言，那么在人权概念上就更是南辕北辙。张弛从 5 个方面分析了中欧在人权概念上的认知差异：个人主义与集体主义、普世主义与相对主义、权利与义务、人权至上与主权至上、制度关怀与道德关怀。他援引江泽民的演讲指出，“在中国，生存权、发展权是最重要、最基本的人权”，但欧洲人普遍对此不认同。他们从个人主义出发，把个人从主权中析出的趋势越来越明显。人权、民主和法治等个人权利观念已逐渐成为欧盟的基石。反过来，对于欧洲人强调的人权高于主权的观念，中国人也不接受。中国高度重视国家主权在人权保护方面的关键作用，认为主权是人权的前提和保证。中欧人权观分歧还延伸到不干涉原则。欧洲看重人权的权利属性，强调人权的普世性，认为出于保护人权目的进行国际干涉是合理的。中国则看重人权的义务属性，强调人权的相对性，拒不接受以保护人权为由干涉他国国内事务。

布鲁塞尔自由大学的弗里曼和盖拉茨也认为中欧对人权的认知存在重要差异。他们以大样本的调查数据为基础，对现代化理论（该理论认为经济发展将促进政治民主化）提出质疑，认为欧洲人期望中国人会像他们那样接受人权概念，并将人权问题列入优先议程是不切实际的。中国民众人权要求日益强烈的看法也缺乏足够的证据支持。数据还表明，欧洲人所理解的人权在大多数中国人的政策偏好中普遍排位很低。

上海欧洲学会张祖谦表示，随着经济的进一步发展，中国的人权状况已经得到显著改善。欧洲政策中心的卡梅隆进而提出质疑：为什么欧盟总在人权问题上指责中国，却不太情愿指责其他国家（如沙特阿拉伯）？这难道是一种伪善吗？而来自欧盟对外行动署的叶森以"西藏问题"、诺贝尔和平奖问题、法兰克福书展事件为例，说明中欧之间在人权概念上存在巨大鸿沟，缺少应有的基本共识。英国外交部的威斯格思则认为，中欧之间的概念分歧既有观念上的根源，也与双方的情绪化反应有关。

（三）规范性权力/软权力

欧洲人提出的规范性权力概念与美国学者约瑟夫·奈首创的软权力概念十分接近。但正如复旦大学陈志敏和同济大学宋黎磊指出的，与欧洲人喜欢前者不同，中国人更喜欢后者。在他们看来，中国强调文化软权力，而欧盟重视规范软权力。虽然中欧对软权力的认识和运用有相似之处，但双方的概念分歧更突出。来自斯德哥尔摩的麦安雅也认为，中欧的软权力资源都包括历史和文化，双方在概念上的认知分歧体现了现代与后现代价值观的冲突。但她同时指出，欧盟与中国在软权力上的概念分歧根源于双方不同的治理结构、战略目标以及行使软权力的手段。复旦大学张骥进而指出，在软权力概念上，中国是防御性的，目的在于保护自己的价值观和意识形态；而欧盟是进攻性的，寻求将自己的价值观和规范强加于他人。

（四）多边主义/多极化

多边主义和多极化是世界外交舞台上经常被使用的术语。正如北京大学张小明指出的，多极化与国际体系的权力分配、均势和主权密切相关；多边主义与国际体系的进程尤其是国际制度、主权分享的实践密切相关。他认为，中国以多极化为导向，欧盟以多边主义为导向。中欧的概念分歧在于：在欧洲人看来，多极化意味着权力从西方向东方转移，而中国是其中一极；在中国人看来，多极化意味着对美国霸权的制衡，而欧盟在该进程中是一支独立的力量。在欧洲人看来，多边主义意味着以国际制度为基础的全球和地区治理，崛起中的中国必须融入其中；而在中国人看来，多边主义不但意味着基于国际制度的全球和地区治理，更是通向多极化的道路。与此相似，英国布鲁内尔大学的斯科特指出，谈及多边主义和多极化分别是欧盟与中国公共外交的一大特色，不同之处在于在什么时间、场合以及对谁使用两者中的哪一个术语。中国使用多极化术语体现了对大国外交的重视（大国是关键）以及对国际格局演变的关注和某种期待。而欧盟对多极化术语的使用总显得犹豫，尤其不喜欢与中国讨论多极化。另外，多边主义术语体现了欧盟的规范性软权力；但对于中国来说，它只是某种可选择的安抚性言辞。

（五）全球治理

全球治理概念的流行在很大程度上要归功于欧洲。布鲁塞尔自由大学的格拉斯认为，全球治理概念意味着淡化主权国家，转而强调非国家行为体，通过各国及其他国际行为体的协调努力来管理全球性问题。总体上，全球治理的前提与欧盟的历史经验相吻合，全球治理的思路与欧盟的安全战略相吻合，全球治理的战略与欧盟的有效多边主义理念相吻合。但她认为，欧盟的全球治理概念与中国的相关理念没有多少交集。对此，复旦大学简军波表示认同，他从4个方面详细分析了中欧在全球治理概念上的分歧。在战略上，欧盟以全球治理为规范性力量“规范异邦”，而中国则以全球治理构建“和谐世界”；在目标上，欧盟要将自身的模式、价值和标准变为全球治理的指南，而中国反对全球治理标准的欧洲化，这一分歧最明显地体现为双方在哥本哈根气候峰会上有关碳排放标准的争执；在原则上，欧盟强调要超越威斯特伐利亚体系（即弱化主权），而中国认为全球治理必须坚持主权独立原则；在方式上，欧盟倡导其全球治理思路的普世性，中国则表示应具体问题具体分析，平等协商、合作共赢。中国国际问题研究所金玲也认为，中国的全球治理概念突出主权平等、双赢及相互尊重，而欧盟强调全球责任和普世价值，欲将自己的价值观强加于他国。中国社会科学院欧洲研究所赵晨指出，中欧在全球治理方面概念分歧的焦点在于世界秩序观的不同，欧盟看重全球宪政政府，而中国强调主权平等。

（六）战略伙伴关系

战略伙伴关系是中欧对双方关系的共同界定。尽管中欧均宣称对方是自己的战略伙伴，但两者对于何为战略伙伴关系却有不同的理解。柏林自由大学的斯图鲍穆指出，温家宝对中欧战略伙伴关系进行过详细界定，[①] 但是欧方却缺少相关的官方定义，战略伙伴关系对于欧洲来说是一个“概念迷雾”。她援引欧盟一位外交官的话说：战略伙伴关系“就像爱情——没人能界定。只有经历了，才知道它的含义”；“从来没有人明确指出过它意味着什么，以及其他国家实际上是否把我们当作他们的战略伙伴”。在斯图鲍穆看来，中欧在战略伙伴关系上的概念分歧在于：中国着眼“长远”，而欧盟关注“当前”。对于中国来说，“战略意味着我们思考问题要着眼长远，处理单个问题不是战略”。但对于欧盟来说，就像欧盟外交和安全政策高级代表阿什顿强调的，“欧盟和中国是战略伙伴关系。这意味着我们不仅要讨论双边关系，还要讨论当前世界面临的重大挑战”。中国人民大学宋新宁则强调，中欧不仅缺乏对战略伙伴关系的共同理解，而且缺乏与此概念相适应的共同战略利益，甚至欧盟至今还维持着对华武器禁运的制裁。中国前驻德国大使梅兆荣指出，中欧相关概念分歧的主要原因在于，中国想当然地认为中欧关系是战略伙伴关系，而事实上欧盟对于这一概念的理解是非常实用主义的。不解除对华武器禁运，中欧关系仍将停留在冷战时代。

---

① 2004年5月6日，温家宝在《积极发展中国同欧盟全面战略伙伴关系》的讲话中指出，所谓“全面”，是指双方的合作全方位、宽领域、多层次；所谓“伙伴”，是指双方的合作是平等、互利、共赢的，在相互尊重、相互信任的基础上，求大同存小异，努力扩大双方的共同利益；所谓“战略”，是指双方的合作具有全局性、长期性和稳定性，超越意识形态和社会制度的差异，不受一时一事的干扰。

二、概念分歧对中欧关系的负面影响

与会者普遍认为，中国和欧洲在核心政治概念上的认知分歧对于中欧关系发展的消极影响是显而易见的。尽管不能将这种负面效应过分夸大，因为中欧不仅存在广泛的共同利益，甚至在观念上也不无契合之处，但概念分歧无疑为我们理解为什么中欧关系会因诸如“台湾问题”、“西藏问题”、军售、非洲和伊核问题而时常陷入纠纷提供了重要的思考线索。源于概念分歧的认知差距一直在背后不同程度地左右着中欧之间的各种争议。

（一）概念分歧妨碍中欧关系的顺利发展

中欧双方在主权和人权概念上的分歧最大，这方面分歧对中欧关系的负面影响也最大。大多与会者认为，差不多除了经贸领域，中欧在很多问题上的矛盾和纷争都或多或少与双方在主权和人权概念上的认知分歧有关。潘忠岐以“台湾问题”和“西藏问题”为例指出，中欧双方对主权概念的认知分歧对于中欧关系的发展具有直接影响且常常是消极的、不利的。

人权问题是近年来中欧关系的主要麻烦制造者。冷战结束后，人权概念差异日益凸显出来，成为双方最大的分歧领域之一。张弛强调，人权概念差异使中欧在人权问题上呈现较强的非对称性，极易成为中欧矛盾和摩擦的爆发点。欧盟在人权问题上往往表现得好为人师，呈现出咄咄逼人的进攻态势，中方则显得消极被动。不仅如此，人权概念差异还造成了中欧利益认知的偏差。在中国看来，许多属于人权领域的具体问题被欧盟政治化了，成了欧盟对中国施压的工具，许多欧盟认为属于人权范畴的问题在事实上冲撞了中国的核心利益和政策底线。而欧方却对中方反应之强烈感到难以理解，甚至采取对着干的做法，使双方矛盾和摩擦进一步激化。威斯格思也表示，在某些国内、国际紧张形势的背景下，中欧人权观分歧极易走向情绪化，从而使中欧关系遭受强烈的负面影响。

与主权观和人权观分歧相似，中欧在其他政治概念上的认知差异也在双边关系中扮演了负面角色。当欧方试图将其价值观和规范强加给中国，向中国推销其规范性软权力、有效多边主义和全球治理理念时，总会使中欧关系陷入这样或那样的冲突。中欧在 2008 年奥运火炬传递和 2009 年哥本哈根气候会议上的分歧就是双方相关概念差异的具体外化。中欧在战略伙伴关系概念上的认知分歧更是直接给这一战略关系的构建蒙上了一层厚重的阴影。

（二）概念分歧不利于中欧双方改善相互认知和发展战略伙伴关系

根据英国广播公司等机构的民意调查，欧洲人和中国人对彼此的态度在 2008 年都变得更消极。中欧之间相互认知的恶化固然与双方对实际问题的处理有关，但在一定程度上也反映了中欧在核心政治概念上的认知分歧。盖拉茨表示，人权问题在中欧关系中的重要性时起时落，但它塑造了双方不信任的背景，特别是在欧洲民意中。这种状况一时难以改观。欧洲和中国或许不得不从客观的人权观分歧出发，重新考虑如何应对双边关系中的人权问题。张弛也认为，人权概念差异影响了双方民众的相互认知。欧洲人认为中国人不重视尊重和保护人权特别是公民权利和政治权利，中国的政治体制是“一党执政”，缺乏民主，普通中国百姓由于受到政府压制而不敢自由地表达思想等。中国人则认为欧洲人是欧洲中心主义的，喜欢当“师爷”，把过去殖民主义的做派搬到中欧关系中来，试图将适合自己的东西强加给中国。这种相互认知进一步导致了双方民众的心理隔阂。

中欧的认知差异还明显体现在战略伙伴关系问题上。尽管双方的官方文件都把中欧关系界定为战略伙伴关系，却有不少人质疑中欧是不是真正的战略伙伴。斯图鲍穆援引部分欧洲学者的研究认为，所谓中欧战略伙伴关系还只是停留在言辞上，并未体现在实践中。对于战略伙伴关系的概念分歧使中欧双方常常各说各话、找不到共同语言。由于缺乏明确的定义和战略目标，中欧还很难称得上真正的战略伙伴。宋新宁也指出，中欧双方对于战略伙伴关系的概念分歧源于双方都对这一概念寄予过高期望，从而对双边关系造成负面影响。在中国看来，通过战略伙伴关系，欧盟应该解除对华武器禁运，给予中国市场经济地位，在人权、“西藏问题”上与中国合作；而欧方却期待通过战略伙伴关系，促进中国国内的政治变革，得到中国在全球事务中的合作。概念分歧和预期差距似乎使中欧战略伙伴关系渐行渐远，严重阻碍了中欧双方在达成“伙伴合作协定”方面取得必要的进展。

（三）概念分歧拖累中欧在多边问题上加强合作

中欧关系的发展已经越来越超越双边范畴，双方在积极应对全球性挑战，推动实现世界的和平、可持续发展和繁荣等方面，存在诸多共识，但在具体问题的合作中却时常受到概念分歧的困扰。陈志敏认为，中欧都希望在处理世界事务的过程中提升自身的软权力，但概念分歧意味着双方的价值观矛盾会外化为解决国际问题政策路径上的分歧，从而影响中欧合作。伊核问题、气候变化问题、非洲问题就是这方面的典型案例。潘忠岐指出，部分因为各种概念分歧，中欧关于非洲问题的对话几乎没有取得实质性进展，关于气候变化、全球治理和发展问题的对话也是如此。欧洲人从人权的角度看待非洲国家的主权问题，因此不满意中国对非洲进行“无条件”经济帮助，指责中国在非洲的所作所为是一种“新殖民主义”，破坏了欧洲旨在让非洲大陆实现良政的努力。伊核问题是另一个相关案例。双方不一致的地方是，中国援引主权和不干涉内政原则，在对伊朗施加更严厉的制裁方面与欧盟保持一定距离。斯科特则认为，中欧之所以很难在国际事务中加强合作，部分原因在于中国并不像欧盟及其成员国那样信奉和遵循多边主义。张小明也表示，中国想要利用欧盟制衡美国，进而推进多极化，是与欧盟的理念相悖的。这使双方很难在国际体系改革和完善方面结成真正的伙伴。格拉斯尽管强调中欧在全球治理概念上的认知分歧并未妨碍双方在许多领域成功合作，如应对全球金融危机、支持金融稳定委员会和 G20 机制，但她坦言，中欧要在全球治理问题上达成更广泛一致，还有很长的路要走。

三、中欧应如何管理概念分歧

概念分歧使近年来中欧关系波折不断，因此与会者一致认为，中欧双方非常有必要加强对概念分歧的管理。鉴于中欧之间的很多概念分歧都是难以弥合的，因此，管理概念分歧不是要消除认知差距，而是要控制概念分歧对中欧关系发展的负面影响，并在此基础上尽可能缩小认知差距。管理概念分歧是中欧面临的共同课题，需要双方携手合作，因此相互尊重、相互理解、相互适应成为与会者谏言献策的主题词。

相互尊重就是尊重对方对核心概念的不同诠释以及在相关问题上的总体关切。这一点尤其适用于中欧对主权和人权概念分歧的管理。张弛提出，人权概念差异本质上是中欧文明差异的组成部分。双方应始终尊重对方，包容对方与自己的不同之处，在真正平等的基础上共同探讨人权问题。欧盟不能总站在道德评判者的立场上看待中国的人权状况，要求中国满足各种要求。欧洲人应认识到他们的言行有时会损害中国的核心利益，伤害中国的民族感情。中方则要客观看待欧盟对华人权外交的主流化政策。人权是欧盟与任何第三国关系中不可或缺的因素。欧盟在处理与包括美国在内的几乎所有第三国的关系时，都将人权纳入双边政治对话范畴。潘忠岐认为，中欧要相互尊重就是要尊重对方的关切，因此必须做到相互避免。即中国应避免妨碍欧洲的主权分享与汇集，继续支持其一体化进程；欧盟及其成员国则应避免以任何名义和方式挑拨中国台湾、西藏或新疆地区进行分裂主义活动，并避免诋毁和丑化北京为捍卫主权地位而采取的必要措施，继续尊重和承认中国的主权独立和领土完整。中欧既要避免双方在主权原则上的分歧妨碍正在进行中的伙伴合作协定磋商，又要避免主权观分歧妨碍它们在诸如联合国改革、国际维和行动、防止大规模毁灭性武器扩散、应对全球气候变化等重要问题上进行合作。

相互理解就是理解对方对核心概念的不同主张以及在相关问题上的主要诉求。中欧任何一方都不应把自己的观念强加给对方，胁迫和施压的效果只能适得其反。梅兆荣大使、叶森、宋新宁、陈志敏以及很多与会者都提出，要理解彼此的不同主张和诉求，就要加强对话和交流。张弛指出，实践证明，1995 年建立的中欧人权对话机制是行之有效的，有助于相互理解和信任的建立。他强调，不应忽视中欧在人权方面的共同点，共同价值观很重要，但不是发展双边关系的先决条件，人权概念分歧可通过增强相互理解来弥合。高德瓦和杜甘建议，为了弥合主权概念分歧，中欧双方应继续在所有层面上进行对话与合作，接受主权概念的复杂性和多元性，避免“一刀切”，并尊重双方有选择地将不同规范工具化。斯图鲍穆认为，欧盟和中国应继续在国家层面上加强交流，促进开诚布公的讨论，对双边关系中的主要利益和预期加以界定，在明确的利益推动下致力于让战略伙伴关系发挥作用。

相互适应就是适应对方对核心概念的不同运用以及在相关问题上的基本政策。中欧之间的概念分歧由来已久，并将伴随中欧关系的发展而长期存在。中欧双方都应正视这一现实。为此，潘忠岐指出，中欧都应容忍对方在主权原则上持不同政策立场。它们应该相互适应彼此处理各种双边和多边主权问题的政策路径。在双边方面，中国应该适应欧洲对主权问题中人权方面的关注，不挑战欧洲重新界定主权概念的尝试。欧洲应该适应中国对主权地位的一贯关注，不在主权问题上触犯中国。在多边方面，中国应该适应欧洲要求中国承担更多责任的呼吁，并与欧洲一道推进多边主义和多极化。欧洲应该适应中国对不干涉内政原则的执着，与中国共同应对各种全球性挑战。中国和欧洲都应该做好妥协和让步的准备，在不同概念上坦诚对话、求同存异。麦安雅建议，欧盟在使用软权力时应放弃某些伪善的做法，中国应进一步打造负责任全球大国的身份，改善同西方媒体的关系。简军波认为，中国与欧盟应在全面战略伙伴关系的框架下，在诸如国际金融体系改革和气候变化等全球问题的治理上寻找更多共同的功能性目标，并寻找全球治理的共有原则，如以联合国为中心，同时在理想主义和务实主义两种方式间寻找某种平衡。张小明认为，要管理有关多边主义/多极化的概念分歧，中国作为崛起中的非西方大国应被西方接受为“局内人”。

四、结　语

概念认知的分歧反映了中欧之间共有观念的缺失。正如很多与会者指出的，由于历史文化背景的差异，中欧双方在交往互动中缺少共同语言。虽然有时援引相同的政治概念，但中欧往往对这些概念存在不同的理解，并在不同的意义上加以使用。由此形成的概念上的认知差异不仅会在中欧交流中产生误解，而且会在双边关系中引发矛盾甚至冲突。加强共有观念的建构虽无法从根本上消除中欧分歧，但对于避免中欧关系陷入过多的波折甚至倒退，以及发展中欧战略伙伴关系，毋庸置疑是必不可少和至关重要的。

构建共有观念，必须从缩小和弥合中欧之间的概念分歧入手。研讨会聚焦六大政治概念，不仅深入剖析了概念分歧的根源和影响，更是充分讨论了管理概念分歧的政策路径。与会者的谏言尽管明显存在可操作性不足等问题，但这些原则却是中欧双方不能不坚持的。研讨会虽然主要聚焦分歧，但与会者没有忽略共识。而且大家普遍认为，决不能以“非黑即白”的两分法将中欧概念分歧问题简单化。毕竟，中欧在核心政治概念上的认知差异是程度上的而非性质上的。有效管理概念分歧，不仅需要认识上的理性和前瞻，更需要行动上的勇气和智慧。

第二节

英文期刊论文精选

文章名称：中国的经济合作相关的投资：一项关于对外投资方向和影响的调查

期刊名称：中国经济评论（英国），2011 年第 3 期

作　　者：苏蒙·库马尔·包米克

内容摘要：在经济合作的势态下，中国企业在许多国家中进行着大规模的承包项目。虽然有意见认为这些活动是中国软实力的扩张，旨在促进中国在这些国家的国外直接投资（FDI），以获取自然资源，但是这些在文献中并没有系统地进行分析。本文研究在不同时期中国进行的经济合作与投资（ECI）。研究结果表明，在阐释外商投资模式时所涉及的各种因素也能很好地阐述现在的经济合作模式，而且从经济角度看，中国的经济合作与投资（ECI）和受援国的自然资源丰富之间并没有任何关联。虽然对于中国更愿意与那些仅拥有较弱政治权利的国家做生意这一流行说法给予了一定程度的支持，但有证据显示：在其他条件不变的情况下，中国的经济与合作投资（ECI）更倾向于腐败程度低、机制更健全的国家。

关键词：中国；经济合作的相关投资；国外直接投资；自然资源；制度质量

Name of Article: China's Economic Cooperation Related Investment: An Investigation of Its Direction and Some Implications for Outward Investment

Name of Journal: China Economic Review, 2011(3)

Author: Sumon Kumar Bhaumik

Abstract: Chinese firms undertake large scale contracted projects in a number of countries under the auspices of economic cooperation. While there are suggestions that these activities are an extension of China's soft power aimed at facilitating Chinese foreign direct investment (FDI) in those countries, often for access to natural resources, there is no systematic analysis of this in the literature. In this paper, we examine China's economic cooperation related investment (ECI) over time. Our results suggest that the pattern of investment is indeed explained well by factors that are used in the stylised literature to explain directional patterns of outward FDI. They also demonstrate that the (positive) relationship between Chinese ECI and the recipient countries' natural resource richness is not economically meaningful. Finally, while there is some support for the popular wisdom that China is willing to do business with countries with weak political rights, the evidence suggests that, ceteris paribus, its ECI is more likely to flow to countries with low corruption levels and, by extension, better institutions.

Key Words: China; Economic Cooperation Related Investment; Foreign Direct Investment; Natural Resources; Institutional Quality

文章名称：为什么东亚货币合作遭受挫折？——人民币国际化及其对未来东亚货币合作的意义

期刊名称：国际经济评论（中国），2011 年第 1 期

作　　者：李晓

内容摘要：1997 年亚洲金融危机之后，东亚国家迅速推进区域货币合作。而在此次全球金融危机中，现有的合作框架或机制并没有在危机预防方面发挥重要作用。更严峻的是，主要经济体在合作中产生了巨大分歧，东亚的货币合作组织也遭遇了巨大挫折。通过分析东亚货币合作中的挫折，本文全面、深入地研究了造成亚洲经济体之间产生分歧的根源。研究认为，东亚经济体在货币合作中存在的如对美元体系的依赖等内在问题是阻碍该地区未来发展的长期因素，这意味着在今后相当长的一段时间内，该区域内货币合作的深化几乎是不可能的。因此，未来的东亚货币合作应该采取选择性策略，既要在整体上巩固、扩大现有的货币合作，同时，也要侧重在货币合作中寻求扎实进展的经济体，加速其合作进程。在这个过程中人民币国际化将发挥重要作用。人民币国际化应首先在周边地区实施，然后延伸到亚洲其他地区，最终在世界范围内成为全球化的货币。这种策略符合中国的国际经济影响力和国内经济条件。人民币国际化将对未来的亚洲货币合作起到非常巨大的作用，甚至可以决定合作进程。

关键词：金融危机；货币合作；中国；人民币国际化

Name of Article: Why has Monetary Cooperation in East Asia Suffered Setbacks? —On the Internationalization of RMB and its Implication for Future Monetary Cooperation in East Asia

Name of Journal: International Economic Review, 2011(1)

Author: Li Xiao

Abstract: Different from the Asian financial crisis in 1997 after which East Asian countries rapidly pushed forward regional monetary cooperation, the global financial crisis this time has failed to see existing cooperation frameworks or mechanisms (such as CMI) play their role in crisis prevention. Worse, major economies have had greater differences on cooperation and monetary cooperation in East Asia suffered great setbacks. Based on the analysis of the setbacks East Asia has suffered in monetary cooperation, this article comprehensively and thoroughly studies the sources of the differences among Asian economies and argues that the existing intrinsic problems of East Asian economies in monetary cooperation, such as its dependence on the dollar system, are the long – term factors blocking the region's future development, which means that it is almost impossible for the region to deepen monetary cooperation within a considerable period of time in the future. Therefore, the future monetary cooperation in East Asia should be promoted through a selective strategy, consolidating and expanding existing cooperation in the region as a whole, while accelerating cooperation among selected economies that have made solid progress in that respect. The implementation of the RMB internationalization strategy will play an important role in this process. RMB internationalization should first be carried out in neighboring regions before spreading to other Asian regions and ultimately other parts of the world to make it a global currency. Such a strategy is in line with China's international economic clout and its domestic economic conditions. It will have a great bearing on Asian monetary cooperation in the future and could even determine the route of that process.

Key Words: Financial Crisis; Monetary Cooperation; China; RMB Internationalization

文章名称：中国的可再生资源发展的国际合作——一个批判的分析

期刊名称：可再生能源（英国），2011年第12期

作　　者：郑玉照，简作，冯天天，乔治·泽兰特

内容摘要：在过去的几十年里，外商在中国的可再生能源发展投资有了快速增长，这是因为对能源的大量需求，以及政府刻意减少化石燃料在能源结构中的传统作用。本文批判性地回顾了在21世纪与不同的合作伙伴开展可再生能源领域的国际合作，合作模式因合作伙伴而异。研究结果表明，中国已经从可再生能源的国际合作中受益，如获取金融支持和先进技术，发展人力资源从事可再生能源利用，加强相关的政策框架。本文还对国际合作相关的重要问题进行了讨论。

关键词：中国；可再生能源；国际合作

Name of Article: International Cooperation on Renewable Energy Development in China - A critical Analysis

Name of Journal: Renewable Energy, 2011(12)

Author: Zheng Yuzhao, Jianzuo, Feng Tiantian, George Zillante

Abstract: The past decades have witnessed the rapid growth of foreign participation in the renewable energy development in China. This is a result of massive energy demand and the Government's strategy to shadow the role of traditional fossil fuel in the energy mix. This paper critically reviewed the international cooperation in the field of renewable energy with various partners in the new century. The cooperation pattern varies from partner to partner. The results showed that China has benefited from the international cooperation on renewable energy such as accessing to finance and advanced technologies, developing human resources related to renewable energy, and enhancing related policy framework. Major issues associated with the international cooperation are discussed as well.

Key Words: China; Renewable Energy; International Cooperation

文章名称：非洲的深圳：非洲的中国特别经济区

期刊名称：现代非洲研究（英国），2011 年第 3 期

作　　者：黛博拉·布劳提根，唐晓阳

内容摘要：本文探讨了近年来中国在非洲建立一系列的官方经济合作区的举措，这些经济合作区是中国宣布的与非洲"互惠互利"战略的核心平台。我们分析了建立这些经济合作区的背景、动机和实施，认为它们形成了一个独特的在非洲进行合作的实验模型。即中国企业根据市场进行决策和投资，亚洲发展组织提供支持和补贴。虽然这种合作为实现可持续工业化提供了很有希望的方法，但是，也存在严重的政治、经济和社会挑战。不适宜的地方经验和地方参与会有可能妨碍经济合作区促进非洲工业化进程。中国企业、中国政府和非洲各国政府之间的协同能力在实践中不断演变发展。关于埃及的案例分析为经济实践提供了宝贵的经验。

关键词：中国；特别经济区；非洲

Name of Article: African Shenzhen: China's special economic zones in Africa

Name of Journal: The Journal of Modern African Studies, 2011(3)

Author: Deborah Bräutigam, Tang Xiaoyang

Abstract: This article examines recent Chinese efforts to construct a series of official economic cooperation zones in Africa. These zones are a central platform in China's announced strategy of engagement in Africa as 'mutual benefit'. We analyse the background, motives and implementation of the zones, and argue that they form a unique, experimental model of development cooperation in Africa: market – based decisions and investment by Chinese companies are combined with support and subsidies from an Asian 'developmental state'. Though this cooperation provides a promising new approach to sustainable industrialisation, we also identify serious political, economic and social challenges. Inadequate local learning and local participation could affect the ability of the zones to catalyse African industrialisation. The synergy between Chinese enterprises, the Chinese government and African governments has been evolving through practice. A case study of Egypt provides insight into this learning process.

Key Words: China; Special Economic Zones; Africa

文章名称：地理分析与对策研究新疆与西西伯利亚之间的区域合作

期刊名称：世界地理研究（中国），2011 年第 3 期

作　　者：吴笑，叶晓伟，王林先

内容摘要：近年来，积极促进国际经济合作不仅是区域经济发展的新趋势，也是中国对外开放的重要组成部分。区域合作应当基于该地区的实际情况，采取适当合作模式和发展战略。在地理位置上，中国的新疆和俄罗斯西伯利亚的西部相邻。在那里开展的广泛的跨区域经济合作将不仅促进中国和俄罗斯的共同繁荣和发展，而且也巩固了欧亚大陆地理中心——中亚地区的安全与稳定。新疆和西西伯利亚在政治、经济体制以及产业结构中存在着巨大的差异。而两者又都远离各自的经济和政治中心，属于经济欠发达的内陆地区，经济上也存在互补性。因此，双方不适合采取国家合作、主权让渡及委托或专属区域合作等方式，一个灵活的、开放的、基于项目协调的次区域合作方式会更恰当。考虑到双方的差异性，应当采取多种发展模式，包括建立各种经济特区，如休闲旅游经济特区、跨境经济合作区、科技园区等。唯有这种发展战略才能实现区域间的资源整合，有效促进各自的社会经济发展，使该区域成为亚洲内陆的经济开发区。

关键词：中国新疆；俄罗斯西西伯利亚；区域合作

Name of Article：Geographical Analysis and Countermeasures Research on Regional Cooperation Between Xinjiang and Western Siberia

Name of Journal：World Regional Studies，2011(3)

Author：Wu Xiao，Ye Xiaowei，Wang Linxian

Abstract：In recent years，actively promoting international economic cooperation is not only a new trend in regional economic development，but also an important part of China's opening up to the world. Regional cooperation should be carried out on the basis of the district situation in the region to adopt appropriate characteristic modes of cooperation and development strategies. In geographically，Chinese Xinjiang and the Western Siberia of Russia are contiguous. Extensive inter – regional economic cooperation between there will be conducive not only to promote the common prosperity and development of China and Russia，but also to consolidate the security and stability of the Central Asian region——the geographical hub of Eurasia. Great differences exist in political and economic system as well as industrial structure between Xinjiang and the adjacent West Siberian. Both areas are underdeveloped inland areas which are far from their respective economic and political centers. Their economy can be complementary. Therefore，it is not suitable for both sides to adopt an integration model that involves national cooperation，sovereignty relinquishment and consignment as well as strong exclusiveness. Instead，a flexible，open sub – regional cooperation that mainly involves project coordination will be better. With the differences of both sides，multiple development models should be adopted including special economic zones mainly concerning leisure tourism，cross – border economic cooperation zones，science and technology parks etc. Only in this way can the cross - border regional resources be integrated and the regional socio - economic development of both sides would be promoted effectively, and make it a geographical economic zone in Asian inland.

Key Words: Chinese Xinjiang; West Siberia of Russia; Regional Cooperation

文章名称：中国和哈萨克斯坦之间的经贸合作前景的实证分析：贸易和投资的国际比较

期刊名称：国际贸易问题（中国），2011 年第 3 期

作　　者：高志雄，王莹

内容摘要：基于 2004 ~ 2009 年的数据，本文从贸易、FDI 现金流入以及工业投资三方面，对比分析哈萨克斯坦和其 26 个主要的合作伙伴之间的贸易投资合作关系。分析指数为贸易结合度、FDI 流入和 FDI 年增长率。分析侧重中国在双边合作中的相关作用。研究结果表明：中国和哈萨克斯坦之间的贸易和投资合作关系相对而言更密切、稳定，具有良好的发展前景。然而，中国在哈萨克斯坦投资不均衡，在经济合作方面仍有巨大的空间，本文对此提出了针对性建议。

关键词：经济和贸易合作；中国；哈萨克斯坦

Name of Article: Empirical Analysis on Economic and Trade Cooperation Prospect between China and Kazakhstan: International Comparison of Trade and Investment

Name of Journal: Journal of International Trade, 2011(3)

Author: Gao Zhixiong, Wang Ying

Abstract: Based on the data of 2004 – 2009, this paper compares the cooperation relation in trade and investment between Kazakhstan and 26 major partners in three aspects of trade, FDI inflow and investment in industry using three indicators of trade combined degree, inward FDI flow and FDI annual growth rate, and focuses on analyzing the relative position of China. The result shows that co – operation relations in trade and investment between China and Kazakhstan, in comparison, is closer, stable and has good prospect, however, Chinese investment in Kazakhstan is uneven, there exists large room in economic cooperation to develop, and then puts forward some suggestions.

Key Words: Economic and Trade Cooperation; China; Kazakhstan

文章名称：日中韩三国报废机动车回收和国际合作：现状和前景分析

期刊名称：环境科学学报（中国），2011 年第 6 期

作　　者：陈佳，郑成秀，罗伊·赛罗纳·凯文

内容摘要：针对报废汽车回收问题，日本在 2005 年 1 月通过了亚洲第一部《汽车回收法》。韩国也效仿在 2009 年通过《资源循环法》。中国有望 2011 年制定新的《循环法》。基于这些举措，东北大学对比分析各类报废汽车回收法，开展拆除实验和案例分析，以期促进国际间合作。这些都将有助于在日本、中国、韩国以及发展中国家引入报废汽车回收系统。

关键词：报废汽车；常规回收处理；环境和经济影响

Name of Article: End - of - life Vehicle Recycling and International Cooperation between Japan, China and Korea: Present and Future Scenario Analysis

Name of Journal: Journal of Environmental Sciences, 2011(6)

Author: Chen Jia, Zheng Chengxiu, Roy Serrona Kevin

Abstract: In the area of end - of - life vehicle (ELV) recycling, Japan passed the Automobile Recycling Law in January 2005, the first in Asia. Korea followed suit with the passage of the resource circulation method in 2009. China is expected make a new recycling law in 2011. In contribution to these initiatives, Tohoku University made a comparative analysis of ELV recycling laws, advance dismantling experiments and scenario analysis to promote international cooperation. This is envisioned to introduce ELV recycling system in Japan, China and Korea and in developing countries as well.

Key Words: ELV; General Recycling Process; Environmental and Economic Impacts

文章名称： 联合储备和石油应急共享：东亚区域的合作举措

期刊名称： 能源政策（荷兰），2011年第5期

作　　者： 申義淳，蒂姆·萨维奇

内容摘要： 东亚地区拥有世界五大石油进口国中的三个国家：中国、日本和韩国。因此，国际石油供应中断和石油价格飙升对该地区经济的影响，在历史上一直备受关注。虽然这三个石油进口大国和东亚其他国家，都已经开发或正在开发自己的战略石油储备，如果能够对石油储备和紧急情况下的石油存货共享进行区域协调，将会带来极大的益处。本文介绍了东亚地区的整体石油供应安全形势，回顾为了解决能源供给安全问题所采取的各种石油储备方案的特质，总结了目前东亚国家采用的石油储备手段，描述了在该地区联合石油储备计划的开展，并提出最有吸引力的方案来促进石油储备的区域合作。

关键词： 东亚；石油储备；紧急燃料分享

Name of Article: Joint Stockpiling and Emergency Sharing of Oil: Arrangements for Regional Cooperation in East Asia

Name of Journal: Energy Policy, 2011(5)

Author: Eui - soon Shin, Tim Savage

Abstract: The East Asia region includes three of the world's top five oil - importing nations—China, Japan, and the Republic of Korea. As a consequence, international oil supply disruptions and oil price spikes, and their effects on the economies of the region, have historically been of significant concern. Each of these three nations, as well as other nations in East Asia, has developed or is developing their own strategic oil stockpiles, but regional coordination in stockpiling arrangements and sharing of oil stocks in an emergency could provide significant benefits. This article describes the overall oil supply security situation in East Asia, reviews the attributes of different stockpiling arrangements to address energy supply security concerns, summarizes ongoing national approaches to stockpiling in East Asia, describes the development of joint oil stockpile initiatives in the region, and suggests the most attractive options for regional cooperation on oil stockpiling issues.

Key Words: East Asia; Oil Stockpiling; Emergency Fuel Sharing

文章名称：20 世纪 80 年代日本的太空政策：自主和国际合作之间的平衡

期刊名称：航空学报（英国），2011 年第 4/5 期

作　　者：广隆渡边

内容摘要：20 世纪 80 年代中期，日本决定不仅投资一个完全国产的火箭——H－Ⅱ，使其独立进入太空，同时还参加了美国空间站计划，以期促进国际空间合作。日本在当时试图同时达到自治和国际合作。本文从日美外交历史的角度，重新审视日本如何在 20 世纪 80 年代通过参与空间活动实现自主和国际合作之间的平衡。基于那一时期日本与美国的关系，两国在空间项目上的相似性和差异性使得日本可以在 80 年代中期游刃于两国太空计划中。

关键词：空间政策；空间历史；日本；国际合作；空间站

Name of Article: Japanese Space Policy During the 1980s: A Balance Between Autonomy and International Cooperation

Name of Journal: Acta Astronautica, 2011(4/5)

Author: Hirotaka Watanabe

Abstract: In the mid－1980s, Japan decided not only to invest in a totally domestic rocket, "H－Ⅱ," to acquire its independent access to space, but also to participate in the U. S. Space Station program to promote international space cooperation. Not until then did Japan try to achieve simultaneously both autonomy and international cooperation. This paper reexamines how Japan achieved a balance between autonomy and international cooperation in its space activities during the 1980s, from the perspective of Japan－U. S. diplomatic history. Against the background of the Japan－U. S. relations of those days, the similarities and differences between the two big space programs made it possible for Japan to decide them at the same time of the mid－1980s.

Key Words: Space Policy; Space History; Japan; International Cooperation; Space Station

文章名称：在亚洲视角下的美国新太空政策：强调国际合作及其对亚洲的意义

期刊名称：空间政策（英国），2011 年第 2 期

作　　者：远藤福岛

内容摘要：美国在新的太空政策中重新关注国际合作，本文从亚洲视角研究导致这一举措的各种可能的原因，并指出亚洲各航天大国的崛起是其中因素之一。本文指出美亚太空合作出现增长势头，这有利于向亚洲国家提供更高级的尖端技术和专业知识，促进外太空的安全保障。不过，在合作中势必会存在如成本超支、进展延误等问题，需要进一步努力确保合作成功。

关键词：美国太空政策；奥巴马政权；国际合作；亚洲

Name of Article：An Asian Perspective on the New US Space Policy：The Emphasis on International Cooperation and Its Relevance to Asia

Name of Journal：Space Policy，2011(2)

Author：Yasuhito Fukushima

Abstract：This viewpoint examines the likely reasons behind the renewed focus on international cooperation in the new US National Space Policy，noting that the rise of various Asian space powers is one factor. It demonstrates the increase in US – Asian space cooperation that is already underway，arguing that such cooperation can only be to the good in providing Asian countries with a greater degree of cutting – edge technology and know – how，as well as contributing to the overall safety and security of outer space. Nevertheless，there will doubtless be problems such as cost overruns and delays and effort will have to be applied if cooperation is to work.

Key Words：US National Space Policy（NSP）；The Obama Administration；International Cooperation；Asia

文章名称：基于经济冲击对称性的东亚货币合作研究

期刊名称：管理科学与工程（加拿大），2011 年第 3 期

作　　者：安辉，赵清，刘璇

内容摘要：区域货币合作在很长一段时间一直成为国际金融领域的重点问题。东亚货币合作的研究对于预防金融危机、促进区域经济发展具有非常重要的意义。本文运用 VAR（风险值）模型考察东亚经济体中供给冲击和需求冲击的对称性。实证结果表明，东亚小国之间的经济冲击的对称性仍然很高。近年来，最显著的变化是：以中国和日本为代表的东亚大成员国之间的经济冲击的对称性明显增大。因此，本文认为东亚在进一步的货币合作中应当从应对危机转变为增强实力。

关键词：中国；东亚货币合作；日本；风险值模型；危机推动合作；需求冲击；经济冲击对称性；金融危机；区域经济发展的供应冲击

Name of Article：The Research of East Asian Monetary Cooperation Based on Symmetry of Economic Shocks

Name of Journal：Management Science and Engineering（ICMSE），2011，31(3)

Author：An Hui，Zhao Qing，Liu Xuan

Abstract：Regional monetary cooperation has been the focus of the international financial sector issues for a long time. And the study on East Asian monetary cooperation has great practical significance to prevent financial crises and to promote regional economic development. This paper establishes VAR model to examine the East Asian economies' symmetry of the supply shock and demand shock. The empirical results show that，the symmetry of economic shocks between the East Asian small nations remains high，and in recent years the most notable change is that the symmetry between the East Asian large members represented by China and Japan increases evidently. From this point of view，this paper argues that further monetary cooperation in East Asia should shift from "crisis driven" cooperation to "power driven" cooperation.

Key Words：China；East Asian Monetary Cooperation；Japan；VAR Model；Crisis Driven Cooperation；Demand Shock；Economic Shock Symmetry；Financial Crises；Regional Economic Development Supply Shock

文章名称：对云南农产品加工产业参与国际区域合作的研究

期刊名称：服务科学与管理（中国），2011 年第 2 期

作　　者：陈国平，李双，邓超群

内容摘要：在全球经济一体化的背景下，本文首先分析了云南农产品加工产业在参与国际区域合作方面的特权，然后指出了存在的问题和参与国际区域合作的战略重点。最后，提出了参与国际区域合作的措施。

关键词：农产品；全球化；工业经济学；国际合作；国际贸易

Name of Article: Research on the Agro - Processing Industry in Yunnan Participating in International Regional Cooperation

Name of Journal: Management and Service Science (MASS), 2011(2)

Author: Chen Guoping, Li Shuang, Deng Chaoqun

Abstract: Under the background of global economic integration, this paper firstly analyses the privileges of the agro - processing industry in Yunnan participating in international regional cooperation, and then points out the problems and strategic emphasis of participating in international regional cooperation. Finally, it puts forwards the measures of participating in international regional cooperation.

Key Words: Agricultural Products; Globalisation; Industrial Economics; International Collaboration; International Trade

文章名称：印度，巴西和南非（IBSA）：南南合作和区域领导的悖论

期刊名称：全球治理（美国），2011 年第 10～12 期

作　　者：马尔科·安东尼奥·维埃拉，克里斯·奥尔登

内容摘要：本文认为印度、巴西和南非（IBSA）在 2003 年建立的三方合作伙伴关系能够长期地可持续发展是基于更加自觉有意识地参与区域合作。IBSA 成员国家借助其在南亚、南美、南非的战略地位，打造强有力的区域领导角色，加强纽带。目前面临着更大的压力，因为中国正在积极地与 IBSA 竞争，争夺尤其是在非洲的市场和影响力。其矛盾是尽管北部的政权接受 IBSA 成员的区域领导角色，但是他们的大部分邻居却不相信新德里、巴西利亚和比勒陀利亚的实际意图。结果是，IBSA 在世界上被认为是引领发展中国家，但就区域层面而言，IBSA 的领导力因为界定模糊不被认可，而大大受挫。

关键词：地方主义；国际关系

Name of Article: India, Brazil, and South Africa (IBSA): South – South Cooperation and the Paradox of Regional Leadership

Name of Journal: Global Governance, 2011(10 – 12)

Author: Marco Antonio Vieira, Chris Alden

Abstract: This article argues that the long – term sustainability of the trilateral partnership established in 2003 between India, Brazil, and South Africa (IBSA) rests on a more conscious engagement with their regional partners. The construction of a strong regional leadership role for IBSA based on its members' strategic positions in South Asia, South America, and southern Africa is the proper common ground to legitimize a diplomatic partnership between the IBSA states. This is even more pressing as China is actively competing for markets and influence with the IBSA trio within their respective regions, particularly in Africa. The paradox, though, is that while Northern powers have welcomed the regional leadership role of IBSA's members, most of their neighbors are not convinced of the actual intentions of New Delhi, Brasilia, and Pretoria. As a result, leadership within IBSA is defined in global terms as a claim to lead the developing world. At the regional level, however, IBSA's claim for leadership is less clear, less acceptable, and therefore remains constrained.

Key Words: Regionalism; International Relations

文章名称： 地方政府在国际环境合作中的惊人作用

期刊名称： 环境与发展（美国），2011 年第 9 期

作　　者： 秀德·中村，马克·埃德尔，秀行·莫里

内容摘要： 研究发现，日本的一些县市级地方政府联手亚洲发展中国家的当地政府进行提高环境治理的国际合作。即便这样的国际合作并不是当地政府的职责，而且还受到财政约束，但他们依然积极参与。本文解释了其中的动机。这类国际合作包括在日本培训来自发展中国家的官员、向发展中国家派遣日本地方政府专家官员、与国际组织合作并且提供援助、建立国际环保合作组织、主持国际城际间网络项目。这类国际合作受到环境因素和当地国际化的渴求度的影响。环境因素是指渴望凭借当地的经验和人力资源做出贡献、促进国际环境、应对跨境污染问题和保护自然资源。由于各地方政府对于国家的各项政策反响各异，国家对合作的参与度不能起到决定性作用，但是它仍不失为一个重要的推动因素。其他有利因素包括地方政府的财政能力等。文中的案例能促进工业化国家的地方政府对推动国际环境发展的目的和方法的研究。

关键词： 当地政府；国际合作；环境管理

Name of Article: The Surprising Role of Local Governments in International Environmental Cooperation

Name of Journal: The Journal of Environment & Development, 2011(9)

Author: Hidenori Nakamura, Mark Elder, Hideyuki Mori

Abstract: This study shows that some Japanese local governments, at both the prefecture and city levels, have engaged in international cooperation with local governments in developing countries in Asia to improve environmental management and explains their motivations to do so even if international cooperation is not usually considered part of local governments' mandate, and despite fiscal constraints. Forms of cooperation include training officials from developing countries in Japan, dispatch of Japanese local government expert officials to developing countries, partnering with and providing assistance to international organizations, establishing organizations for international environmental cooperation, and hosting international intercity network programs. This cooperation can be explained by a combination of environment – related factors and degree of local area' s international orientation. Environment – related factors include desire to make a contribution based on local experience and human capital, promotion of international environmental business, response to trans – boundary pollution issues, and conservation of natural assets. Collaboration with the national government is an important facilitating though not determining factor since local governments respond differently to national policies. Other facilitating factors include local governments' fiscal capacity. The cases in this study can promote consideration of the potential motivations and ways that local governments in industrialized countries can contribute to international environmental development.

Key Words: Local Governments; International Cooperation; Environmental Management

文章名称：中国和西方国家在非洲的多边合作：从差异到共识

期刊名称：国际研究评论（英国），2011 年第 10 期

作　　者：罗建保，张小敏

内容摘要：21 世纪，中国和非洲的共同复兴和更多的相互合作成为国际政治中的重大事件。以西方为中心的国际旧秩序已经不能满足非洲的地缘政治格局变化的需求，因此，现在是时候建立关注非洲和平与发展的多边合作机制。我们认为，在处理和非洲的关系方面，中国和西方在历史经验、外交理念和原则方面存在差异，但同时它们在外交战略和国家利益也有广泛共识。中国和西方都应该促进更加开放、更加合作、更加有利于双赢结果的会谈，这样会让所有的参与者都可从中受惠。

关键词：中国；非洲；多边合作；共识

Name of Article: Multilateral Cooperation in Africa Between China and Western Countries: From Differences to Consensus

Name of Journal: Review of International Studies, 2011(10)

Author: Luo Jianbao, Zhang Xiaomin

Abstract: In the 21st century, it is a great event in the field of international politics that both China and Africa are marching towards revival and more cooperation among each other. The old international order which centered on the West can no longer meet the demand of the changes of African geopolitical pattern. Therefore, it is high time to establish a multilateral cooperation mechanism concerning Africa's peace and development. The authors argue that there are differences in historical experience, diplomatic ideas and principles as well as extensive common grounds of diplomatic strategy and national interests between China and the West in respect of their relations with Africa. Both China and the West should promote talks which are more open, more cooperative and more conducive to a win – win end. In doing this, they can achieve a win – for – all result for all the parties involved.

Key Words: China; Africa; Multilateral Cooperation; Consensus

文章名称： 次区域合作和发展的区域主义：以东盟东部增长区为例

期刊名称： 当代东南亚（新加坡），2011 年第 4 期

作　　者： 登特·克里斯多夫·M. 里希特·皮特

内容摘要： 文莱—印度尼西亚—马来西亚—菲律宾的东盟东部增长区（BIMP - EA-GA）是20 世纪 90 年代初在东南亚地区成立的次区域“增长多边形”之一，旨在促进东南亚国家联盟（东盟）成员国之间的区域一体化进程。然而，由于这些次区域也包括东南亚的欠发达区域，给区域发展带来了挑战。本文探究东盟东部增长区是如何依据区域发展原则应对这些挑战，了解它们是如何增强欠发达国家的经济能力、提升经济预期度，进一步与区域经济融合增强区域经济建设的整体性。本文还研究了东盟东部增长区如何通过夯实关联性发展实现区域发展主义，即在技术、体制、产业、基础设施方面采取各种措施和手段以促进人类发展和各种可持续发展。在东盟东部增长区的合作既有成功也有失败，长期缺乏实质性进展。本文讨论了这些成败得失的原因，并为东盟东部增长区指出了新的发展方向和发展目标。

关键词： 东盟东部增长区；增长三角；区域主义；次区域

Name of Article： Sub - Regional Cooperation and Developmental Regionalism：The Case of BIMP - EAGA

Name of Journal： Contemporary Southeast Asia，2011（4）

Author： Dent Christopher M. Richter Peter

Abstract： The Brunei - Indonesia - Malaysia - Philippines East ASEAN Growth Area（BIMP - EAGA）is one of a number of sub - regional “growth polygons” in Southeast Asia that was established in the early 1990s to help accelerate the process of regional integration among the member states of the Association of Southeast Asian Nations（ASEAN）. However，these sub - regional zones include the less developed parts of Southeast Asia，and therefore face significant developmental challenges. This paper seeks to understand how BIMP - EAGA has addressed these challenges in accordance with the principles of developmental regionalism；that is，activities that are particularly oriented to enhancing the economic capacity and prospects of lesser - developed countries with a view to strengthening their integration into the regional economy，and thereby bringing greater coherence to overall regional community building. This article examines how BIMP - EAGA has pursued developmental regionalism through various initiatives and measures aimed at enhancing inter - related development capacities：technocratic，institutional，industrial，infrastructural，human and sustainable development. There have been successes but also failures in BIMP - EAGA，as evidenced by the persistent lack of progress in achieving substantial sub - regional development cooperation. This paper discusses the reasons for these outcomes，and makes a number of recommendations to give BIMP - EAGA new direction and purpose.

Key Words： BIMP - EAGA；Growth Triangle；Regionalism；Sub - region

文章名称：亚洲的金融和货币合作：全球金融危机后的挑战

期刊名称：国际经济杂志（英国），2011 年第 12 期

作　　者：金素英，勇杨栋

内容摘要：本文回顾了近年来在东亚区域开展的金融和货币合作，并就其未来的务实发展提出了建议。该区域的货币和金融合作最初源于亚洲金融危机，但近年来面临着各种新的挑战，以应对全球金融危机、全球发展失衡等局面。我们回顾了东亚地区的区域金融和货币合作的最新发展，如清迈倡议多边化、亚洲债券市场倡议、亚洲债券基金以及区域监督机制的最新发展。我们认为，为了开展更有效的区域经济和货币合作，应当探讨以下问题：增强清迈倡议多边机制，有效预防未来的危机，促进区域合作和全球经济架构的融合，构建有效的监督机制，并加强区域政策对话。

关键词：亚洲债券基金；亚洲债券市场倡议；清迈倡议多边化；东亚；区域金融和货币合作

Name of Article: Financial and Monetary Cooperation in Asia: Challenges after the Global Financial Crisis

Name of Journal: International Economic Journal, 2011 (12)

Author: Kim So – young, Yong Yang Doo

Abstract: This paper reviews recent developments in regional financial and monetary cooperation in East Asia, and suggests some issues that could contribute to more constructive development in the future. The regional monetary and financial cooperation was originally motivated by the Asian financial crisis, but it has faced new challenges due to some recent events, such as the global financial crisis and global imbalances. We review recent developments of regional financial and monetary cooperation in East Asia, such as CMIM, ABMI and ABF, and regional surveillance mechanisms. We argue that there are several issues to be discussed in developing more effective regional financial and monetary cooperation: including developing CMIM to be effective in preventing future crisis, linking regional cooperation with global financial architecture properly, constructing effective surveillance mechanism, and strengthening regional policy dialogue.

Key Words: ABF; ABMI; CMIM; East Asia; Regional Financial and Monetary Cooperation

文章名称： 自由贸易协定对伙伴国经济发展的影响：中国与新西兰

期刊名称： 国际贸易与管理（加拿大），2011 年第 3 期

作　　者： 艾尔沙德·阿里

内容摘要： 中国与新西兰将要进行更紧密经贸关系（CEP）协议的磋商。中新双方认为 CEP 协议将促进双边贸易流动，并凭借出口带动的经济增长创造新的就业机会。尤其从长远看，与中国签署 CEP 协议的收益可能大于所付的代价。1987 年，中国出口额从 97.5 亿美元增长到 3394.37 亿美元，进口额从 20.64 亿美元增加到 82.65 亿美元（中国统计，1996）。同样，从贸易质量上看，中国虽然与十大国际贸易国还有很大差距，但这一差距已经开始缩小，这可以与中国改革开放以前相比。中新两国之间的自由贸易协定自 2008 年开始生效。中新签署自由贸易协定后，中国政府削减了农产品关税。根据自由贸易协定，新西兰是否获得更多商机取决于旅游业、农业以及独特的林业产业。中国拥有世界最多的人口，创造了有发展潜力的市场。与此同时，中国也向新西兰出口电子产品、鞋类、服装以及电脑，而新西兰正缺少这类产业。本文研究了中新自由贸易协定的影响。

关键词： 自由贸易协定；中国；新西兰；关税

Name of Article: Impact of Free Trade Agreement on Economic Growth of Partner Countries: China and New Zealand

Name of Journal: International Business and Management, 2011(3)

Author: Ershad Ali

Abstract: China and New Zealand would be commencing negotiations on a closer economic partnership (CEP) agreement. Both party believe that a CEP agreement would increase bilateral trade flows and generate new employment opportunities through export lead growth in their economy. The benefits of a CEP agreement with China are likely to outweigh the costs, especially in the longer term. In 1987, Chinese export amount increase from US $9.75 billion US $ to US $339.437 billion; and import amount from US $2.064 billion to US $8.265 billion (Statistic China, 1996). Also, from the quality of trade, even China still has large gap with the top ten countries of international trade, but this gap already starts to be smaller compare to what China had prior to reform and opening the free trade agreement between New Zealand and China came into force in 2008. After the free trade agreement China and New Zealand, China's government has decreased tariff rate on agriculture product. From free trade agreement, whether New Zealand gain more business opportunities or not depends on tourism, agriculture, and different forestry industries. Therefore, China has highest population created potential markets. In the meantime, China also exports electronic goods, footwear, clothing and computer to New Zealand because New Zealand is short of these industries. This paper examines the impact of Free Trade Agreement (FTA) between New Zealand and China.

Key Words: Free Trade Agreement; China; New Zealand; Tariff

文章名称：共同目标，利益汇合点：美国、澳大利亚、印度在印度—太平洋地区的合作计划

期刊名称：印度国防论坛（印度），2011 年第 11 期

作　　者：丽莎·柯蒂斯，沃尔特·洛曼，罗里·麦德卡夫，莉迪亚·鲍威尔，拉杰斯瓦里·皮莱·拉贾戈帕兰，安德鲁·希勒

内容摘要：由于共同价值观和利益的驱使，美国、澳大利亚和印度在印度—太平洋地区面临共同的挑战与机遇。这包括海上航线安全、反恐、防扩散以及救灾等方面。三边的正式对话为三国提供了相互理解、共同行动的机会，以便更有效地应对当前和未来的挑战。这种对彼此关切而互相理解的努力，将有助于促进印度—太平洋地区的经济和政治稳定、安全、贸易自由开放以及民主治理。

关键词：印度—太平洋地区；美国；澳大利亚；印度；合作

Name of Article： Shared Goals，Converging Interests：A Plan for U. S. – Australia – India Cooperation in the Indo – Pacific

Name of Journal： Indian Defense Forum，2011(11)

Author： Lisa Curtis，Walter Lohman，Rory Medcalf，Lydia Powell，Rajeswari Pillai Rajagopalan，and Andrew Shearer

Abstract： The U. S.，Australia，and India face common challenges and opportunities in the Indo – Pacific region that are defined by their shared values and interests. These include sea – lane security，counterterrorism，nonproliferation，and disaster relief. A formal trilateral dialogue gives these three countries an opportunity to understand and act together to address current and future challenges more effectively. Such an attempt to arrive at a mutual understanding of each others' concerns will help promote the Indo – Pacific as an area conducive to economic and political stability，security，free and open trade，and democratic governance.

Key Words： the Indo – Pacific region；U. S.；Australia；India；Cooperation

文章名称：跨太平洋伙伴关系：挑战与潜力

期刊名称：国际经济杂志（美国），2011 年第 5 期

作　　者：罗伯特·斯科雷

内容摘要：跨太平洋伙伴关系作为亚太贸易的重要倡议，成为亚太贸易结构演变的重要新发展。作为亚太自贸区（FTAAP）的一个组成部分，跨太平洋贸易这一倡议首次提出就得到了大力推崇。2010 年 APEC 领导人宣言中提到，亚太自贸区的地位从“长期展望”提升为“促进 APEC 区域经济一体化议程的主要手段”。亚太自贸区“从一个愿望转变为一个更具体的愿景”。领导人进一步表明亚太自贸区应该是“一个全面性的自由贸易协定，应在现有区域机制如东盟 +3、东盟 +6 以及跨太平洋伙伴关系的基础上发展建立。”因此，跨太平洋伙伴关系（TPP）、东亚自由贸易区（EAFTA）和东亚全面经济伙伴关系（CEPEA）处于平等地位。通过 TPP 这一途径，亚太贸易结构可以通过建立亚太自贸区来实现 APEC 贸易投资自由化的目标。

关键词：跨太平洋伙伴关系；亚太贸易结构；APEC

Name of Article: Trans - Pacific Partnership: Challenges and Potential

Name of Journal: The International Economy, 2011(5)

Author: Robert Scollay

Abstract: The emergence of the Trans Pacific Partnership (TPP) as an important Asia - Pacific trade initiative is a significant new development in the evolution of the Asia - Pacific trade architecture. For the first time there is a trans - Pacific trade initiative in play that can be credibly promoted as a building block for the Free Trade Area of the Asia Pacific (FTAAP). In the APEC economic leaders' 2010 statement the status of the FTAAP itself is elevated from that of a "long term prospect" to that of "a major instrument to further APEC's Regional Economic Integration (REI) agenda". The FTAAP is to be "translated from an aspiration to a more concrete vision." The leaders further declare that the FTAAP is to "be pursued as a comprehensive free trade agreement by developing and building on ongoing regional undertakings, such as ASEAN +3, ASEAN +6, and the Trans - Pacific Partnership, among others." The TPP is thus firmly placed on an equal footing with EAFTA (the East Asian Free Trade Area) and CEPEA (the comprehensive Economic Partnership for East Asia) as one of the avenues through which the Asia - Pacific trade architecture is to evolve towards the realization of APEC's trade and investment liberalization goals through establishment of the FTAAP.

Key Words: Trans Pacific Partnership; Asia - Pacific Trade Architecture; APEC

第三章　国际经济合作学科 2011 年出版图书精选

本报告通过 2011 年国内外与国际经济合作理论相关的已出版图书进行梳理，同时参考中国国家图书馆藏目录、亚马逊、当当网、京东商城等网站的图书信息，经过编者们的讨论和筛选，最终评选出 24 本优秀的中文图书和 18 本优秀的英文图书。

第一节

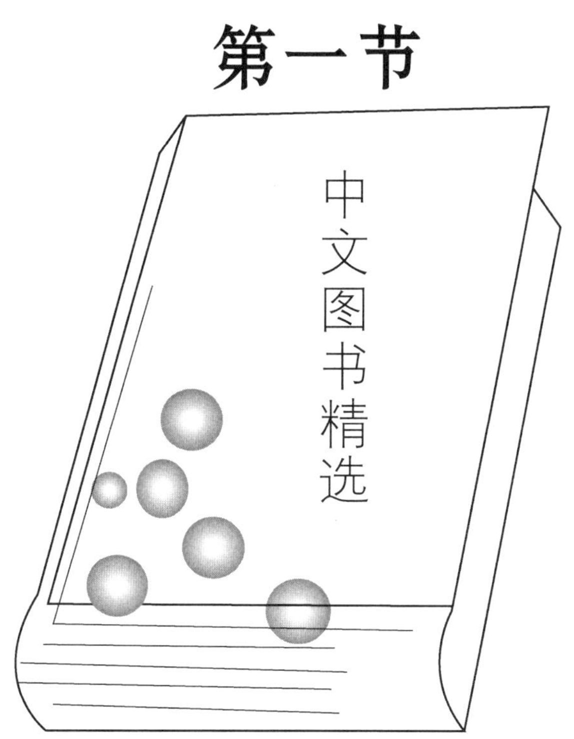

书名：霸权之后：世界政治经济中的合作与纷争

作者：罗伯特·基欧汉（作者）、苏长和（译者）等

出版社：上海人民出版社

出版时间：2011 年 12 月

内容提要：《霸权之后：世界政治经济中的合作与纷争》（增订版）是迄今为止对发达资本主义国家间合作问题进行研究的最全面、最具影响的著作。作者认为国际制度的设计能够促进利己主义政府间的合作，并分析了世界政治经济中合作得以发生的国际制度（或者国际机制）的作用，以及随着美国霸权的衰落，这些国际机制的演变情况。

这是关于国际政治经济研究中很有影响且有些争议的机制思想的前沿出版物。作者对这一概念进行了十分到位、令人信服并且富有启发性的捍卫。这是一项极其重要的、具有权威地位的工作。很长时间以来，现实主义与理想主义的分化产生了破坏效果，掩盖了确实对政策制定具有重要意义的学术中间立场。本书对于打破这一分化做出了重大贡献。在将经济推理和对政治现象的理解用于分析国际政治经济问题方面，本书迈出了重要的一步。

书名：东南亚经济技术合作

作者：马慧琼、李玫宇

出版社：中南大学出版社

出版时间：2011 年 8 月

内容提要：《东南亚经济技术合作》主要面向东南亚研究方向的高等院校经济类学生，因此在内容编排上兼顾理论与实务，以理论和实践相结合为特色。全书从三个方面讲述：理论部分主要有生产要素、国际移动理论、国际相互依赖理论、经济一体化理论、国际经济协调理论和国际直接投资理论等；实务部分包括中国与东南亚的经济技术合作分析、实践等；理论与实践相结合部分主要体现在每章之后的思考题和案例研究。

本书既可作为高等院校相关专业学生的教材，也可供有关企业与政府管理部门的人员借鉴。

书名：国际商务谈判
作者：黄卫平、丁凯、宋洋
出版社：中国人民大学出版社
出版时间：2011 年 9 月

内容提要：《国际商务谈判》是国际商务专业学员的经典教材。其培养目标是适应复杂国际经济、政治、文化环境，通晓现代商务基础理论，具备完善的国际商务知识体系，熟练掌握现代国际商务实践技能，有较强的外语交流能力、国际商务分析与决策能力的应用型、复合型、职业型的高级商务专门人才。中国人民大学经济学院推出的《国际商务谈判》具有以下特点：

第一，系统性。系统覆盖了国际商务所需的知识体系，涉及国际经济、国际贸易、国际金融、国际商务、跨国公司管理、国际规则运用、跨文化沟通、市场营销等各个方面。

第二，突出了案例教学的特点。教材选用了大量具有国际背景的前沿性的案例，能够帮助学生了解国际商务的现实环境，并通过案例学习以获得职业感觉和应用能力。

书名： 推进中国云南与 GMS 次区域全面经济合作对策研究
作者： 文淑惠、熊彬
出版社： 中国社会科学出版社
出版时间： 2011 年 4 月

内容提要：《推进中国云南与 GMS 次区域全面经济合作对策研究》在通过大量调研取得第一手原始数据的基础上，主要采用实证研究与计量分析的经济学研究方法，研究云南省与 GMS 次区域的经济合作。首先，从利益相关者角度分析中国（云南）参与大湄公河次区域合作的相关利益主体，即来自中央政府层面的各职能部门、云南省政府作为地方政府及各职能部门、大型国有企业与民营中小企业、各类商会与行业协会。这四类不同的利益相关者，在涉及有关 GMS 次区域经济合作的政策制定、政策实施的现行协调机制中，其影响力、重要性和受影响程度不一致是中国（云南）参与 GMS 次区域经济合作机制中最突出的矛盾。要建立合作的微观机制，必须形成内部有效的信息反馈与沟通协调渠道，解决广大中小企业参与政策制定程度低的问题，采取各种措施将参与各方的影响力、重要性与其受影响程度相匹配。其次，在云南省与 GMS 五国的双边贸易方面，主要运用 1992～2008 年云南省与 GMS 五国的贸易数据，分析云南省与 GMS 五国双边贸易的国别情况、进出口商品结构与行业结构，通过计算显性比较优势指数（RCA）和贸易互补指数来揭示云南省与 GMS 次区域的贸易合作动因，并评价贸易转移效应；另外，用协整分析、格兰杰因果检验和脉冲响应分析与 GDP 变动的方差分解来验证云南省与 GMS 五国的双边贸易对云南省经济增长的贡献，并用弹性分析和产业内贸易指数的计算来评价云南省与 GMS 五国的双边贸易对云南省三次产业升级效应的影响。研究表明，云南省与 GMS 五国的双边贸易对云南省经济增长、产业升级的贡献作用有限，同时，贸易方式主要以基于资源禀赋的产业间贸易为主，具体表现在贸易商品结构的低层次上。

书名：中国的能源外交与国际能源合作（1949－2009）

作者：薛力

出版社：中国社会科学出版社

出版时间：2011年6月

内容提要：《中国的能源外交与国际能源合作（1949－2009）》旨在帮助那些关心能源问题的读者获得全球能源开发的概况，并获得中国能源企业在海外各地区开发现状的大致轮廓。作者对全球能源资源禀赋与开发状况进行分区域的扫描，并展示重点国家的能源开发成就、投资环境、对外能源合作现状与趋势、中国能源企业参与的状况，并根据中国能源企业的成就与不足，提出相应的政策建议。

书名：合作共赢·共促世界经济繁荣

作者：白远

出版社：中国经济出版社

出版时间：2011 年 1 月

内容提要：《合作共赢·共促世界经济繁荣》是北京第二外国语学院国际经济贸易学院与美国北佛罗里达大学共同举办的第四届国际学术会议的成果。论文集的主题是“合作共赢，共同促进世界经济的繁荣”，同时有两个关联题目，分别是跨国教育文化交流和中国服务业与文化创意产业发展研究。围绕这三个主题共 26 篇论文，从理论和实证的角度对所研究的题目进行了深刻的分析与讨论，如对于金融危机时期世界经济的发展和中美两国的努力进行了论述；对跨国文化教育交流从学生的角度进行了分析，讨论了开展国际教育文化交流的可能性；对中国服务业和文化创意产业的发展从贸易、投资、消费的角度作出了多方面的研究，并得出合理的结论。

书名：中亚地区发展与国际合作机制
作者：吴宏伟
出版社：社会科学文献出版社
出版时间：2011 年 9 月

内容提要：《中亚地区发展与国际合作机制》利用国际地缘政治理论、经济结构与经济发展理论、区域经济理论、比较优势论、产业结构理论和可持续发展理论，对中亚五国——哈萨克斯坦、乌兹别克斯坦、吉尔吉斯斯坦、塔吉克斯坦和土库曼斯坦独立后的政治发展、经济发展及其在发展过程中存在的各种问题进行了梳理，并对中亚五国在区域性以及非区域性国际合作机制中的探索与发展进行了系统、深入的介绍与分析。

本书有助于政府和有关部门及时了解中亚国家发展现状与发展趋势，掌握中亚国家与其他国家（地区）和国际组织合作现状、趋势和前景，为中国与中亚国家今后开展政治、经济和文化合作提供参考和帮助，具有重要的理论和应用价值。

书名： 世界能源政治与中国国际能源合作

作者： 余建华

出版社： 长春出版社

出版时间： 2011 年 5 月

内容提要：《世界能源政治与中国国际能源合作》主要从分析现当代国际关系中的能源（以石油和天然气为主）政治和安全因素入手，在剖析相关能源政治的国际关系理论基础上，对国际能源格局、供求态势及油气地缘政治的发展演变进行系统考察，全面阐析 21 世纪初国际油气竞争态势和各国不同类型的对外能源战略，在探讨战略机遇期的中国为解决能源"瓶颈"（尤其是石油安全）问题而在国内实施可持续能源发展战略的同时，通过总体的综合分析与分区的实证考察，详尽研讨中国能源国际化经营的"走出去"战略和加强国际能源合作的历史演进、基本特征、成败得失、机遇障碍和应对之策。立足于诸多数据和实例，对"中国能源威胁论"进行综合解析和驳斥，揭示 21 世纪中国在能源问题上坚持"科学发展"和"和平发展"国策方针的有机结合，在新能源安全观的指导下，谋求与世界各国互利共赢的国际能源合作。

书名：中国能源国际合作报告（2010/2011）

作者：陈岳、许勤华

出版社：时事出版社

出版时间：2011 年 6 月

内容提要：《中国能源国际合作报告（2010/2011）》在对全球各重点地区及国家展开的对外能源合作整体描述的基础上，着重关注了 2008～2009 年金融危机对考察对象地区及国家的能源政策及对外能源战略的影响，特别是金融危机下全球能源国际合作的变化和新动态。2011 年初发生了两件对全球能源安全有着极其重要影响的大事件：一是中东北非发生的持续的波及面极强的政治动荡；二是日本因为特大地震海啸引发的次生灾害“核辐射危机”。前者使我们进一步把“能源”和“地缘政治”联系起来，使中国人进一步思考能源资源企业“走出去”发展战略所面临的政治风险；后者则使中国人重新审视我们国家今后的核能发展战略。2010 年报告继续依循上年报告的基本结构，在对全球重点地区和国家能源发展的政治经济变化、能源政策及战略变化，对外国际合作实践变化进行梳理的基础上，将关注目光投向影响能源国际合作的各种因素，尝试分析如政治、经济、社会、宗教、自然、人才、商业、科学研究等因素对中国能源对外合作的影响，特别是其中的政治、社会、宗教及国际合作人才。

书名：区域合作与金融支撑——以泛北部湾区域经济合作为例

作者：唐文琳、范祚军等

出版社：人民出版社

出版时间：2011 年 8 月

内容提要：《区域合作与金融支撑——以泛北部湾区域经济合作为例》着力于构建泛北部湾区域经济合作的金融支撑体系，以期在成员国共同努力的金融合作框架下，尊重各国建立适合本国经济发展的金融结构的同时，通过优化区域金融结构推动本地区经济贸易发展。但是，该区域内的国家（地区）经济发展具有明显的非均衡性，区域金融合作的浅层次及其区域金融结构的不足压制了泛北部湾区域发展的资金供给。在推进泛北部湾区域合作过程中，如何通过优化区域金融结构满足不同层次经济主体的金融服务需求，如何深化区域金融合作，发挥金融在区域合作共赢中的推动力作用，是一个亟待研究的课题。

本书在论证开放条件下区域金融合作支撑理论的基础上，结合梯度划分和泛北部湾区域经济合作区金融需求与供给，考察了区域内成员国金融结构现状及其与本国经济的适应性，总结其演绎规律和发展趋势，在尊重各国金融结构演绎规律的基础上，重构泛北部湾区域经济合作的金融支撑体系，进一步完善泛北部湾区域融资机制，强化泛北部湾区域金融政策协调，拟定推进泛北部湾区域合作的金融策略。

书名：东盟 40 年：区域经济合作的动力机制（1967～2007）

作者：王玉主

出版社：社会科学文献出版社

出版时间：2011 年 12 月

内容提要：随着中国—东盟关系在 1997 年金融危机之后的不断提升，国内的东盟研究也开始升温。从这个意义上讲，《东盟 40 年：区域经济合作的动力机制（1967 - 2007）》也是这股“东盟热”的一部分。以观察东盟过去 40 年发展的历程为基础，本书主要探讨东盟的合作动力问题。因为在如何认识东盟区域经济合作动力和效能这个问题上，当前的区域一体化理论给出的解释并不有力。一方面，以发达国家实践为基础的区域一体化理论不完全符合发展中国家区域合作的实际情况；另一方面，多数文献都是对东盟经济合作的阶段性研究，对东盟经济合作的动力缺少系统分析。为弥补这些理论缺陷，本书致力于建立分析东盟区域经济合作动力的统一理论框架，并以东盟在不同历史时期推动经济合作的实践对其进行检验。

本书以观察东盟过去 40 年发展的历程为基础，力图对东盟的合作动力作出解释。以东盟国家经济发展对外部市场和资金的依赖为背景建立起来的分析框架认为，外部利益的存在为东盟合作提供了区域一体化理论要求的两个必要条件：一方面，受资源禀赋和发展阶段、发展战略的约束，东盟国家合作的潜在收益很小，外部利益的存在补充了东盟的这一缺点；另一方面，当东盟国家加强内部合作与外部进行利益交换时，外部利益提供者对东盟合作发挥了合作领导国的作用，成为东盟国家走出博弈困境的关键。

书名： 中国油气资源国际合作：现实与路径

作者： 王多云、张秀英

出版社： 社会科学文献出版社

出版时间： 2011 年 12 月

内容提要： 油气安全是当今世界各国共同面临的重大课题。《中国油气资源国际合作：现实与路径》以经济全球化的视野，就中国同中亚、俄罗斯、中东、非洲、拉美、北美等地区的 30 多个资源国及与日本、韩国和印度等油气消费大国进行油气合作的现状和难点提炼出了一些基本判断。认为要重新审视我国油气资源发展战略，在实施“两种资源、两个市场”战略进程中，把油气资源国际合作放在“重中之重”的位置，应针对全球不同地区的油气资源状况和地缘政治特点，确定相应的合作重点和实施路径。

本书在全面系统地梳理和探讨中国油气资源国际合作的诸多领域有独到的见解，可为关注该课题的政府部门、企业、研究人员等提供有益的参考与借鉴。

书名： 新兴大国与传统大国：博弈中的合作
作者： 上海社会科学院世界经济与政治研究院
出版社： 时事出版社
出版时间： 2011 年 1 月

内容提要： 全球治理背景下不同类型国家间的权力博弈和利益较量是近期国际关系中十分引人关注的话题，尤其是发达国家和新兴大国之间围绕货币汇率、低碳减排、贸易保护等展开的合作与博弈更是直接关系到全球治理的未来走向。为此，《新兴大国与传统大国：博弈中的合作》的研究重心放在对新兴大国与发达国家之间的互动关系上，从中探讨二者之间的利益博弈走向，其中值得推荐的论文主要有何曜的《全球经济治理视角下的 G20：发展历程与未来的挑战》、姚大庆的《国际货币体系改革：大国博弈与合作》、赵蓓文的《在博弈中求合作：新兴经济体利用 FDI 发展低碳经济的战略选择》、金永明的《中国海洋问题现状与对策研究——以海洋政策与法制为视角》。作者们的观点对于理解当前的国际关系提供了富有启发的新视野和新角度。

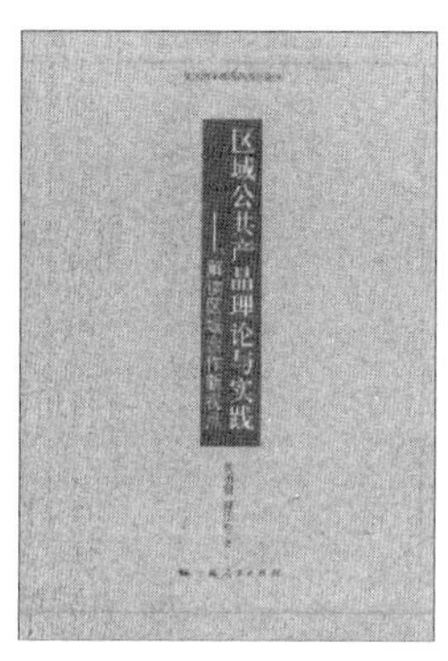

书名：区域公共产品理论与实践——解读区域合作新视点
作者：樊勇明、薄思胜
出版社：上海人民出版社
出版时间：2011年10月

内容提要：《区域公共产品理论与实践——解读区域合作新视点》中区域公共产品已经成了国际关系研究中一个频频出现的热门词汇，这反映了两个趋势：

第一，显示出区域合作已经成为影响世界格局变化发展的重要因素。应该说，美国“次贷”危机引发的全球性金融危机是国际局势发展的转折点。由发达国家主导的经济全球化全面受挫，世界经济由平稳向上发展转为动荡下行，更大的重组即将发生。其最显著的标志就是区域经济一体化和跨区域经济合作的风起云涌，一浪高过一浪。

第二，区域经济合作的兴起要求有相应的机制和体制来保证。过去人们观察区域经济合作大多是使用地区主义或地缘政治的理论框架来分析，主要是分析区域合作的历史和现状，展望其发展前景，考察其发展阶段和特征，研究有关各方之间的政治经济博弈。区域公共产品理论的出现，为人们研究区域合作增添了新的理论武器。区域公共产品的研究视角着眼于国家区域合作的相互关系，注重研究域内大国或国家集团如何建立促进本区域经济合作的机制和体制，域内外大国或国家集团与区域合作之间的互动等问题。本书研究视角的转换，增加了国际关系理论对区域合作的解释能力和指导能力，反映了国际关系理论研究的新发展。

书名：经济全球化背景下的中印能源合作模式

作者：李渤

出版社：时事出版社

出版时间：2011 年 9 月

内容提要：《经济全球化背景下的中印能源合作模式》在总结经济全球化深入发展态势下的全球能源供需格局的基础上，分析中印在其崛起过程中的能源需求和依赖度，以及能源问题在中印关系中的战略地位及对现实以致未来中印关系的影响。在此基础上，作者对中印在能源领域的竞争与合作进行了模型式的分析，析清两国能源合作模式的条件、优缺点及选择的可能性或几率，研究动态竞合模式选择对中印能源关系发展可能产生的作用或影响，最终提出激发中印能源竞争与合作潜力的应对措施，并对两国能源关系发展的未来予以前瞻性的分析和探讨。

书名：中美中西部合作论坛（2009）：应对国际金融危机促进中美区域间合作与发展

作者：冯永臣、李小建

出版社：社会科学文献出版社

出版时间：2011 年 4 月

内容提要：《中美中西部合作论坛（2009）：应对国际金融危机促进中美区域间合作与发展》记录了“中美中西部合作论坛”的盛况。2009 年 11 月 10 日“中美中西部合作论坛”在河南省郑州市举办。该论坛由河南省人民政府、中国人民对外友好协会、美国堪萨斯州政府、美国中西部中国协会共同主办。论坛的成功举办为搭建中美两国中西部地区携手合作，共同发展新平台，增进两地区间资源、科技等优势互补，促进共同繁荣与发展起到了良好的效应。

书名：东北三省对韩国经贸合作战略升级研究：区域合作视角

作者：项义军

出版社：中国物资出版社

出版时间：2011 年 6 月

内容提要：《东北三省对韩国经贸合作战略升级研究：区域合作视角》从区域经济合作视角出发，围绕实现东北三省对韩国经贸合作战略升级这一基本目标展开研究。主要内容：第一，对国际经贸合作与区域经济合作的理论进行系统分析；第二，全面分析中韩区域经贸合作以及东北三省与韩国经贸合作的现状，侧重分析贸易合作与投资合作两个领域的发展特点与存在问题；第三，利用 SWOT 分析法对东北三省与韩国经贸合作的优势、劣势、机会及威胁等进行分析；第四，总结与韩国经贸合作发展较成功的省份——山东省的成功经验；第五，从经贸合作机制、贸易合作、投资合作和文化交流与经贸人才培养四个方面提出东北三省对韩国经贸合作战略升级应采取的对策。本书的研究对推进东北亚经贸合作、中韩区域合作以及东北三省对韩国经贸合作深入发展，促进东北三省进出口商品结构优化，转变投资方式，创建和谐融洽的经贸合作关系具有重要的理论和现实意义。

书名：合作竞争：国家石油公司的博弈

作者：黄昶生

出版社：知识产权出版社

出版时间：2011 年 5 月

内容提要：近年来，我国的石油对外依存度已超过 50% 的警戒线，经济发展对石油的依赖性明显增强。与此同时，国外各大石油公司相继进入我国市场，国内石油产业将面临激烈的市场竞争。如何有效地参与国际石油市场的竞争，如何有力提升我国石油产业链的国际竞争能力，成为我们所面临的重大问题。为解决上述问题，我国国家石油公司间进行合作竞争便成为一种有效途径。《合作竞争：国家石油公司的博弈》对石油公司的竞合研究具有重大的战略和现实意义。

书名：竞争与合作：与诺贝尔经济学家谈经济学和政治学

作者：詹姆斯·艾尔特（James E. Alt）、玛格丽特·莱维（Margaret Levi）、埃莉诺·奥斯特罗姆（Elinor Ostrom）著，万鹏飞、常志霄、梁江等译

出版社：北京大学出版社

出版时间：2011 年 1 月

内容提要：经济学科与政治学科彼此可以相互学习一些什么东西？政治学者业已将经济学中的交换理论、贸易理论和竞争理论应用到诸如投票、立法和政党等领域的研究中。与此同时，一些富有创造性和影响力的经济学家已经跨越出其研究领域，转而开始探讨政治学中的一些经典问题。《竞争与合作：与诺贝尔经济学家谈经济学和政治学》的鲜明特色在于组织了一批杰出的政治学家与 6 位开拓性的诺贝尔经济学奖得主进行了一系列对话。书中对这些诺贝尔经济学家的杰出理论进行了分析、运用和拓展，表明这些理论是如何被运用到政治学理论中的，并为政治学与经济学这两大学科之间富有成效的合作奠定了基础。

本书的讨论和交流涵盖了上述 6 位诺贝尔经济学奖得主的所有主要理论贡献：阿罗对集体决策的标准化分析；西蒙对于有限理性的分析；布坎南关于宪政的分析以及他对多数投票规则的批判；贝克尔关于利益集团间的竞争分析；诺斯对产权与交易成本的研究；泽尔滕关于战略性思考与利益的实证研究。

书名：国际经济合作

作者：刘文涛、吕佳

出版社：中国财富出版社

出版时间：2011 年 1 月

内容提要：近年来，随着全球经济一体化的发展，以资本、技术、管理等为主的各项生产要素在国际间的转移逐渐增加，国际经济合作与交往的方式也越来越多样化。国际经济合作与国际贸易已成为共同带动一国对外经济发展的强大动力。中国改革开放以来，国际贸易得到了较大的发展，而国际经济合作却相对滞后。加入 WTO 后对外经济联系方式不断地更新和丰富，因此，对于日趋多样化的国际经济合作与交往的方式，迫切需要进行系统地研究和总结，并向相关的人员进行全面介绍。

《国际经济合作》一书不仅可以作为国际经济与贸易专业本科学生的教材，也可以作为各类国际经济与贸易专业成人学习、远程教学教材，还可以作为在职进修和岗位培训教材，对于从事国际经济与贸易理论研究与实际工作的人员来说，也是一本必备的重要案头参考书。

书名：国际经济合作理论与实务
作者：杜奇华、卢进勇
出版社：北京师范大学出版社
出版时间：2011 年 9 月

内容提要：《国际经济合作理论与实务》以生产要素国际移动的基本理论为出发点，重点阐述国际经济合作的各种具体方式以及它们在国际生产活动中的重要地位，辅之介绍中国参与国际经济合作活动的现状、国际经济合作活动的新特点以及未来的发展趋势。本书是为国际经济贸易类专业本科生和研究生编写的，但它同时也适用于有关经济管理和相关业务人员的培训使用。目的在于简明扼要地介绍国际经济合作的各种理论，阐述国际经济合作的各种方式及其操作方法，以增强学生对各种国际经济合作活动的了解并提高其对国际经济合作活动对经济发展的重要作用的认识，因此，它更强调实践性和可操作性。

书名：国际经济合作教程

作者：白林、李用俊

出版社：中国科学技术大学出版社

出版时间：2011 年 8 月

内容提要：《国际经济合作教程》阐述了国际经济合作的基本理论，系统介绍了国际经济合作诸形式的主要内容。同时结合中国参与国际经济合作的历史现实，分析了我国开展各类国际经济合作实务的情况及今后的发展趋势，包括中国的对外直接投资、中国的对外服务贸易、中国的对外技术出口和中国的出口信贷和进口信贷等。全书共分 10 章，分别为：国际经济合作概述、国际经济合作的基本理论、国际经济组织与国际经济合作协调机制、国际直接投资、国际间接投资、国际服务贸易、国际技术贸易、国际工程承包与劳动合作、国际信贷、国际经济合作项目。

本书适合作为国际经济与贸易及其他经管类专业的本科生教材，也可作为国际贸易从业人员的参考读物。

书名：经济全球化条件下的国际货币体系改革——基于区域国际货币合作视角的研究

作者：姜凌

出版社：经济科学出版社

出版时间：2011 年 6 月

内容提要：《经济全球化条件下的国际货币体系改革——基于区域国际货币合作视角的研究》第一章在回顾国际货币体系形成及发展演变历程的基础上，对当代国际货币体系的基本特征及运行机制基础，特别是经济全球化条件下当代国际货币体系的矛盾加以分析，进而为研究主题——基于区域国际货币合作视角的国际货币体系改革，奠定必要的平台。第二章则以系统相容性模型作为主要分析工具，从金本位制、布雷顿森林体系、牙买加体系三个国际货币体系发展历程中的关键性阶段入手，论述每一阶段的国际货币体系对世界经济发展所发挥的作用及其存在的弊端，以此展开对经济全球化趋势下国际货币体系改革创新的总体目标与阶段性选择的论证，并就国际货币体系更新迭代深层原因及发展趋向进行探讨。第三章分析了国际本位货币的性质，并就区域国际货币合作对国际本位货币多元化的作用、经济全球化条件下国际本位货币的重新定位，以及这一进程的渐进性和过渡性特点进行了探索。第四章基于国际区域货币合作视角，分别从世界国际储备需求变化、外汇储备的币种结构控制、不同区域货币合作形式下的国际储备实践以及区域国际货币合作与我国的国际储备政策等不同方面，就国际货币体系储备结构的调整改革，做了尝试。第五章以汇率安排的分类及其演进趋势分析为起点，对汇率安排区域化、协同化理论和实现路径进行了分析，并结合 G3 国家汇率波动与发展中国家的汇率制度选择进行了研究。第六章论述了国际货币政策协调在区域货币合作当中的重要地位，并介绍了四种区域货币合作模式（欧洲、美国、非洲、东亚）的货币金融政策协调。在此基础上，提出改进全球性货币金融政策协调以推动区域国际货币合作顺利推进的政策建议。第七章以最优货币区理论为基础，就影响和制约东亚区域货币合作的经济因素及东亚区域货币合作的可行性展开分析，并结合影响东亚货币合作的非经济因素探讨东亚货币金融合作的路径选择。最后一章在分析一国货币成为区域主导货币条件的基础上，指出人民币有望成为东亚区域主导货币。同时，在对人民币成为区域主导货币给中国经济、金融带来的影响进行评估的基础上，探讨人民币的区域化进程及其对东亚货币合作中的积极推动作用。

书名：国际经济合作（第 2 版）

作者：黄汉民、钱学锋

出版社：上海财经大学出版社有限公司

出版时间：2011 年 8 月

内容提要：《国际经济合作》（第 2 版）从我国社会主义市场经济的发展要求出发，试图在已有国际经济合作学科体系的基础上，尽可能综合地反映国际经济合作领域的有关成果和我国对外开放发展的实践经验，以求在体系结构和内容上有所创新，为建设我国的国际经济合作课程体系付出努力。本书适合作为高等院校的经济类及财经类有关专业开设国际经济合作课程的教学用书，也可作为广大经济工作者和其他读者了解国际经济合作及我国对外经济合作发展的参考用书。

第二节

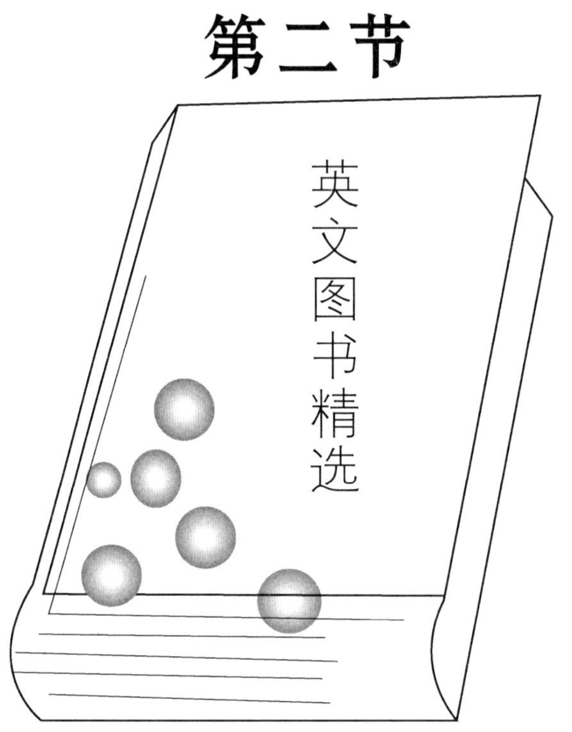

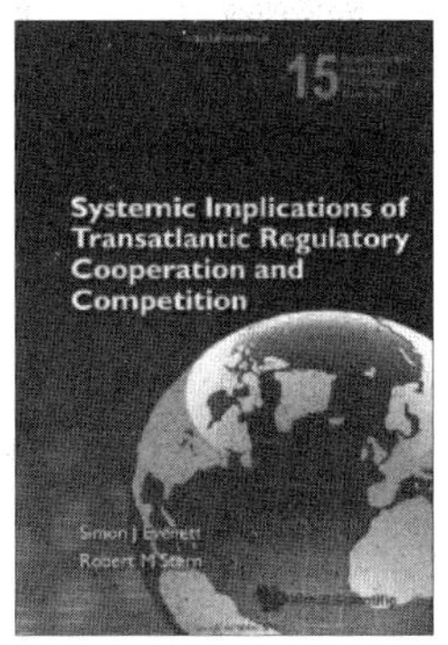

书名：大西洋两岸监管合作和竞争的系统性影响
作者：西蒙·J. 伊文奈特、罗伯特·M. 斯特恩
出版社：世界科学出版有限公司（新加坡）
出版时间：2011 年 2 月

内容摘要：一个国家的法规和执法决策在一开始似乎只对本国产生影响。实质上，它们对其他国家的经济也会造成大幅的溢出效应。经验再次表明，这种溢出效应和其他国家的司法管辖并未同步。大西洋两岸的政府虽然也认识到这一点，但他们在许多政策领域并没有做出相应的反应，有时明知故犯，这使得合作和竞争下的监管环境变得复杂化。只有通过多学科的角度才能完全理解这一现状。本书汲取大西洋两岸最好的法律、经济和政治学的专业知识，以及政府官员和私人从业者在工业化国家和发展中国家的实践经验，及时评估跨大西洋两岸监管下的合作与竞争对系统和全球的影响。

Title：Systemic Implications of Transatlantic Regulatory Cooperation and Competition

Authors：Simon J. Evenett，Robert M. Stern

Press：World Scientific Publishing Co Pte Ltd

Summary：Regulations and enforcement decisions that at first appear to have only a domestic impact can have substantial spillover effects on other nations' economies. Experience has shown time and again that there is no reason to expect that these effects are confined to jurisdictions at the same level of development. Governments on both sides of the Atlantic recognize this, yet their responses in many policy areas are not aligned – sometimes deliberately so. This creates a complex regulatory landscape that appears to be the product of both cooperation and competition, and which can only be fully understood by looking through a number of disciplinary lenses. Drawing on some of the best legal，economic and political science expertise from both sides of the Atlantic，as well as on the knowledge of officials and private practitioners with experience in both industrialized and developing countries，this timely book assesses the systemic，global implications of transatlantic regulatory cooperation and competition.

书名： 空间技术出口管制和外层空间的国际合作
作者： 迈克尔·米尔罗
出版社： 施普林格出版社（德国）
出版时间： 2011 年 11 月

内容摘要： 出口管制对外层空间的国际合作起着决定性的影响。民事和商业空间的国际参与必须符合空间技术出口管制。总体而言，民用和商业空间的成员都了解本国的出口控制机制。然而，空间技术出口管制文献表明：有些关于国际合作的问题没有受到关注或者得到解决。涉及空间技术出口管制的法律与政治的起源是什么？它们和当前的国际法律结构质检的关系如何？在和平探索和利用外太空的情况下，可以采取哪些措施来改革我们目前的单边空间技术？本书分析评估这些问题和其他与太空技术出口管制相关的问题，对美国商业通信出口控制机制进行深入的案例分析，并运用案例研究结果分析国际空间法、国际公法和国际合作。

Title: Space Technology Export Controls and International Cooperation in Outer Space
Authors: Michael Mineiro
Press: Springer Publishing

Summary: Export controls definitively impact international cooperation in outer space. Civil and commercial space actors that engage in international endeavors must comply with space technology export controls. In the general discourse, members of the civil and commercial space community have an understanding of their domestic export control regime. However, a careful reading of the literature on space technology export controls reveals that certain questions relevant to international engagements have not been identified or answered. What is the legal – political origin of space technology export controls? How do they relate to the current international legal structure? What steps can be taken to evolve our current unilateral paradigm of space technology within the context of peaceful exploration and use of outer space? In this book, these and other relevant questions on space technology export controls are identified and assessed through an insightful case – study of the U. S. commercial communication export control regime. The findings of this case – study are used in an international legal – political analysis of international space law, public international law, and international cooperation.

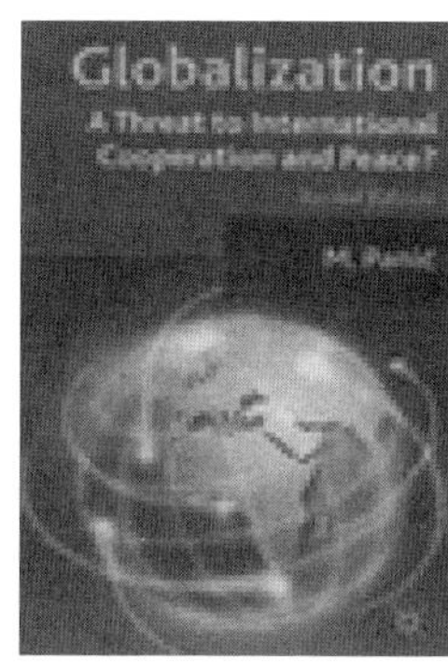

书名： 全球化：国际合作与和平的一种威胁？
作者： 米卡·帕米克
出版社： 麦克米伦出版社（美国）
出版时间： 2011 年 7 月

内容摘要： 关于全球化已经出版了很多研究成果。在过去的两个多世纪中，更多的研究专注涉及全球化生存的资本主义和经济危机问题。可是，对于资本主义相当严重的曲解使得资本主义虽有创造财富的能力，却无法满足甚至是最基本的需求和目标。经济危机不断地威胁着合作、和平和全球化的持续发展。通过探讨目前世界上的重点话题，作者结合经济分析手段和许多国家的历史经验，阐明从根本上改变国家态度和政策的迫切性。为此，应当在体制和制度上进行变革，这也是经济发展、社会稳定与和平所依赖的。这本书对经济学专家、政治家和其他决策者们以及对国内和国际发展感兴趣的人们而言是一本不可或缺的读物。

Title: Globalization: A Threat to International Cooperation and Peace?
Authors: Mica Panic
Press: Palgrave Macmillan

Summary: Much has been written about globalization. Even more has been written over the past two centuries about capitalism and economic crises that threaten its survival. Yet there are still serious misunderstandings of each that make capitalism, despite its capacity for creating wealth, incapable of satisfying even the basic needs and aspirations of all, economic crises a growing threat to cooperation and peace, and globalization unsustainable in its present form. In this wide – ranging examination of the topical issues currently debated around the world, the author combines economic analysis with historical experience of many countries to show why fundamental changes in national attitudes and policies are urgently needed, the essential institutional and systemic reforms that this would require, and why economic progress, social stability and peace depend on them. This book is indispensable reading for professional economists, politicians and other decision makers, and all those interested in important national and international developments that affect everyone.

书名：2011 年国际能源署报告：国际能源署成员国实施能源效率政策的进展和挑战

作者：国际能源署

出版社：经济合作与发展组织（巴黎）

出版时间：2011 年 10 月

内容摘要：2009 年是国际能源机构（IEA）成立 35 周年。35 年前，该机构发布了第一版涉及 35 个重点领域的能源趋势报告。同时，IEA 出版了《实施能源效率政策：国际能源机构成员国是否步入了正轨?》。这两份出版物表明，尽管 IEA 成员国在实施能源政策方面取得了进步，但还需要做更多的工作。

在《2011 年国际能源署报告》中，IEA 重点关注能源效率问题，分析节能政策的实施和近期发展指标，全面呈现 IEA 成员国在实施能源效率政策中取得的进步和遇到的挑战。

Title: IEA Scoreboard 2011: Implementing Energy Efficiency Policy, Progress and Challenges in IEA Member Countries

Authors: International Energy Agency

Press: Organization for Economic Co – operation and Development

Summary: On the occasion of its 35th Anniversary in 2009, the International Energy Agency published the first edition of the Scoreboard focusing on 35 Key Energy Trends over 35 Years. In parallel, the IEA published Implementing Energy Efficiency Policies: Are IEA Member Countries on Track? Both publications found that although IEA member countries were making progress in implementing energy efficiency, more work was needed.

In the 2011 edition of the Scoreboard, the IEA has decided to focus on energy efficiency. The publication combines analysis of energy efficiency policy implementation and recent indicator development. The resulting Scoreboard 2011 provides a fuller picture of the progress as well as the challenges with implementing energy efficiency policy in IEA member countries.

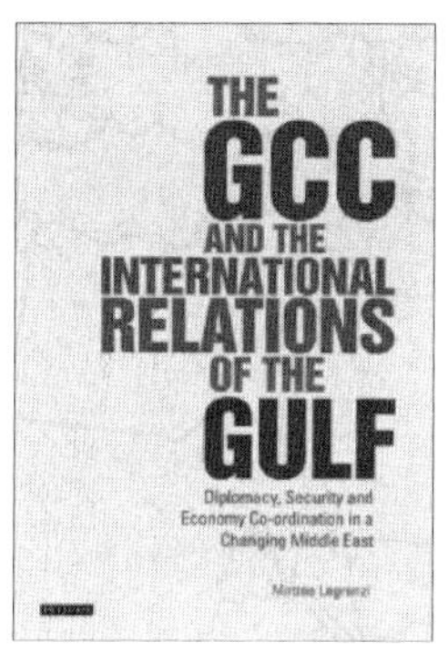

书名：海湾委员会和海湾的国际关系：在不断变化的中东外交，安全和经济的协调

作者：马特奥·莱格伦奇

出版社：I. B. 特瑞斯出版社（英国）

出版时间：2011 年 9 月

内容摘要：海湾合作委员会由沙特阿拉伯、巴林、科威特、阿曼、卡塔尔和阿联酋组成，是世界上最有活力的次区域组织，也是阿拉伯世界最成功的组织。它为这个动荡的次区域打造了开展众多内部安全合作的平台，也是作为主要代表解决阿联酋与伊朗在奥夫穆萨和 Tunbs 群岛的领土争端。它也极具潜力成为一种新的替代形式来均衡国际石油市场。然而，关于该组织如何运作，世人却知之甚少，其中包括：决策实际上是如何制定的，决策过程是如何正式写入章程中，以及海湾委员会对其成员国、海湾地区和国际关系的实质影响如何。借鉴最前沿的 IR 理论研究以及独一无二的对海湾合作委员会的决策者们的第一手采访资料，作者介绍了在经济全球化、区域化外交和伊朗崛起的背景下，海湾合作的机制与其局限性。本书结合历史背景、第一手资料调查和理论分析，是第一个有关海湾合作委员会的全面指南，也是所有关注海湾和中东地区问题的人不可或缺的资料。

Title: The GCC and the International Relations of the Gulf: Diplomacy, Security and Economy Coordination in a Changing Middle East

Authors: Matteo Legrenzi

Press: I. B. Tauris

Summary: The GCC, made up of Saudi Arabia, Bahrain, Kuwait, Oman, Qatar and the UAE, is one of the most resilient sub – regional organizations in the world, and the most successful in the one in the Arab world. It has been the forum through which much internal security co – operation in this volatile sub – region has taken place, as well as the main representative for the UAE's territorial dispute with Iran over the Aub Musa and Tunbs Islands. It also has significant potential to present an alternative form of leverage over the international oil markets. Very little is known however about how the organization really works: how decisions are actually taken, as opposed to how this process is formally constituted in its charters, and what the GCC's real impact on member states, the Gulf and international relations is. Drawing on cutting – edge IR theoretical perspectives as well as unique first – hand access to GCC decision – makers, Matteo Legrenzi explains the mechanisms of Gulf cooperation – and its limitations – in the context of economic globalisation, diplomatic regionalisation and the rise of Iran. Combining historical context, primary source investigations and theoretical analysis, it is the first comprehensive guide to the GCC and an indispensable resource for anyone concerned with the Gulf and the Middle East.

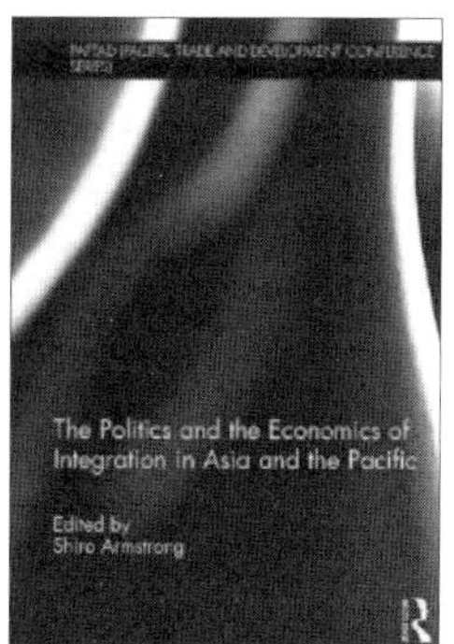

书名：亚洲和太平洋地区的政治和经济的一体化

作者：希罗·阿姆斯特朗

出版社：劳特利奇出版社（英国）

出版时间：2011 年 10 月

内容摘要：经济一体化在全球和区域的经济形态以及商品、服务和生产要素或多或少地自由跨越边界的程度不仅取决于基本的经济条件，而且还取决于政治。无论是以整合市场主导，如在亚洲现有的情况，或以机构为主导的欧洲，这里都会有一些政治因素影响所有形式的区域和国际经济一体化。在地缘政治影响国际经济一体化的同时，国内政治也存在这样的问题。亚洲经济一体化已带动了快速的单边贸易和投资自由化，而贸易和投资模式已经在很大程度上决定了比较优势，政治力量也影响了经济相互依存的格局。区域机构采取的形式及其有效性，还取决于国家之间的政治关系。亚洲的特殊环境以及区域经济之间的关系，深刻的影响、塑造了地区性机构，并将继续这样做。作者借鉴了 2009 年在台北举行的第 33 届太平洋贸易和发展会议上发表的论文，以创新的视角看待政治对经济一体化的影响以及经济一体化在亚洲、太平洋地区和全球的多维呈现。

Title: The Politics and the Economics of Integration in Asia and the P acifi

Authors: Shiro Armstrong

Press: Routledge

Summary: The shape of economic integration in the global and regional economies – and the extent to which goods, services and factors of production move more or less freely across borders – depends not only upon underlying economic conditions but also upon politics. Whether integration is market – led, as has been the case in Asia, or institution – led as in Europe, there are political elements that affect all forms of regional and international economic integration. While geopolitics influences international economic integration, so too does domestic politics. Economic integration in Asia has been driven by rapid unilateral trade and investment liberalization and, while trade and investment patterns have been determined largely by comparative advantage, political forces have also affected patterns of economic interdependence. The form that regional institutions take, and their effectiveness, also depends on political relations between countries. The particular circumstances in Asia, and the relationships between regional economies has profoundly shaped regional institutions and will continue to do so. The chapters in this volume draw on papers originally presented to the 33rd Pacific Trade and Development Conference held in Taipei in 2009 to look in original ways at how politics shape economic integration and its various dimensions in Asia and the Pacific and globally.

书名：中国—东盟次区域合作的进展问题与前景

作者：李明江、关重

出版社：世界科学出版社（新加坡）

出版时间：2011 年

内容摘要：本书汇编了中国和新加坡的专家对于中国和东盟关系的研究成果。书中包括 2009 年 10 月编者组织的会议中发表的部分优秀论文和另外两篇研究论文。这些论文从次区域合作的角度检视了中国和东盟的关系，论述、分析了中国与东盟在大湄公河次区域（GMS）合作、新兴的泛北部湾经济区、东盟的增长三角区、水力发电领域以及金融危机后的中国与东盟的经济关系，认真回顾已取得的成绩和新政策，并探讨了中国与东盟所有这些次区域合作活动中普遍存在的问题。

Title：China ASEAN Sub Regional Cooperation Progress Problems and Prospect

Authors：Mingjiang Li，Chong Guan.

Press：World Scientific

Summary：This book is an edited volume about China – ASEAN relations with contributions from experts based in China and Singapore. The book includes a few excellent papers that were presented at a conference the editor organized in October 2009 and also two other research papers. They examine China – ASEAN relations from a sub – regional cooperation perspective. The book discusses and analyzes China – ASEAN cooperation in the Greater Mekong River Sub – region（GMS），the emerging Pan – Beibu economic zone，ASEAN's growth triangles，and the hydraulic power sector，as well as China – ASEAN economic relations in the wake of the financial crisis. They carefully review the progresses that have been achieved，examine new policy proposals that have been put forth，and explore problems that exist in all these sub – regional cooperation schemes between China and ASEAN.

书名： 经济管理的国际协调
作者： 中川军纪
出版社： 牛津大学出版社（英国）
出版时间： 2011 年 10 月

内容摘要： 随着世界经济全球化的推进，国内经济法规越来越受到国际协调的影响。本书从法律和政治经济的视角，分析这一世界范围内产生的现象，关注：①国际协调产生的背景和目标；②谈判进程的参与；③国际协调对国内法律和行政管理的影响。本书讨论了国际协调，包括与贸易有关的法规、技术标准和食品安全标准、知识产权，劳工标准、竞争法和竞争政策、金融法规以及有关跨国经济犯罪的法规。在广泛的材料和基于理论和实践观察的综合分析框架中，针对这个备受争议的话题提供全面而翔实的调研结果。这些都有助于更深入地了解当今全球化和全球治理所面临的机遇和挑战。

Title： International Harmonization of Economic Regulation
Authors： Junji Nakagawa
Press： Oxford University Press

Summary： With the advancing globalization of the world economy, domestic economic regulations are becoming more and more subject to efforts at international harmonization. This book presents an analysis of this worldwide phenomenon from both a legal and a politico – economic perspective by focusing on①the backgrounds and objectives of international harmonization, ②the negotiating processes involved, ③the impact of harmonization on domestic laws and their administration. International harmonization is discussed in a wide range of cases including trade – related regulations, technical standards and food safety standards, intellectual property rights, labour standards, competition law and policy, financial regulations, and regulations concerning transnational economic crime. Drawing on a wide range of materials and applying a unified analytical framework based on theoretical as well as practical observations, the book surveys this much debated topic in a comprehensive and accessible way. It thus contributes to a better understanding of both the chances and the challenges of globalization and global governance today.

书名：欧洲经济的相互依存与合作

作者：尼古拉斯·C. 巴尔塔斯、G. 戴福瑞、约瑟夫·哈西德

出版社：施普林格—柏林出版社和哈德堡股份有限公司（德国）

出版时间：2011 年 12 月

内容摘要：经济一体化是20世纪末国际经济政策中最值得注意的发展问题。欧盟的热情度已经上升，但欧盟的许多方面仍然鲜为人知，亟待仔细研究。本书主要研究中欧和东欧国家在过渡过程中固有的经济和政治低效率问题，这些国家放慢了前进的步伐，脱离了正确的发展轨道，甚至在某些情况下威胁到其发展的可持续性。本书的作者为经济学家和政治学家，他们调查论证了这样一个假设：在转型中对国际贸易和国际投资持开放态度的国家会取得共赢。

Title：Economic Interdependence and Cooperation in Europe

Authors：Nicholas C. Baltas , G. Demopoulos , Joseph Hassid

Press：Springer – Verlag Berlin and Heidelberg GmbH & Co. K

Summary：Economic integration is the most noteworthy development in international economic policy at the end of this century. Enthusiasm for the European Union has been infectuous. Yet, there are many aspects for the EU that still remain obscure and which warrant further careful scrutiny. The subject of this book is the examination of the inherent economic and political inefficiencies in the transition process of Central and East European countries which are apt to slow down its pace, divert it from its proper course and, in some cases, even endanger its sustainability. The authors of the contributions in this book, economists and political scientists, investigate the applicability of the hypothesis of mutual benefits resulting from countries in transition becoming open to international trade and investment.

书名：太平洋区的经济发展和合作：贸易、投资和环境问题

作者：李宏、大卫·W. 罗兰-霍尔斯特

出版社：剑桥大学出版社（英国）

出版时间：2011 年 7 月

内容摘要：本书汇集了在太平洋区尖端经济分析师的成就，首次出版于 1998 年，其中的研究报告包含该区域所面临的三个最重要的问题：贸易、投资流动和经济增长对环境的影响。这些问题中的每一个都具有国内和多边的重要影响，而且由于太平洋是世界上最具活力的经济区域，使得本书的分析内容和所有国家的政策制定者和研究人员相关联。本书独特之处在于它汇总了该地区最具代表性的经济体的经济学家的见解，还洞察了活跃区域贸易和投资的力量，详细评估中国、印度尼西亚、日本、韩国、新加坡这些领导东亚经济体的国家并对其经济和环境的联系进行了创新研究。

Title： Economic Development and Cooperation in the Pacific Basin：Trade，Investment，and Environmental Issues

Authors： Hiro Lee，David W. Roland – Holst

Press： Cambridge University Press

Summary： First published in 1998，this volume brings together contributions from leading economic analysts around the Pacific Basin，reporting on their research into three of the most important issues facing the region：trade，investment flows，and the environmental effects of economic growth. Each of these issues has important domestic and multilateral ramifications and the Pacific Basin's status as the world's most dynamic economic region makes this analysis relevant to policy makers and researchers in all countries. The collection is unusual in offering appraisals from economists representing the principal economies of the region. Among other contributions in the book are insights into the forces animating regional trade and investment，detailed assessment of leading East Asian economies such as those of China，Indonesia，Japan，Korea，and Singapore，and innovative research on economy – environment linkages.

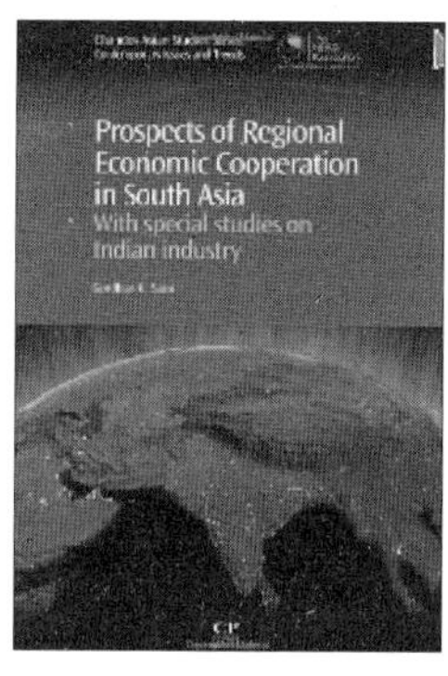

书名：南亚区域经济合作的前景：印度工业专题研究

作者：长戈登·萨尼

出版社：查杜丝出版社（英国）

出版时间：2011 年 11 月

内容摘要：南亚地区意识到了区域经济一体化的重要性，也展开了各项合作进程。然而，南亚区域一体化进程充满了困难，这主要是因为缺乏对区域经济一体化中经济概念的理解。因此，本书详述南亚区域经济合作中的概念性问题，也记录了南盟取得的进展、在安全保障前提下的南亚自由贸易区的贸易自由化及其相关机制，提出保障措施的发展建议，对动态环境中南盟贸易一体化进程提出深刻见解，指明在南亚进行更深层次经济一体化的潜力以及可以项目为依托进行合作的领域。书中还对区域一体化进程进行了客观评价，明确一体化政策自身带来的和造成的局限性，这对于今后的决策有重要的借鉴作用。

Title： Prospects of Regional Economic Cooperation in South Asia：With Special Studies on Indian Industry

Authors： Gordhan Saini

Press： Chandos Publishing

Summary： Realizing its importance，the South Asian region has also embarked upon various processes of regional economic integration. However，the South Asian regional integration process is fraught with difficulties，especially due to a lack of understanding about the very economics of regional economic integration. Thus，this paper dwells upon some of the conceptual issues pertaining to regional economic cooperation in general and specific to the South Asian region. It also documents the progress made in SAARC，the SAFTA trade liberalization and associated mechanisms alongside the nature of safeguards provided for. In this respect，developmental perspectives of safeguards are put forth. Some fresh insights on the status of SAARC trade integration process in a dynamic setting are also brought out. The paper also highlights the potentials for deeper economic integration in the region. The paper further illustrates some of the areas wherein project – based cooperation is feasible in the region. Finally，the paper makes an objective assessment of the regional integration process and identifies certain policy – induced and structural constraints that have important policy – implications.

书名：南南合作：核心地位的非洲
作者：雷努·莫迪
出版社：帕尔格雷夫麦克米伦出版社（英国）
出版时间：2011 年 8 月

内容摘要：通过全球重新配置，南南合作现被誉为南北发展模式的范例。作者探讨非洲从世界政治和经济的边缘走向中心，造成角色重新定位的动态发展过程。但并非世界上所有的学者和政策制定者都认同这种转型。作者批判性地评价非洲中心说产生的因素，同时也为新的学说留下探讨空间，其中包括金砖四国合作的创新、非洲与印度以及印度洋地区与沿海国家间的医疗旅游、非洲视角下的民主社会方面的南南合作。

Title：South – South Cooperation：Africa on the Centre Stage

Authors：Renu Modi

Press：Palgrave Macmillan

Summary：Through global reconfigurations，South – South cooperation now compliments the existing North – South development paradigm. This volume explores the dynamic processes that have resulted in the repositioning of Africa，from the periphery of world politics and economics on to the centre stage. However，not all academics and policy makers from around the globe believe that this transition has indeed taken place. The authors critically assess the compelling factors that undergird the title of the book while allowing space for a debate on this relatively new subject of academic discourse. It includes innovative contributions on the BRIC constellation，medical tourism between Africa and India，Indian Ocean region and the littoral states，and civil society perspective on South – South cooperation from an African perspective.

书名： 世界新秩序中的南亚：区域合作的作用
作者： 沙希德·杰维德·布尔基
出版社： 劳特利奇出版社（英国）
出版时间： 2011 年 3 月

内容摘要： 全球经济格局已经发生了飞速的变化。本书着眼于南亚如何很好地利用这些变化。全球经济的发展将比最初想象的更复杂，它并不是一个以中国和美国两个国家为中心的两极模式，而是有着包括印度在内的 8 个经济活动中心的多级模式。本书建议：在这种多级模式下，印度应该和它的邻国进行区域合作，从而推进南亚提升为一个经济区域。南亚还应当审视自身的历史，尤其是印度和巴基斯坦务必改变自身的态度。本书讨论了区域合作方法可能带来的促进经济增长的区域利益，对南亚以及亚洲经济学研究有积极的贡献。

Title: South Asia in the New World Order: The Role of Regional Cooperation
Authors: Shahid Javed Burki
Press: Routledge Press

Summary: Rapid changes have taken place in the structure of the global economy, and this book looks at how South Asia can take advantage of these changes. The author argues that the developing global economy will be more complex than originally thought, that instead of a bipolar model with two countries, the US and China, at the centre, it will be multipolar with eight centres of economic activity, including India. The book goes on to suggest that in the context of such a model, there should be regional cooperation between India and its immediate neighbouring countries for South Asia to advance as an economic region. It argues that South Asia will need to look at its history, and that changes in attitudes, particularly in India and Pakistan, are necessary. The possible benefits to the region, in terms of increases in the rates of economic growth if the regional approach is adopted, are discussed. The book presents a useful contribution to studies in South Asia, as well as Asian Economics.

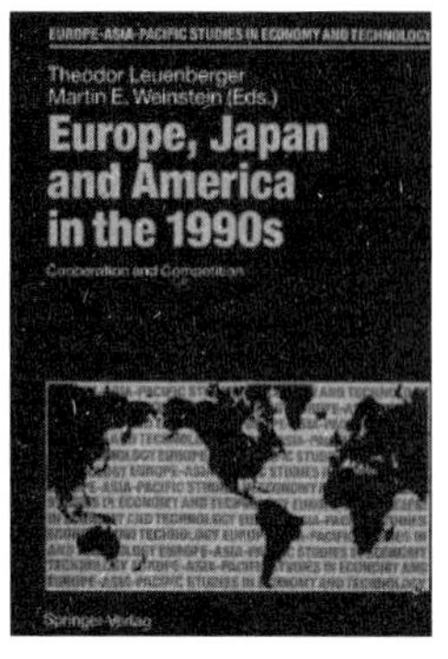

书名：20 世纪 90 年代中的欧洲、日本和美国：合作和竞争
作者：西奥罗·洛伊恩贝格尔、马丁·E. 温斯坦
出版社：施普林格出版社（德国）
出版时间：2011 年 12 月

内容摘要：本书探讨的核心问题是日本、欧洲和美国之间在政府和企业层面上的竞争与合作。西方与日本的公司和机构之间竞争性的合作在中、短期都取得丰厚成果。但对于西方经济体自身无法解决的那些问题，单靠合作并不能轻易得到解决。西方政府和企业常常无法做到与日本进行大规模项目的合作。而日本也不具备能与其占主导优势的经济科技实力匹配的领导力。因此，在与美国和欧盟合作中，日本始终将自己处于配角地位。本书着重讨论日美关系对欧洲的影响，进一步阐明日美在科技领域的未来发展关系，并探究欧盟和日本的关系问题。

Title：Europe，Japan and America in the 1990s：Cooperation and Competition
Authors：Theodor Leuenberger，Martin E. Weinstein
Press：Springer – Verlag Press

Summary：Competition and cooperation between Japan，Europe and USA is the key issue of this book – both at government and business levels. Both short – term and long – term competitive cooperation between Western and Japanese firms and institutions can be fruitful. Cooperation however，provides no easy solutions to problems which Western economies have been unable to solve on their own. Governments as well as companies are often unprepared for cooperation with Japan within the framework of larger – scale projects. On the other hand，Japan itself still lacks the leadership capacities to match its present economic and technological dominance. Thus the Japanese strategy for a Number Two role in cooperation with the USA and the EC is described. The discussion focuses on the implications of US/Japanese relations for Europe. It further highlights future relations between the US and Japan in the field of technology，and also deals with the EC/Japan context.

书名：南亚区域合作联盟（南盟）：一个新型的合作架构

作者：劳伦斯·赛斯

出版社：劳特利奇出版社（英国）

出版时间：2011 年 7 月

内容摘要：南亚区域合作联盟（南盟）是一个由南亚 8 个国家组成的国际组织。本书旨在研究作为南亚地区最主要区域机构的南盟的组织结构、目标和工作效率，全面介绍南盟形成的历史发展原因和主要问题，如各区域中心的内部运作及其成功执行南盟峰会达成的决议；南盟如何应对有关安全问题的新的严峻的挑战，如传染病、恐怖主义、南亚地区的能源安全经济合作和南亚自由贸易协定（SAFTA）中要求组织扩张从而带来的挑战，尤其是中国建议超越传统的南亚地区的边界。本书目的在于评估适用于南盟这类正式机构的合作范畴，构建永久性的地区安全架构使南亚各国能有效解决重大问题。

Title：The South Asian Association for Regional Cooperation (SAARC)：An Emerging Collaboration Architecture

Authors：Lawrence Saez

Press：Routledge

Summary：The South Asian Association for Regional Cooperation (SAARC) is an international organization comprised of the eight countries in South Asia. This work aims examine the institutional structure, objectives and effectiveness of the SAARC in its role as South Asia's leading regional institution. The text provides a comprehensive introduction to the SAARC, describing the historical developments that lead to its formation and examining key issues such as：The inner workings of Regional Centres and, their success in implementing the decisions reached at SAARC summits. How SAARC has sought to address critical new security challenges, such as health pandemics, terrorism, energy security South Asia's economic cooperation and the South Asia Free Trade Agreement (SAFTA) Challenges that expansion pose to the organization, particularly China's suggestion to expand beyond the traditional borders of South Asia. The work aims to evaluate what scope there is for formal institutions like SAARC to provide a permanent regional security architecture within which South Asian countries can effectively address important issues.

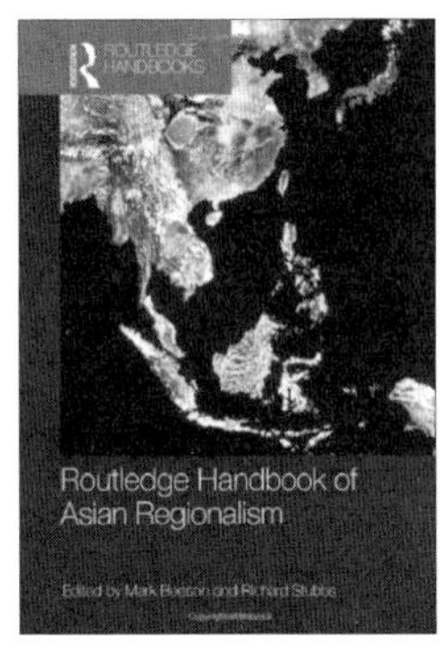

书名： 亚洲区域主义劳特里奇手册

作者： 马克·比森，理查德·斯塔布斯

出版社： 劳特里奇出版社 英国（伦敦）

出版时间： 2011 年 11 月

内容摘要： 本书最具权威地介绍并分析了覆盖东亚、东南亚和南亚的亚洲区域主义发展，作者无疑是对世界上最具活力、最重要的区域进行了全面研究。值得注意的是，本书涉及了亚洲区域主义的多种表现形式，并按标题编排主题，包括概念化区域经济问题、政治问题、战略问题、区域组织等。对于这个重要且颇具争议的话题，作者提出了对此矛盾解读的一些关键要素，不仅让读者评价亚洲区域主义将走向何方，也让他们了解亚洲区域主义的学术研究者如何分析这些趋势和事件。本书对研究亚洲政治、国际关系以及区域主义的学生和学者来说，是一本不可或缺的资料。

Title：Routledge Handbook of Asian Regionalism

Authors：Mark Beeson，Richard Stubbs

Press：Routledge

Summary：The Routledge Handbook of Asian Regionalism is a definitive introduction to，and analysis of，the development of regionalism in Asia，including coverage of East Asia，Southeast Asia and South Asia. The contributors engage in a comprehensive exploration of what is arguably the most dynamic and important region in the world. Significantly，this volume addresses the multiple manifestations of regionalism in Asia and is consequently organized thematically under the headings of：conceptualizing the region economic issues，political issues，strategic issues，regional organizations as such，the Handbook presents some of the key elements of the competing interpretations of this important and highly contested topic，giving the reader a chance to evaluate not just where Asian regionalism is going but also how the scholarship on Asian regionalism is analyzing these trends and events. This book will be an indispensable resource for students and scholars of Asian politics，international relations and regionalism.

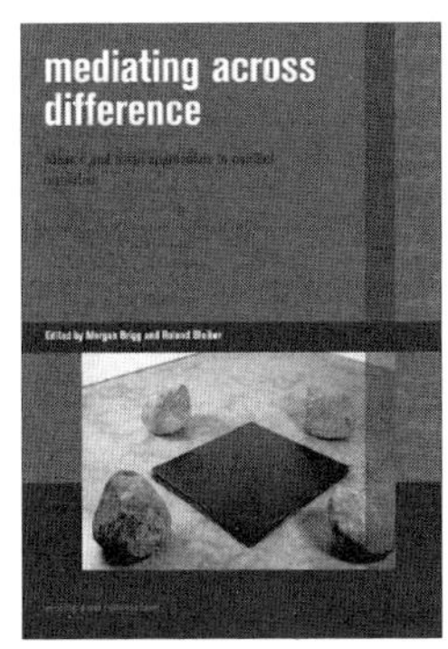

书名：跨越差异的斡旋：大洋洲与亚洲化解冲突的方法
作者：摩根·布里格，罗兰·布雷克
出版社：夏威夷大学出版社 美国（夏威夷）
出版时间：2011 年 2 月

内容摘要：本书的一个基本前提是：为了恰当地解决冲突，尤其是文化和其他差异所导致的冲突，需要对不同文化习俗坦诚对待，并在不同的认知与存在方式之间进行对话。同样重要的是，要转变思路，不应把文化差异理解为一种不可避免的冲突来源，对未经审视的关于冲突和化解方案的西方思维应采取批判性态度。为此，本书介绍了一些来自亚洲和大洋洲对化解冲突所应具有的洞察力，并提出了见解。

Title： Mediating across difference：Oceanic and Asian approaches to conflict resolution
Authors： Morgan Brigg，Roland Bleiker
Press： University of Hawaii Press

Summary： Mediating across difference is based on a fundamental premise：to deal adequately with conflict and particularly with conflict stemming from cultural and other differences requires genuine openness to different cultural practices and dialogue between different ways of knowing and being. Equally essential is a shift away from understanding cultural difference as an inevitable source of conflict，and the development of a more critical attitude toward previously under-examined Western assumptions about conflict and its resolution. To address the ensuing challenges，this book introduces and explores some of the rich insights into conflict resolution emanating from Asia and Oceania.

书名：从亚太视角解读全球化、农业与发展
作者：马修·唐茨、M. A. B. 斯迪克
出版社：爱德华埃尔加出版社（英国）
出版时间：2011 年 2 月

内容摘要：本书探究了在当今许多亚太地区国家关于全球化、农业、发展之间的联系，强调在此背景下农业变革复杂多样的本质，及其对经济社会发展模式的影响。当农业继续对地方、区域和国家层面的发展起重要作用时，受农业支撑的工业和社区正面临越来越多来自经济、社会和环境的挑战。本书研究深入细致，有助于本科生和研究生了解发展学、发展经济学、地理学与农村社会学、公共政策、政治学与农业科学，也有益于从事发展学、发展经济学、人文地理学、农村社会学、农业经济学的研究者。

Title：Globalization，Agriculture and Development：Perspectives from the Asia – Pacific
Authors：Matthew Tonts，M. A. B. Siddique
Press：Edward Elgar Publishing

Summary：This book explores the links between globalization，agriculture and development in a number of contemporary Asia – Pacific nations. It highlights the complex and diversified nature of agricultural change in these contexts，and the ways in which this shapes patterns of economic and social development. Globalization，Agriculture and Development shows that while agriculture continues to play an important role in local，regional and national development，both the industry and the communities it supports are facing an increasing number of economic，social and environmental challenges. This well – researched book will appeal to undergraduate and postgraduate students in development studies，development economics，geography and rural sociology，public policy，politics and agricultural science. Researchers working in development studies，development economics，human geography，rural sociology，agricultural economics and rural sociology will also find this book beneficial.

书名：经济合作与发展组织：组织适应力的研究

作者：彼得·卡罗尔、安斯利·凯洛

出版社：爱德华埃尔加出版社（英国）

出版时间：2011 年 7 月

内容摘要：本书在经济合作与发展组织（OECD）成立 50 周年之际，首次揭示了该组织的起源、发展及其复杂作用，并表明 OECD 如何在大多数情况下成功地适应了其大小成员国不断变化的需求。

作者全面描述并分析了 OECD 的起源、发展及近期富有特点的改革。他们认为这一日趋复杂的组织完成了当初的设想，已经成为一个有适应能力的学习型机构，并探究了该组织是如何超越欧洲和北美洲的范围，日趋影响着全球化治理。本书以研究话题为章节，其中包括经合组织的卫生与环境工作，与国际组织、国际间组织的关系，经合组织的结构以及关键流程。

本书引人入胜，深受学术界人士、研究人员以及研究生的喜爱。其适用范围广泛，包括国际关系学、国际贸易学、政治学、公共政策和公共管理学。本书对国家部门和机构的公务员，尤其是从事重要国际活动的公务员以及对从事国际货币基金组织、世界银行、欧盟、联合国和经合组织等国际组织的专业人士也会有很大帮助。

Title： The OECD：A Study of Organizational Adaptation

Authors： Peter Carroll，Aynsley Kellow

Press： Edward Elgar Publishing

Summary： The book reveals，for the first time，the origins，growth and complex role of the OECD as it celebrates its fiftieth anniversary，showing how it has adapted – for the most part successfully – to the changing needs of its members，both large and small.

Peter Carroll and Aynsley Kellow provide a comprehensive account and analysis of the origins，development and，most intriguingly，the recent reforms that characterize the OECD. They argue that this increasingly complex organization has fulfilled its design to be an adaptive，learning organization and explore how the OECD has spread its wings beyond its European and North American roots to become an increasingly influential body in global governance. Topical chapters include the OECD's work on health and the environment，relations with international，intergovernmental organizations，the OECD's structure and also the key processes.

This fascinating book will be warmly welcomed by academics，researchers and postgraduate students in a wide range of fields including international relations, international business, political science, public policy and public administration. Public servants in national departments and agencies – particularly those with significant international activities – will also find the book to be of great interest, as will professionals within international organizations such as IMF, World Bank, EU, UN and (of course) the OECD itself.

第四章　国际经济合作学科 2011 年大事记

本报告对 2011 年国内外与国际经济合作有关的国内外会议进行了收集、梳理与筛选，共召开相关会议 26 次，其中比较重要的有 18 次。分别是：第三届金砖国家领袖峰会、2011 中欧—成为财经峰会、博鳌亚洲论坛 2011 年年会、国际金融论坛 2011 年全球年会、2011 年夏季达沃斯论坛、第八届中国—东盟博览会、2011 亚太经合组织第十九次领导人非正式会议、2011 年东亚峰会、二十国集团峰会、第 18 届东盟首脑会议、上海合作组织成员国元首理事会第十一次会议、“概念分歧与中欧关系”国际研讨会、第 17 届南亚区域合作联盟首脑舆论会议、第 16 届和第 17 届非盟首脑会议、第 41 届世界经济论坛年会、第四次中日韩领导人会议、国际货币基金组织和世界银行秋季年会。

第一节　国内大事记

一、第三届金砖国家领袖峰会

2011 年 4 月 14 日，“第三届金砖国家领袖峰会”在中国海南三亚举行，南非获邀加入并首次出席会议。此次会晤象征着一个新的起点，一次有着里程碑意义的会晤，一个关乎金砖五国辐射带动全球新兴经济体与发展中国家的平台，在全球媒体的注目下绽放华彩。金砖国家领导人第三次会晤 14 日中午结束后，宣布通过《三亚宣言》。这次会晤通过的成果文件《三亚宣言》反映了各位领导人对国际金融和发展等领域重大事务的共识，对于未来合作进行了规划。这一天，以“展望未来，共享繁荣”为主题的金砖国家领导人第三次会晤圆满结束，中国、俄罗斯、印度、巴西和南非五国领导人在召开联合记者会后，发表了本次会议的成果性文件《三亚宣言》，为这次盛会留下历史的印记，也为未来开启一个新的篇章。

历届会议：

第一届：2009 年 6 月 16 日，“金砖四国”峰会在俄罗斯叶卡捷琳堡举行，成为“金砖四国”的首次峰会。

第二届：2010年4月15日，第二届“金砖四国”峰会在巴西召开，会后四国领导人发表《联合声明》。

第三届：2011年4月14日，第三届“金砖国家领袖”峰会在中国海南三亚举行，南非获邀加入并首次出席会议。

二、2011欧亚生态安全会议

2011年9月23～24日，“2011欧亚生态安全会议”在陕西省西安市召开，并发布成果性文件——《2011欧亚生态安全会议共识》。

作为“2011欧亚经济论坛”唯一的专题会议，围绕“资源稀缺、生态安全、国际合作”展开高端对话、学术交流、现场互动。有欧盟、哈萨克斯坦、柬埔寨、孟加拉、尼泊尔、马尔代夫、斯里兰卡、菲律宾、黑山共和国等欧亚各国政要和大使，中国国务院发展研究中心、国家发改委等部委副部级以上领导官员60多位，以及来自中国社科院和各大专院校专家学者，相关金融机构、学术机构、企业集团共120余位嘉宾出席会议。

会议目标是，从国家发展战略对生态安全定位，吸引包括欧亚国家政党、议会、政府机构，非政府组织，学术机构，金融部门，企业集团，共同应对气候变化、资源稀缺与生态危机，共同推动欧亚地区经济、社会、生态的平衡发展。

另外，“2011欧亚生态安全会议”的一大亮点是全体嘉宾审议通过了《2011欧亚生态安全会议共识》。在世界多极化和经济全球化深入发展、国际形势复杂多变的新形势下，欧亚各国的发展既面临前所未有的机遇，也面临新情况、新挑战。如何处理好发展与稳定的关系，如何解决欧亚国家经济结构矛盾，如何保障和改善民生，如何推进经济与生态的协调发展，是摆在欧亚各国政党、政府和人民面前的现实课题。《2011欧亚生态安全会议共识》将提请欧亚各国政党将生态安全、气候变化纳入党的纲领；建议各国议会实施生态安全立法；建议各国政府将生态安全、气候变化纳入国家教育体系和国家长远发展的战略构想。同时，呼吁欧亚各国政府建立国家生态安全与气候变化综合协调机构，以领导和协调应对自然灾害、解决生态危机，实施灾害预警、紧急救援救助、自然灾害评估和生态修复等工作。

三、2011中欧—成为财经峰会

2011年11月5日，“2011中欧—成为财经峰会”在北京成功举行。作为中欧最高规格的闭门峰会，本次峰会的主题为“世界中国　中国责任”，各行业精英翘楚、专家学者及政府官员进行了一场思想的激荡，共同探讨了中国在下一年前行中变革的方向。“中欧—成为财经峰会”由中欧国际工商学院与成为资本共同主办，逾百名各界精英人士受邀参加了本次活动。

中欧国际工商学院中方院长朱晓明在欢迎辞中表示，到会的各位专家、学者和各界精英翘楚肩负着企业的责任，更肩负着中国发展的重担。大家齐聚一堂，共同探讨中国经济与世界经济发展中的种种命题很有意义，“今天我们集聚中欧，将以坦诚开放的学术态度，共同见证一场高端、前瞻的思想盛宴。”

十一届全国人大常委会副委员长华建敏致开幕辞，正式为本届中欧—成为财经峰会拉开了帷幕。他结合国际环境和国内现状，提出了对中国经济的看法。认为，“三季度的数据表明我们国家的国民经济运行的总体情况良好，继续朝着宏观调控预期的方向发展，但必须高度重视中小企业，特别是出口导向的中型、小型和微型企业经营；必须抓紧节能减排工作；必须重视收入分配问题。”

美国斯坦福大学名誉教授青木昌彦做了题为“如何设计应对巨大冲击和促进创新的协调机制”的主旨演讲，青木同时也是日本京都大学的名誉教授、清华大学的客座教授。青木教授提及日本现在老龄化非常严重，到了2050年，韩国和中国也会沿着这个趋势来发展，进入后人口发展阶段。中国、日本、韩国要实现可持续的人均GDP增长，只有通过全要素生产效率的提高。主要体现在“人员的协调、组织的协调和机制的协调，而不仅体现在一些资产的增加，或者是投入的增加。”

当世界对中国冠以“举足轻重的作用、不同寻常的能力和超乎以往的自信”之时，错综复杂的中美关系正对世界经济产生着更至关重要的影响。在中欧—成为财经峰会的第一主题讨论中，中国经济体制改革研究会名誉会长、中国改革发展研究院董事局主席高尚全，中国入世首席谈判代表、原博鳌亚洲论坛原秘书长龙永图，美国胡佛研究所副主任大卫·布莱迪（David Brady）以及中国社科院美国研究所所长黄平就中美博弈问题开展了一场头脑风暴。中欧会计学教授兼副教务长许定波主持了第一主题讨论。第二主题将目光聚焦在中国在资本市场国际化、制造业转型升级、新能源与电子商务等产业上的理解与进取。第三场主题讨论，改革是永恒的话题。

四、博鳌亚洲论坛2011年年会

2011年4月14~16日“博鳌亚洲论坛2011年年会”在海南博鳌举行。该届年会举行之际，恰逢“金砖国家”领导人第三次会晤在海南省三亚市举行，新兴国家在世界经济版图群体性崛起和经济社会转型令人瞩目；2011年是中国“十二五”的开局之年，中国转变发展方式的新形势、新举措、新机会同样引起关注。在此背景下，“博鳌亚洲论坛2011年年会”设置的23个议题，高度聚焦包容性发展、新兴经济体、中国“十二五”规划。会上胡锦涛提出了以下建议：

第一，尊重多样文明，促进睦邻友好。我们应该继续相互尊重，各自选择发展道路，相互尊重各自推动经济社会发展、改善人民生活的实践探索，把亚洲的多样性转化为加强交流合作的活力和动力，增进相互理解和信任，不断提高各领域合作水平。

第二，转变发展方式，推动全面发展。我们应该紧跟世界发展总趋势，着力转变经济发展方式，积极调整经济结构，增强科技创新能力，发展绿色经济，促进实体经济和虚拟经济，内需和外需均衡发展。同时，兼顾速度和质量，效率和公平，把发展经济和改善民生紧密结合起来，实现经济、社会协调发展。

第三，分享发展机遇，共赢各种挑战。我们应该加强宏观经济政策协调，不断扩大共同利益，推动地区所有成员共同发展。大国要扶持小国，富国要支援穷国，各国要相互帮助，共同把握机遇，共同应对挑战，努力让发展成果惠及地区所有成员，让全亚洲人民生活得更加幸福。

第四，坚持求同存异，促进共同安全。我们应该摒弃冷战思维，大力倡导互信互认、平等协作的新安全观，照顾彼此安全关切，最大限度展现善意、智慧、耐心，坚持通过对话和协商化解矛盾，积极促进地区安全工作，努力维护和平、稳定的地区环境。

第五，倡导互利共赢，深化区域合作。我们应该秉承协商一致、循序渐进的原则，尊重各方共同意愿，加强区域合作机制建设，推动各类机制，充分发挥各自优势，进行不断发展，我们应该坚持开放的地区主义，尊重地区外国家在亚洲的存在和利益。我们欢迎，包括金砖国家在内的各个国家积极参与亚洲合作进程，共同促进亚洲和平、稳定、繁荣。

历届年会

2002 年年会：于 4 月 12 ~ 13 日，博鳌亚洲论坛举行首届年会，48 个国家的 1900 多名代表参加会议。时任中国国务院总理朱镕基出席会议并发表讲话。此后，论坛每年定期在博鳌召开年会。

2003 年年会：于 11 月 2 ~ 3 日举行。中国国务院总理温家宝在大会上发表了题为“把握机遇迎接挑战实现共赢”的演讲。

2004 年年会：于 4 月 24 ~ 25 日举行。出席本次年会的代表主要为亚洲各国政要和商界名流。

2005 年年会：于 4 月 22 ~ 24 日举行。来自 40 多个国家的 1200 多名政界、工商界人士和专家学者出席了会议。全国政协主席贾庆林出席会议并发表题为“推进全面合作共建和谐繁荣的亚洲”的主旨演讲。

2006 年年会：于 4 月 21 ~ 23 日举行。来自约 40 个国家的 850 余名代表与会。国家副主席曾庆红出席会议并发表了“把握亚洲新的机会共创世界美好未来”的主旨演讲。

2007 年年会：于 4 月 20 ~ 22 日举行。来自 36 个国家的 1410 名代表参加了会议。中国人大常委会委员长吴邦国在会上发表了题为“开创亚洲和平合作和谐新局面”的主旨演讲。

2008 年年会：于 4 月 11 ~ 13 日举行。出席本次年会多为亚洲各国政要及商界领袖。此次会议促成中华人民共和国主席胡锦涛与当时的台湾地区当选副领导人萧万长（以商界身份）会面，成为两岸交流史上最高层级的“非正式”官方会谈，使两岸的紧张关系缓和。

2009 年年会：于 4 月 17 ~ 19 日举行。有 1600 余名各国政要、商界领袖、专家学者出席了本次论坛。

2010 年年会：于 4 月 9 ~11 日举行。主题为："绿色复苏：亚洲可持续发展的现实选择"。中国国家副主席习近平应邀出席年会开幕式并发表题为《携手推进亚洲绿色发展和可持续发展》的主旨演讲。约有 40 位各国部长专程出席年会。

五、第七届北京国际金融博览会

2011 年 11 月 3 ~6 日，第七届北京国际金融博览会在中国北京展览馆举行。会上，央行货币政策委员会委员李稻葵出席该次论坛并做了演讲。李稻葵表示，欧洲财政情况还不是最严重的，美国的情况比欧洲严重得多。不过现在资本市场把注意力放在欧洲，而没有放到美国。美元又是全球第一大国际货币，短期内不愁资金，加上美联储在其角度看比较合适的经济政策策略缓解了美国短期阵痛。由于欧洲央行的独特性，没有像美联储这样采取大规模量化宽松政策，所以欧洲的阵痛显得特别剧烈、特别的刺骨，令人难忘。这样的社会基本矛盾反映在财政上就是财政赤字，再往下追根本是它的福利制度没有改变。

以欧洲为例，美国也差不多，50% ~60% 的财政支出是转移支付，是直接救助经济尚处于竞争劣势的群体。这是目前改革最艰难之处。为什么 50% ~60% 用于福利支出，为什么福利改革这么困难。就是在全球化大背景下发达国家事实上形成了二元的社会结构。在全球化的背景下，部分的企业、群体，这些企业包括苹果公司、波音飞机制造公司、空客、德国的宝马公司，在全球化竞争中获得巨大的利益。他们的利润、业绩高歌猛进，与此相关的工程师个人的事业得到发展，但是与此同时由于西方的教育体制，尤其美国微代表的教育体制和整个其他的社会体制没有跟上。大量的百姓在全球化竞争中丧失了竞争力，无法和中国、印度等具有中高层技能的阶层工人竞争。因此造成这部分人必须依赖社会福利，这就是这场发达国家所面临的深刻的矛盾最根本的原因。

此外，新布雷顿森林体系执行长官马克·让表示，有六种办法可以拯救欧元区。也就是说每个国家必须有自己的财政政策，能够很好地管好自己的主权债务问题，而且要确保它们采取的方法、步骤是正确的，而且不是治标一定要治本。对于有些国家来说如果他们不能够实现他们金融的稳定，或者仍然是出现一些主权债务危机很大的状况的话，应该在欧元整个体系里面要建立一种防火墙，在巴塞尔召开会议时大家也同意了应该在深层次解决有关的问题。尽管有的国家可能并不完全同意，比如像国际货币基金组织还有一些欧洲央行以及各个国家所采取的一些措施，比如意大利、西班牙它们发行的国债是非常之多的，而且达到千亿欧元的标准，把这么大的国债要完全从欧央行层面上统一协调的话是一件很困难的事情。再比如说欧洲金融稳定委员会的确也做出了各种各样的努力，通过各个国家现有的资产支撑能力帮助这些处于主权债务危机的国家从困难中走出来，也就是说欧洲央行在这个过程中能够有所作为，但是不能完全依赖于它。除此之外欧洲货币稳定委员会也可以发挥重要的作用。如果不在一个国家的层面上采取相应的措施，最后欧洲央行也不可能承担起这么大的问题，而且欧洲稳定货币委员会也不可能真正发挥作用。这个问题的确要由欧洲人自己来解决，这就要求集体努力以及每个国家层面上的努力，才能得以实现。我们必须要充分考虑到欧元区各个国家的情况，而且也必须要充分考虑到债权人和债务人两个方面具体实际的情况。

六、国际金融论坛 2011 年全球年会

2011 年 11 月 8～10 日，“国际金融论坛 2011 年全球年会”在北京举行，该次论坛的主题为“全球金融新框架：变革与影响”。期间，国际金融论坛（IFF）常务副理事长、全国社保基金理事会理事长戴相龙接受和讯网访谈表示，意大利问题可控性稍大，因为它属国内债务，与希腊有本质区别。欧债危机对欧元区还是有好处的。欧元区经过这样一段振荡，加之成员国加大财政措施，未来欧元将是一个趋于稳定的币种。而我国对欧债危机的态度是，应保持一定增长速度，扩大进口，并保持汇率、金融的稳定。

戴相龙认为，意大利的债务率是比较高，但是它与希腊有着本质的区别，意大利的债务主要是自己国内的债务。所以，他认为，欧元区经过这样一段振荡，加之成员国加大财政措施，欧债危机对欧元区还是有好处的。第一，促进了欧盟提升它的欧元制度，加强财政集中；第二，促进欧元区的国家采取更加审慎的财政政策，减少赤字，同时调整各自的福利。两方面结合调整，未来欧元将是一个趋于稳定，或还是更加好的货币。

戴相龙说，我们国家的做法表现在：第一，适当控制货币供应量，使经济保持一定速度的增长，进一步扩大进口。我们今年如果增长不到 9.3%，增长 9% 也好，进口 16000 亿元、17000 亿元，对欧洲就是支持。第二，保持人民币汇率的稳定性。第三，可以通过国际货币基金组织的安排增加我们的投资，来救助这些国家。第四，是一个新问题，亚洲金融危机时我们没有对外投资，现在我们扩大对外投资，只能通过工商企业、私营企业进去，但是这个不叫救助，是中国跟欧洲国家工商企业之间互惠互赢的商业行为。

戴相龙提醒，不是所有外汇都有投资能力，我们有很多外汇主要买美国国债、回报比较低。美国、欧洲国家都来中国直接投资，股权投资（不是买股票），它的回报很大。但视不同的情况，应该加大国家之间的合作，支持我们国家有条件的企业扩大对欧洲的投资。

“这就是我们面对欧洲债务危机的态度。保持一定增长速度，扩大进口，保持汇率的稳定，金融的稳定”，戴相龙总结。

潘基文表示：“此次会议在国际动荡形势下召开，我们面临着全球经济不稳定，市场跌宕起伏，全球失衡和不公平现象日益加剧，失业率日益上升。我将会重点强调四个可以进行改革的地方，希望能够帮助世界经济回到正常轨道，在接下来关于全球经济管理，我汇总了联合国系统成员国的意见：第一，整个联合国系统内部达成更多的合作，这包括经济与社会等方面。第二，联合国与 G20 之间签订了许多条约，以保证他们各自的发展目标和交流间的互补性。第三，发展中国家需要更强大的话语权，并尽快建立新的全球框架和新规则。第四，区域性组织协调关系更好，被列入到全球经济管理框架下，联合国区域

委员会将担任重要的角色。此外，我还要强调明年联合国可持续发展峰会的重要性，这是我作为联合国秘书长在第二个任期内最为优先的工作。加快经济发展，加强环境保护与维持社会平等都在我的同一份议事日程内，这三项工作都需要各层级良好的制度，你们的深思熟虑将会对此做出很大的贡献。”

七、第五届亚洲制造业论坛年会

2011 年 11 月 19 ~20 日，以“转型和升级——全球制造业重新起航”为主题的“第五届亚洲制造业论坛年会”在北京举行，来自全球制造业行业的 600 多位工商领袖莅临。年会深入分析全球金融危机后，新兴产业与传统制造业如何协调发展，新兴经济体如何处理好增长与结构调整的关系。

金融危机打破了全球制造业的传统格局，信息技术和新科技被赋予新的内涵和动力，新兴经济体工业化进程明显加快。产业升级、结构调整是推动全球经济新一轮腾飞的重要支撑。但是，欧美债务危机还在继续蔓延，金融危机并未结束。全球经济是否会再次触底，还有待继续观察。日本大地震对日本制造业和全球产业链带来哪些影响，新兴经济体如何处理好工业化与资源和环境的关系，都是本次年会关注的重点。

本次年会还针对中国低空开放对通用航空产业的发展，高端制造与智能制造，传统汽车节能减排，深海勘探装备推动蓝海经济崛起，中国与东盟工业一体化等议题举行专题演讲和对话活动。

八、2011 年西安世界园艺博览会

2011 年 4 月 28 日 ~10 月 22 日，中国 2011 年世界园艺博览会在西安市举行（简称 2011 西安世园会）。这是继 2008 年北京奥运会、2010 年上海世博会之后，在中国大陆举办的又一重大国际盛会，是宣传生态文明，提升国家形象的重大机遇。

2011 西安世园会主会址广运潭，位于史称“灞上”的浐灞之滨，是我国古代主要港口之一。盛唐天宝年间，唐玄宗曾在此举办了大规模水运博览和商品交易会，展示了唐代商贸的发达和水运的畅通，创世界博览会之发端。

此次西安世园会也是由中国第三次的举办认可性 A2 + B1 级世界园艺博览会。西安世园会以“天人长安，创意自然”为主题，以“绿色引领时尚”为宣传口号。会徽和吉祥物均命名为“长安花”，取意“春风得意马蹄疾，一日看尽长安花”。理念为“绿色引领时尚”，倡导“简单而不奢侈，低碳告别高耗，回归自然，不事雕饰，绿色生活成为追求的时尚”。

2011 西安世园会园区总面积 418 公顷，其中水域面积 188 公顷；标志性建筑有长安塔、创意馆、自然馆和广运门；主题园艺景点分别为长安花谷、五彩终南、丝路花雨、海外大观和灞上彩虹；并设有灞上人家、椰风水岸和欧陆风情三处特色服务区；同时设置展

示来自国内外的精美艺术品、雕塑以及珍禽、珍稀动物等，将让人们充分领略园林、园艺、建筑、艺术之美。

2011 西安世园会是推广展示陕西、西安现代、绿色、时尚、美丽新形象的重要平台和窗口。800 多万西安市民伸出双臂，拥抱世界，让世界各国人民共享一届有创意、有特色、水平高、影响大的世界园艺盛会。

九、2011 年夏季达沃斯论坛

2011 年 9 月 14 ~ 16 日，“第五届夏季达沃斯峰会”在辽宁大连举行。本次峰会以“关注增长质量、掌控经济格局”为主题，是继 2010 年夏季达沃斯峰会以“推动可持续增长”为主题之后，第二次将增长质量放在了显要的位置进行讨论。同时，论坛对“掌控经济格局”的求索也在一定程度上反映出国际社会对后危机时代全球经济格局向何处去仍充满焦虑。

若以 2008 年 9 月 15 日雷曼兄弟破产为标志，本次夏季达沃斯峰会恰逢金融危机爆发 3 周年。这 3 年间，欧美成熟经济体“缠绵病榻”，欲振乏力，在增长停滞的同时又陷入债务泥潭。人们正在逐渐接受这样一个事实：成熟经济体正在甚至已经失去了引领世界经济的地位。

而在新兴经济体中，尽管中印等国近年来的增长速度十分绚丽，但都在不同程度上面临着通胀高企、产业结构不够先进、企业创新乏力等内部问题，增长质量是这些国家亟须解决的课题。

世界经济论坛主席克劳斯·施瓦布也表示，当前世界经济仍非常脆弱，传统的工业国家正努力摆脱较低的经济增长率，而增长率较高的新兴国家却不同程度地面临通货膨胀、经济泡沫等老问题。

“我认为全球经济存在两个‘疲惫的世界’。各国通胀程度不同，增长速度有别，负债情况各异，情况非常复杂。”施瓦布说。

温家宝在夏季达沃斯峰会上发表演讲时则指出，世界经济正在缓慢复苏，但不稳定和不确定性加大。主要发达经济体失业率居高不下，新兴经济体通胀压力上升。显示出世界经济复苏的长期性、艰巨性、复杂性。

温家宝指出，我国发展中不平衡、不协调、不可持续的问题仍然突出，制约科学发展的体制机制障碍依然较多。随着经济总量不断扩大，保持我国经济在更长时期内高速增长的难度在加大。

但他也乐观地表示：“国际国内形势新变化没有改变中国发展的基本面，我们完全有能力、有条件、有信心继续保持经济平稳较快发展，推动经济发展再上新台阶。”

对于“新经济格局”的特征与其带来的挑战，国际货币基金组织副总裁朱民在参加“达沃斯之夜”时以主旨演讲进行了详尽地解释，他指出，全球经济增长重心已从发达经济体转向新兴经济体，发达经济体需求增长停滞不前，迫使中国必须改变原本以外需为主导的产业机构，充分发掘内需，为经济增长寻找新的增长动力。

“结构性改革里最关键的一点就在于需求，特别是出口的境外贸易需求不再强盛时，怎样从内部的需求寻找，从内部的供给寻找发展动力来推动整个经济增长，我觉得这是一个巨大的挑战。”朱民说。

在峰会议程中，来自全球企业家则围绕“增长质量”这一问题展开了激烈的思想碰撞。与会嘉宾在论坛中普遍表示，注重增长质量意味着企业必须放弃原有野蛮生长的战略，以创新提高企业的核心竞争力。

有“创新管理之父”的哈佛教授克里斯滕森在论坛中表示，颠覆创新不仅与技术相关，还与企业的商业模式相关。“苹果公司不仅为新技术提供时尚的设计，它的成功之处，是将技术与商业模式完美结合起来，把硬件、软件与服务融合在一起。”克里斯滕森指出。

当前，世界经济增长重心从成熟经济体转向新兴经济体已成定局，而中国正处于新一轮经济结构转型的开局阶段。秦失其鹿，天下共逐之。只有变革、只有创新，中国才能在全球经济形势的深刻变局中执其牛耳。这就是本届夏季达沃斯峰会传达出的最强信号。

十、第八届中国—东盟博览会

2011 年 10 月 21 ~26 日，“第八届中国—东盟博览会”在广西南宁国际会展中心隆重开幕，国务院总理温家宝出席开幕式，宣布博览会开幕。博览会的召开正值中国—东盟建立对话关系 20 周年，中国—东盟自由贸易区建成一周年之际，各类“合作”成为贯穿博览会的热门词语。

区域合作

区域经济一体化是当今世界发展潮流。欧盟东扩，美洲建立北美自由贸易区，在全球经济一体化和区域化进程逐渐加快，美国、日本、欧洲经济不景气的大背景下，中国—东盟自由贸易区的经济合作却渐入佳境。中国已经成为东盟第一大贸易伙伴，东盟成为中国第三大贸易伙伴，这是区域合作的成就，也是中国—东盟自由贸易区建设的成就。当前，推进中国—东盟区域一体化建设，保持中国与东盟经济良好发展势头和活力，是本届博览会的重中之重。与此同时，加快构建北部湾经济圈也不容忽视。

行业合作

中国—东盟自贸区建成以来，经济合作成效日益显著，双方贸易额同比大幅增长，相互投资也呈现出良好的增长态势，有资料显示，中国和东盟商会间的合作是扩大企业间合作的重要渠道，在中国与东盟合作中企业普遍遇到的问题，都可以借助商会的力量去解决；商会还可以帮助企业寻找新的商机，开拓更多的合作领域。博览会将更加注重中国和东盟各国行业商会和行业企业的参与，更加密切与东盟各国商协组织的合作磋商，着力推进中国与东盟行业间的合作，为自贸区协议的顺利实施营造更有利的条件，实现共赢局面。

环保合作

中国与东盟国家山水相连，大多数属于发展中国家和新兴工业化国家，在环境与发展领域面临许多共同挑战，因此，实现区域、经济、社会、环境的可持续发展一直都是中国与东盟对话合作的主旋律。本届博览会首次将“环保合作”定为重点主题，由此可见，“环保合作”已日益成为中国与东盟双方重点关注的合作内容，具有特别的意义，以“创新与绿色发展”为主题的“2011 中国—东盟环保合作论坛”将是本届博览会的最大亮点之一。该届博览会期间，中国和东盟十国将选择在环保领域具有合作商机和发展潜力的城市作为本国“魅力之城”进行展示，以此进一步催生和推动中国—东盟在绿色产业方面的合作与发展，促进区域内经济、社会的可持续发展。

金融合作

随着中国—东盟经贸合作的快速发展，双方人流、物流、资金流将大幅增长，对金融合作提出了更高要求。据博览会组委会消息，10 月 22 ~ 23 日，第八届博览会期间将继续举办第三届金融论坛。该届金融论坛致力于搭建中国—东盟金融专业互动平台：一是通过中国—东盟经济金融合作智库对话，深入探讨双方经济金融合作的机制安排与实施途径，为区域金融合作谋划长远机制；二是由权威研究机构组织金融界著名专家学者共同研究发表中国—东盟金融与财政合作研究成果，推出新理念新信息的平台或载体，为中国—东盟的商界和金融界开展务实交流和合作提供理论依据和参考指导。

十一、“概念分歧与中欧关系”国际研讨会

自 20 世纪 90 年代中期以来，中欧关系虽取得长足发展，但始终受到“西藏问题”、人权、市场经济地位、武器禁运以及非洲、伊核等问题的干扰，波折不断。中欧关系甚至在 2008 年陷入历史性低谷。原因固然错综复杂，但在一定程度上与中欧在核心政治概念上的认知分歧不无关系。鉴于此，复旦大学国际关系与公共事务学院和德国艾伯特基金会于 2011 年 1 月 19 ~20 日在上海联合主办“概念分歧与中欧关系”国际研讨会。中欧双方 30 多位大学学者、智库专家和外交官员围绕 6 个主要概念（主权、人权、规范性权力/软权力、多边主义/多极化、全球治理、战略伙伴关系），深入探讨了中欧之间的概念分歧及其根源，客观分析了概念分歧对中欧关系的消极影响，并就双方应如何管理概念差异提出了政策建议。

在研讨会涉及的六大政治概念中，与会者普遍认为，中欧双方在主权和人权概念上的认知分歧最明显，也最难弥合，而且，在其他概念上的认知分歧都或多或少与此有关。在规范性权力/软权力、多边主义/多极化方面，中欧不仅存在认知分歧，甚至在术语的使用

偏好上都形成明显对比。在全球治理和战略伙伴关系问题上，中欧之间相对而言存在更多的共同语言，但也存在概念差异。

与会者普遍认为，中国和欧洲在核心政治概念上的认知分歧对于中欧关系发展的消极影响是显而易见的。尽管不能将这种负面效应过分夸大，因为中欧不仅存在广泛的共同利益甚至在观念上也不无契合之处，但概念分歧无疑为我们理解为什么中欧关系会因诸如“台湾问题”、“西藏问题”、军售、非洲和伊核问题而时常陷入纠纷提供了重要的思考线索。源于概念分歧的认知差距一直在背后不同程度地左右着中欧之间的各种争议。

首先，概念分歧妨碍中欧关系的顺利发展；其次，概念分歧不利于中欧双方改善相互认知和发展战略伙伴关系；最后，概念分歧拖累中欧在多边问题上加强合作。

因此与会者一致认为，中欧双方非常有必要加强对概念分歧的管理。鉴于中欧之间的很多概念分歧都是难以弥合的，因此，管理概念分歧不是要消除认知差距，而是要控制概念分歧对中欧关系发展的负面影响，并在此基础上尽可能缩小认知差距。管理概念分歧是中欧面临的共同课题，需要双方携手合作，因此相互尊重、相互理解、相互适应成为与会者谏言献策的主题词。

第二节 国际大事记

一、中美城市经济合作会议

2011 年 4 月 19 日，首届“中美城市经济合作会议”在美国西雅图市开幕，与会中美代表表达了加强两国城市间经济合作愿望，并就合作方式和前景进行广泛交流和讨论。

中国代表团团长、上海市副市长屠光绍，副团长、重庆市常务副市长马正其和美国财政部助理部长马里萨·拉戈、商务部副部长瑞贝卡·布兰克共同主持会议。

屠光绍在开幕式上发表讲话说，中美城市经济合作会议是中美双方落实胡锦涛主席今年 1 月对美国进行国事访问和第二轮中美战略与经济对话成果的重要活动。他说，来自中美两国政府，企业和社会团体的 100 多位代表齐聚西雅图，举行首届中美城市经济合作会议，凸显了中美各界对此次会议的重视和对加强两国城市经济合作的殷切期待。

美国商务部副部长布兰克代表美国政府和商务部在开幕式上发言。她称美中经贸关系是世界上最重要的经贸关系之一，而此次会议的主要目的就是商讨如何进一步发展这一关系。

布兰克形容过去数十年里美中经贸关系的发展速度“确实令人惊叹。”她说，2001 年，美国对中国出口仅为 190 亿美元，而到 2010 年，美国对中国出口已增长到 920 亿美元。目前，中国是美国的第二大贸易伙伴，也是美国的第三大出口市场。布兰克说，美国欢迎美中贸易的发展，因为这不仅对中国有利，对世界贸易有利，同样对美国有利。

两天的会议期间，双方代表就创新与区域经济发展、基础设施与可持续增长等共同关心的问题进行了深入探讨，并对促进中国企业赴美投资进行了专题交流。

二、2011 亚太经合组织第十九次领导人非正式会议

2011 年 11 月 12～13 日，“亚太经合组织第十九次领导人非正式会议”在美国夏威夷召开。会上提出了三大议题：

第一，加强区域经济一体化，促进贸易增长。通过推进“下一代”贸易与投资，来促进亚太地区经济一体化、扩大贸易。“下一代”贸易与投资包括鼓励竞争和开放型市场等有效创新政策。美国贸易代表柯克曾指出：“事实表明，当国家限制新技术领域的外国竞争时，创新将因此遭到扼杀。”

第二，促进绿色经济增长。促进绿色“可持续增长”，鼓励在绿色产业中创造就业机会。谋求解决环保产品和服务所面对的关税和非关税壁垒。这些措施将促进环保产品和服务领域的贸易，还将降低利用这类商贸的成本。会议认为，“可持续增长”还包括食品安全、能源安全等议题。

第三，加强监管合作及规制融合。美国要求亚太经合组织经济体采取具体措施，提高监管机制的质量并使监管措施更趋一致，这些措施将有助于提高生产力及增加就业机会。

美国经济问题专家认为，绿色增长、深化区域经济一体化及加强规章制度合作等议题将是领导人讨论的重点。

在推动绿色增长方面，彼得森国际经济研究所贸易问题专家杰弗里·肖特认为，领导人将在历届亚太经合组织峰会取得成果的基础上，进一步加强 21 个与会经济体的合作，其中推动绿色与可持续增长将是重点讨论的内容。会议认为，领导人应着重从市场准入和鼓励创新这两个角度推动绿色增长。通过推动支持创新、技术转移和市场准入的政策，各经济体将可更好地利用新技术与新产品，同时在发展新技术方面实施更多合作，这样就能在不扭曲贸易和投资的基础上推动可持续增长。美国战略与国际问题研究专家认为，亚太经合组织推动绿色增长的主要目标在新能源领域。亚太经合组织方面表示，夏威夷峰会将积极帮助各经济体向“清洁能源的未来转型”。绿色运输、电动汽车等都可能成为讨论的内容。至于亚太经合组织在绿色增长方面能取得多少成果，会议认为，领导人可能会为亚太地区经济体在这方面的下一阶段合作提供一个框架。美国战略与国际问题研究中心专家认为，各经济体领导人可能在双边会见时达成一些绿色技术交换协议。

在深化区域经济一体化方面，这次亚太经合组织峰会前，一个经常在媒体和官员口中提及的概念是“下一代贸易与投资”。亚太经合组织方面希望在这次峰会上，各经济体能通过定义、塑造和探讨“下一代贸易与投资”，加强区域内经济一体化，并努力消除非关税贸易壁垒等新的障碍。尽管当前对“下一代贸易与投资”并无统一定义，但创新肯定是其中重要一环。美国贸易代表柯克在美国商会的一次演讲中说，作为峰会主办方，美国

将要求各经济体采取政策，通过鼓励竞争与开放市场来扶持技术创新。亚太经合组织方面也希望推动各经济体采取政策法规，鼓励创新、推动技术贸易和经济结构调整。

除此之外，美国正与澳大利亚等 8 个亚太经合组织成员开展“跨太平洋战略经济伙伴关系协定”谈判。这是深化亚太区域经济一体化的路径之一。美方希望能在这次峰会上敲定这一协定的框架，并在一年之内完成相关谈判。

在加强规制合作方面，除了“下一代贸易与投资”，这次峰会之前经常出现的另一个概念是“规制连贯性”。美国官员多次表示，各经济体实现规制连贯性是推动贸易的一条重要途径。亚太经合组织方面则表示，将努力提高亚太地区规章制度的质量，以防止不必要的贸易壁垒出现，以便企业能更轻松地应对各种新规定。

关于各经济体不同的规章制度对区域内贸易有什么影响，会议认为，在多个市场销售产品的企业自然希望产品在各个市场报关、命名、注册等程序相同并尽量简化，如果各经济体的规制能有一定的相同性，贸易就能以最高效、最经济的方式流动，各企业也能更高效地利用资源，而非将大量资源花费在行政开支上。随着技术进步与边境措施简化，各经济体的规章制度已成为当前区域内贸易的最主要障碍之一。因此亚太经合组织希望各经济体能采用更具连贯性、不掩盖贸易保护主义政策的规制，同时让这些规制在各经济体之间更具一致性。在规制合作方面，各经济体领导人应着重努力于有关服务贸易的规制连贯性上。

历届 APEC 领导人非正式会议一览

届次	时间	地点	成果
第 1 次	1993 年 11 月	美国西雅图布莱克岛	讨论了 21 世纪亚太地区经济展望、促进亚太经合组织内部及区域间的合作以及有关机制和手段 3 个议题，并发表了《亚太经合组织领导人经济展望声明》
第 2 次	1994 年 11 月	印度尼西亚茂物	通过《亚太经合组织经济领导人共同决心宣言》（简称《茂物宣言》），确立了在亚太地区实现自由开放的贸易和投资的目标，提出发达成员和发展中成员分别不迟于 2010 年和 2020 年实现这一目标的时间表
第 3 次	1995 年 11 月	日本大阪	讨论和制定了旨在实现《茂物宣言》的行动方针，并为区域内的长期合作构筑框架，发表了《亚太经合组织经济领导人行动宣言》（简称《大阪宣言》），通过了实施贸易投资自由化和开展经济技术合作的《大阪行动议程》
第 4 次	1996 年 11 月	菲律宾苏比克	发表了《亚太经合组织经济领导人宣言：从憧憬到行动》，通过了实施贸易自由化的《马尼拉行动计划》，批准了指导开展经济技术合作的《亚太经合组织经济技术合作原则框架宣言》

续表

届次	时间	地点	成果
第5次	1997年11月	加拿大温哥华	讨论了贸易投资自由化、经济技术合作以及东南亚发生的金融危机等问题，通过了《亚太经合组织经济领导人宣言：将亚太经合组织大家庭联合起来》
第6次	1998年11月	马来西亚吉隆坡	发表了《亚太经合组织经济领导人宣言：加强增长的基础》，通过了《走向21世纪的亚太经合组织科技产业合作议程》和《吉隆坡技能开发行动计划》等文件
第7次	1999年9月	新西兰奥克兰	发表了《亚太经合组织经济领导人宣言：奥克兰挑战》，并批准了《亚太经合组织加强竞争和法规改革的原则》和《妇女融入亚太经合组织框架》等文件
第8次	2000年11月	文莱斯里巴加湾	主要讨论了经济全球化、新经济、次区域合作、经济技术合作、人力资源开发和石油价格等问题，通过了《亚太经合组织经济领导人宣言：造福社会》和《新经济行动议程》
第9次	2001年10月	中国上海	通过并发表了《领导人宣言：迎接新世纪的新挑战》、《上海共识》和《数字亚太经合组织战略》等文件。与会各成员领导人还利用午餐会就反对恐怖主义问题交换了意见，并发表了《亚太经合组织领导人反恐声明》
第10次	2002年10月	墨西哥洛斯卡沃斯	通过了《亚太经合组织经济领导人宣言》等文件
第11次	2003年10月	泰国曼谷	发表了《领导人宣言》，决定加强伙伴关系，推动贸易投资自由化与便利化，保障民众和社会免受安全威胁，并能从自由开放的贸易中充分受益
第12次	2004年11月	智利圣地亚哥	通过了《圣地亚哥宣言》，重申通过贸易和投资自由化促进发展
第13次	2005年11月	韩国釜山	发表了《亚太经合组织第13次领导人非正式会议釜山宣言》、《亚太经合组织领导人关于世贸组织多哈发展议程谈判的声明》、《亚太经合组织流感大流行防控倡议》等文件，承诺通过釜山路线图在亚太地区实现贸易投资自由化和便利化的茂物目标，尽力弥合区域鸿沟，缩小差距
第14次	2006年11月	越南河内	通过了旨在实现茂物目标的《河内行动计划》。与会领导人还签署了《河内宣言》，呼吁成员推动多哈回合谈判，稳步实施《河内行动计划》，以实现茂物目标
第15次	2007年9月	澳大利亚悉尼	发表了《悉尼宣言》，重点阐述了各成员就气候变化、多哈回合谈判、区域经济一体化、加强人类安全和亚太经合组织建设等问题达成的共识
第16次	2008年11月	秘鲁利马	主题是“亚太发展的新承诺”，讨论世界经济金融形势、支持世界贸易组织多哈回合谈判、粮食安全、能源安全、区域经济一体化、企业社会责任、气候变化、防灾减灾等议题

续表

届次	时间	地点	成果
第 17 次	2009 年 11 月	新加坡	主题是“促进持续增长，密切区域联系”，讨论应对国际金融危机、气候变化、反对贸易保护主义、支持多边贸易体制、推进区域经济一体化、亚太经合组织未来发展等问题
第 18 次	2010 年 11 月	日本横滨	围绕“变革与行动”主题深入讨论，联合发表《横滨宣言》。宣言说，组织成员决心在世界经济艰苦复苏之际，同心协力重获经济增长动力。将继续推动建设更强大、弹性的全球金融体系，反对贸易保护主义。2010 年是 1994 年设定的《茂物目标》第一阶段达标年。亚太经合组织美国、日本等 5 个发达成员今年未能达标
第 19 次	2011 年 11 月	美国夏威夷	以“紧密联系的区域经济”为主题，讨论亚太地区经济增长、区域经济一体化、绿色增长、能源安全、规制合作等议题

三、八国集团首脑会议

2011 年 5 月 26 日，“八国集团首脑会议”在法国西北部海滨小城多维尔召开。根据会议议程，与会首脑将就阿拉伯国家局势、非洲发展和互联网三大主题展开交流磋商。

本次会议议程与当前国际时事紧密相连。26 日中午，峰会首先举办主题为“支援日本和世界经济”的工作午餐会，以表达八国集团对震后日本的支持。此外，与会领导人还就核安全、气候变化及与新兴国家合作、互联网问题、阿拉伯国家社会动荡和制定八国集团多维尔宣言等议题展开了 4 场工作会议。

为表达 8 国对阿拉伯国家社会动荡的关注，峰会除召开相关工作会议，还在 26 日的工作晚餐会上专门就此展开讨论。年初以来出现政局动荡的突尼斯和埃及由其总理率团参加了相关会议。

应法国总统萨科齐邀请，非洲 17 个国家的代表在 27 日抵达多维尔参加峰会，与 8 国首脑一同参加题为“非洲和平与安全”的扩大工作会议和当晚的非洲发展主题会议。

互联网问题是法国在此次八国集团首脑会议框架内提出的新议题。在萨科齐的倡议下，八国集团电子论坛已于 24 日和 25 日在巴黎先期召开，论坛邀请著名互联网企业和相关领域研究人员，就加强互联网企业与政府对话、建立互联网使用规章、保护个人信息和知识产权、打击网络犯罪和恐怖主义等问题进行了讨论。多维尔峰会期间，与会领导人就这些议题与业界代表展开了进一步磋商。

四、2011 年东亚峰会

2011 年 11 月 19 日，“第六届东亚峰会”在印度尼西亚巴厘岛国际会议中心举行。会议就东亚峰会今后的发展方向、指导原则，如何深化东亚合作进程进行了讨论。

在印度尼西亚巴厘岛出席东亚领导系列会议期间，温家宝强调，本地区有关国家在南海存在的争议，是多年积累下来的问题，应由直接有关的主权国家通过友好协商和谈判予以解决。外部势力不应以任何借口介入。中方愿同东盟国家积极推进全面落实《南海各方行为宣言》，加强务实合作，并着手探讨制定“南海行为准则”。

温家宝还在讲话中表示，中方将设立30亿元人民币的中国—东盟海上合作基金，从海洋科研与环保、互联互通、航行安全与搜救、打击跨国犯罪等领域做起，逐步将合作延伸扩大到其他领域，形成中国—东盟多层次、全方位的海上合作格局。

分析认为，这表现出中国在对待地区问题上的宽阔眼界。中方不仅仅是要解决南海问题，更重要的是解决整个地区内的和平、繁荣、稳定。中方一直坚持地区的有效的务实合作，这也得到很多东盟国家的认可，在这样一种合作的氛围下，敏感的争议问题才有更好的基础和条件加以解决。

历届峰会一览

会议	举办国	举办地	日期	注释
第一届	马来西亚	吉隆坡	2005年12月14日	俄罗斯以观察员身份出席，签署《东亚峰会的吉隆坡宣言》，发表了《关于预防、控制和应对禽流感》
第二届	菲律宾	宿雾	2007年1月15日	原计划应于2006年11月13日发表《东亚能源安全宿雾宣言》
第三届	新加坡	新加坡	2007年11月21日	发表了《气候变化、能源与环境新加坡宣言》
第四届	泰国	华欣	2009年10月25日	原计划于2009年4月11日在曼谷举行
第五届	越南	河内	2010年10月31日	俄罗斯、美国加入，发表《东亚峰会五周年纪念河内宣言》
第六届	印度尼西亚	巴厘岛	2011年11月19日	发表了《东亚峰会互利关系原则宣言》和《东亚峰会关于东盟互联互通的宣言》

五、二十国集团峰会

2011年11月3~4日，“二十国集团峰会”（G20）在法国戛纳举行，与会者在欧洲零距离讨论了欧债危机等问题。

峰会通过了《增长与就业行动计划》，并发表了《二十国集团戛纳峰会宣言》。其核心包括：制定全球增长和就业策略，构筑一个更稳定并富有弹性的国际货币体系，改革金融部门并加强全球市场整合，解决大宗商品价格不稳定的问题，促进农业发展，推动贸易自由化并与贸易保护主义作斗争，致力于确保更有活力、更有包容性的经济增长，与腐败作斗争以及致力于改革全球监管体系以应对21世纪的挑战等方面。

戛纳峰会指出，全球经济复苏日显疲软，尤其是发达经济体经济萧条，失业率达到经济难以承受的水平。欧债危机持续发酵，导致国际金融市场面临的压力与日俱增，新兴市场经济增长也有所放缓。同时，大宗商品价格波动带来的风险日益加大。全球经济持续不平衡发展。与会各成员因此重申了相互协作的承诺，并做出决定以重振经济增长、创造就业、确保金融稳定、推动社会包容并使全球化服于人类所需。

戛纳峰会重点讨论了促进增长和就业的全球战略，并决定为了应对当前世界经济面临的挑战，采取协调一致的措施。峰会通过了《增长与就业行动计划》，表示通过对短期经济增长不足的弥补可以增强中期经济增长的基础。根据这份计划，发达经济体承诺采取政策以建立信心、支持增长，同时实施清晰、可信及有针对性的措施来实现财政稳定。在考虑本国具体情况的前提下，公共财政状况较好的国家承诺将在经济环境发生恶化时，使自动稳定机制发挥作用并采取措施促进国内需求。那些具有较大经常账户盈余的国家承诺将采取改革措施，增加国内需求，并使汇率更具灵活性。与会各成员还共同承诺，推动更多结构性改革以增加产出。各国的货币政策将继续致力于在中期保持价格稳定，并支持经济复苏。

戛纳峰会在推动建立更具代表性、稳定性和弹性的国际货币体系改革方面取得进展。与会各成员达成的一致意见表现在对资本流动的监管、国际货币基金组织和区域金融组织的合作原则以及本国货币债券市场的行动计划等方面。这一系列行动和原则将有助于金融一体化获得收益，并提高应对资本流动的能力。

峰会承诺进一步推动国际货币基金组织综合、公平和有效的监管，加强管理，解决溢出效应问题。与会各成员将继续努力，加强金融监管。峰会承认双边和多边监管需要更好的整合，并希望国际货币基金组织在 2012 年初提出新的监管整合方案，增加所有权和控制措施。

与会各成员还一致认为，国际货币基金组织特别提款权货币篮子应该继续反映各种货币在全球贸易和金融体系中的作用，相关评估应基于现有标准。为适应全球各种货币不断变换的作用和性质，对国际货币基金组织特别提款权货币篮子进行的审查最晚将于 2015 年进行，满足标准的货币将被纳入。

此外，戛纳峰会就欧债问题展开的讨论认为，欧债危机是当下最亟待解决的短期内容。峰会指出，欧元区的全面救助计划决定维持希腊债务的可持续性，加强欧洲银行监管，建立避免危机蔓延的防火墙，为欧元区强有力的经济管理改革奠定基础，要求欧洲各国迅速采取措施。峰会对以上内容表示欢迎，并敦促尽快细化和落实该计划。峰会支持意大利在欧盟峰会中提出的措施，同意欧盟委员会的监管细则，并在此背景下，对意大利同意国际货币基金组织按季度对该国推行的政策进行公开监督表示欢迎。峰会还将确保国际货币基金组织拥有充足资源，并在此前增资共识的基础上随时进行新的增资。二十国集团财长和央行行长将于 2012 年 2 月考虑增资方案。峰会还重申，加强国际货币基金组织对国际货币体系的监督，致力于建立一个更加一体化、更公正和更有效的监督机制，以便更好地识别和应对外溢效应。

六、第十八届东盟首脑会议

2011 年 5 月 7 日，“第十八届东盟首脑会议”在印度尼西亚首都雅加达召开。本届峰会以“全球一体化中的东盟共同体”为主题。在一天半的会期中，东盟 10 个成员国的国家元首或政府首脑讨论了东盟一体化进程、经济复苏及可持续发展、加强能源与食品安全、应对气候变化等议题。

构建东盟共同体，是东盟国家一直以来的共同愿望。东盟轮值主席国印度尼西亚总统苏西洛当天在会议上致辞说，在全球一体化的趋势下，单个国家很难独自解决自身安全和发展所面临的种种挑战，“因此东盟需要更紧密的合作，共同商讨制定更全面的解决方案”。

苏西洛表示，印度尼西亚作为东盟轮值主席国有三项重点工作：一是缩小东盟各成员国之间的发展差距，力争建设一个更包容、平衡发展的东盟；二是加强东盟成员国之间在宏观经济政策方面的协调，共同应对食物、能源安全及气候变化等问题；三是确保东盟成员国之间的各项协议及合作能对全球发展有所贡献。

能源及粮食安全问题是东盟各国面临的严峻挑战之一。对此，苏西洛建议东盟各国在粮食安全方面达成清晰的合作机制，以确保粮食供应安全。

在能源方面，苏西洛认为，东盟一方面应着力开发新能源并拓宽传统能源供应源，另一方面应尽量减少对环境有污染的能源消耗。他还希望东盟各国加强在水力发电及地热等可再生能源方面的合作。

历届东盟峰会一览

届次	举办时间	举办地	成果
第一次	1976 年 2 月 23 ~24 日	印度尼西亚巴厘岛	签署了《东南亚友好合作条约》和《东南亚国家联盟协调一致宣言》
第二次	1977 年 8 月 4 ~5 日	马来西亚吉隆坡	确定东盟将扩大区域经济合作，加强同美、日、澳等国和欧共体的对话和经济联系
第三次	1987 年 12 月 14 ~15 日	菲律宾马尼拉	通过了《马尼拉宣言》
第四次	1992 年 1 月 27 ~28 日	新加坡	签署了《1992 年新加坡宣言》和《东盟加强经济合作框架协定》
第五次	1995 年 12 月 14 ~15 日	泰国曼谷	通过了《曼谷宣言》，签署了 38 项旨在促进相互间在政治、经济等领域加强合作的文件。会议还决定在两次正式首脑会议之间每年召开一次非正式首脑会议
第六次	1998 年 12 月 15 ~16 日	越南河内	通过了《河内宣言》、《河内行动纲领》、《“大胆措施”声明》等一系列旨在促进东盟加强合作的文件

续表

届次	举办时间	举办地	成果
第七次	2001 年 11 月 5～6 日	文莱斯里 巴加湾	东盟 10 国领导人审议通过了《河内行动计划》的中期报告，并确定了加速东盟区域一体化、发展信息和通信技术以及人力资源开发等方面的优先合作项目
第八次	2002 年 11 月 4～5 日	柬埔寨 金边	10 国领导人就实现东盟一体化、打击恐怖主义等共同关心的问题进行讨论，并签署了《东盟旅游协定》
第九次	2003 年 10 月 7～8 日	印度尼西 亚巴厘岛	通过了一份旨在 2020 年成立类似于欧盟的《东盟共同体宣言》，确定了东盟将向关系更加密切的共同体迈进
第十次	2004 年 11 月 29～30 日	老挝万象	签署了《万象行动纲领》和《东盟关于一体化优先领域的框架协议》两份文件，并通过了《东盟社会文化共同体行动纲领》和《东盟安全共同体行动纲领》两个文件
第十一次	2005 年 12 月 12 日	马来西亚 吉隆坡	通过了关于制定东盟宪章的《吉隆坡宣言》，以加快实现东盟共同体的建设
第十二次	2007 年 1 月 13 日	菲律宾 宿务	通过了关于制定东盟宪章的宣言，并决定成立高级别特别小组，负责起草东盟宪章。会议签署了有关在 2015 年前建成东盟共同体、保护和促进海外劳工权益等宣言，还签署了本地区第一份反恐公约
第十三次	2007 年 11 月 19～22 日	新加坡	签署了《东盟宪章》和《东盟经济共同体蓝图宣言》等重要文件
第十四次	2009 年 2 月 28 日～3 月 1 日	泰国华欣 和差安	签署了《2009～2015 年关于东盟共同体路线图的差安华欣宣言》、《东盟政治与安全共同体蓝图》、《关于东盟内部实现千年发展目标的共同宣言》、《东盟地区食品安全声明》、《关于全球经济与金融危机的媒体声明》等文件
第十五次	2009 年 10 月 21～25 日	泰国差安 和华欣	启动了东盟政府间人权委员会，并通过了应对气候变化、粮食安全和生物能源开发合作、灾害应对等一系列声明
第十六次	2010 年 4 月 8～9 日	越南河内	通过了《东盟经济复苏和可持续发展联合声明》以及《东盟应对气候变化联合声明》等文件
第十七次	2010 年 10 月 28 日	越南河内	商讨促进东盟共同体建设、加强东盟与伙伴国关系、应对全球性挑战等主题
第十八次	2011 年 5 月 7～8 日	印度尼西 亚雅加达	主题是"全球一体化中的东盟共同体"，讨论东盟经济发展、2015 年建成东盟共同体以及共同打击恐怖主义、应对气候变化等议题
第十九次	2011 年 11 月 17～19 日	印度尼西 亚巴厘岛	通过了《巴厘第三协约宣言》，为提升东盟作为地区组织在国际事务中的地位制定了发展方向

七、上海合作组织成员国元首理事会第十一次会议

2011 年 6 月 15 日，“上海合作组织成员国元首理事会第十一次会议”在哈萨克斯坦首都阿斯塔纳举行，中国国家主席胡锦涛、哈萨克斯坦总统纳扎尔巴耶夫、俄罗斯总统梅德韦杰夫、塔吉克斯坦总统拉赫蒙、乌兹别克斯坦总统卡里莫夫、吉尔吉斯斯坦总统奥通巴耶娃出席会议。胡锦涛在峰会上发表重要讲话。

本次峰会在独立宫举行。成员国元首先举行小范围会谈，然后同观察员国领导人、主席国客人及国际组织代表举行大范围会谈。东道国哈萨克斯坦总统纳扎尔巴耶夫主持会议。

2011 年是上海合作组织成立 10 周年。这次峰会的主题是“回顾过去、展望未来、凝聚共识、巩固团结”。会议主要回顾总结上海合作组织 10 年来取得的成就和发展经验，深入分析国际和地区形势发展，对该组织未来发展方向作出战略规划。

胡锦涛在会上发表题为《和平发展　世代友好》的重要讲话。他指出，10 年前的今天，上海合作组织应运而生。这一创举顺应了世界和平与发展的时代潮流，反映了新形势下成员国人民求和平、促合作、谋发展的共同愿望和要求。10 年来，各成员国团结一致、密切协作，推动上海合作组织不断向前发展，取得了重要成就。上海合作组织取得的成就充分证明，本组织是地区和平稳定的重要保障，是促进地区各国共同发展繁荣的强大动力，有着更加美好的发展前程。

胡锦涛强调，未来 10 年是上海合作组织发展的关键时期，对各成员国自身发展和本地区稳定至关重要。我们应该牢牢把握组织未来发展方向，全力将上海合作组织建设成为机制完善、协调顺畅、合作全面、开放和谐的区域合作组织。我们应该为本组织未来 10 年的发展作出总体规划，重点明确任务。

胡锦涛就上海合作组织未来发展提出 4 点意见。第一，坚持睦邻友好，构建和谐地区。坚持不懈落实《长期睦邻友好合作条约》，加强在核心利益问题上的沟通和磋商，不断增进互信，在协商一致基础上决定本组织重大事项。第二，增强本组织抵御现实威胁的能力，确保地区长治久安。建立更加完善的安全合作体系，提高组织行动能力和快速反应能力，毫不懈怠打击“三股势力”、贩毒和跨国有组织犯罪。第三，推动实现区域经济一体化，促进地区各国共同发展。拓展合作领域，推动贸易和投资便利化，推进域内交通、能源、通信基础设施互联互通，加快构建本地区能源安全、金融安全、粮食安全合作机制，加强非资源和民生领域合作。第四，加强人文合作，推动人民世代友好。坚持不懈扩大人文交流，拓宽民间和社会交流渠道，促进人民相互了解，夯实上海合作组织发展的社会基础。

胡锦涛最后表示，该次峰会闭幕后，中方将接任上海合作组织主席国。各方一致同意把当年确定为本组织“睦邻友好年”。我们应该弘扬“上海精神”，深化互利合作，保障和平发展，巩固世代友好。相信在各方不懈努力下，上海合作组织必将在新的航程中乘风

破浪，驶向更加光明的未来。

八、第十七届南亚区域合作联盟首脑会议

2011 年 11 月 10 日，“第十七届南亚区域合作联盟首脑会议”在马尔代夫南部的阿杜岛召开。南亚联盟 8 个成员国的首脑出席了会议的开幕式，中国外交部副部长张志军率中国代表团与其他 8 个观察员国家或组织列席开幕式。

东道主马尔代夫总统纳希德在开幕式致辞中表示，该次南盟峰会的主题是“构筑桥梁”，反映了南亚地区各国希望扩大彼此之间以及本地区与世界其他地方之间的相互理解和多方面合作的愿望。南盟自成立以来，在经济和社会发展、妇女以及人权进步等诸多方面发挥了重要作用。在各成员国的一致努力下，南盟必将为实现自己的宗旨取得更多的成就。本届会议为期两天，在闭幕式上发表联合声明，阐述南盟各成员国在环境和社会发展等问题上的立场，各国还就推动建立农业良种库、共同预防自然灾害等问题签署 4 项协议。

本次南盟峰会是第三次在印度洋岛国马尔代夫举办，作为南亚领土面积最小的国家，马尔代夫为准备此次大型国际会议做了不遗余力的努力，位于阿杜岛的机场专门为本次峰会的召开进行了扩建。中国等国家也为本次峰会的顺利召开提供了支持。自 2005 年成为南盟观察员国以来，中方一直派高级代表团出席南盟峰会，中国与南盟各领域合作日益扩展。中国代表团官员指出，南盟作为南亚最重要的区域合作组织，为促进本地区的合作和经济社会发展发挥了积极作用。中国期待南盟不断取得新发展，为南亚的和平、稳定与发展作出更大贡献。作为南亚联盟的观察员国，中方将继续本着互利、合作、共赢的精神，与南盟开展友好交往与务实合作，为促进本地区的和平、稳定与繁荣发挥建设性作用。

历届会议一览

届次	举办时间	举办地	成果
第一届	1985 年 12 月 7 日	孟加拉国达卡	七国首脑签署了《南亚区域合作联盟宪章》。南盟宣告正式成立
第二届	1986 年 11 月	印度班加罗尔	通过了《班加罗尔宣言》，并制定了关于发展旅游、货币交换及进行学术交流等内容的合作计划
第三届	1987 年 11 月	尼泊尔加德满都	通过了《加德满都宣言》
第四届	1988 年 12 月	巴基斯坦伊斯兰堡	发表了《伊斯兰堡宣言》和联合公报
第五届	1990 年 11 月	马尔代夫马累	发表了《马累宣言》
第六届	1991 年 12 月	斯里兰卡科伦坡	通过了《科伦坡宣言》，并决定成立地区消除贫困委员会和发展基金
第七届	1993 年 4 月	孟加拉国达卡	通过了《达卡宣言》
第八届	1995 年 5 月	印度新德里	通过了《德里宣言》

续表

届次	举办时间	举办地	成果
第九届	1997 年 5 月	马尔代夫马累	7 国首脑一致同意在各成员国之间建立非正式磋商机制。会议通过了《马累宣言》，决定到 2001 年建成南亚自由贸易区
第十届	1998 年 7 月	斯里兰卡科伦坡	通过了《科伦坡宣言》
第十一届	2002 年 1 月	尼泊尔加德满都	通过了《加德满都宣言》
第十二届	2004 年 1 月	巴基斯坦伊斯兰堡	通过了《伊斯兰堡宣言》，签署了《南亚自由贸易协定框架条约》、《南盟打击恐怖主义公约附加议定书》和《南亚社会宪章》
第十三届	2005 年 11 月 12~13 日	孟加拉国达卡	通过了内容广泛的《达卡宣言》，签署了关于避免双重征税等内容的三个协议，同意吸收阿富汗为新成员，接纳中国和日本为观察员，同时确定第 14 届南盟首脑会议在印度首都新德里举行
第十四届	2007 年 4 月 3~4 日	印度新德里	通过了《第十四届南盟首脑会议宣言》
第十五届	2008 年 8 月 2~3 日	斯里兰卡科伦坡	通过了《科伦坡宣言》。南亚 8 国领导人在宣言中重申，将继续致力于强化旨在反恐的法律机制，并承诺将贯彻一切与反恐有关的国际和地区条约。还签署了《南盟发展基金宪章》、《南亚刑事司法互助公约》以及关于阿富汗加入南亚自由贸易区和建立南亚区域标准组织 4 项协议
第十六届	2010 年 4 月 28 日	不丹廷布	发表了《廷布宣言》，签署了《关于气候变化的廷布声明》、《南盟环境合作公约》、《南盟服务贸易协定》等文件，宣布在廷布设立南盟发展基金秘书处

九、第十六届非盟首脑会议

2011 年 1 月 30 日，“第十六届非洲联盟（非盟）首脑会议”在埃塞俄比亚首都亚的斯亚贝巴召开。来自非盟成员国国家元首、政府首脑或代表在为期两天的会议中就非洲一体化进程、地区和平与安全局势等多项重要议题进行磋商。

本次会议的主题是“寻求共同价值，促进团结与一体化”。非盟轮值主席、马拉维总统穆塔里卡在发言中称赞几内亚政权平稳过渡为非洲地区解决争端作出了良好示范。几内亚总统孔戴第一次在非盟峰会致辞，对非盟及其伙伴对几内亚局势的关注和支持表示感谢。

非盟委员会主席让·平在发言中指出，非盟各国对突尼斯、埃及、科特迪瓦等国局势非常关注，希望非盟各成员国团结一致，寻求解决问题的有效方式。他宣布，非盟已确定新成立的科特迪瓦危机特别委员会 7 人名单。

联合国秘书长潘基文在讲话中重申了联合国对科特迪瓦、索马里、苏丹、突尼斯、埃及等地局势的看法。他肯定非洲大陆经济发展取得的成就，指出非洲寻求共同价值应优先考虑妇女、青年和私营企业的发展。

二十国集团和西方八国轮值主席国法国总统萨科齐致辞指出，世界需要非洲，非洲的发展也离不开世界。他就如何解决发展问题、遏制全球气候变暖等问题提出了若干融资建议，并表示有关举措将注重发展中国家和穷国的利益。

会议还宣布，赤道几内亚总统奥比昂接替马拉维总统穆塔里卡，担任新一届非盟轮值主席。

十、第十七届非盟首脑会议

2011 年 6 月 30 日 ~7 月 1 日，“第十七届非盟首脑会议”在赤道几内亚首都马拉博举行。会议的既定主题是“加快青年能力培养以促进可持续发展”，但是在实际议程中，利比亚危机成了最主要的讨论内容。会议宣布利比亚政府和反对派将于近期在埃塞俄比亚举行谈判。建议利比亚冲突方根据联合国安理会决议和非盟提出的路线图，立即停止敌对行动并迅速展开谈判，实现国内和解，并安排好过渡时期相关事宜。在利比亚境内实行武器禁运，直至过渡时期结束。同时，在利比亚实现全面停火、国际社会派驻可靠有效监督力量之前，联合国安理会选取适当时间取消在利比亚设立的禁飞区。利比亚冲突各方应在进行谈判之后，确保国家进入过渡时期，实施一系列必要的改革，以满足利比亚人民的合法诉求，包括在国际社会监督下组织民主选举。同时呼吁国际社会特别是联合国、欧盟和阿盟支持利比亚过渡进程，并促使冲突各方尽快达成协议，建议国际社会向利比亚派出国际观察员，建立一个高效、可信的监督机构，并向遭受战乱的利比亚人民提供人道援助。

历届首脑会议一览

届次	举办时间	举办地	成果
第一届	2002 年 7 月 9 ~10 日	南非德班	宣布非盟正式成立
特别会议	2003 年 2 月 3 日	亚的斯亚贝巴	通过了非盟宪章修订案，其中包括进一步加强妇女参与非盟的事务、明确非盟大会主席的职责和增添和平与安全理事会为非盟正式机构等事宜
第二届	2003 年 7 月 10 ~12 日	莫桑比克 马普托	就“非洲发展新伙伴计划”、消除地区冲突和防治艾滋病等议题进行了讨论，取得了积极的成果。会议还选举出以马里前总统科纳雷为主席的非盟委员会
特别会议	2004 年 2 月 27 ~28 日	利比亚 苏尔特	通过了有关水资源利用及农业可持续发展的决议

续表

届次	举办时间	举办地	成果
第三届	2004 年 7 月 6 ~ 8 日	埃塞俄比亚 斯亚贝巴	通过了《非盟的展望与非盟委员会的任务》、《非盟 2004 ~ 2007 年战略框架》和《非盟委员会各部门行动计划》3 个纲领性文件，敦促成员国加紧落实"非洲发展新伙伴计划"，加速非洲一体化进程。会议还决定将泛非议会总部设在南非
第四届	2005 年 1 月 30 ~ 31 日	尼日利亚 阿布贾	同意分别设立专门委员会，研究加强非洲在联合国的作用以及如何加快非洲经济一体化进程等问题，并同意签署有关互不侵犯和共同防御等方面的协议
第五届	2005 年 7 月 4 ~ 5 日	利比亚 苏尔特	重点讨论了非洲发展、外债、减少贫困、地区冲突、一体化进程和非盟在联合国改革问题上的立场等问题，并通过了关于继续执行联合国千年计划和有关联合国改革问题的决议
第六届	2006 年 1 月 23 ~ 24 日	苏丹喀土穆	主题是"教育与文化"，讨论了文化、教育、非盟与联合国安理会的合作和更有效发挥非盟安全与和平理事会作用等一系列问题，并达成多项共识
第七届	2006 年 7 月 1 ~ 2 日	冈比亚班 珠尔	主题是"推动经济共同体与地区一体化协调发展"，通过决议，决定成立非洲人权与民族权法院，标志着非洲国家在人权保护方面迈出了重要一步
第八届	2007 年 1 月 29 ~ 30 日	埃塞俄比亚 斯亚贝巴	主要议题是科学技术开发与研究对非洲发展的作用，讨论了索马里和苏丹达尔富尔问题，但没有取得实质进展
第九届	2007 年 7 月 1 ~ 3 日	加纳阿克拉	讨论了建立非洲联合政府及"非洲合众国"问题，并发表了《阿克拉宣言》，强调加快非洲大陆政治、经济一体化进程以及建立非洲联合政府的重要性
第十届	2008 年 1 月 31 日 ~ 2 月 2 日	埃塞俄比亚 斯亚贝巴	主题是"非洲工业发展"，就非洲工业发展、地区安全局势及非洲联合政府等热点问题进行了讨论，选举加蓬副总理兼外长让·平为非盟委员会主席
第十一届	2008 年 6 月 30 日 ~ 7 月 1 日	埃及沙姆 沙伊赫	主题是"实现水和卫生的千年发展目标"，就非洲和平与安全、全球粮食和能源价格上涨、津巴布韦等问题进行了讨论
第十二届	2009 年 2 月 1 ~ 4 日	埃塞俄比亚 斯亚贝巴	主题是"非洲基础设施建设"，讨论了非洲交通和能源领域基础设施建设、全球金融危机和建立非盟政府等议题。非盟执行理事会将在 3 个月内举行特别会议，讨论把非盟常设执行机构——非盟委员会转变为非盟权力机构事宜，并向下届非盟首脑会议提交报告
第十三届	2009 年 7 月 1 ~ 3 日	利比亚 苏尔特	主题是"农业投资促进经济发展与粮食安全"，讨论了非洲农业投资、粮食安全、地区稳定和安全以及非盟权力机构的建立等议题
第十四届	2010 年 1 月 31 日 ~ 2 月 2 日	埃塞俄比亚 斯亚贝巴	主题是"非洲信息和通信技术：挑战和发展前景"。就发展信息和通信技术、解决地区冲突和危机、共同应对气候变化以及加快实现千年发展目标等议题进行了广泛深入地讨论，共同谋划非洲的未来发展

续表

届次	举办时间	举办地	成果
第十五届	2010 年 7 月 25 ~27 日	乌干达坎 帕拉	通过《非洲 2015 年母婴、儿童健康及发展行动纲要》，为非洲地区的母婴和儿童健康勾勒出新蓝图
第十六届	2011 年 1 月 30 ~31 日	埃塞俄比亚 斯亚贝巴	通过了《非洲关于公共服务及管理的价值和原则宪章》，向实施非盟共同价值计划迈出重要一步。会议声明指出，非盟章程强调民主治理、民众参与、法治、人民权利、经济社会可持续发展等原则的重要性，推广上述共同价值，是加强非洲团结、加快非洲一体化的重要手段。非盟将继续为此作出努力
第十七届	2011 年 6 月 30 日 ~7 月 1 日	赤道几内亚 马拉博	主题是“加快青年能力培养以促进可持续发展”，围绕利比亚、苏丹、科特迪瓦和索马里等地区热点问题，还专门就利比亚危机展开讨论

十一、第二十一届伊比利亚美洲国家首脑会议

2011 年 10 月 28 日，“第二十一届伊比利亚美洲国家首脑会议”在巴拉圭首都亚松森召开。拉美 19 国和欧洲 3 国的国家元首、政府首脑和高级代表讨论了促进社会公平、加强国家在经济和社会中的作用及应对全球新一轮金融动荡等议题。

巴拉圭总统卢戈在开幕式上致辞时说，本届首脑会议讨论的一个重要议题是更加积极地发挥国家在经济和社会发展中的作用，更好地担任社会和市场之间的桥梁作用，在伊比利亚和美洲地区寻求建立一个更加公平、没有饥饿、人人都可以获得教育和医疗服务的社会。

卢戈说，20 世纪 90 年代，拉美国家在“新自由主义”思潮的影响下，出现了严重的经济危机和社会危机。拉美国家吸取了教训，进行了国家的重建。如今，面对世界金融危机的震荡和冲击，拉美各国政府正积极捍卫国家的经济主权和人民生活的尊严。

卢戈强调，世界金融危机为推动国际关系的民主化提供了契机。少数国家未经广泛磋商就决定全球重要事务的局面将被打破，新兴市场国家扩大在世界经济中的发言权已成为当务之急。他同时表示，没有发展中国家的参与，发达国家不可能走出金融危机的泥潭。拉美国家应积极参与世界新秩序和新格局的建设。

伊比利亚美洲国家首脑会议秘书长伊格莱西亚斯则在发言中表示，全球范围内新一轮金融震荡来势凶猛，将对伊比利亚美洲地区经济造成冲击，各国必须谨慎应对，避免金融体系失衡，同时应加强地区一体化进程和宏观经济政策的协调，共同应对挑战。

伊格莱西亚斯还呼吁伊比利亚美洲国家提高教育质量和生产力，提高公共机构的效率，为民众提供更好的公共服务。

本届伊比利亚美洲国家首脑会议为期两天。与会各国领导人在 29 日签署《亚松森宣

言》。

首届伊比利亚美洲国家首脑会议于1991年在墨西哥举行，此后每年举行一次，与会国为拉美和欧洲22个以西班牙语和葡萄牙语为母语的国家。

十二、独联体国家元首理事会会议

2011年9月3日，“独联体国家元首理事会会议”在塔吉克斯坦首都杜尚别召开。参加会议的有俄罗斯、塔吉克斯坦、亚美尼亚、哈萨克斯坦、吉尔吉斯斯坦、土库曼斯坦、阿塞拜疆和摩尔多瓦总统以及乌兹别克斯坦、阿塞拜疆和白俄罗斯三国总理。

会议期间，与会各国领导人审议了《独联体成立20年来的发展概要和今后发展任务》。同时，与会各国领导人还就独联体成员国在各领域开展合作的11个议题展开讨论，并对独联体未来发展进行详细规划。根据会谈结果还签署了一系列相关文件。

独联体成立于1991年，成员国包括波罗的海三国之外的苏联加盟共和国。2009年8月，格鲁吉亚退出独联体。目前，独联体拥有10个正式成员国，土库曼斯坦是该组织的联系国，2012年将担任独联体的轮值主席国。

十三、第四十一届世界经济论坛年会

2011年1月26日，“第四十一届世界经济论坛年会”在瑞士达沃斯举行。本届年会为期5天，主题是“新形势下的共同准则”。

来自全球100多个国家和地区的2500多名各界精英围绕“应对新形势”、“经济前景和制定包容性增长政策”、“支持二十国集团的行动计划”和“建立全球风险应对机制”四大论题展开讨论，并探寻新形势下如何确立全球新经济秩序和新经济治理规则。

世界经济论坛主席克劳斯·施瓦布在介绍年会主题时说，“新形势下的共同准则”是当今世界最关心的问题之一。当今世界已发生根本性变化，最重要的一点是全球政治和经济重心已由西向东，由北向南转移。认清当前复杂多样的新形势，探讨应对共同挑战的新准则是本次大会的重心。

年会期间主办方举行了200多场研讨会，分别就全球经济复苏、世界政治与经济重心转移、全球性风险、欧洲主权债务危机、环境可持续发展、金融体系监管、社会发展、卫生保健等问题进行广泛深入的讨论。年会开幕当天举行的会议就达40场，议题涵盖经济复苏与包容性增长、2011年全球首要风险、国际金融体系监管框架、绿色科技与新能源、能源安全、聚焦中国、未来就业形势等方面。

十四、二十国集团财长和央行行长会议

2011年10月14~15日，“二十国集团（G20）财长和央行行长会议”在法国巴黎举

行。本次会议的目的是为将于11月初举行的戛纳峰会进行准备。与会各方就全球经济金融形势、G20“强劲、可持续、平衡增长框架”、国际货币体系改革、大宗商品和能源、金融监管以及发展和气候变化融资等议题进行了讨论。会后发表了联合声明。中国财政部部长谢旭人和中国人民银行行长周小川率中国代表团参加了会议。

会议认为，全球经济面临的下行风险增大，G20各方应采取果断应对措施恢复市场信心，保持银行体系和金融市场稳定，促进经济复苏与增长。会议对欧元区近期为应对欧债危机所采取的一系列措施表示欢迎，并期待将于10月23日召开的欧盟首脑会议取得积极成果。

会议就拟提交戛纳峰会审议的行动计划进行了讨论。各方同意该行动计划应由协调一致的政策措施组成，以应对短期经济脆弱性问题并巩固经济强劲、可持续、平衡增长的基础。行动计划主要内容包括：发达经济体将实施明确、可靠、具体的财政整顿措施；新兴经济体将在必要时调整宏观经济政策，保持经济增长势头，减轻通胀压力，增强应对资本流动冲击的能力。所有G20成员都应进一步推动结构改革，提高潜在增长率并扩大就业。会议支持新兴经济体继续采取更多由市场决定反映经济基本面的汇率制度，增强汇率弹性，同时重申汇率的过度和无序波动将影响经济和金融稳定。

会议同意采取切实措施建立更加稳定和拥有更强抗风险能力的国际货币体系，进一步完善IMF监督职能和援助工具，继续推进金融部门改革，加强对系统重要性金融机构、影子银行体系以及场外衍生品市场的监管，推动大宗商品市场有效运作，减轻粮食价格波动的影响，并加大对发展中国家基础设施融资的支持力度。会议期待戛纳峰会前能够在现有标准的基础上在扩大特别提款权货币篮子方面取得进展，以推进国际货币体系改革进程。各方认为应确保IMF拥有充足资源以履行职责，并同意戛纳峰会就此进行讨论。会议期待着绿色气候基金过渡委员会对基金进行有效设计，使之成为联合国气候变化德班会议成果的一部分。

中方在发言中指出，当前全球经济进入一个新的困难时期，各国应继续发扬同舟共济的精神，进一步加强宏观经济政策协调，共同致力于保持经济增长，促进金融市场稳定，反对各种形式的贸易和投资保护主义。主要发达国家应在近期内确保经济复苏和金融稳定，在中期内加强财政整顿、加快结构改革，减少宏观经济政策的负面溢出效应。新兴市场国家应及时采取灵活、有效的宏观调控措施，在防止经济下滑的同时应对通胀和资本流动冲击，加快经济结构调整步伐，推动各自经济实现平稳较快增长。

十五、第四次中日韩领导人会议

2011年5月22日，“第四次中国、日本、韩国领导人会议”在日本东京举行。国务院总理温家宝和日本首相菅直人、韩国总统李明博就支持日本震后经济恢复重建、建立长效核安全应急机制以及三国经贸合作等方面达成广泛共识。

会议前一天三国领导人到福岛的地震重灾区访问，并品尝当地农产品，以实际行动支援灾区信心恢复。温家宝说，中方愿尽一切可能为日方救灾和恢复重建提供帮助。

在应对福岛核事故方面，韩国总理李明博表示需要三国及时准确的信息沟通。温家宝也就此表明了中国政府对未来的希望。希望借助中国的经验和能力帮助日本政府消除危险，防范事故；福岛核电站事故，引起全世界高度关注。如果日方有需要，中方随时可以提供专家、技术和装备支持。中方倡议建立中日韩核电安全交流与合作机制，加强信息通报，应急辐射检测，事故救援及后果评价。

自2008年首次单独举行三国领导人会议以来，中日韩合作快速发展，机制建设逐步加强，呈现出全方位、多层次、宽领域的良好态势。2010年，三国间贸易总额已超过金融危机前水平，人员往来规模创历史新高。根据《2020中日韩合作展望》，三国未来10年将稳步推进五大领域的40多项重点合作内容，合作前景更加广阔。

温家宝与日本首相菅直人举行会谈，就进一步改善两国关系、加强互利合作深入交换了意见，达成重要共识。温家宝强调，中日要在防灾救灾方面交流经验，探讨建立有效的合作机制；加强在清洁能源、可再生能源以及绿色低碳、循环经济及高科技等领域的合作，推动大型合作项目建设，打造新的经济增长点。

温家宝会见韩国总统李明博时表示，中韩要加强高层沟通，携手应对挑战，促进地区和世界和平、稳定与繁荣。关于朝鲜半岛局势，温家宝表示，中方一直积极推动重启六方会谈，坚信只有对话协商才是解决半岛问题的最终出路。各方要迎难而上，携手合作，为推动六方会谈取得切实进展作出不懈努力，这符合本地区各国人民的根本利益。

十六、国际货币基金组织（IMF）和世界银行秋季年会

2011年9月21~25日，国际货币基金组织（IMF）和世界银行在华盛顿举行秋季年会。两大国际金融机构187个成员代表以及G20集团、金砖国家等国际集团代表共同探讨推动全球经济复苏和可持续增长途径。

会上，国际货币基金组织总裁克里斯蒂娜·拉加德表示，发达国家是当前全球经济复苏的主要风险源，采取有效举措应对风险是发达国家的首要任务，各国加强政策协调合作也至关重要。

拉加德说，当前世界各经济体联系紧密，在欧洲主权债务危机的风险下，如果发达国家经济增速继续呈疲软态势，那么发展中国家经济和民众生活也会受到冲击。

世界银行行长佐利克当天表示，在当前全球经济增速放缓的背景下，低收入国家做好应对准备也显得尤为重要，世界银行将加大对就业问题的研究和支持力度。

中国人民银行行长周小川在发言中指出，上次会议以来，世界经济复苏势头明显减弱，经济运行下行风险加大，迫切需要加强全球合作。主要发达国家应尽快出台明晰可信的中期调整战略，提振市场信心，抵制贸易保护主义。新兴市场和发展中国家应继续调整结构，增加经济增长的可持续性。基金组织应抓住全球经济面临的主要矛盾，为有关各方提供切实可行的政策建议，维护全球经济金融稳定。

周小川在介绍中国经济形势时指出，2011 年以来中国经济仍保持平稳较快发展，继续由前期政策刺激的过快增长向自主增长有序转变，贸易平衡趋于改善。预计全年经常项目顺差对 GDP 的比值将进一步明显下降。当前和今后一个时期，中国经济增长动力仍然较强，但短期内也面临物价上涨较快、资本流入较多的挑战。未来，中国政府将进一步把握好宏观经济政策的方向、力度和节奏，处理好保持经济平稳较快发展、调整经济结构、管理通胀预期三者的关系，保持物价总水平基本稳定，防止经济出现大的波动。

在谈到基金组织改革时，周小川强调，随着全球金融危机的蔓延和深入，国际社会对基金组织的作用寄予了更多的期望。基金组织应从寻找此次危机爆发的根源出发，调整监督框架和监督重点。同时，基金组织应继续改善份额和治理结构，尽快推动 2010 年份额改革一揽子方案的生效，切实保障长期资金的来源，以满足成员国应对危机的需要。此外，基金组织应继续深入研究国际货币体系的内在缺陷，推动国际储备货币体系多元化，并向着币值稳定、供应有序、总量可控的方向完善。

第五章　国际经济合作学科 2011 年文献索引

第一节　中文期刊索引

［1］迟本坤. 低碳经济视角下新能源 CDM 项目的国际合作问题研究［D］. 吉林大学，2011.

［2］江长新. 次国家政府参与国际合作问题研究［D］. 吉林大学，2011.

［3］王晓光. 国际金融危机背景下的中俄区域经济合作研究［D］. 吉林大学，2011.

［4］陆胜利. 世界能源问题与中国能源安全研究［D］. 中共中央党校，2011.

［5］金正九. 东北亚海域环境污染防治的国际合作［D］. 大连海事大学，2011.

［6］艾法姆（Ubi，Efem Nkam）. 中国对非洲的援助［D］. 吉林大学，2011.

［7］宋红红. 海上非传统安全威胁与国际合作：理论、行为及机制［D］. 河南大学，2011.

［8］舍妮亚. 新亚欧大陆桥集装箱多式联运影响因素研究［D］. 大连海事大学，2011.

［9］赵巍. 跨国银行并表监管中的冲突及其协调机制研究［D］. 北京交通大学，2011.

［10］曹健. 中国与东盟五国服务贸易比较研究［D］. 大连海事大学，2011.

［11］周睿. G20 的崛起与作用分析［D］. 中国政法大学，2011.

［12］张超. 反垄断国际合作的法律问题研究［D］. 西北大学，2011.

［13］赵旻佳. 中美在环境问题中的合作与冲突［D］. 中国政法大学，2011.

［14］李国绪. 21 世纪初印度海洋战略的调整及其对中国的影响［D］. 河北师范大学，2011.

［15］许光达. 气候变化对东南亚国家的影响及其合作应对［D］. 暨南大学，2011.

［16］王志浩. 中国—巴西能源合作：现状、问题及解决途径研究［D］. 华中师范大学，2011.

[17] 禹继杰. 中日环境合作探析 [D]. 上海师范大学, 2011.

[18] 郑娟. 证券监管国际合作的法律问题研究 [D]. 大连海事大学, 2011.

[19] 季艳艳. 欧盟伊拉斯谟计划（ERASMUS）的发展及成效研究 [D]. 上海师范大学, 2011.

[20] 刘倩. 低碳经济下我国出口结构调整研究 [D]. 河北大学, 2011.

[21] 杜亚伟. 中国发展低碳经济的国际合作策略研究 [D]. 河北大学, 2011.

[22] 陈彦龙. 打击跨国商业贿赂犯罪的国际合作研究 [D]. 湖南师范大学, 2011.

[23] 赵月. 国际关系视域下的气候外交 [D]. 辽宁大学, 2011.

[24] 梁洪亮. 后金融危机时代离岸公司国际避税问题研究 [D]. 复旦大学, 2011.

[25] 翟鹏飞. 美国金融危机对中国金融法律建设的启示 [D]. 上海交通大学, 2011.

[26] 蒋琛娴. 中国—东盟合作的发展及其影响 [D]. 辽宁大学, 2011.

[27] 郭强军. 金融危机背景下中美经济外交 [D]. 辽宁大学, 2011.

[28] 张然. 贸易便利化与中蒙海关联合监管研究 [D]. 复旦大学, 2011.

[29] 段媛媛. 白俄罗斯在山东技术转移模式研究 [D]. 山东大学, 2011.

[30] 梁姣. 低碳经济国际合作博弈分析与机制研究 [D]. 西南交通大学, 2011.

[31] 邵晛. WTO 视角下的碳关税法律问题研究 [D]. 上海社会科学院, 2011.

[32] 杨晓红. 跨国并购的反垄断法律规制研究 [D]. 山东大学, 2011.

[33] 徐雪瑶. 中美银行业监管比较研究 [D]. 首都经济贸易大学, 2011.

[34] 柯珊芳. 老挝旅游业发展的 SWOT 分析及发展战略研究 [D]. 辽宁师范大学, 2011.

[35] 李彦. 东亚经济合作因素分析与中国战略选择 [D]. 吉林财经大学, 2011.

[36] 何强. 中日环保领域合作的战略与对策研究 [D]. 黑龙江大学, 2011.

[37] 刘超慧. 合作与冲突视角下的中欧关系探析 [D]. 河北师范大学, 2011.

[38] 刘樱. 后危机时代大力发展中俄农产品贸易的战略与对策研究 [D]. 黑龙江大学, 2011.

[39] 陶建. 桥头堡战略背景下“泰北经济贸易区”项目建设研究 [D]. 云南大学, 2011.

[40] 胡云婷. 跨国公司并购境内企业的反垄断规制研究 [D]. 东北财经大学, 2011.

[41] 张侠, 屠景芳. 北极经济再发现下的国际合作状况研究 [A]. 中国海洋法学评论, 2011 (2).

[42] 张天勇. 低碳经济的国际经验 [J]. 世界环境, 2011 (1): 45-47.

[43] 单宝. 欧洲、美国、日本推进低碳经济的新动向及其启示 [J]. 国际经贸探索, 2011 (1): 12-17.

[44] 乔晓楠, 何自力, 马世珍. 全球气候变化与南北经济关系调整 [J]. 中共天津

市委党校学报，2011（2）：57－65.

［45］郑洪莲，姜恒勇．图们江区域经济合作进程中珲春市的城市功能定位及发展战略［J］．延边党校学报，2011（1）：88－90.

［46］崔福斌，马义飞，阮胡玉．中越矿产资源合作开发研究［J］．煤炭经济研究，2011（4）：23－27.

［47］闫世刚．低碳时代中欧新能源国际合作的挑战与对策分析［J］．经济论坛，2011（3）：64－66.

［48］刘凤祥．国际合作多元化探析［J］．前沿，2011（12）：91－93.

［49］陶蕴芳，尚涛．国际低碳经济发展中的政府行为与我国的策略选择［J］．江西社会科学，2011（6）：56－61.

［50］杨勉．导致世界经济危机的根本问题仍未解决——虚拟经济异化危机需要“求解的X”［J］．宏观经济研究，2011（9）：33－37，92.

［51］刘志明．论金融危机后世界经济再平衡中的国际合作［J］．中国流通经济，2011（10）：118－122.

［52］刘昌明，段艳文．论国际环境非政府组织（NGO）在大湄公河次区域经济合作（GMS）生物多样性保护中的作用［J］．东南亚纵横，2011（9）：53－58.

［53］吴世韶．中国—东盟次区域经济合作机制的现状与展望［J］．社会主义研究，2011（5）：127－133.

［54］王玉主．“要约—回应”机制与中国—东盟经济合作［J］．世界经济与政治，2011（10）：53－72，156－157.

［55］马春紫．陕西太阳能发电循环经济发展探讨——借鉴日本太阳能电池回收再利用经验［J］．财会月刊，2011（30）：95－96.

［56］牛青山，冯前进，刘亚明，宋强．中医药学国际合作与交流的科技、文化和经济意义［J］．世界中西医结合杂志，2011（11）：1002－1005.

［57］高永，陈志平．建立云南边境地带反洗钱国际合作机制之浅析［J］．时代金融，2011（35）：153，156.

［58］黄佳音．推进能源安全　力促能源合作——“2011东北亚石油经济论坛”综述［J］．国际石油经济，2011（11）：13－16，109.

［59］彤轩，黄樱飞，裘一琳．中日国际合作推进循环经济发展［N］．杭州日报，2011－05－31A02.

［60］王文哲．低碳经济范式下的环境保护评价指标体系研究［D］．中南大学，2011.

［61］刘泽云．巴塞尔协议Ⅲ、宏观审慎监管与政府财政角色安排［D］．财政部财政科学研究所，2011.

［62］王苹．欧洲一体化进程中的区域治理研究［D］．吉林大学，2011.

［63］卢建平．我国承接服务外包的经济效应及战略对策［D］．西南财经大

学，2011.

［64］施卓宏．碳金融交易机制研究［D］．湖南大学，2011.

［65］王永中，马韶青．金砖国家为什么能坐在一起［J］．世界知识，2011（8）：52－54.

［66］陈海懿．论全球化背景下金砖国家的崛起与未来展望［J］．科技经济市场，2011（5）：48－49.

［67］徐国庆．南非加入“金砖国家”合作机制探析［J］．西亚非洲，2011（8）：93－105.

［68］张兵，李翠莲．墨西哥加入“金砖国家”合作机制研究［J］．亚太经济，2011（5）：67－71.

［69］张兵，李翠莲．“金砖国家”通货膨胀周期的协动性［J］．经济研究，2011（9）：29－40.

［70］宋魁．推进中俄石油天然气合作的对策建议［J］．中国市场，2011（7）：87－95.

［71］李婷，李豫新．中国与中亚5国农产品贸易的互补性分析［J］．国际贸易问题，2011（1）：53－62.

［72］孙壮志，张宁．上海合作组织的经济合作：成就与前景［J］．国际观察，2011（3）：10－16.

［73］赵华胜．上海合作组织发展的可能性和限度［J］．国际观察，2011（3）：28－34.

［74］潘光．走进第二个十年：上海合作组织面临的挑战和机遇［J］．国际观察，2011（3）：17－21.

［75］朱金鹤，崔登峰．促进新疆与中亚五国扩大边境贸易之浅见［J］．现代财经（天津财经大学学报），2011（5）：92－97.

［76］李道军，胡颖．中国新疆参与中亚区域经济合作的机制比较与启示［J］．新疆社会科学，2011（3）：54－58.

［77］刘华芹．新时期进一步推进上海合作组织区域经济合作的思考与建议［J］．国际贸易，2011（5）：60－65.

［78］耿晔强，马志敏．基于博弈视角下的中国与上海合作组织成员国能源合作分析［J］．世界经济研究，2011（5）：82－86，89.

［79］茹克亚·热西提．新疆，哈萨克斯坦，吉尔吉斯斯坦经济发展阶段分析［J］．知识经济，2011（14）：99.

［80］沙赫赖，施海杰．建立促进上合组织繁荣发展的评估机制［J］．俄罗斯研究，2011（3）：12－15.

［81］吴颖蕾．上海合作组织框架下中国与中亚地区的经济交流［J］．商业文化（上半月），2011（8）：186－187.

［82］艾赛提江，郭羽诞．中俄与中亚五国贸易的比较分析［J］．新疆社会科学，2011（4）：83－87.

［83］孙永祥．上海合作组织框架内的能源合作［J］．国际展望，2011（5）：105－124，129.

［84］李豫新，朱新鑫．中国新疆与中亚五国农业区域合作机制探析［J］．对外经贸实务，2011（10）：35－38.

［85］于海洋．上合组织自贸区更需要自由规则［J］．中国经济周刊，2011（37）：20.

［86］雷茜．试论上海合作组织框架下中国新疆与哈萨克斯坦的语言文化合作［J］．海外英语，2011（11）：340－341.

［87］刘一凡．中国与中亚关系的发展趋势［J］．新疆大学学报（哲学·人文社会科学版），2011（5）：96－98.

［88］李新．“上合”组织经济合作十年：成就、挑战与前景［J］．现代国际关系，2011（9）：9－15.

［89］郑润宇．海关同盟：俄哈促进的欧亚一体化的起点［J］．国际经济评论，2011（6）：85－98，5.

［90］汪巍．上海合作组织经济、安全领域合作有利于地区稳定与繁荣［J］．和平与发展，2011（5）：37－41，72.

［91］黄梅波，胡建梅．国际宏观经济政策协调与G20机制化［J］．国际论坛，2011（1）：52－56，81.

［92］李昕．G7/G8参与全球能源治理：功能演变和制度缺陷［J］．国际展望，2011（1）：47－60，128.

［93］周峰．从G7到G0说明了什么［J］．新湘评论，2011（6）：56.

［94］李杰豪，张心雨．论金融危机背景下全球经济治理机制的完善与发展——从八国集团到二十国集团［J］．湖南科技大学学报（社会科学版），2011（3）：47－50.

［95］胡焕武．论G20的国际经济组织职能及特殊性［J］．商业时代，2011（12）：38－39.

［96］付纯．金融危机下的中国崛起与美国领导权［J］．商业文化（上半月），2011（6）：272－273.

［97］王毅．解析萨科齐的“新世界、新思维”理念——聚焦法国“双G会”外交［J］．国际问题研究，2011（4）：28－33，44.

［98］周红梅．从G8到G20——国际格局变革中的中国因素［J］．中国证券期货，2011（6）：115.

［99］徐洪才．充分发挥二十国集团作用，加快推进国际货币体系改革［J］．经济研究参考，2011（49）：50－54.

［100］邹亚宝，王凯．论G20机制化及中国在全球经济治理中的策略［J］．战略决

策研究，2011（6）：32－38.

［101］张月月．试析 G8 和 G20 在国际关系中的作用［J］．法制与社会，2011（35）：199－200.

［102］汪晶．G8 到 G20 的演变解读国际经济秩序［J］．现代交际，2011（11）：130.

［103］G8 将集中讨论互联网问题［J］．保密工作，2011（1）：56.

［104］李世财．全球治理视野下的 G20 研究［D］．上海社会科学院，2011.

［105］黄永忠．八国集团首脑峰会：昔日辉煌已经不再［J］．老年人，2011（7）：14－15.

［106］博鳌亚洲论坛：包容发展和谐进步［J］．两岸关系，2011（4）：2.

［107］张晶．从博鳌亚洲论坛年会主题变化看中国东盟的复合相互依存——复合相互依存理论的视角［J］．世界经济与政治论坛，2011（2）：135－142.

［108］陈锦华．亚洲人有信心把亚洲的事情做好（二）——博鳌亚洲论坛的创立和发展［J］．百年潮，2011（9）：14－17.

［109］冯玉孝，柴士爱，李英杰．聚焦金砖国家会议和博鳌亚洲论坛［J］．中学政史地（高中文综），2011（Z2）：103－108.

［110］霍杰．对外直接投资对全要素生产率的影响研究——基于中国省际面板数据的分析［J］．山西财经大学学报，2011（3）：1－7.

［111］张宗斌，沈明伟．20 世纪 80 年代日本大规模对外直接投资研究［J］．东岳论丛，2011（1）：109－114.

［112］姚枝仲，李众敏．中国对外直接投资的发展趋势与政策展望［J］．国际经济评论，2011（2）：127－140，6.

［113］宾建成，刘兰勇．中印对外直接投资比较研究［J］．当代经济管理，2011（4）：76－80.

［114］吉小雨．美国对外直接投资的利益保护——从双边协定到海外私人投资公司［J］．世界经济与政治论坛，2011（2）：57－68.

［115］韩琪．中国对外直接投资产业选择依据研究［J］．国际经济合作，2011（5）：14－17.

［116］谢杰，刘任余．基于空间视角的中国对外直接投资的影响因素与贸易效应研究［J］．国际贸易问题，2011（6）：66－74.

［117］李凝，胡日东．转型期中国对外直接投资地域分布特征解析：基于制度的视角［J］．经济地理，2011（6）：910－914，939.

［118］李猛，于津平．东道国区位优势与中国对外直接投资的相关性研究——基于动态面板数据广义矩估计分析［J］．世界经济研究，2011（6）：63－67，74，89.

［119］刘辉群，王洋．中国对外直接投资的国内就业效应：基于投资主体和行业分析［J］．国际商务（对外经济贸易大学学报），2011（4）：82－87.

［120］朱巧玲，董莉军．西方对外直接投资理论的演进及评述［J］．中南财经政法大学学报，2011（5）：26－32，142－143.

［121］杜人淮，张鑫．美日印推动对外直接投资的举措及借鉴［J］．成都行政学院学报，2011（5）：24－27.

［122］于超，葛和平．对外直接投资的母国就业效应研究［J］．统计与决策，2011（2）：123－125.

［123］高云龙，康学芹．制度因素与中国对外直接投资结构失衡——基于“十二五”期间的展望［J］．亚太经济，2011（6）：121－125.

［124］任建兰，田磊磊．虚拟经济时代世界经济格局的新变化［J］．地理科学，2011（3）：329－336.

［125］汪耿．国际直接投资与间接投资相融合研究［J］．现代商业，2011（7）：200，199.

［126］黄梅波，郎建燕．主要发达国家对外援助管理体系的总体框架［J］．国际经济合作，2011（1）：50－56.

［127］胡美．中国援非五十年与国际援助理论创新［J］．社会主义研究，2011（1）：141－146.

［128］中国和刚果（金）：患难之交［J］．文化纵横，2011（2）：11.

［129］刘爱兰，黄梅波．非 DAC 援助国及其对外援助的特点［J］．国际经济合作，2011（10）：47－51.

［130］贺文萍．从“援助有效性”到“发展有效性”：援助理念的演变及中国经验的作用［J］．西亚非洲，2011（9）：120－135.

［131］李安山．论中非合作的原则与面临的困境［J］．上海师范大学学报（哲学社会科学版），2011（6）：111－121.

［132］刘鸿武．中非发展合作：身份转型与体系重构［J］．上海师范大学学报（哲学社会科学版），2011（6）：122－129.

［133］刘爱兰，黄梅波．非 DAC 援助国与国际援助体系：影响及比较［J］．国际经济合作，2011（11）：72－76.

［134］黄梅波，谢琪．巴西的对外援助及其管理体系［J］．国际经济合作，2011（12）：21－26.

［135］赵萌．“对外援助”的账本［J］．世界博览，2011（24）：19－20.

［136］高飏，付涛．发展援助，NGO 和公民社会：矛盾中的探寻［J］．中国发展简报，2011（3）：7－15.

［137］联合国力推绿色经济发展模式［J］．科技传播，2011（4）：12.

［138］吴敖祺．“NGO 外交”的中国使命［J］．文化纵横，2011（2）：98－105.

［139］胡方．世界经济的萧条问题与国际政策协调［J］．郑州航空工业管理学院学报，2011（5）：1－4.

[140] 蒋春江. 浅谈政治与经济 [J]. 经济研究导刊, 2011 (33): 250, 260.

[141] 赵会荣. 2010 年中亚五国外交新变化 [J]. 新疆师范大学学报 (哲学社会科学版), 2011 (2): 53-59.

[142] 玛丽安娜·马林诺娃. 中保两国经济合作的新阶段 [J]. 俄罗斯中亚东欧市场, 2011 (11): 46-50.

[143] 毕克新, 赵瑞瑞, 冉东生. 基于因子分析的国际科技合作知识产权保护影响因素研究 [J]. 科学学与科学技术管理, 2011 (1): 12-16, 29.

[144] 中国—澳大利亚功能纳米材料联合实验室国际合作研究进展 [J]. 科学通报, 2011 (15): 1176.

[145] 李士杰, 赵淑茹, 刘淑媛等. 国际科技合作的法律风险控制 [J]. 中国高校科技与产业化, 2011 (5): 14-15.

[146] 傅建球, 易伟义, 卢明纯等. 基于自主创新的地方国际科技合作支撑体系的构建 [J]. 长春大学学报, 2011 (5): 1-5.

[147] 王玲俐, 尚智丛. 国际合作提高自主创新能力 [J]. 科技导报, 2011 (16): 81.

[148] 刘娅. 从国际科技合著论文状况看中国环境领域国际科技合作态势 [J]. 中国软科学, 2011 (6): 34-46.

[149] 孙玲, 邱俊荣, 马静, 程俊峰. 浅谈农业科研机构国际科技合作与交流的管理 [J]. 科技管理研究, 2011 (14): 183-186.

[150] 澳大利亚公布国际科技合作计划评估报告 [J]. 企业技术开发, 2011 (11): 164.

[151] 张世专, 王大明. 关于实质性国际科技合作的理想模型 [J]. 中国科学院院刊, 2011 (5): 597-605.

[152] 秦健. 国外推进经济发展方式转变的科技政策借鉴与启示 [J]. 学习论坛, 2011 (12): 38-39.

[153] 姜爱丽, 朱颜新. 我国外派劳务人员工伤损害求偿法律适用问题研究 [J]. 东岳论丛, 2011 (2): 180-183.

[154] 焦璇, 张水波, 康飞. 国际工程项目外派人员心理健康问题分析 [J]. 国际经济合作, 2011 (8): 60-63.

[155] 赵捷, 罗乐. 组织机构管理国际信息合作体系探究 [J]. 标准科学, 2011 (5): 91-96.

[156] 陆燕. 2011 年世界经济及中国外经贸发展趋势展望 [J]. 国际经济合作, 2011 (1): 12-17.

[157] 石玮, 张博. 国际分工的新发展对中国制造业的影响 [J]. 科技资讯, 2011 (3): 209, 211.

[158] 程慧. 抓住低碳经济机遇 发展中国对外投资 [J]. 国际经济合作, 2011

(2)：24－27.

［159］樊莹．后金融危机时期的东亚贸易投资便利化合作［J］．国际经济合作，2011（3）：43－47.

［160］魏德慧．浅析经济全球化下我国国际贸易发展问题［J］．才智，2011（3）：45.

［161］房广顺，唐彦林．美国的20国集团政策及其目的［J］．高校理论战线，2011（4）：53－57.

［162］李途，蒋凯．二十国集团在国际经济秩序变革中的角色分析［J］．前沿，2011（7）：113－117.

［163］刘洪钟，杨攻研．全球经济失衡与调整的政治经济学分析［J］．理论参考，2011（2）：40－43.

［164］周宏．后金融危机时代资本主义社会的新变化［J］．求是，2011（9）：57－59.

［165］李杰豪，张心雨．论金融危机背景下全球经济治理机制的完善与发展——从八国集团到二十国集团［J］．湖南科技大学学报（社会科学版），2011（3）：47－50.

［166］张幼文．包容性发展：世界共享繁荣之道［J］．求是，2011（11）：52－54.

［167］柯岚．发展战略性新兴产业 掌握科技竞争新优势——美国、欧盟、日本等如何发展战略性新兴产业［J］．中国科技产业，2011（6）：70－71.

［168］姚枝仲．金砖国家在全球经济治理中的作用［J］．经济，2011（5）：31－32.

［169］陈德铭．大力发展服务贸易 推动世界经济新增长［J］．国际经济合作，2011（6）：4－6.

［170］周密．全球经贸不平衡背景下的中国策略［J］．国际经济合作，2011（6）：15－21.

［171］周红梅．从G8到G20——国际格局变革中的中国因素［J］．中国证券期货，2011（6）：115.

［172］李若谷．金融支持国际经济合作的中国模式［J］．中国金融，2011（13）：31－33.

［173］王建欣．国际经济合作的发展趋势［J］．经营管理者，2011（12）：125－126.

［174］冯志．在东北亚区域合作中打造辽宁省国际经济合作平台的对策研究［J］．辽宁经济，2011（8）：30－35.

［175］章昌裕．全面参与国际经济合作：大国转型的必然选择［J］．国际经济合作，2011（9）：4－9.

［176］崔亚平．关于扩大辽宁省对俄劳务合作的建议［J］．俄罗斯中亚东欧市场，2011（9）：33－35.

[177] 杨秀萍，马云泽. 后危机时期世界经济格局的动态转换 [J]. 南京审计学院学报，2011 (4): 1-5.

[178] 杨洁勉. 二十国集团的转型选择和发展前景 [J]. 国际问题研究，2011 (6): 50-60，125.

[179] 阿广. 世界经济普遍存在的断层线 [J]. 浙江经济，2011 (19): 57.

[180] 倪凌. 浅谈国际商务活动中的跨文化沟通 [J]. 中国商贸，2011 (29): 191-192.

[181] 蒋姮. 高冲突地区投资风险再认识——中国投资缅甸案例调研 [J]. 国际经济合作，2011 (11): 9-12.

[182] 张欣，马林. 沿边开放与边疆少数民族地区和谐可持续发展研究 [J]. 改革与战略，2011 (12): 122

[183] 领跑沿边开放 加速跨越升级——关于绥芬河市沿边开放情况的调查 [J]. 奋斗，2011 (10): 35-37.

[184] 杨思灵. 试析广西沿边开放对建设云南桥头堡的启示 [J]. 南宁职业技术学院学报，2011 (3): 39-41.

[185] 刘华芹. 新时期进一步推进上海合作组织区域经济合作的思考与建议 [J]. 国际贸易，2011 (5): 60-65.

[186] 杨虹. 云南"桥头堡"建设战略探析——以怒江傈僳族自治州泸水县片马口岸建设为例 [J]. 云南民族大学学报（哲学社会科学版），2011 (4): 31-34.

[187] 张祥熙，马洪波. 中国与周边国家跨境经济合作中的政府和企业行为探析 [J]. 商业时代，2011 (30): 47-48.

[188] 夏友照. 关于建立中俄朝跨境旅游合作区的战略思考 [J]. 社会科学战线，2011 (11): 237-239.

[189] 张欣，马林. 沿边开放与边疆少数民族地区和谐可持续发展研究 [J]. 改革与战略，2011 (12): 122-124，170.

[190] 邵瑞峰. 黑龙江省建设东北亚经济贸易开发区研究 [D]. 黑龙江大学，2011.

[191] 李莹莹. 关于中越跨境经济合作区的实证分析研究 [D]. 华东政法大学，2011.

[192] 何艳梅. 国际水资源利用和保护争端的和平解决 [J]. 资源科学，2011 (1): 98-105.

[193] 郝少英. 论国际河流上游国家的开发利用权 [J]. 资源科学，2011 (1): 106-111.

[194] 郝少英. 跨国水资源和谐开发十大关系法律初探 [J]. 自然资源学报，2011 (1): 166-176.

[195] 郭延军. 大湄公河水资源安全：多层治理及中国的政策选择 [J]. 外交评论

（外交学院学报），2011（2）：84－97.

［196］郝少英．跨国地下水利用与保护的法律探析［J］．河北法学，2011（5）：76－83.

［197］王志坚．地缘政治视角下的国际河流合作——以中东两河为例［J］．华北水利水电学院学报（社科版），2011（2）：21－24.

［198］王志坚，邢鸿飞．我国国际河流法律研究中的几个问题［J］．华北电力大学学报（社会科学版），2011（3）：11－16.

［199］张梓太，陶蕾．“国际河流水权”之于国际水法理论的构建［J］．江西社会科学，2011（8）：13－18.

［200］黄雅屏．我国国际河流的争端解决之路［J］．河海大学学报（哲学社会科学版），2011（3）：74－78，92.

［201］胡文俊，黄河清．国际河流开发与管理区域合作模式的影响因素分析［J］．资源科学，2011（11）：2099－2106.

［202］王志坚．新安全观视角下的国际河流合作［J］．湖南工程学院学报（社会科学版），2011（4）：89－92.

［203］余元玲．中国—东盟国际河流保护合作法律机制研究［D］．重庆大学，2011.

［204］汪晓敏．中国国际河流污染防治的法律规制［D］．西南政法大学，2011.

［205］郭迎利．国际河流谈判思路分析［D］．兰州大学，2011.

［206］陈健．实施“走出去”战略与融合当地文化［J］．国际经济合作，2011（1）：10－11.

［207］马岩．世界经济复苏中我国的政策措施［J］．国际经济合作，2011（1）：18－25.

［208］程慧．抓住低碳经济机遇　发展中国对外投资［J］．国际经济合作，2011（2）：24－27.

［209］俞建华．深入实施“走出去”战略　开创对外开放新格局［J］．国际经济合作，2011（3）：4－6.

［210］文东伟，冼国明．中国制造业的出口竞争力及其国际比较［J］．国际经济合作，2011（2）：4－10.

［211］李紫莹．中国企业在拉美投资的政治风险及其对策［J］．国际经济合作，2011（3）：20－24.

［212］姚铃．2010年中欧经贸关系回顾及对策建议［J］．国际经济合作，2011（3）：29－32.

［213］沈铭辉．中日韩自由贸易区的经济学分析［J］．国际经济合作，2011（3）：38－42.

［214］韩景华，任维．后危机时代贸易保护主义新趋势及应对策略［J］．国际经济

合作，2011（2）：15－19.

［215］王小剑．对人民币国际化的几点思考［J］．国际经济合作，2011（3）：93－94.

［216］沈子荣．世界经济周期发展与中国应对策略［J］．国际经济合作，2011（5）：64－67.

［217］赵涛．中外土地产权政策比较分析［J］．国际经济合作，2011（4）：85－87.

［218］韩燕．发展互利共赢的中非农业合作［J］．国际经济合作，2011（5）：33－37.

［219］冯磊．中国企业国际化路径选择的现状及建议［J］．国际经济合作，2011（5）：22－26.

［220］冯兴艳．境外经贸合作区与中非投资合作的战略选择［J］．国际经济合作，2011（4）：25－29.

［221］王静，张西征．区域自由贸易协定发展新趋势与中国的应对策略［J］．国际经济合作，2011（4）：30－33.

［222］孙兆慧．ECFA 框架下京台经贸合作前景分析［J］．国际经济合作，2011（5）：27－29.

［223］董力为．后金融危机时代的金融企业风险与控制［J］．国际经济合作，2011（4）：88－91.

［224］韩琪．中国对外直接投资产业选择依据研究［J］．国际经济合作，2011（5）：14－17.

［225］张瑞琴，张辰西．我国碳金融的发展及国际经验借鉴［J］．国际经济合作，2011（5）：79－82.

［226］孙保红．中非关系发展与中国企业的决策选择［J］．国际经济合作，2011（6）：7－8.

［227］马岩．金砖国家经济发展及合作前景［J］．国际经济合作，2011（6）：9－14.

［228］周密．全球经贸不平衡背景下的中国策略［J］．国际经济合作，2011（6）：15－21.

［229］顾学明．基于贸易视角的中非矿产资源合作研究［J］．国际经济合作，2011（6）：39－43.

［230］俞毅．大陆企业对台投资的现状、障碍及对策［J］．国际经济合作，2011（6）：27－30.

［231］郭德琳．中墨经贸关系的机遇与挑战［J］．国际经济合作，2011（6）：73－77.

［232］宏结，张波．美国涉华“双反”措施的原因及经济效应分析［J］．国际经济

合作，2011（6）：78－82.

［233］华迎，雷擎，陈进．金融业全球监管对中国的影响［J］．国际经济合作，2011（6）：83－86.

［234］韩秀申，陈明．中德节能环保领域合作现状、途径及对策［J］．国际经济合作，2011（7）：58－60.

［235］叶慧．中央企业实施“走出去”战略：现状和思考［J］．国际经济合作，2011（7）：4－8.

［236］郁德强，左世全．国际产业转移对我国产业安全的影响［J］．国际经济合作，2011（7）：19－22.

［237］崔太康．中小企业国际化经营策略［J］．国际经济合作，2011（7）：85－88.

［238］樊幸丹．中智自由贸易协定：效果及前景［J］．国际经济合作，2011（7）：54－57.

［239］胡欣，刘晨阳．中国参与应对气候变化的国际合作——以清洁发展机制为例［J］．国际经济合作，2011（8）：64－67.

［240］孙利国，杨秋波，任远．中国工程建设标准“走出去”发展战略［J］．国际经济合作，2011（8）：56－59.

［241］安春英．英国对非洲的投资合作：概述及借鉴［J］．国际经济合作，2011（8）：42－47.

［242］李俊．中国经济国际化现状评估与路径建议［J］．国际经济合作，2011（8）：17－22.

［243］朱鹏飞．论美国关税法337条款在GATT1994下的合法性——基于国际判例的思考［J］．国际商务（对外经济贸易大学学报），2011（1）：119－128.

［244］教育部部长袁贵仁与商务部部长陈德铭签署共建协议书［J］．国际商务（对外经济贸易大学学报），2011（1）：129.

［245］教育部、商务部共建对外经贸大学签字仪式隆重举行［J］．国际商务（对外经济贸易大学学报），2011（1）：2.

［246］赵勇，窦文奎．区域化福利问题之理论文献综述［J］．国际商务（对外经济贸易大学学报），2011（1）：86－93.

［247］刘宇，张亚雄，张海森．铁矿石价格上涨的宏观经济影响［J］．国际商务（对外经济贸易大学学报），2011（1）：5－14.

［248］杨洋，刘和东．家电下乡经济效应及其影响因素的区域比较［J］．国际商务（对外经济贸易大学学报），2011（1）：71－76.

［249］沈铭辉，王玉主．企业利用FTA的影响因素研究［J］．国际商务（对外经济贸易大学学报），2011（1）：102－11

［250］王瑞．我国生产性服务业发展过程、问题与对策研究［J］．国际商务（对外

经济贸易大学学报)，2011 (1)：77 -85.

[251] 陈利强，屠新泉. 建立我国贸易调整援助制度的构想 [J]. 国际商务 (对外经济贸易大学学报)，2011 (1)：25 -34.

[252] 李冰，王立群. 我国原木进口变化驱动因素的实证分析 [J]. 国际商务 (对外经济贸易大学学报)，2011 (1)：35 -41.

[253] 曹守峰，马惠兰. 中亚五国蔬菜生产与出口竞争力 [J]. 国际商务 (对外经济贸易大学学报)，2011 (1)：42 -47.

[254] 吕宏芬. 国际技术扩散的理论与实证：一个文献综述 [J]. 国际商务 (对外经济贸易大学学报)，2011 (1)：94 -101.

[255] "走向贸易强国之路——庆祝对外经济贸易大学建校60周年" 学术峰会征文通知 (2011·中国·北京) [J]. 国际商务 (对外经济贸易大学学报)，2011 (1)：130.

[256] 邱小欢. 服务出口与实际汇率动态关系分析：基于美国数据的考察 [J]. 国际商务 (对外经济贸易大学学报)，2011 (1)：15 -24.

[257] 孙彦廷. 人民币长期均衡汇率的实证研究 [J]. 国际商务 (对外经济贸易大学学报)，2011 (1)：58 -70.

[258] 傅京燕，张珊珊. 我国制造业进出口隐含污染分析：基于投入产出的方法 [J]. 国际商务 (对外经济贸易大学学报)，2011 (2)：30 -41.

[259] 李仲平. 我国对美国白羽肉鸡产品反补贴案上游补贴规则的运用与述评[J]. 国际商务 (对外经济贸易大学学报)，2011 (2)：120 -128.

[260] 黄基伟，于中鑫. 开放经济下我国技术创新能力的影响因素研究——基于我国30省际面板数据的实证分析 [J]. 国际商务 (对外经济贸易大学学报)，2011 (2)：14 -20.

[261] 马丹，华圆. 国际贸易乘数与国际金融乘数研究 [J]. 国际商务 (对外经济贸易大学学报)，2011 (2)：63 -73.

[262] 孔群喜. 汇率、贸易开放度与经济增长：短期波动与长期均衡——基于自回归分布滞后模型的经验研究 [J]. 国际商务 (对外经济贸易大学学报)，2011 (2)：74 -83.

[263] 马涛，杜晓萌. 金融危机下国际生产体系对全球贸易的冲击及福利影响[J]. 国际商务 (对外经济贸易大学学报)，2011 (2)：5 -13.

[264] 谢守红. 长江三角洲对外开放的区域差异及成因分析 [J]. 国际商务 (对外经济贸易大学学报)，2011 (2)：84 -88.

[265] 张正在. 韩资企业对中国投资战略的变化及关联性研究 [J]. 国际商务 (对外经济贸易大学学报)，2011 (2)：89 -96.

[266] 刘岩，王健. 全球金融危机背景下金砖四国货物出口贸易的CMS分解分析 [J]. 国际商务 (对外经济贸易大学学报)，2011 (2)：21 -29.

[267] 范纯增，姜虹. 长三角服务贸易国际竞争力现状及发展的动力机制 [J]. 国

际商务（对外经济贸易大学学报），2011（2）：97－104.

［268］高清霞，马天楠．美国次贷危机对我国资产证券化路径的影响分析［J］．国际商务（对外经济贸易大学学报），2011（2）：55－62.

［269］李永波．关于贸易自由化环境效应的文献述评［J］．首都经济贸易大学学报，2011（1）：121－128.

［270］王佃凯．促进服务贸易的增长能改变外贸下滑的趋势么？——基于服务贸易的波动周期及特征的分析［J］．首都经济贸易大学学报，2011（1）：50－57.

［271］袁辉，宁凯．基于 Falvey 模型的 H－O 第三定理及其政策意义研究［J］．国际商务（对外经济贸易大学学报），2011（3）：47－58.

［272］彭水军，张文城．多边贸易体制视角下的全球气候变化问题分析［J］．国际商务（对外经济贸易大学学报），2011（3）：5－15.

［273］罗堃．我国能源密集型产品出口贸易的环境代价内部化："两难"及其化解［J］．国际商务（对外经济贸易大学学报），2011（3）：26－36.

［274］王家玮，伊藤敏子．我国碳排放权市场发展路径之研究［J］．国际商务（对外经济贸易大学学报），2011（3）：37－46.

［275］祝建．金融危机以来我国沿海港口货物吞吐量影响因素研究——兼论我国经济由外需拉动向内需驱动转型的一个证据［J］．国际商务（对外经济贸易大学学报），2011（3）：16－25.

［276］王东，王稳，孙纽云．组织价值与医疗机构风险管理的有效性［J］．国际商务（对外经济贸易大学学报），2011（3）：99－106.

［277］曹伟，周俊仰．修正的巴拉萨—萨缪尔森效应：理论及中国的实证［J］．国际商务（对外经济贸易大学学报），2011（3）：71－81.

［278］刘军，邵军．技术差距与外资的溢出效应：基于分位数回归的分析［J］．国际商务（对外经济贸易大学学报），2011（3）：82－89.

［279］刘畅．论跨国公司对华投资与我国低碳经济的发展［J］．国际商务（对外经济贸易大学学报），2011（3）：90－98.

［280］刘劲松．中国能源三巨头国际竞争力比较研究［J］．首都经济贸易大学学报，2011（2）：24－30.

［281］李继民．货币国际化研究成果综述［J］．首都经济贸易大学学报，2011（2）：96－104.

［282］陆立军，于斌斌．我国纺织工业国际竞争力提升的影响因素与战略选择——基于绍兴县 6085 份问卷的调查与分析［J］．国际商务（对外经济贸易大学学报），2011（5）：92－99.

第二节　英文期刊索引

[1] Wang Da Xiang, Wei – xing, LIU Xiao – xin. Imbalance of Sino – U. S. Economic Relationship and Its Adjustment under Global Financial Crisis [J] . Northeast Asia Forum, 2011 (1) .

[2] Lu Jian – ming, Li Hong, Zhu Xue – bin. The Development of Financial Market and Global Imbalance: A Perspective of Vertical Specialization on Innovation and Production [J] . Contemporary Finance & Economics, 2011 (1) .

[3] Jiang Ling, Wang Xiaohui. Analysis on the Causes of Global Imbalance from the Perspective of "Permanent Income – Life Cycle Hypothesis" and nternational Division of Labor [J] . Studies of International Finance, 2011 (2) .

[4] Liu Chaoxia, Fang Dongli. An Analysis on the Cooperation Pattern of Sino – Viet Border Trade Zone——taking Dongxing City, China for Example [J] . Around Southeast Asia, 2011 (1) .

[5] The Strategies of Cross – Border Twin – City Integration: A Comparative Analysis Between San Diego – Tijuana Twin – City and Hong Kong – Shenzhen Twin – City [J] . Urban Planning International, 2011 (4) .

[6] Li Hong, Ding Song, Zhu Mingmin. On the Guangdong – Hong Kong – Macao bay Area: A Preliminary Review from the Multi – Center Cross – Border Cooperation Perspective [J] . Journal of Industrial Technological Economics, 2011 (8) .

[7] Communication From the Commission to the European Parliament, the Council, the European Economic and Social Committee and the Committee of the Regions [R] . Energy Efficiency Plan 2011, 2011 .

[8] Beurskens L W M, M. Hekkenberg. Renewable Energy Projections as Published in the National Renewable Energy Action Plans of the European Member States [R] . 2011.

[9] Study Roadmap Towards a Modular Development Plan on Pan – European Electricity Highways System [R] . 2011.

[10] Scenario Outlook and Adequacy Forecast 2011 – 2025 [R] . 2011.

[11] Framework Guidelines on Capacity Allocation and Congestion Management for Electricity [R] . 2011.

[12] Offshore Grid Development in the North Seas—ENTSO – E Views, 2011 [EB/OL] . http: //www. entsoe. eu/fileadmin/user_ upload/_ library/position_ papers/110202_ NSOG_ ENTSO – E_ Views. pdf.

[13] Lan Boxiong, Wang Yaming, Wang Wei, Resource Optimization and Value Chain Analysis of Corporations [J]. Chinese Journal of Management Science, 2011 (1).

[14] Oslislo L, Talevski A, Karduck A P. Smart Camp: Benefits of Media and Smart Service Convergence [R]. 25th IEEE International Conference on Advanced Information Networking and Applications (AINA 2011), March 22 – 25 2011, Singapore.

[15] Energy Saving Trust. Future Fit – Installation Phase In – depth Findings [R]. Energy Saving Trust, London, September 2011.

[16] Leicester P A, C. T. Goodier, P. N. Rowley. Evaluating the Impacts of Community Renewable Energy Initiatives [A]. //Proceedings of the ISES Solar World Congress, 28th August – 2nd September 2011, Kassel, Germany.

[17] Rasmussen R, G. Aaron. Global Phishing Survey Trends and Domain Name Use in 1H2009 [R]. tech. rep., Anti – Phishing Working Group, 2011.

[18] Levchenko K, A. Pitsillidis, N. Chachra, B. Enright, M. Felegyhazi, C. Grier, T. Halvorson, C. Kanich, C. Kreibich, H. Liu, et al. Click Trajectories End – to – end Analysis of the Spam Value Chain [R]. in Security and Privacy (SP), 2011 IEEE Symposium on, IEEE, 2011.

[19] Hall C, R. Anderson, R. Clayton, E. Ouzounis, P. Trimintzios. Resilience of the Internet Interconnection Ecosystem [R]. tech. rep., ENISA, 2011.

[20] Rodionov E, A. Matrosov. The evolution of TDL Conquering x64, Revision 1. 1 [R]. tech. rep., ESET, Bratislave, Slovakia, June 2011.

[21] Bilge L, E. Kirda, C. Kruegel, and M. Balduzzi. Exposure Finding Malicious Domains Using Passive DNS Analysis [R]. Proceedings of the Annual Network and Distributed System Security (NDSS), February 2011.

[22] Antonakakis M, R. Perdisci, W. Lee, N. Vasiloglou Ⅱ, D. Dagon. Detecting Malware Domains at the Upper DNS Hierarchy [R]. in 20th Usenix Security Symposium (San Francisco, CA), 2011.

[23] Stallings W, Network Security Essentials Applications and Standards [M]. fourth ed. Prentice Hall, 2011.

[24] Spring J, L. Metcalf, E. Stoner. Correlating Domain Registrations and DNS First Activity in General and for Malware [A]. in Securing and Trusting Internet Names 2011, 2011.

[25] Kanich C, N. Weaver, D. McCoy, T. Halvorson, C. Kreibich, K. Levchenko, V. Paxson, G. Voelker, S. Savage. Show Me the Money Characterizing Spam – advertised Revenue [A]. in 20th USENIX Security Symposium (San Francisco, CA), 2011.

[26] Crookall D, Serious Games, Debriefing, Andsimulation/Aaming as a Discipline [J]. Simul. Gaming, 2011, 41 (6).

[27] Kaiser L, P. Ganea, J. Gibson, and P. Tang. International Knowledge Trans-

fer. Investigations of European Practices, Brussels [EB/OL] . http: //www. era. gv. at/attach/IKTExpertReport - Final - 21 - 10 - 2011. pdf.

[28] Kaiser L, P. Ganea, J. Gibson, and P. Tang. International Knowledge Transfer [M] . Investigations of European Practices, Brussels, 2011.

[29] De Jonghe Cedric, Erik Delarue, Ronnie Belmans, William D' haeseleer. Determining Optimal Electricity Technology Mix with High Level of Wind Power Penetration [J] . Applied Energy, 2011 (88) .

[30] Marija D. Ilic, Le Xie, Jhi - Young Joo. Efficient Coordination of Wind Power and Price - Responsive Demand - Part I: Theoretical Foundations IEEE Trans [J] . Power Systems, 2011, 26 (4) .

[31] Matos Manuel A, R. J. Bessa. Seting the Operating Reserve Using Probabilistic Wind Power Forecasts [J] . IEEE Trans. Power Systems, 2011, 26 (2) .

[32] NERC. Ancillary Service and Balancing Authority Area Solutions to Integrate Variable Generation [EB/OL] . Hnp: llwww. nerc. comlfiles/IVGTF2 - 3. pdf.

[33] Eurelectric RESAP. RES Integration and Market Design: Are Capacity Remuneration Mechanisms Needed to Ensure Generation Adequacy? [M] . Eurelectric RESAP, 2011.

[34] Mukherjee Srijib, Sercan Teleke, Veera Bandaru. Frequency Response and Dynamic Power Balancing in Wind and Solar Generation in Proc. 2011 IEEE General Meeting [R] . 2011.

[35] Furusawa Ken, Kenji Okada. The Study of Operating Reserve Management Corresponding Wind Power Generators in Power Systems [A] . in Proc. IEEE 2011.

[36] Silver M R, S. Grossberg, D. Bullock, M. H. Histed, E. K. Miller, E. K. A Neural Model of Sequential Movement Planning and Control of Eye Movements: Item - order - rank Working Memory and Saccade Selection by the Supplementary Eye Fields [J] . Neural Networks, 2011 (26) .

[37] Grossberg S, S. Kazerounian. Laminar Cortical Dynamics of Conscious Speech Perception: A Neural Model of Phonemic Restoration Using Subsequent Context in Noise [J] . Journal of the Acoustical Society of America, 2011 (130) .

[38] Dan He, Jin Fengjun, Cai Jianming. Simulation and Prediction of Urban Spatial Growth in the Past 20 Years in Jing - Jin - Lang area [J] . Economic Geography, 2011 (31) .

[39] Yang Y, C. Zhang. Relevancy Analysis on the Development of Population Floating and Economic Development of Chongqing [J] . Heilongjiang Agriculture Science, 2011 (2) .

[40] Printing and Distribution of the 12th Five - year Development Plan on E - authentication Service Industry [EB/OL] . Planning Department of Ministry of Industry and Information Technology, http://www. miit. gov. cn/n11293472/n11293877/n13434815/n13434832/14319716. html.

[41] Yue Jia, People's Daily Online, 2011 Forum on Internet Development Crossing the Straits [A]. Promising Prospects of E－commerce Cooperation, Nov. 15, 2011.

[42] Athy, Taiwan China Telecom, Consolidated Revenue of USD 7.35 billion in 2011 [EB/OL]. http://roll. sohu. com/20120223/n335683087. shtml.

[43] Li Xin. Great Potential of Taiwan E－commerce Opportunity－or Become a New Battle of Retail Industry? [EB/OL]. http://www. huaxia. com/tslj/flsj/ ls/2011/10/2612240. html.

[44] Asharov G, R. Canetti, C. Hazay. Towards a Game Theoretic View of Secure Computation [R]. in Advances in Cryptology－Eurocrypt 2011. Springer, 2011.

[45] Nojoumian M. Socio－rational Secret Sharing as a New Direction in Both Rational Cryptography and Game Theory [EB/OL]. http://eprint. iacr. org/2011/370.

[46] Hart Elaine K, Mark Z Jacobson. A Monte Carlo Approach to Generator Portfolio Planning and Carbon Emissions Assessments of Systems with Large Penetrations of Variable Renewable [J]. Renewable Energy, 2011, 36 (8).

[47] Xu Gang, Tian Longhu, Liu Tong, et al. Strategic Analysis of CO_2 Mitigation in Chinese Power Industry [J]. Proceedings of the CSEE. 2011, 31 (17).

[48] Zhang Xinhua, Li Wei. Power Producer's Carbon Capture Investment Timing under Price and Technology Uncertainties [J]. Energy Procedia. 2011 (5).

[49] Chevallier Julien. A model of Carbon Price Interactions with Macroeconomic and Energy Dynamics [J]. Energy Economics, 2011, 33 (6).

[50] Zhen Huafeng, Zou Lele, Yi Ming Wei. Carbon price volatility: Evidence from EU ETS [J]. Applied Energy, 2011, 88 (3).

[51] Anderson, Edward. A New Model of Cycles in Retail Petrol Prices [J]. European Journal of Operational Research, 2011, 210 (2).

[52] EU (2011): Communication from The Commission to The European Parliament, The Council, The European Economic and Social Committee and The Committee of the Regions: A Renewed EU Strategy 2011－14 for Corporate Social Responsibility [R]. European Commission. Com (2011) 681 Final. Brussels, 25. 10. 2011

[53] Tenko Z, M. Mulej. Diffusion of Innovative Behavior with Social Responsibility [J]. Kybernetes, 2011 (40).

[54] Tenko Z, M. Mulej. Innovating Measurement of Economic Success for More Accurate Information [J]. Nasše Gospod., 2011, 57 (5/6).

[55] Schwartz M, Matthew, Information Week. Information Week [EB/OL]. http://www. informationweek. com/news/security/ vulnerabilities/229401124.

[56] Mills E, Study: Cybercrime Cost Firms $ 1 Trillion Globally. CNET News [EB/OL]. http://news. cnet. com/ 8301－1009－3－10152246－83. html.

[57] Council of Europe. Convention on Cybercrime. Council of Europe [EB/OL]. ht-

tp: //conventions. coe. int/Treaty/Commun/QueVoulezVous. asp? NT = 185&CL = ENG

[58] Financial Action Task Force. High risk and non - cooperative jurisdictions [EB/OL]. www. fatf - gafi. org.

[59] Internet World Stats. Internet Usage Statistics: The Big Picture [EB/OL]. http: //www. internetworldstats. com/stats. htm.

[60] Madani K, Dinar A. Cooperative Institutions for Sustainable Common Pool Resource Management: Application to Groundwater [J]. Water Resources Research, 2011, 48 (9).

[61] Hariga M, El - Sayegh SM. Cost Optimization Model for the Multiresource Leveling Problem with Allowed Activity Splitting [J]. Journal of Management in Engineering, 2011, 137 (1).

[62] Madani, K. Hydropower Licensing and Climate Change: Insights from Cooperative Game Theory [J]. Advances in Water Resources, 2011, 34 (2).

[63] Fu - jun V, China's Participation in International Energy Security Mechanism and Its Energy Strategy [D]. Inner Mongolia University, 2011.

[64] Guijarro L, V. Pla, B. Tuffin, P. Maille, J. - R. Vidal. Competition and bargaining in wireless networks with spectrum leasing [A]. in 2011 IEEE Global Telecommunications Conference (GLOBECOM 2011), 2011.

[65] Investment and Pricing with Spectrum Uncertainty: A Cognitive Operator's Perspective [J] IEEE Transactions on Mobile Computing, 2011, 10 (11).

[66] Chen hongxia, Li guoping. Empirical Study on Effect of Industrial Structure Change on Regional Economic Growth of Beijing - Tianjin - Hebei Metropolitan Region [J]. Chinese Geographical Science, 2011 (21).

[67] Jaffe A M, K. Medlock, R. Soligo. The Status of World Oil Reserves and Implications for the Gulf [M]. Abu Dhabi: Emirates Center for Strategic Studies and Research, 2011.

[68] International Energy Agency, CO_2 Emissions from Fuel Combustion Highlights 2011 [R]. Paris: IEA, 2011.

[69] Al Naser W E, N. W. Al Naser. The Status of Renewable Energy in the GCC Countries [J]. Ren. and Sus. En. Rev., 2011 (15).

[70] Qatar National Development Strategy 2011 - 2016 (QNDS) [R]. Doha: Qatar General Secretariat for Development Planning, 2011.

[71] Kalra N, O. Younossi, K. N. Kamarck, S. Al - Dorani, G. Cecchine, A. E. Curtright, C. Feng, A. Litovitz, D. R. Johnson, M. Makki, S. Nataraj, D. S. Ortiz, P. Roshan, C. Samaras. Recommended Research Priorities for the Qatar Foundation's Environment and Energy Research Institute [R]. Doha: Rand - Qatar Policy Institute, 2011.

[72] Weber A S, The Role of Education in Knowledge Economies in Developing Countries. Proceedings of the Third World Conference on Educational Sciences [M]. Istanbul:

Bahçesehir University Press, 2011.

[73] Weber A S, What is a Knowledge Economy? Oil – rich Nations Post – oil [J]. Int. J. of Sci. in Soc., 2011 (2).

[74] Heliocentris Energy Lab Order in Qatar, Expands Middle East Presence [J]. Fuel Cells Bull, 2011 (10).

[75] McCrone A, et al. Global Trends in Renewable Energy Investment 2011. Frankfurt, Germany: Frankfort School UNEP Centre and Bloomberg New Energy Finance [R]. 2011.

[76] Makoto Hirano. Construction of the Agricultural Products E – commerce Mode Linked by Rural Economic Cooperation Organization——Through two Japanese Cases Study [A]. Proceedings 2011 International Conference on Business Management and Electronic Information (BMEI 2011) VOL. 01 [C]. 2011.

[77] Anhui Tea Export Enterprises of Domestic Cooperative Game – Distribution of Benefits Based on Panel Data [A]. Proceedings of 2011 International Conference on Management Science and Intelligent Control (ICMSIC 2011) VOL. 02 [C]. 2011.

[78] Lee Dejun. Impact on Sino – Russia Economic and Trade Cooperation from Russia's WTO Accession [A]. Proceedings of 2011 International Conference on Business and Economics Research [C]. 2011.

[79] Economic Effects of Financial and Fiscal Support for Agriculture in Western China: An Exemplification from Sichuan – Chongqing Economic Zone [A]. 2011.

[80] Research on the Trade Flow of China's Forest Product Export Based on Gravity Model [A]. Proceedings of 2011 International Conference on Management Science and Intelligent Control (ICMSIC 2011) VOL. 04 [C]. 2011.

[81] The Effects of Carbon Tariffs on China Steel Exports Analysis [A]. Proceedings of 2011 International Conference on Information, Services and Management Engineering (ISME 2011) (Volume 1) [C]. 2011.

[82] The Development of China's Trade in Education Services after Accession to the WTO: A Review of Policy and Legislation [A]. Proceedings of 2011 International Conference on Education Science and Management Engineering (part 1) [C]. 2011.

[83] The Countermeasures and Issues on Trade of Transport Service in China [A]. Proceedings of the Fifth International Symposium——The Development of Small and Medium – sized Enterprises [C]. 2011.

[84] Ye Jiang. New Challenges for China – EU Comprehensive Strategic Partnership [J]. China International Studies. 2011 (4).

[85] Zhou Hong. Cognitive Dislocation in China – EU Relations [J]. China International Studies. 2011 (5).

[86] Qin Yaqing. Chinese Culture and Its Implications for Foreign Policy – making [J].

China International Studies. 2011 (5).

[87] International Monetary Fund. World Economic Outlook Databases [EB/OL]. http: // www. Imf. org/external/ns/cs. aspx? id =28/.

[88] Fu Mengzi, Liu Bo. The Geo – economic Situation in the Asia – Pacific [J]. Contemporary International Relations. 2011 (6).

[89] Jiang Yong. Problems Facing China's "Going Out" [J]. Contemporary International Relations. 2011 (5).

[90] Asian Development Bank. Asian Development Outlook 2011 [R]. South – South Economic Links, 2011.

[91] Asian Development Bank. Asian 2050: Realizing the Asian Century [R]. 2011.

[92] Zhang Yun cheng. How Hong Kong Can Help China "Go Out" [J]. Contemporary International Relations. 2011 (5).

[93] Song Lilei, Wang Yiwei. Chinese Public Diplomacy Toward Europe: Goals, Progress and Challenges [J]. Contemporary International Relations. 2011 (5).

[94] Haddadou N, A. Rachedi, Y. Ghamri – Doudane. Modeling and Performance Evaluation of Advanced Diffusion with Classified Data in Vehicular Sensor Networks [J]. Wireless Communications and Mobile Computing, 2011, 11 (2).

[95] Wu C, S. Ohzahata, T. Kato. A Broadcast Path Diversity Mechanism for Delay Sensitive Vanet Safety Applications [M] in IEEE VNC, Amsterdam, The Netherlands, 2011.

[96] Baccelli E, P. Jacquet, B. Mans, G. Rodolakis. Information Propagation Speed in Bidirectional Vehicular Delay Tolerant Networks [M]. in IEEE INFOCOM, Shanghai, China, April 2011.

[97] Govindan K, P. Mohapatra. Trust Computations and Trust Dynamics in Mobile ad Hoc Networks: A Survey [J]. IEEE Communications Surveys and Tutorials, vol. Preprint, 2011.

[98] Trusted Computing Group: Tpm Main Specification. Main Specification Version 1. 2 rev. 116 [R]. March 2011.